武蔵国多摩郡と由木の里の昔語り

改訂版

石井義長

揺籃社

1　松木No.388遺跡出土の旧石器

2　堀之内No.796遺跡出土の
縄文草創期土器

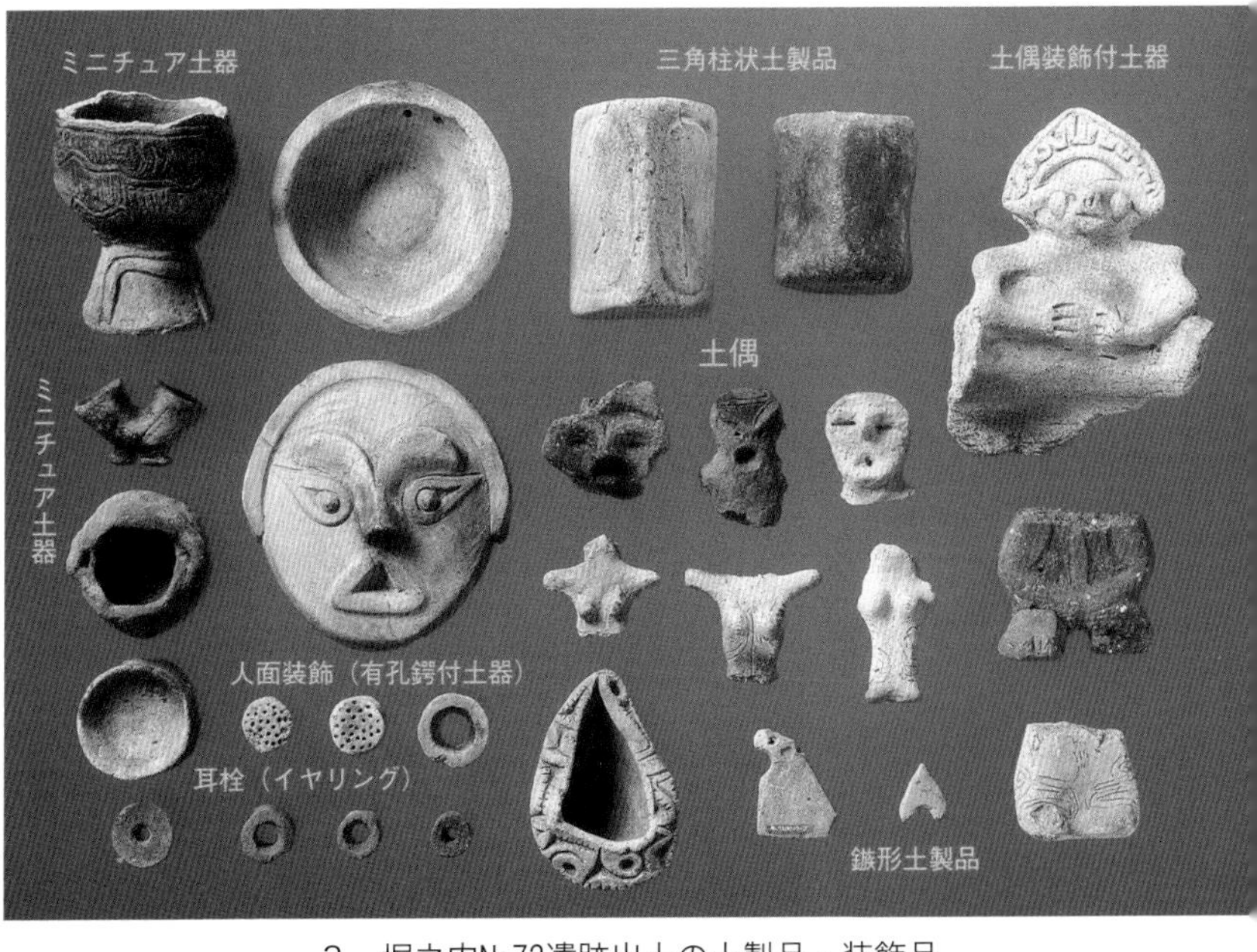

3　堀之内No.72遺跡出土の土製品・装飾品

・本書中の多摩ニュータウン遺跡関連の写真は、すべて
東京都埋蔵文化財センターから提供いただいたものです

4　堀之内No.72遺跡全景

6　伏甕墓

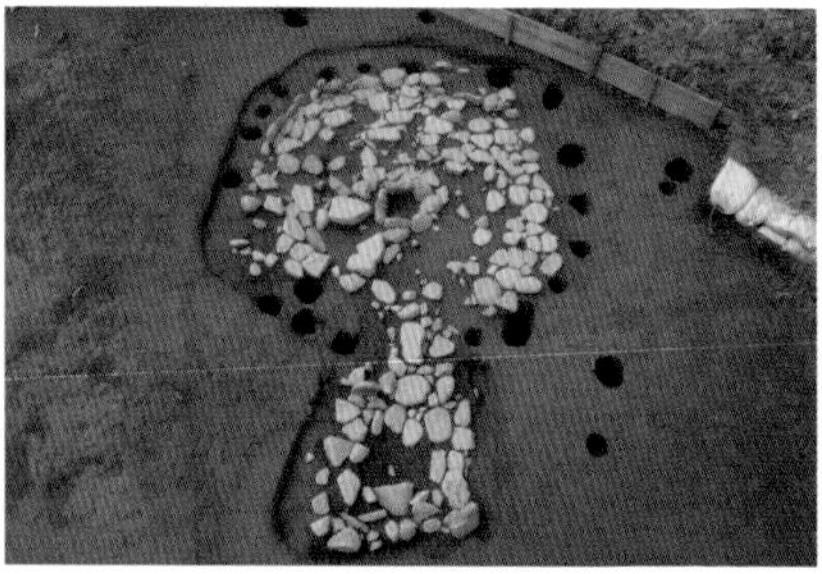

5　柄鏡形敷石住居跡

8　縄文時代中期土器

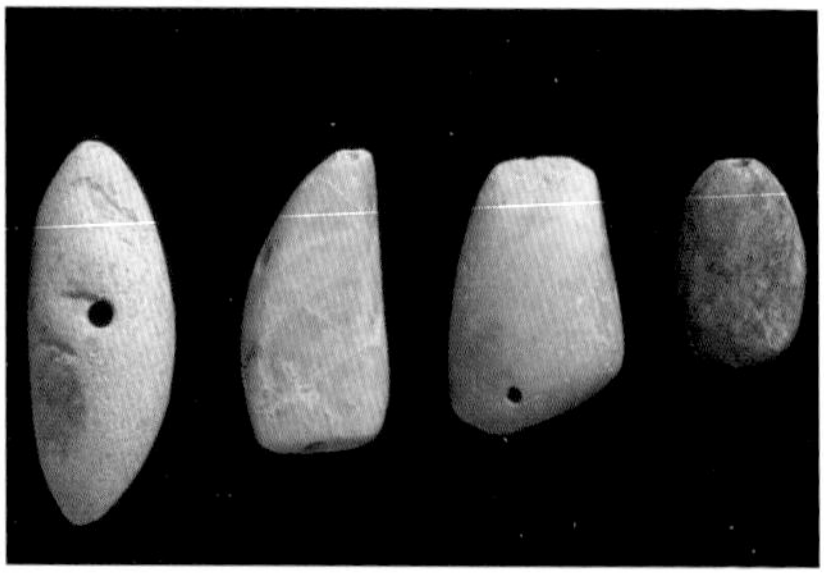

7　ヒスイ大珠

10　北大谷古墳の横穴式石室
（東京都教育委員会提供）

9　宇津木向原遺跡方形周溝墓
（八王子市郷土資料館提供）

11　武蔵府中熊野神社古墳

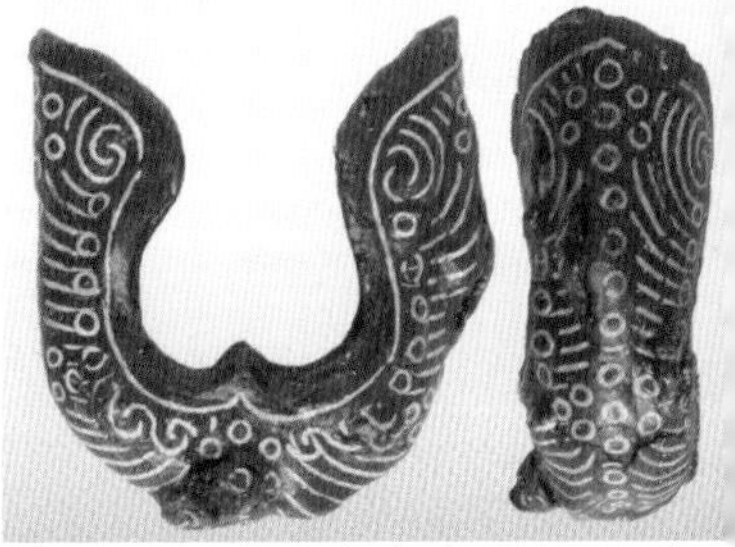

12　銀象嵌鞘尻金具
（府中市郷土の森博物館
『あすか時代の古墳』より）

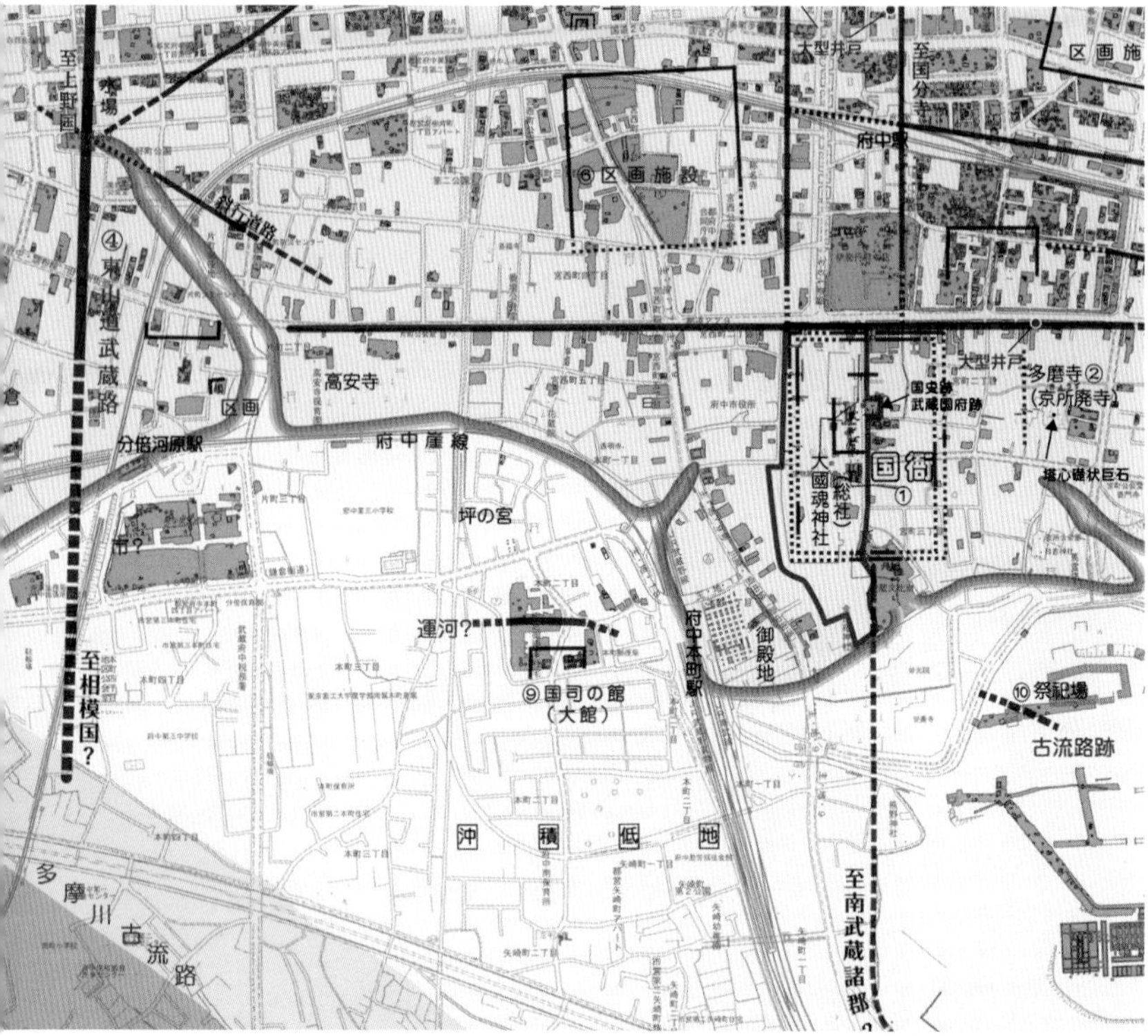

13　発掘された武蔵国府
（府中市教育委員会提供）

15　国分寺瓦を焼いた稲城市大丸窯跡群

14　武蔵国分寺七重塔跡

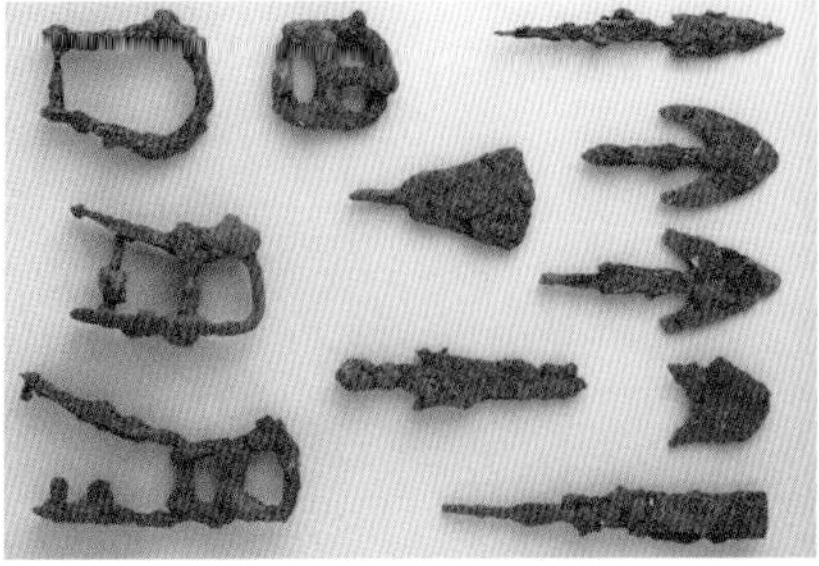

16　多摩ニュータウン遺跡出土の鉄器

17　多摩市小野神社

18　中山白山神社

19　白山神社経塚出土の埋経
（八王子市郷土資料館提供）

20　別所蓮生寺

21　蓮生寺本尊盧舎那仏像
（『南多摩文化財総合調査報告１』より）

22 松木浅間神社北の松木七郎墓

23 越野観音堂のもかけの観音像
（加藤延治撮影）

24 八王子城跡

25 八王子城曳《ひき》橋から虎口《こぐち》

26 北条氏照墓

27　下柚木永林寺

28　江戸末期に建立された大石定久（道俊）墓

29　松木台大石屋敷跡と大栗川

30　大石信濃守墓

31　観智國師像（橋本豊治著『観智國師絵巻』より）

32　堀之内阿弥陀堂の酒飲み地蔵

33　江戸時代初期の武蔵国多摩郡と由木の里

（『新編武蔵国風土記稿』より）

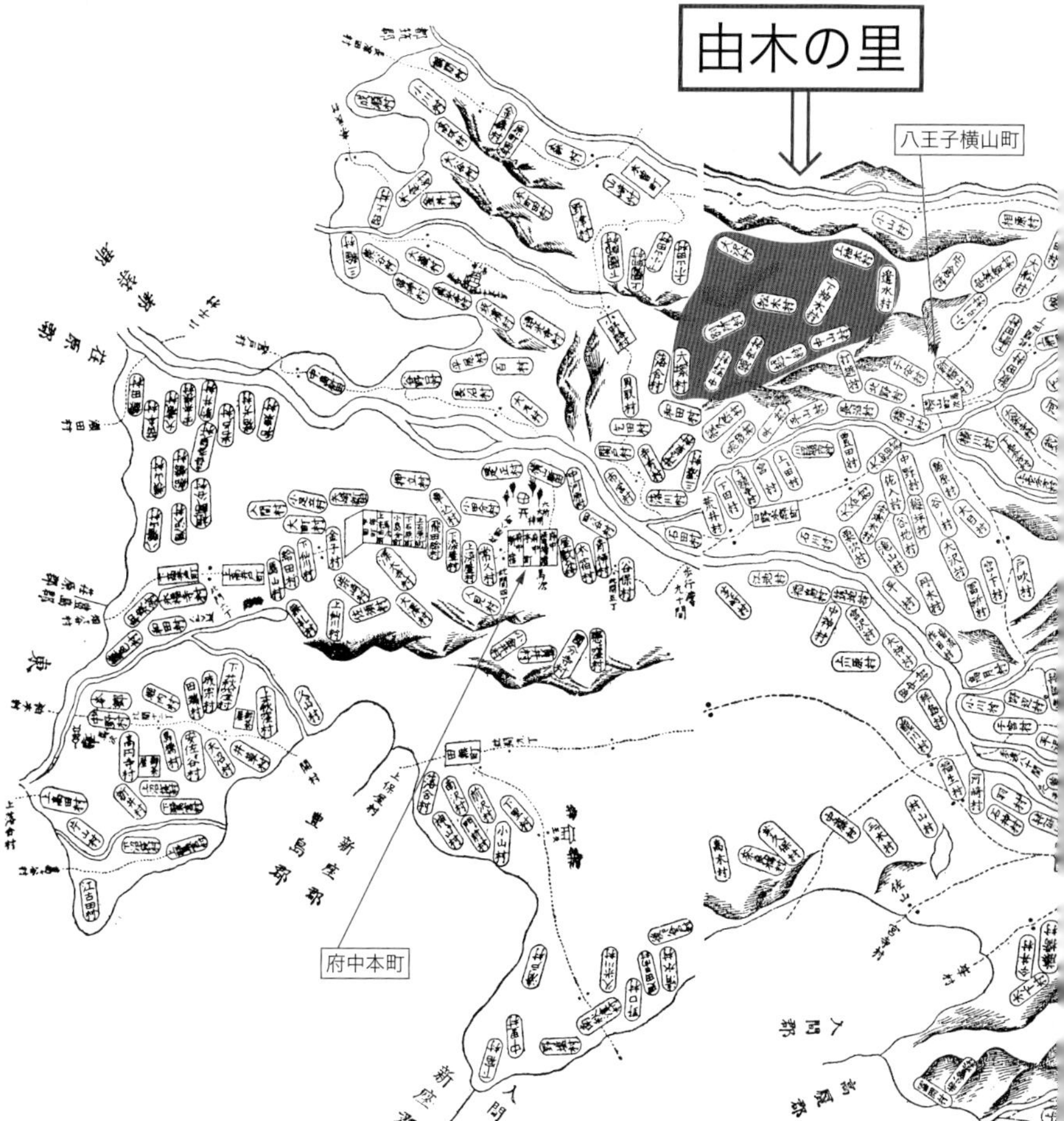

由木の里
八王子横山町
府中本町
新座郡
豊島郡
入間郡
高麗郡

まえがき

いまや人口五六万をこえて東京都下第一の規模を誇る八王子市の、その東南部に横たわる多摩丘陵の山間に、古い歴史を秘めた由木の里はあります。それは古くは東国《とうごく》の中の武蔵国《むさしのくに》、その中の多摩郡《たまごおり》、その中の由木《ゆぎ》の里《さと》という位置づけにありました。そのようなつながりの中で、この里の昔《むかし》には実際にどのような歴史があったのだろうか、どのような人々がここに住み、どのように生きてきたのだろうか。今のうちにこの里の昔の記憶を掘り起こして書きとめておかないと、歴史はますます遠くに消え去ってしまうのではなかろうか……。そのような素朴な疑問と焦りから出発して、ようやく太古から四〇〇年前の戦国時代までを中心とする、武蔵国多摩郡と由木の里の昔語《むかしがた》りをまとめたのがこの本です。

由木の地域は昭和三九年（一九六四）八月一日に八王子市と合併するまで、東京都南多摩郡由木村という、独立した地方自治体でした。由木村が発足したのは、市町村制が施行された明治二二年（一八八九）のことで、それ以前の江戸時代から武蔵国多摩郡由木領《ゆぎりょう》の郷村《ごうそん》として、それぞれ独立していた鑓水《やりみず》・中山・上柚木《かみゆぎ》・下柚木《しもゆぎ》・（南）大沢・越野《こしの》・別所・松木・堀之内・（東）中野・大塚の一一か村が、明治維新後の廃藩置県《はいはんちけん》（明治四年・一八七一）

と南多摩郡の発足（同一一年・一八七八）を経て、この年四月に合併して由木村となったものです。この地域が由木村として一体的に自立していたのは、明治・大正・昭和三代にわたる七五年間のことになります。

つまり、この地域の姿が歴史上にはっきりした形を示してくるのは江戸時代以降のことで、幕府が領内各村の田畑やその生産高を調査した記録や、その末期に編集された地誌『新編武蔵風土記稿《しんぺんむさしふどきこう》』などの文献によって、かなりくわしくその実態を知ることができます。一方それ以前のことになると、例えば平安時代末期に中山白山神社《はくさんじんじゃ》の地に法華経《ほけきょう》を埋経《まいきょう》した船木田荘《ふなきだのしょう》の天台僧や豪族のいたこと、同時期に源頼朝《みなもとのよりとも》の護持僧《ごじそう》が東下《あずまくだ》りして別所蓮生寺《れんしょうじ》を開創したこと、さらにその前後から中世にかけて土着した武蔵武士団の由木氏があり、その中から江戸時代初期に徳川家康《とくがわいえやす》に重用された浄土宗の名僧観智国師《かんちこくし》を出したこと、また武蔵国の守護代《しゅごだい》もつとめた大石氏の一族が館《やかた》を構えていたこと、などの事蹟が断片的に知られていました。しかしさらに時代をさかのぼれば、文献上に「由木」の名前すら発見することはできず、私どもの郷里についてはより大きな地域である多摩郡や、さらに武蔵国というレベルで、その古代の姿を想定するほかはありません。

それでも、日本列島に人《ヒト》が住みはじめた数万年前の旧石器時代から、この地域には縄文《じょうもん》・弥生《やよい》・古墳《こふん》・古代・中世・近世へとほぼ連続する、ぼう大な住民の生活と文化の跡が遺されていたことが、一九六六年から四〇年間にわたって行われた多摩ニュータウン造成工事にともなう遺跡発掘調査の結果、明らかにされています。同時に、多摩ニュータウン計画をはじめとする大規模な造成工事は、対象区域の自然環境と村落社会の姿を全面的に改変し、かつての緑豊かな農村風景は「ニュータウン」という人工的な街区に姿を変えました。そして発掘された遺跡・遺構のほとんども、調査の後には造成工事によって破壊されて先人の残した原形を失ってしまったのです。

いま、かつての由木の里の古来の姿を想起することは、一部の地区を除いてほとんど不可能なことで、わずかな古代・中世の遺跡と、江戸時代に幕府の直轄領《ちょっかつりょう》・旗本領《はたもとりょう》として分割支配された二六五年間に形作られた旧村々の鎮守社《ちんじゅしゃ》・寺院・石造遺物などが、この地域の昔を今に伝えています。それらは現在でも、この地域の人々のくらしと心の世界に直接かかわっている文化遺産ですが、それらのそもそもの来歴や古来の信仰の心は、全体として現在の住民の記憶から日々に遠くなっているのではないでしょうか。

著者は昭和七年（一九三二）に由木村越野《こしの》地区の農家に生まれ、太平洋戦争の前後から今までの地域の発展と変貌を目にしてきましたが、最近とみに身近な先輩や友人が亡くなったり、新しい住区ができて来住する人々が増えたりで、昔から続くこの地域の一体性は急速に失われていくように感じられます。それは不便な僻地《へきち》と考えられていたこの地域の新しい発展の結果でもありますが、その中でもすくなくとも、その昔にこの地に生きた先人達の歴史的な事蹟だけは、できるだけ客観的に発掘・再確認して、それを記録にとどめておくことが今こそ必要ではないかという気持を強くしています。とくに、この地域の人口は八王子市合併の約五〇年前から現在までに一八倍に増え、一個の独立市に相当する一一万人強の住民がこの由木の里に定住しているのが実状です。そのような地域の激変の中にあってこそ、古くからの住民はいうまでもなく、新しく移り住んだ人々にも同様に、みずからの住むこの里の古来の歴史を知ることは意味のあることといえましょう。

個人として著者にできることはまことにささやかなものですが、ともかく微力をつくして由木の里の古来の記憶を、東国《とうごく》の中の武蔵国《むさしのくに》、武蔵国の中の多摩郡《たまごおり》、多摩郡の中の八王子から由木《ゆぎ》の里《さと》という視点でしぼりこみ、はるかな原始古代から一六世紀の戦国時代までを中心に、江戸時代の点描と現代への接続を結びとして、ようやく一冊の本にまとめることができました。それは史料のとぼしいこのテーマについて苦闘する一〇余年の作業でしたが、その間には、不明の事項について思いがけず重要な情報がふと目の前に現れたりして、「神は細部に宿る」という思いをうけたこともしばしばでした。結果として著者個人としては、これまで深い霧につつまれて姿の見えなかったこの里の昔の姿が、予期以上にほの見えてきたと実感しています。今後はさらに心ある方々の力によって、江戸時代以降の身近な話題もふくめて、誰にも納得できる郷土の歴史書を育て上げて頂きたいものと念願しております。

末筆ながら、これまでの日本史・考古学・郷土史研究者の方方の研究成果から多くを学ばせて頂いたことに深く感謝いたします。同時に、船木田荘《ふなきだのしょう》・長隆寺《ちょうりゅうじ》・蓮生寺《れんしょうじ》、由木氏と観智国師《かんちこくし》、大石氏と二人の信濃守《しなののかみ》・北条氏照《ほうじょううじてる》の妻阿豊《おとよ》、小田野《おだの》氏と由木の地侍《じざむらい》たち等々の事項については、著者としていくつかの独自の見解を示していますので、ひろく武蔵・多摩地方史の専門家の御批判を頂ければ幸いと思います。

改訂版まえがき

一連の大著『新八王子市史』が二〇一三〜一七年に、五〇年前に刊行された旧『八王子市史』を刷新して出版されたことを受けて、この小著にもできるかぎりの補正と批判を加えて、八年振りの改訂版をとりまとめました。その中で、平安時代初期の貞観《じょうがん》九年（八六七）に時の右大臣藤原良相《ふじわらのよしみ》から京都貞観寺に寄進された武蔵国多摩郡弓削荘《ゆげのしょう》が、由木・松木地区の多摩ニュータウン№107遺跡の地にかかわる可能性を指摘した『通史編1』の示唆をうけて、武蔵・多摩地方史ではじめてこれについて試論を加えることができたのは、この地域の史料にもとづく歴史を三〇〇年近くさかのぼらせる事ともなり、望外の幸でした。また勅旨牧《ちょくしまき》で知られる小野牧が以前には陽成院《ようぜいいん》の院牧《いんのまき》で、これに後の別当小野諸興《おののもろおき》の父祖と考えられる右馬小允《うめのしょうじょう》小野清如《おののきよすけ》がかかわっていたとみるべき事実を発見できたことも、この分野では新事実と言ってよいでしょう。それはこれまで武蔵武士横山党の基本史料とされてきた「小野氏・横山系図」の見直しを迫り、小野氏から横山党への武蔵武士団成立の根幹の問題にかかわるものと考えられます。

一方、『新八王子市史』の一部の記述には大きな不満もあります。武蔵船木田荘《ふなきだのしょう》の性格と名称について、これを林業荘園とし、立荘後二三一年以上も後に加わった木切沢村《きぎりざわむら》（現日野市）の名前を荘園全体の名称の由来とするなど、歴史的根拠のまったくない『日野市史』（一九九四）の珍説を無批判に鵜呑《うの》みして、歴史の真実を主体的に追究しようとしない執筆姿勢は、今後数十年も指針となるべき市史の編集としておよそ考えられない不見識かつ無責任なことです。以後船木田荘について論じようとする人は、是非とも本書を乗りこえて真実を明らかにして頂きたいと思います。

ともあれ、郷土史専門の研究者でない著者としては可能なかぎりの史実を求めて、信頼できる郷土の歴史を一頁でも積み重ねて後代の人々に遺したい一念でこの作業にとりくみ、予期以上の充足感をもって改訂作業を終えることができました。大方の諸賢の御批判を仰ぎたいと念願しております。

目　次

・カバー絵　「由木の里と大栗川」（橋本豊治著『観智國師絵巻』より）

一、多摩の横山

多摩丘陵

由木の里をつつんで東西に大きくひろがる多摩丘陵は、西は山梨県境の関東山地につながり、東は神奈川県の北東部までにおよぶ一連の台地です。その地質の基盤は、はるか二〇〇万年ほど前に浅い海に堆積した砂と粘土の層（上総層群《かずさそうぐん》）から成っており、その上部の丘陵の稜線には、太古の河流によってできた御殿峠礫層《ごてんとうげれきそう》がのり、さらにその上を、約四六万年前からの富士・箱根火山帯の噴火によって飛んできた関東ローム層の赤土が覆っています。御殿峠礫層は、鑓水《やりみず》地区の古い峠道に露出している石粒のまじった岩土の層ですが、今から五〇万年前の地質時代に、地球の寒冷化によって海面が後退し、段丘《だんきゅう》をともなう広大な扇状地《せんじょうち》が形成された時にできた古相模川の河床礫《かしょうれき》で、由木の中央を東西に流れる大栗川《おおくりがわ》や多摩市の乞田川《こったがわ》も、古相模川の支流跡だと考えられています。

これらの支流は現在ではいずれも多摩川に合流していますが、その周辺には長い年月の間に浸食が進んで枝谷《えだたに》が入りくみ、そこに流土が堆積して多数の谷戸《やと》（谷津《やつ》）ができており、多摩丘陵は総体として、北側は浅川や多摩川などの浸食によって武蔵野台地から分離され、南側は境川《さかいがわ》をはさんで神奈川県の相模原台地に接しています。

登山客でにぎわう標高五九九メートルの高尾山の西方、小仏峠《こぼとけ》や大垂水峠《おおだるみ》から東方にゆるやかに高度を下げながら、八王子市・多摩市から町田市・稲城市、さらに神奈川県の川崎市まで連なっており、由木地域の最高地点は鑓水の大塚山公園（もとの道了堂《どうりょうどう》）の二一三・七メートル（大正一〇年測図）です。この大塚山の山頂からの眺めについて、明治一二年（一八七九）に神奈川県が編集した『皇国地誌《こうこくちし》』には、次のような名文が載っています（句読点・振り仮名とかっこ内の説明は著者）。

山上より四方を眺望《ちょうぼう》すれば、一目《いちもく》の下《もと》に十二州を望むべし。其《そ》の東南は、水煙渺茫《すいえんひょうびょう》の際《きわ》に翠黛《すいたい》（美人のまゆ）の笑眉《しょうび》を呈《てい》する如きものは、房総の諸山なり。東北には常陸《ひたち》の筑波男体《つくばなんたい》・女体《にょたい》の峰巒《ほうらん》（つらなった山々）、相対して蒼然《そうぜん》たり。北方には下野《しもつけ》の日光、孤立して皐天《こうてん》（高い空）に聳《そび》ふ。亦《また》西北には、上野《こうずけ》及本州《（武蔵）》の諸峰聯綿《れんめん》（どこまでもつらなって）起伏し、其の裏《うち》に縷々《るる》（細々と続いて）と常に煙火を吐くものは、信州の浅間嶽なり。次は西南を仰望《ぎょうぼう》すれば、富嶽《ふがく》千古の雪を冠《かん》して青天に連《つらな》り、甲相豆《こうそうず》（甲斐 相模 伊豆）の諸山は児孫《にそん》の如く其の下に屏列《へいれつ》す。南は大洋を臨《のぞ》む。郷里の田舎《でんしゃ》は此処彼処《ここかしこ》にあり、多摩川浅川等の水路は、東北に盤屈《ばんくつ》（まがりくねる）するを見る。嗚呼《ああ》此の観、百里山川《さんせん》の勝地《しょうち》にして、画工も之を如何《いかん》する能《あた》はず、真の絶景と謂《い》ふて可《か》なり。

この多摩丘陵は古くから、「多摩の横山」の名で呼ばれていました。江戸時代後期の文政《ぶんせい》六年（一八二三）に完成した植田孟縉《うえだもうしん》の『武蔵名勝図会《むさしめいしょうずえ》』は、多摩の横山について次のように述べています。

横山庄《よこやまのしょう》の内なる高尾・小仏嶺《こぼとけれい》より聳《そび》え出《いで》て、東の方《かた》へ横山庄の中《うち》に横たわり、南は相原《あいはら》・小山《おやま》を限り、杉山峠・鑓水《やりみず》峠にわたり、柚木郷《ゆぎごう》へわかれ出て都筑《つづき》の岡へ連なり、玉川《たまがわ》の辺《あた》りに至れるまで、およそ七、八里が程もわたり出たる土山《つちやま》なり。

横山庄（荘）とは、武蔵七党と呼ばれた中世武士団の一つの横山氏が支配した、八王子を中心とする多摩の南西部の地域、杉山峠とは、鑓水峠と呼ばれていた御殿峠《ごてんとうげ》の西方にあたり、片倉《かたくら》から相原に通じる山道の峠で、都筑とは現在の川崎市と横浜市の北西部です。

由木の里はほとんどこの横山の丘陵につつまれており、その里山にくい込んだ数多くの谷戸から流れ出た小川の水を集めて、盆地のような中央の平地を西から東へ大栗川が流れ、東端の大塚からさらに多摩市の和田にかけて、やや丘陵の包囲が開放されています。

防人《さきもり》の妻の歌

この多摩の横山を、今から一二五〇年以上前の奈良時代の女性が詠んだ有名な和歌が、『万葉集《まんようしゅう》』の最終の巻第二十にのこされています。

赤駒《あかごま》を山野《やまぬ》に放し捕《はか》りかにて　多麻《たま》の横山徒歩《かし》ゆかやらむ

これを詠んだのは、武蔵国豊島郡《としまこおり》の上丁《かみつよぼろ》（正丁《せいてい》とも。公《おおやけ》の課役を負担する二一歳から六〇歳までの良民）椋椅部荒虫《くらはしべのあらむし》の妻、宇遅部黒女《うじべのくろめ》です。豊島郡は都内の豊島・文京・北・荒川区などの一帯で、郡の役所（郡衙《ぐんが》）は北区の西が原にありました。そこから多摩の横山を直接見ることはできず、それははるか西方の多摩川の南側に横たわっていたことになります。

この黒女の歌は、坂東《ばんどう》諸国から西国筑紫《さいごくつくし》の防衛のために、三年の任期で召し出された防人徴発《さきもりちょうはつ》の最後となった天平勝宝《てんぴょうしょうほう》七年（七五五）、奈良東大寺の大仏開眼供養《かいげんくよう》の行われた三年後の二月二〇日に、防人召集の責任者であった兵部少輔《ひょうぶしょうふ》（兵部省の三等官・局長級）の大伴家持《おおとものやかもち》（七一七頃―七八五）に対して、引率者（防人部領使《さきもりのことりづかい》。原則として国司《こくし》＝国衙《こくが》の地方官である守《かみ》・介《すけ》・掾《じょう》・目《さかん》があたる）であった武蔵掾《むさしのじょう》（武蔵国の三等官）安曇三国《あずみのみくに》が提出した二〇首の中の一つです。万葉歌人として有名な大伴家持は前年の四月に兵部少輔に任じられていましたが、あらかじめ諸国に対して、召集される防人たちに歌を詠み進めるように命じていたといわれます。当時の武蔵国には、三年後の天平宝字《てんぴょうほうじ》二年に新羅郡《しらきこおり》（のちの新座《にいくら》郡）が設けられるまで二〇郡ありましたが、防人は一郡から一名ずつ召集されたようで、提出された和歌は各郡出身者からの二〇首です。そのうちの一二首が家持によって選ばれて『万葉集』巻第二十に載っていますが、その半分の六首の作者は、防人の妻達です。

当時の軍防令では、防人として召集されるのは二一歳から六〇歳までの正丁で、家に従僕や牛馬のある者はそれを連れていくことも許されましたが、難波津《なにわづ》までの食料や武具は自弁でした。黒女の歌には、当時は貴重な財産であった飼馬を失った心配よりもまず、夫が長期間の食料や武具の重い荷物を肩にかついで、はるかな遠路を徒歩で旅しなければならないことへの、心の痛みが詠まれているのでしょう。それにしても豊島郡の黒女が、多摩の横山を実際に目にしてこの歌を詠んだのでしょうか。

武蔵国府《むさしこくふ》の中央部南端の「御殿地《ごてんち》」と呼ばれる遺跡を発掘した府中市の教育委員会は、平成二二年五月にこれを一般公開しました。それは立川段丘が南に張り出した、南武線府中本町駅のすぐ東側にあり、行政機関の国衙《こくが》があった大国魂神社《おおくにたまじんじゃ》東側の地から、約三〇〇メートルほどの南西にあたります（口絵13参照）。全国各地方に国府とその役所である国衙が置かれたのは、文武《もんむ》天皇（六九七—七〇七在位）によって大宝律令《たいほうりつりょう》（七〇一成立）が定められた八世紀はじめ以降と考えられていますが、この御殿地はそれ以前の武蔵国造《くにのみやつこ》の居館の地と伝えられていました。考古学者の坂詰秀一《さかづめひでいち》氏はこの遺跡について、七世紀中頃の飛鳥《あすか》時代に中央から派遣された国宰《くにのみこともち》が居住した館であろうとして、ここより二キロほどの西北西にあり、七世紀中頃に造られ、上円下方墳《じょうえんかほうふん》としては全国最大の武蔵府中熊野神社古墳（口絵11）の築造も、この館の主《あるじ》と関係があるのではないかと述べています。それより一〇〇年ほど後に『万葉集』のこの歌を詠んだ黒女の時代には、国衙の位置はおなじ段丘のすこし東北に移っていますが、この一帯から南方を見れば、当時は目の前一キロばかりの近くに豊かに流れていた多摩川の向こうに、多摩の横山が間近く悠然と横たわっているのが見えたはずです。

武蔵国の防人は各郡からまず府中の国衙に集められ、そこから部領使《ことりづかい》である国府の高官に率いられて集結地の難波《なにわ》へ旅立ちます。黒女はおそらく豊島郡の家から、荒虫を見送りに郡衙の役人とともに府中の国衙まで一緒に来て、夫の旅立っていく南方に横たわる多摩の横山を実際に目にしながら、別れて行く夫の苦労をしのんでこの歌を詠み、引率者の安曇三国に提出したのだと考えられます。そして黒女にとって多摩の横山は、手の届かない向こう側の世界に連れられていく夫と自分をへだてる、巨大な壁と見えたことでしょう。

武蔵国府から三キロほど北には、この三年後の天平宝字《てんぴょうほうじ》二年（七五八）直後には完成していたとされる、七重塔をそなえた壮麗な武蔵国分寺がすでに姿を見せていたかもしれません。その国分寺跡から出土した屋根瓦には、型押しやへら書きなどで地名や人名を記した多数の文字瓦がありますが、これを研究した立川市阿豆佐美天神社宮司《あずさみてんじんしゃぐうじ》の宮崎糺《ただす》氏によれば、人名の記された瓦は武蔵国二〇郡のうち、豊島郡と那珂《なか》郡（埼玉県児玉郡）に限られ、その中には「宇遅部《うじべ》」が多数見出されるといいます。そして「椋椅部《くらはしべ》」は一つだけで郡名は不明ですが、宮崎氏はこれについて、「豊島郡の可能性が強く、この瓦を発見した時の感動は、今なお忘れることができない」と、「赤駒を」の歌の作者とその夫である防人の名を挙げながら述べています（『多摩のあゆみ』第七号・たましん地域文化財団・一九七七年）。もちろん荒虫や黒女と国分寺との実際の関係は何もわかりませんが、国府・国分寺を中心とする当時の武蔵国の人達の動静の一端が浮かび上がるように思われます。
この天平勝宝七年の二月には、難波津で大伴家持に対して、次のように東国各国から防人の歌が提出されています。

六日　遠江国《とおとうみ》　一八首
七日　相模国《さがみ》　八首
九日　駿河国《するが》　二〇首　上総国《かずさ》　一九首
一四日　常陸国《ひたち》　一七首　下野国《しもつけ》　一八首
一六日　下総国《しもうさ》　二二首
二〇日　武蔵国《むさし》　二〇首
二二日　信濃国《しなの》　一二首
二三日　上野国《こうずけ》　一二首

これらの中には、下野国（栃木県）の火長《かちょう》（一〇人の小隊の長）今奉部與曽布《いままつりべのよそふ》の、
今日よりは顧《かえり》みなくて大君《おおきみ》の　醜《しこ》の御楯《みたて》と出《い》で立つわれは
のような、太平洋戦時中にもてはやされた勇壮な歌もあります。しかし大伴家持はこの最後の二三日に、「防人《さきもり》の別《わかれ》を悲しぶる情《こころ》を陳《の》ぶる」長歌を詠み、その中で、
若草の　妻も子どもも　彼此《おちこち》に　多《さわ》に囲《かこ》み居《い》　春鳥の　声の吟《さまよ》い　白栲《しろたえ》の　袖《そで》泣きぬら

し　携《たずさ》わり　別れかてにと　引き留《とど》め　慕《した》いしものを

と、防人に別れる妻や子が、ここかしこに夫や父をとり囲んで悲しみの声をあげ、手を取って別れを惜しんでいる情景を描いています。出征する防人を見送りに、難波津まで家族が一緒についてきたことも多かったのでしょう。

武蔵国はこの一六年後の宝亀《ほうき》二年（七七一）までは、信濃・上野などを通る「山の道」づたいの東山道《とうさんどう》に属していましたが、安曇三国が家持に提出した埼玉郡の防人の歌には、

足柄《あしがら》の御坂《みさか》に立《た》して袖《そで》振らば　家なる妹《いも》は清《さや》に見もかも

（箱根の足柄峠に立って袖を振ったなら、埼玉の家にいる妻ははっきりと見てくれるだろうか）というものがあります。三国らに率いられた荒虫など二〇人の武蔵国の防人たちは、おそらく府中の国衙の一キロばかり西を北方の上野国に通じていた、道幅一二メートルの東山道武蔵路《むさしみち》から南に多摩川を渡り、多摩の横山をこえて海老名《えびな》の相模国府を通り、さらに箱根の峠をこえて難波に向かったと考えられます。

向《むこう》が岡《おか》

府中から南へ多摩川を渡った多摩市関戸《せきど》の地に続く丘陵は、古くから「向が岡」または「向《むかい》の岡」と呼ばれています（図1）。植田孟縉《うえだもうしん》等によって書かれた『新編武蔵風土記稿《しんぺんむさしふどきこう》』は

図１　多摩川と向が岡
（多摩市教育委員会所蔵『調布玉川惣畫圖』より）

多摩郡の地名を解説する中で、「向の岡」の所在には異説があるけれども、「とにかく玉川《たまがわ》の辺《あたり》なることは論なし」として、『新勅撰和歌集《しんちょくせんわかしゅう》』に載る小野小町《おののこまち》の次の和歌をあげています。

武蔵野の向の岡の草なれば　根をたづねてもあはんとぞ思ふ

「向の岡の草」とはおそらく、古代に珍重された紫色の染料となる「むらさき（紫草）」と考えられます。一〇世紀に定められた法典の『延喜式《えんぎしき》』にも、武蔵国から国に上納する産物である調《ちょう》の中に、布や木綿と並んで紫草が記されています。小町の和歌はこの紫草を詠みながら、武蔵野の向の岡が平安時代の前期には歌枕《うたまくら》として、都の人々にも知られていたことを示しています。

この向が岡はまさに、武蔵国府をたって南下する防人達が越えなければならない、向かい側の岡である多摩の横山の入口であったわけです。その南方にある多摩市の打越山《うちこしやま》遺跡からは、平成一一年（一九九九）に古代の道路跡が発掘され、それは武蔵国府から、小野路《おのじ》・図師《ずし》・座間《ざま》を経て海老名《えびな》の相模国府にいたる古代の道であろうと考えられています。防人も通ったかもしれないこの古道からさらに難波への途中には、伊豆《いず》（国府は三島）・駿河《するが》（静岡）・遠江《とおとうみ》（磐田）・参河《みかわ》（豊川）・尾張《おわり》（稲沢）・伊勢《いせ》（鈴鹿）・伊賀《いが》（上野）の各国があります。駅馬《えきば》の制が整えられた平安時代前期の『延喜式』では、平安京に納める租《そ》・調《ちょう》運送の日程を、武蔵国からは東海道で上り二九日、下り一五日と定められていますが、防人達の行路の日程はおそらくこの上りの行程に準じ、一行が府中の国府を出発したのは一月下旬のはじめ頃であったろうと考えられます。そして二月二〇日に難波に着き、その月の末頃に防人の一同は難波の港から舟に乗せられ、瀬戸内海の島づたいに筑紫《つくし》の大宰府《だざいふ》に向かったはずです。大任を果たした大伴家持は三月三日に、防人の交替を監督する勅使とともに酒宴に臨んで、

含《ふく》めりし花の初めに来《こ》しわれや　散りなむのちに都へ行かむ

と、桜の花の蕾《つぼみ》の時に難波に来たけれども、花が散ってのちに奈良の平城京に帰ることであろうと述懐しています。彼は武蔵国の二〇首の防人の歌を受取る前の二月一七日にも、すでに次のような歌を詠んでいました。

龍田山《たつたやま》見つつ越え来し桜花　散りか過ぎなむわが帰るさに

残念ながら家持は『万葉集』の防人の歌の中に、多摩郡出身者の歌を採録していませんが、その中でも同じように、家族と別れて遠国の軍役におもむく防人の悲痛の思いが歌われていたのではないかと思われます。それは『万葉集』のよく知られた次の東歌《あずまうた》に歌われている相聞《そうもん》の心情を、国家権力によって引きさかれるという悲しみと痛みを秘めたものであったのではないでしょうか。

多摩川に曝《さら》す手作《てづく》りさらさらに　何ぞこの児《こ》のここだ愛《かな》しき

東国からはるかな西国の防衛に召し出される防人の制度は、八世紀の奈良時代で終わりますが、一〇世紀はじめの平安時代には、多摩の横山は良馬を産出する地として朝廷の勅旨牧《ちょくしまき》にも指定され、そこではぐくまれた横山党などの騎馬武者達が、続く平安末・鎌倉の時代にかけて、ひろく活躍することになります。

二、大栗川

由木の大川

由木の里は、その中央を西から東に貫いて流れる大栗川《おおくりがわ》をはさんで、南北に数多く分け入る多摩丘陵の枝谷《えだだに》に分散した集落をあわせて、山間の村里として形作られてきました。江戸時代にはこの地域に一一の村が分立していましたが、明治二二年（一八八九）の市制・町村制施行に伴ってそれらは由木村として一体化され、昭和三九年（一九六四）に町村合併によって八王子市に編入されるまで、七五年の間独立した自治体として、神奈川県（一八八九—一九三）・東京府（一八九三—一九四三）・東京都（一九四三—六四）の南多摩郡に属していました。そのような村里の一体性の基盤となり、人々の暮らしを支えてきたのが、村人から大川とも呼ばれていた大栗川であったといえるでしょう。

大栗川は、由木の里からさらに東北に多摩市内を流れ下って、蓮光寺《れんこうじ》の向ノ岡の北側で多摩川に合流しています。『新編武蔵風土記稿《しんぺんむさしふどきこう》』はこの川の名を「大庫裡川《おおくりがわ》」と記して、次のような説明を行っています（原文を一部読み易くしています）。

由木領《ゆぎりょう》の奥より出《い》でて領の中央を東流し、この所にて由木川と呼び、およそ一里半ばかり流れて艮《うしとら》（北東）の方《かた》へ折れて、和田と関戸との辺《あたり》に至って大庫裡川の名あり。往昔《むかし》この辺に真慈悲寺《しんじひじ》という古刹《こさつ》あり、その大庫裡の辺を流れしゆえに、かく号するといい伝う。これより東流し関戸村の下《しも》にて玉川《たまがわ》に落ち入《い》る。水源より三里ばかり。川幅由木川と唱うる辺は一間《けん》あるいは二間あまり、下流に至《いたり》ては三間あるいは四五間。深さ常に二三尺。所々往来《おうらい》の橋を架《か》することあまたなり。由木領の内は泥川なれど、関戸辺より砂利川となる。

真慈悲寺とは、日野市百草《もぐさ》の丘陵の東端にあった古寺で、平安時代末には祈祷《きとう》の寺として信仰を集めていましたが、鎌倉時代はじめに幕府の援助をうけて再興され、幕府が後白河法皇《ごしらかわほうおう》の四十九日忌の仏事を雪ノ下の阿弥陀山勝長寿院《しょうちょうじゅいん》で行った建久《けんきゅう》三年（一一九二）にも、浅草寺と並んで三名の寺僧が奉仕するような、武蔵国の大寺でした。この頃に再興された真慈悲寺の場所は、多摩市和田の宝蔵橋《ほうぞうばし》の西北、新堂《しんどう》公園から東電総合研修センターにかけての新堂谷戸《しんどうやと》であったと考えられていますので、当時このあたりで湾曲していた大栗川は、寺の大庫裡のすぐ前を流れていたと想像されます。真慈悲寺は源頼朝《みなもとのよりとも》・頼家《よりいえ》・実朝《さねとも》三代の将軍家が滅亡（承久《じょうきゅう》元年・一二一九）するとともに、急速に衰退したとされていますが、土地の人々は「大庫裡川」と「宝蔵橋」「新堂谷戸」の名前によって、幻となった真慈悲寺の面影を伝えていたわけでした。

大栗川の名前について、『風土記稿』は由木領の所では「由木川」と呼んだと記していました。同書の天保《てんぽう》元年（一八三〇）完成の浄書稿本《じょうしょこうほん》（その書名は『新編武蔵国風土記稿』とあって、これが正しい名称と考えられますが、通行の刊本によって「国」のない表記に従っておきます）によれば、当時の柚（由）木領内には二四か村あって、八王子市内の別所・松木・大澤・上柚木・下柚木・鑓水《やりみず》・中山・堀ノ内・越野《こしの》・中野・大塚村の一一か村のほか、町田市に属する三輪《みわ》・能ケ谷《のうがや》・廣袴《ひろばかま》・大蔵《おおくら》・真光寺《しんこうじ》・小野路《おのじ》・野津田《のつだ》・上図師《かみずし》・下図師《しもずし》・上小山田《かみおやまだ》・下小山田《しもおやまだ》村の一一か村、および多摩市に属する乞田《こった》・落合《おちあい》の二か村から成っていました。そして大栗川の下流域は日野領の中和田・上和田・寺方《てらがた》・関戸《せきど》・蓮光寺《れんこうじ》の五か村ということになり、大栗川の源流は鑓水地区の御殿峠《ごてんとうげ》にありますから、当時の状況について正確にいえば、大栗川の流域は由木領の前半の一一か村と、日野領の五か村であったことになります。そしてこの由木領の、当時は独立していた一一か村の人達が、共通に大栗川を「由木川」と呼んでいたとは考え難いことで、この名称は下流の日野領の人々の中での、大庫裡川の別称であったと思われます。

今では由木地域の者でもごく僅かの人しか知らないと思われますが、昭和四二年（一九六七）に八王子市立由木中学校の社会科の先生方が編集した『みんなの郷土　由木』という、ガリ版刷り二二〇頁ばかりの本（資料）があります。由木の自然や人口・歴史などを総合的に整理した貴重な力作ですが、その最初の三・四頁に載っている「由木地区全図」に、大栗川とその支流についてすこしばかり補足した地図を作ってみました（図2）。この地図と『新編武蔵風土記稿』の各村での記載を参考として、一部は明治一二年（一八七九）から神

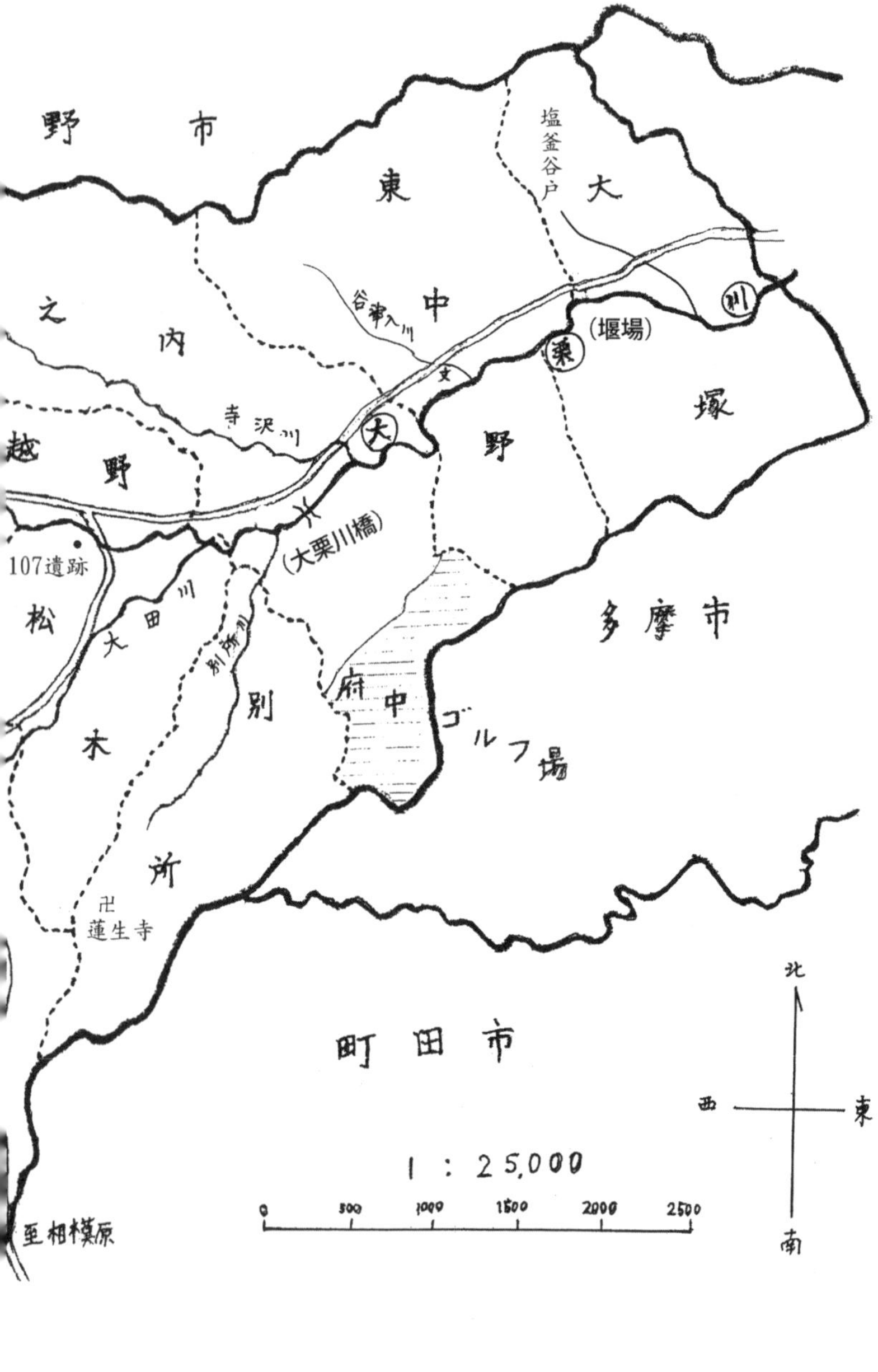

野　市
塩釜谷戸
東　大
之
内
谷戸入川
中
(堰場)
栗
川
支
寺沢川
大
塚
越
野
野
(大栗川橋)
107遺跡
大田川
松
多摩市
別所川
府
中
別
ゴルフ場
木
所
卍
蓮生寺
町田市
北
西
東
南
1 : 25,000
0
500
1000
1500
2000
2500
至相模原

図2 由木地区全図

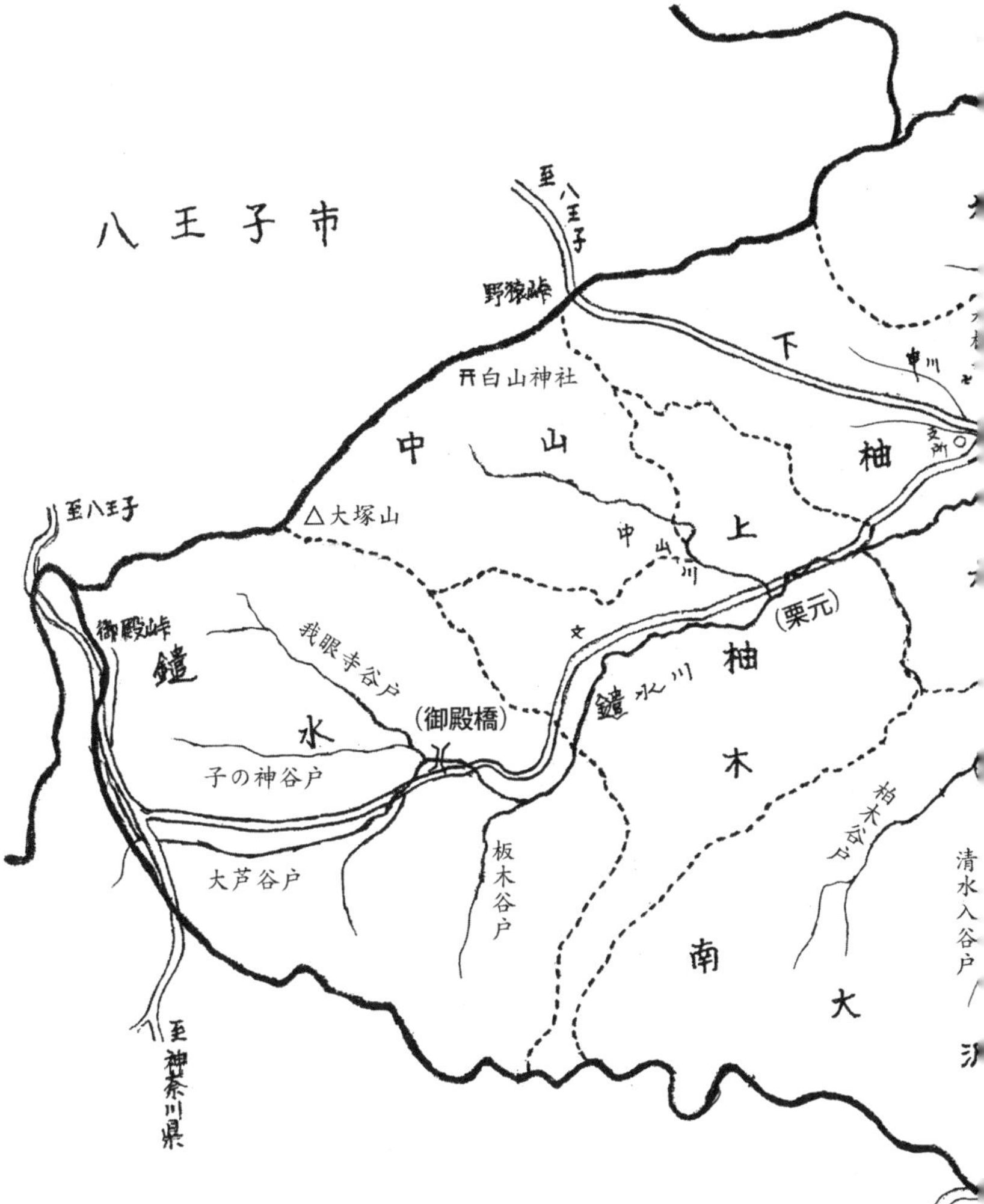
八王子市
至八王子
野猿峠
白山神社
中山
下
中川
支所
柚
大塚山
中山川
上
至八王子
御殿峠
鑓
水
我眼寺谷戸
(栗元)
柚
鑓水川
(御殿橋)
木
子の神谷戸
柏木谷戸
清水入谷戸
大芦谷戸
板木谷戸
南
大
至神奈川県

奈川県によって編集された『皇国地誌《こうこくちし》』で補足しながら、大栗川とおもな支流の原形を概観してみたいと思います。

『風土記稿』はまず、鑓水村の項では、村内の「川」についてただ、「大栗川の源なり、村内にては無名の川なり。村西の谷々より涌出《わきい》ずる清水、東をさして流れ、村の中程に至って合して一条となり、なお東して上柚木村に至る」とあります。「村の中程」という場所には、現在は御殿橋《ごてんばし》がかかっていて、北西からここに流れ入る二本の支流は、北側が絹の道の左手にひろがる我眼寺《がかんじ》（厳耕地《がんごうち》とも）谷戸《やと(つ)》から、南側が子の神《ねのかみ》谷戸から流れています。その前者は『皇国地誌』では御殿川と記されていますが、これらの本流として、現在の由木街道に並行して大芦《おおあし》谷戸を西にさかのぼり、次いで東京環状線沿いに北上する流れこそ、大栗川の源流と考えられます。しかしその現状は無残なことに、由木街道沿いの部分は地下に埋めこまれ（暗渠《あんきょ》）て、その水の流れはまったく見ることができません。地元の老人の話では、昔は夏にはウナギもとれたとのことですが、あまりにも変わり果てた姿に暗然とするばかりです。

その上流にあたり、由木街道と環状線が交差する地点の西北の谷間に、幅三〇メートル程の池があって、ここを大栗川の源流とする説もありますが、本当はさらに七〇〇メートルばかり北側の環状線の西側にある、旧日本閣結婚式場のノース・アンジェの裏手の地点あたり

写真１　大栗川源流

が、かつての大栗川の源流点であったと考えられます。支配人氏のお話では構内の日本庭園の北奥には湧き水の出る斜面があり、そこから細い流れが始まって、一度環状線の東側に移り、再び西側に流れ下っていたようです。そのあたりは今はすべて埋め立てられていますが、一部だけ流れが露出している区間が見られます（写真1）。なお鑓水地区には、御殿橋の五〇〇メートルほど下流で南方の板木《いたぎ》谷戸から流入する支流もありましたが、その水源の一帯は、後にふれる弥生《やよい》時代・奈良時代の由木地域における貴重な遺跡が集まっていた地点です。

『風土記稿』の続く上柚木の項では、大栗川は鑓水川の名で紹介されています。すでに川幅は二間ほどと広くなり、村内を「流るゝこと十六七町（一三〇〇メートル程）にして、小名《こな》・栗元《くりもと》へ出ず。その所にて中山川に合わせて一流となり……二流合《あい》てより下をば大栗川と呼べり」とあり、小名の栗元の説明では、「この所に昔、栗の木ありて、実を結ぶ頃は鑓水川に落ちて、下流へながるゝ故、川の名をも、それより下にては栗川《くりかわ》とよぶ」とされています。期せずして大栗川の名前の由来が明かされていますが、まことに納得のいく自然な説明と感じられます。ここに北西から流れ込む中山川は、『皇国地誌』では岩入川《いわいりがわ》となっていますが、その流域も奥の深い谷戸です。中山川は由木地域の最高点である標高二一三・七メートルの大塚山（道了堂跡《どうりょうどうあと》）の東面から発して、旧村社の白山《はくさん》神社のある宮ノ前地区や谷戸・小池・山際《やまぎわ》を経て、宮郷《みやごう》の地（その対岸が栗元）で大栗川と合流しています。

つぎの下柚木村の項では、大栗川の本流については特別のことは記されていませんが、現在の野猿峠《やえんとうげ》を猿丸《さるまる》峠の名で紹介し、その山下に申川《さるかわ》という流れがあり、峠の名の猿丸は古名の申丸《さるまる》の当て字であろうとしています。「申丸」とは、『風土記稿』の執筆者の一人でもあった植田孟縉《うえだもうしん》（一七五七―一八四三）の『武蔵名勝図会《むさしめいしょうずえ》』によれば、その昔、猿丸嶺《れい》には戦国時代の滝山《たきやま》城主で小田原の後北条氏《ごほうじょうし》に実権を奪われた大石源左衛門《おおいしげんざえもん》の鎧《よろい》を埋めて、彼を供養する五輪塔《ごりんのとう》が建てられていたので、秩父の武甲山《ぶこうざん》にならって甲山嶺《こうざんれい》と号したけれども、のちに「甲《かぶと》」を「申」と書き誤まり、これを十二支の申《さる》に読んで「さる山」というようになり、ついに「猿」の字が書かれるようになったということです。そこから流れ出た申川は、鎌倉時代以来の豪族由木氏の館《たち》の故地とされ、大石・後北条氏ゆかりの永林寺《えいりんじ》のある殿ヶ谷戸の地区を東流して、由木街道と野猿街道が分岐する地点の東南で、大栗川に合流しています。

この「申川」という名前を地元で聞いたことはほとんどありませんが、この小川の下流ではマグソッパヤと子供等が呼んでいた、ホンバヤ（ウグイ）とバカッパヤ（オイカワ）の合いの子のような、馬糞色の珍しい小魚が釣れたことを記憶しています。

『風土記稿』が大栗川の川幅を、下柚木村下流の越野村で六間、その下流の松木村で三間余としているのはおかしな話で、松木村の東端では大栗川の最大の支流で、『風土記稿』には村中川と書かれている大田川が合流して、川幅はさらに広くなっています。大田川の流域も、その上流域の南大沢地区をふくめて、はるか昔の旧石器時代から丘陵や谷筋に人々の生活の痕跡がたくさん遺されていたことが確認されている地域です。そして合流点より下流の堀之内村では、川幅は七八間と書かれていますが、ここではまず南方から、古刹蓮生寺《れんしょうじ》のある別所谷を流れる別所川（谷戸川）が合流し、その七〇〇メートルほど下流では西北方から寺沢川が合流しています。寺沢川も奥の深い谷戸川で、子供時代に農作業の手伝いのあとでサワガニをつかまえて、薬缶《やかん》に入れて家に持ち帰ったことなどを思い出します。

さらに下流の東中野の地区は、『風土記稿』では中野村と呼ばれています。ここに来て大栗川の川幅は八間となり、村内北方の谷筋から湧き出した谷戸入川《やついりかわ》（地元では谷戸をヤツと呼んでいますので、現在は谷津入川と書かれます）が合流しています。その東の大塚村は由木地域での大栗川の最下流域となりますが、川幅は九間（一六メートルあまり）ほどとされ、中野村との境に取水のための大堰《おおぜき》があり、その下流では北方の塩釜谷戸《しおがまやと》から流れ入る細い谷戸川が合流しています。そしてこのように見て来ますと、西端の御殿峠の杉の森の中で細々とした清流を作り始めた大栗川は、直線にして一一キロばかりの由木の里を東方に貫ぬき、数知れぬ葉脈のような谷戸川の細流を一本に集めて、さらに東の多摩市内を下って多摩川にそそいでいたことが実感されます。

大栗川の名前の由来について納得できる説明があったのは、『風土記稿』の上柚木村の項でした。上柚木村の栗元の地にはむかし栗の木があって、実を結ぶ頃には鑓水川に落ちて下流に流れていくため、ここを栗元と呼びこれより下流を栗川《くりかわ》と称したとありました。さきに『風土記稿』は大栗川を、「由木領の内は泥川」としていましたが、著者の子供時代の経験でも、曲がりくねって流れていた大栗川には、農業用水を取水するための堰《せき》の上流で、水流がゆるやかで深く川底に泥土が淀んでいる所と、堰の下流で水流が早くて浅く、砂利が敷きつめられた浅瀬があり、そのような所では秋になると、栗や胡桃《くるみ》の実が小石の間に沈んでいるのを探して拾い上げた記憶があります。大栗川の名前は、そのような地元の人々のくらしの実際から自然と生まれ、伝えられてきたものと考えられます。

ただ、多摩ニュータウン計画によって大栗川は全面的に改修され、両岸はコンクリートで固められて、ほぼ一直線に流れ下る水路に変貌してしまいました。秋には流れに実を落とす栗の木など、いまは一本もありません。さまざまな川魚たちが生き生きと泳ぎ廻り、子供や大人までこの川に慣れ親しんだ豊かな自然は、悠然とした田園風景とともに永久に失われてしまったのです。その厳然たる事実をいまさらあげつらうのは空しいことですが、唯一つ著者が許せないと日頃思っていることは、この大栗川の呼び名の混乱です。現在の大栗川の河岸には、「一級河川　おおぐり川」という河川表示板がいたる所に立てられています。

著者は昭和一桁《ひとけた》代に越野地区に生まれ、太平洋戦争前の幼少時代からここで水遊びや魚取りをして成長してきましたが、この川について「おおぐり」と濁った名前で呼ばれるのを聞いたことは、この表示板を見るまで一度もありません。そもそも、『風土記稿』にあるような栗の実の流れる「栗川《くりかわ》」が「大栗川《おおくりがわ》」と呼ばれるようになったのは、この川が多くの支流の水を集めて地域随一の大川になっているという、隅田川《すみだかわ》を江戸の下町の人々が「大川《おおかわ》」と呼んだのと同じ美称で、「大栗《おおぐり》」の川などという濁った感覚は、この地域にはもともとないのです。私共もその昔は、大栗川を大川と呼んでいたものでした。

下流の多摩地域で「大庫裡川《おおくり》」と呼ばれていたということも、「クリ」が濁らない清音であったことを証明しています。弘化《こうか》二年（一八四五）に関戸村名主《なぬし》の相沢伴主《あいざわともぬし》が文を記し、長谷川雪堤《はせがわせってい》が絵を画いた『調布玉川惣畫図《そうがず》』の関戸村の図中にも、多摩川に合流する「大クリ川」の表記で、大栗川の名称が濁らずに明記されています（二一頁、図1）。先年、著者は一級河川の管理者である国土交通省の横浜市にある京浜河川事務所に資料を送って、表示板の訂正を求めましたが、何の返事もありません。地方自治法の第三条では、「地方自治体の名称は、従来の名称による」と定められています。その原則は地域の地名・山名・河川名等にも、当然適用されるべきでしょう。いわば当時のニュータウン計画関係者の違法行為の結果が、現在まで大栗川の河川標示に残されているということになります。人間社会の維持発展のため自然に手を加えてこれを変えることはやむをえませんが、祖先から伝えられてきた固有の文化を、何の根拠と必要もなく改悪する愚行だけは、是非とも止めてもらいたいと強く思います。地域の人々にはどうか大栗川の呼び名を、不正・違法な河川表示に関係なく、今後とも従来のとおり濁らさないでほしいものと希います。

川魚たちの記憶

由木の地域にとって「母なる川」であったその昔の大栗川について、稲作のための用水確保や台風時の大水《おおみず》の恐怖など、人々の暮らしに直結するさまざまな関わりのほか、水遊びや魚とりなどの生活のうるおいの源泉として、これを実感として懐かしむ年輩者も、年々その数が少なくなっています。大栗川とこれに流れ込む支流にすみ、人々に身近に親しまれてきた川魚たちの名前を思い起こせば、まずフナやコイにハヤがあります。多くはバカッパヤと呼んだオイカワですが、小学校同級生の加藤秀男君の話では、最上流の鑓水ではハヤの姿を見ることはなく、上柚木に入ってようやく見かけることができたといいます。そして堀之内地区の芝原の南辺にあったハッタメという堰《せき》（『風土記稿』では八段目堰）より下流には、バカッパヤのほかにホンバヤと呼んだウグイもいて、春の産卵期には体側の赤くなった集団の魚達を投網《とあみ》で大量に捕ったこともありました。ギバチと呼んだ、ナマズを小形にして両ひれに刺《とげ》をつけたような魚も身近な存在で、雨後の水の濁った時などには、二〇センチ以上もある大物がよく釣れたものです。

ドジョウやウナギももちろん身近な川魚でしたが、体長五、六センチのカワエビもたくさんいました。蚕《かいこ》の蛹《さなぎ》を餌において笹の葉を入れた笊《ざる》を縄《なわ》で水中に吊るしておき、昼休みや夕方などにこれを引き上げるエビ漁をよくしていた、近所の老婆の姿なども思い出されます。カワエビの天ぷらもまたたいへんおいしい、農村の蛋白源でした。子供らがコトブキと呼んでいた、ハゼをスマートにしてウロコにかすかな虹色をつけたようなカマツカ（鯉科の淡水魚・オコトとも）も、数はすくなく珍らしいものでしたが、非常に美味で、松木の信濃守屋敷跡の北側の暗い渕で一五センチ以上もある大形を釣り上げた時は、ドキドキする感動を覚えたものでした。

明治四三年（一九一〇）に堀之内の農家の長男に生まれ、酪農を営んでいた横倉為夫《よこくらためお》氏は、多摩ニュータウン計画に伴う農地買収にあって、園芸に生業をかえながら和歌を詠んだといわれますが、昭和五五年(一九八〇)に『歌集　大栗川』を堅香子《かたかご》歌会から刊行されました。その中から五首だけ拝借して、以下に紹介させて頂きます。

魚《うを》捕《と》りに泳ぎに村の少年等　大栗川に育ち来しなり

疾《と》く起きて釣りたる鰻《うなぎ》を朝飯《あさめし》に　焼きて食ひたる日を思ひ出づ

大栗川に捕りたる魚《うお》は多かるも　蝦《えび》と鰻はうまかりしかな

雨の日もまた或るときは月の夜も　泳ぎたりけり大栗川に

魚の棲《す》む木蔭さへなくコンクリートに　固められたり大栗川は

第二首の「疾く起きて」とは、前日の日暮れ時にドジョウやミミズを餌とした流《なが》し針《ばり》(置針)を川岸に仕掛けておいて、翌日の朝早くこれを揚げに行ってとれた獲物のことを歌っていると思います。流し針の仕掛けは、カツ糸と呼んだ太目のもめん糸二、三メートルの先端の一方に、先を斜めに切った太さ一センチ長さ一五センチほどの篠竹《しのたけ》を結《ゆわ》えつけ、いま一方の先には大形の釣り針を結び、その手前二〇センチ程の部分に錘《おもり》として二、三センチの小石を縛《しば》りつけた手製の釣具で、子供達はたいてい一〇箇から二〇箇の仕掛けを自分用に持っていました。餌は大形のドロミミズかドジョウで、中でも砂利底の小川でとれるシマドジョウは肉や皮が固く、一晩水中に仕掛けをおいても針から外れることのない、上等な餌とされていました。夏の夕方には餌をつけた仕掛けをバケツに入れて大川に行き、これぞという場所の川岸の土に篠竹を刺し込み、川底に餌のついた針を沈めて、翌朝の成果を楽しみにしたものでした。明くる早朝に川岸に行ってみれば、ウナギやギバチがかかっている流し針の糸はピンと張りつめていて手前からもすぐわかり、胸を踊らされたものでした。針にかかった鰻などは、水中の真菰《まこも》の茎にからみついていて、引き上げるのに苦労したものです。

横倉氏の和歌にあるように、川筋の子供達はさまざまな方法を工夫して色々な川魚を捕り、夏には連れ立って水浴びなどをして、大栗川にはぐくまれて成長してきました。たしか著者が小学六年生頃の真夏の昼すぎ、珍らしく一人で少し上流の下柚木の堰《せき》上の水遊び場に泳ぎに行ったところ、かつての同級生で五年生以来男女組分れしていた女の子が友達と水につかっていて、立ち上って上半身を露出する際に、両腕を胸の前に交叉して前かがみ気味にしているのを、不思議なことをしていると感じたことがありました。あれはミロのヴィーナスの失なわれた左腕だったのかと思い当ったのは、かなり後年のことでしたが、笹の葉色に薄濁りした河水のひやっとするやわらかな感触とともに、米寿におよんだ今でも記憶の底に残っています。コンクリートで固められた現在の大栗川には、夏には子供等がプールがわりに泳ぎ回った深場《ふかんど》も失われ、魚の棲む草蔭・木蔭や河岸のほら穴（エーランコと子供らは呼んでいました）もなくなり、川魚達の産卵の場や幼魚をはぐくむ緩やかな水溜りもすっかり失われ、あの川魚達にとっては生きる場所のない、死の世界と変わってしまったようです。

それでも、このようなコンクリートで固められた現在の景観の背後には、あのような豊かな自然と里人とのかかわりの世界があったのだという事実だけは、何としても記憶しておきたいものと思われるのです。

三、歴史以前の多摩地方と由木の里

1、先史時代のはじまり

あらゆるものの存在の場である宇宙は、今から一三八億年前のビッグ・バン（大爆発）によって出現し、その中に地球が誕生したのはおよそ四六億年前、そして私達人類がそこに登場してくるのは、類人猿から進化した原人が二三〇万年前、現代人につながる新人（ホモ・サピエンス）は、今から二〇万年前であったとされています。さらに、地殻《ちかく》の変動によって日本列島が形成され、そこにヒトが住みついたという確実な歴史は、約三万八千年前の後期旧石器時代以降のことといわれます（二〇〇四年に長崎県平戸《ひらど》市で約九万年前の石器が発見され、さらに二〇一三年には島根県の砂原《すなはら》遺跡の石器が一一〜一二万年前と結論され、日本の一部にも中期旧石器文化が存在したとする見方もあります）。

かりに地球の歴史を一年三六五日に短縮して、その誕生を一月元旦の午前〇時と仮定すれば、一万年は約一分八秒になりますから、人類の出現は大晦日《おおみそか》の午後七時半すぎ、テレビでは紅白歌合戦が始まっている時刻にあたります。日本列島にヒトが住みつくのは、もう除夜の鐘が鳴り出した年開けの四分前ということになります。それでも、地球の歴史からみたら瞬間にすぎないような相対的に短い時間の中で、人類、そして日本人の生活と文化は、大宇宙の中でも類例を見ない多様かつ独自の発展をくりひろげてきました。

空間的にみても、宇宙の中では極微《ごくみ》の存在である地球、地球の中の日本、日本の中の多摩地方、その中でも今は自治体としての独立性を失っている由木の里は、ある意味では高性能の顕微鏡でのぞかなければわからないほどの、小さな地域であるかもしれません。それでも、その中に現在を生きている私達としては、この狭い地域とその周辺にくりひろげられてきた先人達の真実の歴史を、今のうちに少しでも掘り起こして、これを自分達の心の糧《かて》とし、また後の人々に伝えていくことが大事であろうと思われます。

長い地球の歴史を刻む地質学的な時代区分としては、現代は恐竜の絶滅以後とされる、今から六千五百万年前から始まるもっとも新しい新世代《しんせいだい》の中でも、末期の第四期《だいしき》のさらに最末期、今から約一万二千年前から現在にいたる完新世《かんしんせい》という時代にあたります（表1）。それ以前は第四期の中でも更新世《こうしんせい》と呼ばれていますが、その時代には、寒冷な氷河期と温暖な間氷期がくり返されていました。更新世の後期の氷河時代はまた火山活動の活発な時代で、古富士山や箱根火山などが数百年の間隔で噴火して火山灰を降らせ、それが積もって関東ローム層といわれる赤土の層が広く地表を覆いました。さらに多摩川中流域では、今から一万年より以前に積もった火山灰は最上部に堆積して、立川ローム層と呼ばれています。

この時期には、地球上の水分は雪や氷となって北極と南極や高山地帯に集まり、海面は東

表１．地球の自然史と日本文化の先史

	地質時代			生物・人類と日本文化の歴史
46億年前	(地球の誕生)			
	始生代			・生命の誕生
	原生代			・多細胞生物の出現
6億年前	古生代			・脊椎動物の出現 ・爬虫類の出現
2.5億年前	中生代			・哺乳類の出現 ・爬虫類の大量絶滅
6,500万年前	新生代	第三期		・哺乳類・被子植物の台頭 ・人類の登場と旧石器文化（前期）の発生
170万年前		第四期	更新世	・氷河の前進・後退と日本列島への人類渡来 ・旧石器時代（後期）
1.2万年前			完新世	・縄文時代（12,000 ～ 2,500年前） ・弥生時代（2,500 ～ 1,750年前） ・古墳時代（３世紀後半～７世紀前半） ・歴史時代（６～７世紀以降）
現在				

京付近で最大一三〇メートルも低くなったといいます。そして約一万八千年前の最終氷河期の後には、ふたたび海面は上昇して日本列島は大陸から分離独立することになります。この前後のころが、東京都ないし多摩の地方でも旧石器時代人がさかんに活動していた時代で、立川ローム層の中からは、各地で彼等が使った石器が発見されています。つまり更新世末期から完新世のはじまるころ、今から約三万八千年前から一万二千年前にわたる石器文化の時代が、旧石器時代（後期旧石器時代）あるいは先土器時代と名づけられ、それ以後の一万年ばかりが新石器時代である縄文時代となります。

旧石器時代から縄文時代、そしてさらに七〇〇年あまり続く次の弥生時代までが、考古学上は日本における先史時代で、三世紀後半からはじまる次の古墳時代は、まだ歴史文献の少ない原史時代とされています。しかし文字や仏教がすでに伝わっていた古墳時代後期にあたる六世紀末からの飛鳥時代をふくめて、つづく奈良・平安時代以降が、わが国でも同時代の文献によって歴史を知ることのできる歴史時代にあたると考えていいように思われます。

2、旧石器時代

人間生活のはじまり

旧石器時代には、東京の地域にもアジア大陸から陸づたいに棲《す》みついたナウマンゾウやオオツノジカ・ヘラジカなどの大型獣がおり、人々は狩りによってこれを捕食したり、また木の実や根茎などの植物資源も食用されていました。狩りの道具とされた槍先型尖頭器《やりさきがたせんとうき》や石刃《せきじん》・ナイフ形石器などは、この時代の遺物として多摩地方でも多数出土しています（口絵1）。しかし旧石器時代の住居の跡は、なかなか発見できないといいます。住居の構造が簡易なものであったうえ、狩りのため人々は移動をくり返していたのがその理由ですが、それでも、焼けた石がまとまって見つかれば調理場であったことが推定され、石の剥片《はくへん》などがまとまって出土する所は石器製作の場であったと考えられます。それらが組み合わさってまとめて出土するブロックが旧石器時代人の生活の場として認められ、同時代のブロックが数か所まとまっているものはユニットと呼ばれています。

多摩地方の旧石器時代遺跡としては、これまでにも調布市仙川《せんかわ》遺跡・府中市武蔵野公園遺跡・小平市鈴木遺跡など多数報告されており、国分寺市と調布市にまたがる野川《のがわ》の流域も、湧水のある国分寺崖線《がいせん》に接していて、周辺から三〇あまりの旧石器時代人の生活痕がみつかっています。たとえば今から一万二千年前の調布市仙川遺跡では、黒曜石《こくようせき》でつくられた尖頭器《せんとうき》やスクレーパー（掻器《そうき》）・ナイフ形石器などが多数出土しました。その原石を鑑定したところ、長野県の霧ヶ峰と和田峠産であることがわかっています。黒曜石は薄く鋭く剝《は》がれる特性があって、狩猟具などを作るのにすぐれた素材で、後の縄文時代にも、遠隔地の間で物資の交易があったことを示すように、信濃《しなの》・箱根・神津島《こうづしま》などの原石が広い地域で用いられています。

関俊彦《せきとしひこ》氏によれば、多摩丘陵には五〇あまりの旧石器人の生活の痕跡がわかっており、その大半は一万八千年前後の古さのもので、国分寺や調布など武蔵野台地の一三〇あまりの旧石器時代遺跡の分布とあわせて、「今日の東京人の歴史は武蔵野や多摩の丘陵からはじまったといえる」といいます（『郷土東京の歴史』ぎょうせい・一九九八年）。身近な八王子市や日野市の周辺でも、これまでに八王子市みなみ野の小比企向原《こびきむこうはら》遺跡や、日野市新町《しんまち》の七ツ塚遺跡など、約一〇か所の旧石器時代遺跡が調査されているといわれています（『八王子・日野の歴史』郷土出版社・二〇〇七年）。

発掘された由木の旧石器時代

多摩ニュータウンの区域は八王子市の由木地域のほか、多摩市・町田市・稲城市の四市にまたがっていますが、その造成工事に伴って発掘調査された遺跡の総数は、平成一六年一月現在で九六四か所にのぼっているといわれます。その調査にあたった東京都埋蔵文化財センターは、昭和五五（一九八〇）年度から各年度の調査結果を『年報』にまとめていますが、著者がその第一号から平成一三（二〇〇一）年度の第二二号までに記載された、由木地域に関する調査報告件数を数え出した数字を表（表2）にしてみました。その遺跡数は合わせて三七九件で、同センターが平成二二年にまとめた『遺跡所在地一覧表』の由木地域の合計数五一五件の七割ほどです。この地域の全体像を正確に反映しているかは自信がありませんが、おおよその傾向はつかめるものと思います。これによれば、旧石器・先土器時代人の居住跡を示すと考えられる遺物集中地点・ユニット数は、合計で一六八か所に達しており、関俊彦氏が平成一〇年に報告している多摩丘陵の旧石器遺跡数の三倍をこえています。中でも、松木地区の九二と上柚木地区の三二が突出して多く、下柚木の二一と堀之内の一二がこれに続いています。

これらのうち、松木地区の大田川右岸にある川端《かわばた》公園に近い多摩ニュータウンNo.402—B遺跡では、旧石器時代の遺物集中地点が一〇か所見つかり、そこからはもっとも古い年代に属

表2. 多摩ニュータウン遺跡調査からみた由木地域の遺跡

区分／地区	遺跡数	『年報』記載数	旧石器時代遺物集中地点	住居跡						土坑					
				縄文時代	弥生時代	古墳時代	奈良・平安時代	中世	近世	縄文時代	弥生時代	古墳時代	奈良・平安時代	中世	近世
鑓水	57	28	3	6	3 註1	59	71			701		35	256		31
中山															
上柚木	56	41	32	9		1	16			726			105		76
下柚木	29	35	21	16			16			575			156	14	10
南大沢	167	82	5	20		6	31			837	2 註2	35	152		36
越野	11	24	3	8			11			724		6	48	14	4
別所	58	25		4			5			207		19	9	91	29
松木	63	71	92	61		6	109		1	910		8	56	151	323
堀之内	55	66	12	300		7	201	10		1,544			222	183	36
東中野	15	7		1			2			93			35		1
大塚	4														
計	515	379	168	425	3	79	462	10	1	6,317	2	103	1,039	453	546

・『東京都埋蔵文化財センター年報』1（昭和55年度）～22（平成13年度）より集計（中山・大塚地区は記載なし）
遺跡数は「遺跡所在地一覧表」（2010.2.15）による。　註1『報告書 20集』、註2『調査報告 2集』

する約三万年前のナイフ形石器や、人が使った礫《れき》（石のかけら）のまとまりが出土しています。また、ここから七〇〇メートルほどの西北にあたる大栗川右岸にある松木台のNo.107遺跡は、戦国時代の支配者の大石信濃守屋敷跡としても知られていますが、ここでも旧石器時代の遺物集中地点が二か所見つかり、そこではナイフ形石器一五・尖頭器《せんとうき》一一・楔形《くさびがた》石器一などのほか、剥片《はくへん》や細片《さいへん》をあわせて五二四点の遺物が出土しており、その石材の大部分は黒曜石《こくようせき》で、貴重なメノウの石刃《せきじん》も一個ありました。松木地区ではほかにも、東京都立大学の野球場の地にあたるNo.512遺跡から、旧石器時代人の生活跡であるユニット四か所と、ナイフ形石器・尖頭器・掻器《そうき》・剥片などが出土し、また大栗川と大田川の合流点の南三〇〇メートルの峰ヶ谷戸公園に近いNo.388遺跡からも、旧石器時代の礫群《れきぐん》六・遺物集中地点二〇と、多数のナイフ形石器・尖頭器・細石柱・細石刃・剥片が出土しています（写真2）。さらに、その西方三〇〇メートルの浅間《せんげん》神社のあたりにあるNo.125遺跡もまた、旧石器時代のユニット四と遺物集中地点二七、それ

写真２　No.388遺跡出土旧石器

に多数の石器類を出土しています。

東隣りの堀之内地区では、芝原《しばはら》公園西側のNo.72遺跡から、旧石器時代から近代まで断続する一〇〇万点をこえる多種多様な遺構・遺物が発見されていますが、とくに縄文時代の集落としては三〇〇軒をこえる住居跡が発掘されていて、全国的にも屈指の規模のものであることが明らかにされています。ここでは旧石器時代の遺物集中地点は四か所だけ確認され、黒曜石《こくようせき》・安山岩《あんざんがん》・凝灰石《ぎょうかいせき》などを用いたナイフ形石器・槍先形尖頭器・掻器・剥片などが、あわせて百数十点出土しています。また、大栗川をはさんでこのNo.72遺跡と反対の南側にあたる、京王線堀之内駅北側にあるNo.421遺跡からも、旧石器時代のユニット三とナイフ形石器・尖頭器・礫器・剥片などが発見され、その東北七〇〇メートルほどの大栗川南岸の番場《ばんば》公園にあるNo.426遺跡からは、旧石器時代のユニット一二か所と、ナイフ形打製石器や尖頭器とその剥片が、多数出土しています。

上柚木地区をみますと、大栗川にかかる前田橋のすこし上流の南方にひろがる上柚木公園のあたりのNo.496遺跡から、旧石器時代のユニットが一四発見されていて、ナイフ形石器・槍先形尖頭器・掻器など多くの旧石器とその加工跡が発掘され、その一つのユニットからは黒曜石を主体とする、三、六〇〇点もの礫片が見つかっています。上柚木地区ではこのすこし西側にあたるNo.166・167遺跡からも、旧石器時代のユニットがあわせて二四か所発見されて、それぞれ多数の石器が出土しています。さらに大栗川をさかのぼって鑓水地区に入り、嫁入《よめいり》橋から御殿《ごてん》橋の間の南方数百メートルにある板木《いたぎ》の杜緑地《もりりょくち》あたりのNo.309遺跡でも、旧石器時代の遺物集中地点が二か所発見されていて、ナイフ形石器・尖頭器・掻器・剥片などが出土しています。

由木地域のこれらの旧石器時代遺跡のうち、No.72・402遺跡について『新八王子市史・資料編1』は、「もちろん八王子市域でも最古の石器文化」と認めていますが、その他もふくめて、いずれも縄文時代から古墳時代、奈良・平安時代から中世へと、縄文晩期から弥生時代の中断期を除いて、後々の時代まで接続する複合遺跡です。それは旧石器時代人がいかに環境のすぐれた地点を選んで、彼等の生活の場としていたかを示しているように考えられます。

多摩ニュータウンの造成区域は、街道沿いの人家の裏山から現存住居の少ない地域を中心に線引きされ、大栗川流域の低地などは調査対象とされることが少なかったのですが、これを対象とすればまた違った遺跡の様相が明らかになったかもしれないといわれます。また由木地域全体としてみれば、中山地区や大塚地区をはじめとする北側の地域が対象外とされているため、表2で見てもバランスを欠く調査結果となっていることは否定できません。それにしてもこれらの発掘結果は、今までほとんどまったく認識されていなかった、由木地域における一万二千年以上のはるか大昔の人々のいとなみを、あらためて考えさせるものではないでしょうか。また東京都や関東地方という広い視野からみても、この地域での後期旧石器時代人の濃密な生活のひろがりを再認識する、重要な資料となるのではないかと思われます。目下のところ、多摩ニュータウンの遺跡調査結果は必ずしも充分広く紹介されてないように感じられますが、歴史の証人である太古の遺跡がこの地域でほとんど破壊・消滅させられている事実から考えても、京王・小田急線多摩センター駅の東にある東京都埋蔵文化財センターの、書庫に積まれているぼう大な調査報告書と倉庫の中の出土遺物の大群は、地域研究にとってまことに貴重な宝の山と考えられるのです。

3、縄文時代

六つの時代区分

今から一万二千年前頃になると、気候は徐々に温暖化して海面が上昇し、ほぼ現在の日本列島の形ができたといわれます。その自然環境の変化に旧石器時代人は順応して、やがて縄《じょう》文式《もんしき》と呼ばれる縄目《なわめ》の文様をつけた土器を使いはじめるようになり、同時に使用した石器も用途に応じて多様化し、洗練されて、新石器時代・縄文時代と呼ばれる段階に入ります。この時代には、人々は弓矢を使った狩猟や釣などの漁を行い、木の実や草・根茎などの採集を行うと同時にその貯蔵方法も工夫して、年間を通じて同じ竪穴《たてあな》住居に定住して村落（ムラ）を形成するなど、次の弥生時代が始まるまでのおよそ一万年の長い間に、ヒトの文化と社会は著しく発展していきます。

縄文時代はふつう草創期《そうそうき》から晩期《ばんき》まで六つの期間に区分されますが、その年代と各時代のおもな特長は次のとおりです（藤本強『考古学でつづる日本史』同成社・二〇〇八年による）。

草創期	一万二、〇〇〇―八、五〇〇年前	縄文土器の出現
早期	八、五〇〇―六、五〇〇年前	村落の出現（七、〇〇〇年前頃）
前期	六、五〇〇―五、〇〇〇年前	縄文文化確立期・気候適期
中期	五、〇〇〇―四、〇〇〇年前	大規模な村落の出現
後期	四、〇〇〇―三、〇〇〇年前	成熟期・寒冷化と生活地域縮少
晩期	三、〇〇〇―二、五〇〇年前	専門職能の発達と交易拡大

縄文時代を中心とする多摩ニュータウン全体の遺跡の時代別の推移について、金持健司《かなじけんじ》氏は二〇〇七年におよそ次のような「研究ノート」を発表しています（『東京都埋蔵文化財センター研究論集XXⅢ』）。まず金持氏は分析の対象とする遺跡の総数を九〇六か所（一〇〇％）

としたうえで、旧石器時代の遺跡数は一五七（一七%）、縄文時代のうち草創期は一〇八（一二%）・早期は四七六（五三%）・前期は六一六（六八%）・中期は四九九（五五%）・後期は一九〇（二一%）・晩期は二七（三%）であるといいます。そのうえで、旧石器時代から縄文時代中期までが発展期でここで第一のピークを迎え、四、〇〇〇年前以降の寒冷な後期から衰退期に入って、縄文晩期から弥生時代前期まで（三、〇〇〇〜二、三〇〇年前）の時期は、多摩の三万年の歴史の中でもっとも遺跡数の減少した時期であり、その後の弥生時代中期から古墳時代、奈良・平安時代までに二度目の発展期を過ごしたことになるといいます。

草創期

これまで、八王子周辺地域での最古の縄文時代住居跡は、旧石器時代から続く日野市新町の七ツ塚遺跡といわれています（前出『八王子・日野の歴史』）。そこでは縄文草創期後半にあたる、直径三メートルほどの円形竪穴《たてあな》住居跡が発掘され、柱穴や炉跡《ろあと》はないけれども、縄目文様の土器や石鏃《せきぞく》（石のやじり）が出土し、調理場と考えられる焼石の礫群《れきぐん》も見つかっています（写真3）。一方、多摩ニュータウンの地域でも、さきの金持氏の「ノート」によれば一〇〇をこえる草創期の遺跡が確認され、それらは旧石器時代と同様に、大栗川とその支

写真３　日野市七ツ塚遺跡の古墳跡

流で南大沢・松木地区を流れる大田川の流域に多く発見されています。

堀之内芝原地区のNo.72遺跡の南東に続くNo.796遺跡では、丘陵の裾の旧河川に接した河岸段丘《かがんだんきゅう》のせまい範囲で七つの土坑《どこう》がみつかり、そこから打製石斧《だせいせきふ》や黒曜石の槍先形尖頭器《やりさきがたせんとうき》、斜格子文《ななめこうしもん》や刻《きざ》み目文《めもん》をつけた土器片など、縄文草創期としても古い段階の遺物が出土しています(口絵2)。この時期の出土土器は薄い小形の断片がほとんどで、器の形がわかるものは少なく、文様もかすかに判別できるという程度のものです。『新八王子市史・通史編1』では、縄文時代草創期は一万六千年前から一万二千年前までの四千年間とされていますが、このNo.796遺跡の出土土器を縄文最古段階のものと位置づけ、『同・資料編1』では、その出土層は一万三千年前頃と想定されています。また由木地域ではそのほかにも、旧石器時代の遺跡でもあった堀之内番場公園のNo.426遺跡、松木浅間神社辺のNo.125遺跡、松木台公園近くのNo.287遺跡、上柚木公園のNo.496遺跡などで、縄文時代草創期の遺構・遺物の発見が報告されています。

多摩ニュータウンNo.72遺跡

今から八、五〇〇〇年前頃からはじまる縄文時代早期以降には、竪穴《たてあな》住居がつくられるようになって急速に遺跡の数もふえ、鹿や猪など大形のケモノを捕えるための土坑《どこう》（おとし穴）も多数つくられました。気候も七、五〇〇〇年前頃の早期後半から温暖化がすすみ、竪穴住居跡もふえて、六、〇〇〇年前頃の前期に遺跡数はピークを迎えます。

堀之内芝原地区のNo.72遺跡は南側の大栗川、北側の寺沢川にはさまれた台地状の平地にあり、地域の中核的な遺跡と考えられていますが（口絵4）、ここからは縄文時代前期の住居跡が一七軒と、墓とみられる土坑一九基が発見されています。そして五—四、〇〇〇年前の中期になると、住居跡は二七五軒と爆発的にふえ、倉庫などと考えられる建物跡一八棟に加えて、墓壙《ぼこう》（墓穴）一四〇基に埋甕《うめがめ》（遺骨を納めた容器を地下の穴に入れ、上に大きな甕をさかさまにかぶせた墓・口絵6）三三基などのほか、石蒸《いしむ》し料理用の集石《しゅうせき》や炉穴《ろあな》（屋外の炉）、多数のおとし穴などがみつかっています。この時期のムラの形は、東西二〇〇メートル南北九〇メートルの範囲に楕円形に竪穴住居が配置され、その内側に倉庫とみられる高床式《たかゆかしき》の建物と一二〇基以上の墓がつくられている、いわゆる環状集落《かんじょうしゅうらく》です。竪穴住居は円形と、四隅が丸い方形が多く、直径は三―六メートルがふつうですが、柱は太いものを四―六本立てていたといわれます。なかには、中期の終わり頃につくられた二〇軒以上の敷石《しきいし》住居跡があり、入口が鏡の柄《え》のように突出し、本体は円形の柄鏡形《えかがみがた》住居の床（地面を数十センチ掘り下げた土間）一面には、石が敷きつめられています（口絵5）。そしてこのようなムラの構造は、ここが永続的な定住地として、住民が世代をつないで生涯の生活をすごす場であったことを示しています。

写真4　縄文中期勝坂式土器

　この遺跡からは一〇〇万点をこえる遺物が出土していますが、多数の土器の中には、この地方の土器である勝坂式《かつざかしき》（相模原市の勝坂遺跡から名づけられ、複雑な立体的文様で飾られた、縄文中期に関東西部を中心に用いられた土器の様式・写真4）・加曽利式《かそりしき》（千葉市の加曽利貝塚出土土器から名づけられ、中部山地などで用いられた土器の様式）の土器に混じって、山梨県・長野県・東北地方・東海地方などから運ばれてきた多様な形式のものがあり、当時の活発な遠隔地間の交易を示しています。

また中には、人間の顔を装飾に用いた土器や、土偶《どぐう》・ミニチュア土器など（口絵3）、縄文人の想像力とすぐれた造形感覚を示す、さまざまな創作品も発見されています。

石器類も多数発掘されていますが、その中の黒曜石器七〇個の産地分析を京都大学に依頼した結果、前期のものでは伊豆諸島の神津島《こうづじま》産が五〇％以上あり、中期から後期には長野県の霧ヶ峰産と和田峠産の原石が用いられていることがわかりました。石器類の中では、大形のヒスイの珠《たま》に細い穴を通して、装飾または祭祀に用いられたと考えられる硬玉製太珠《こうぎょくせいたいしゅ》が四点みつかっていますが、これはふつう集落の墓地の中で一基の墓壙から出土するだけで、それをつけた人物の社会的地位を示すものとされていて、一つの集落からこれだけの数が出土するのはたいへん珍しいといわれます（口絵7）。

松木台No.107遺跡ほか

松木地区の北部で大栗川の南岸に位置する松木台のNo.107遺跡も、旧石器時代から現代まで人々の生活が営まれた複合遺跡で、中世には大石信濃守屋敷があったことで知られていますが、ここでも縄文時代の遺構・遺物がたくさん発見されています（写真5）。この時代の住居跡は三〇軒確認されていますが、台地の南北の縁《へり》の二か所に分かれて建てられていて、その中間地帯には環状に墓壙《ぼこう》群が配置され、その数は二一三基におよんでいます。この遺跡は

写真５　大石信濃守屋敷跡全景

後代にわたって土地利用が重複しているため遺存状態が悪く、これらの細かい時期を推定することは困難とされていますが、住居の中には柄鏡形《えかがみがた》の敷石式のものもあり、おとし穴も三八基確認されています。

遺物としては縄文土器が約三〇万点出土していて、その時期は早期後半から後期前半、つまり約七、〇〇〇年前から三、五〇〇年前頃のものと考えられていますが、やはりその主体は中期の中頃から後期のはじめ、約四、五〇〇年前以降の六～七〇〇年間のものが九九％であるといわれています。土器の種類としては深鉢《ふかばち》がもっとも多く、甕《かめ》や浅鉢《あさばち》なども報告されています。一方、石器類も五千点以上出土していますが、その六〇％以上は原始的な打製石斧《だせいせきふ》で三、五〇〇点ばかり、洗練された磨製石斧《ませいせきふ》の八八点を大きく引き離しています。ほかには石皿四八八点や石鏃《せきぞく》（やじり）三四七点が多く、石匙《さじ》や石槍・石棒などもあります。また、四つの部分に分かれた環状墓壙群のそれぞれから一個ずつ、ヒスイ・滑石《かっせき》製の耳飾りなどの装身具が出土しているのも、このムラの社会構造を考えるうえで興味ある事実と思われます。

そのほか、縄文草創期の石器・土器を出土していた堀之内芝原地区のNo.796遺跡でも、中期の住居跡四軒がみつかっていますが、そのうちの三軒は柄鏡形の敷石住居であったといわれます。ここでも多くの縄文土器と、打製石斧や石棒などの石器が出土しています。そして堀之内地区と東中野地区にまたがるNo.446遺跡は、堀之内引切《ひっきり》の愛宕《あたご》神社と東中野谷津入《やついり》の熊野《くまの》神社の地にまたがる、引切バス停の北方のゆるやかな丘陵地にひろがっていますが、この遺跡でも縄文早期の前半から中期の後半、今から八、五〇〇年前から四、五〇〇〇年前頃にわたる三六軒の住居跡が見つかっています。その半分の一八軒は中期前半（五、〇〇〇—四、五〇〇年前）とされていますから、この南西五〇〇メートルほどの近くのNo.72遺跡の最盛期より、数百年早い時期に栄えたのではないかと考えられます。ここではおとし穴七二基をふくむ一三四基の土坑《どこう》がみつかり、多数の土器のほかにも、打製・磨製の石斧・尖頭器・石鏃・石皿などの石器が出土しています。

東中野地区の番場公園あたりのNo.426遺跡は、縄文草創期や、とくに弥生時代をふくめて、旧石器時代から中・近世まで連続する珍しい複合遺跡ですが、縄文時代全体としてみても、前期および中期の住居跡が五軒みつかり、一九一基の土坑と一〇基の墓壙も発見されています。また、これも旧石器時代から確認されている松木地区の浅間《せんげん》神社辺のNo.125遺跡でも、縄文中期の住居跡五軒・土坑五三基という遺構のほか、草創期から晩期にわたる多数の土器・石器の遺物がみつかっています。

南大沢地区は堀之内・松木地区とならんで、多摩ニュータウン計画で発掘された遺跡数の多い地区ですが、縄文時代についても、住居跡と竪穴状遺構をふくめて二五例が数えられます。その中では、南大沢六〇〇番地のNo.358遺跡で四軒の前期縄文時代の住居跡と一基の竪穴状遺構が、また七九五番地のNo.406遺跡では七軒の住居跡と八八基の土坑が、さらに一四七八番地のNo.145遺跡でも七軒の住居跡と三一基の土坑が、それぞれみつかっています。

今から四、〇〇〇年前頃からの縄文時代後期には、富士山の噴火活動が盛んになって気候が涼しくなり、地下水位が下がって人々の生活の場が低地に移動したため、遺跡の数も少なくなったと考えられています。さきの金持氏の「研究ノート」によれば、多摩ニュータウンの区域内で後期前半の住居数は四一軒、後期の後葉では四軒を数えるにすぎないとされています。そして縄文時代晩期から弥生時代の前期まで、今から三、〇〇〇年前から二、三〇〇年前までの遺跡数は二七か所だけで、大栗川の水系にはほとんど分布せず、住居跡は一つも見つかっていないといわれています。

4、弥生時代

後期に普及した八王子の弥生文化

いまより約二、三〇〇〇年前から、米づくりと銅や鉄などの金属器を用いた、農耕を基礎とした新しい文化を持った渡来人の影響をうけて、北部九州から日本の弥生文化《やよいぶんか》がはじまったといわれてきました。しかし最近では、国立歴史民俗博物館などが科学的年代測定法に基づいて、弥生時代のはじまりは実は数百年早かったのではないかという議論も提起されていて、弥生時代の年代論はまだ必ずしも統一されていないようにみられます。ここでは大まかに、弥生時代を次の三期に分けて考えることにしたいと思います。

前期　二、五〇〇〜二、三〇〇年前
中期　二、三〇〇〜二、〇〇〇年前
後期　二、〇〇〇〜一、七五〇年前（西暦三世紀半ば）

前期の弥生文化は、北九州を中心として次第に近畿・伊勢湾地方までひろがり、中期には関東地方などにも弥生文化が浸透して、後期にはほぼ全国的に弥生文化の時代に入ったと考えられています。

八王子地方でも弥生時代は、縄文時代晩期から継続して丘陵内に散在していた小規模な集落の中から始まったといわれます。多摩川南岸の久保山町にある宇津木台《うつぎだい》遺跡や、めじろ台南側の椚田《くぬぎだ》遺跡などが有名ですが、関東地方にも大規模なムラがつくられる中期後葉には、どういうわけかこの地方の弥生集落はなくなり、後期から次の古墳時代にかけて、また遺跡が多く現れるといわれます。金属器の出土も後期の中葉からみられ、長房町の船田《ふねだ》遺跡からはこの期の青銅の鏃《やじり》が、宇津木向原《むこうはら》遺跡などからは後期後葉の青銅鏡が、そして長房町の中郷《なかごう》遺跡からは、祭祀に用いられたと考えられる長さ三センチあまりの小形の銅鐸《どうたく》も出土しています。

これらのうち、現在は中央自動車道八王子インターチェンジになっている宇津木向原遺跡はまた、一九六四年に初めて方形周溝墓《ほうけいしゅうこうぼ》が四基発見されたことでも有名です（口絵9）。一辺が一〇メートルほどのほぼ正方形に幅一メートルの溝が掘りめぐらされ、中央に長方形の墓壙《ぼこう》があって、その一基の墓壙からは壺・高坏《たかつき》などの土師器《はじき》（古墳時代から平安時代に製作された赤褐色の素焼《すや》き土器）と、八個のガラス小玉が出土しています。しかしその時代はすでに弥生時代が終わった、古墳時代の初頭（西暦三世紀後半）と考えられています。なお、多摩ニュータウン地域の弥生時代については、さきの金持健司氏の「研究ノート」では、確認された遺跡数は九二で住居数は二九軒あり、住居跡がみつかったのはいずれも町田市の境川流域の遺跡とされて、その分布する地域は限られているといいます。

由木の弥生時代遺跡

由木地域の弥生時代の遺跡について、東京都埋蔵文化財センターの調査報告書にあたってみますと、住居跡が発見された例が一つだけみつかりました。それは鑓水板木《いたぎ》の杜《もり》緑地の南方あたりと考えられる多摩ニュータウンNo.846遺跡で、そこからは縄文時代早期から後期の土器片や打製石斧などの石器も出土していますが、標高一五〇から一八〇メートルの尾根の南東に、逆凹形に開く斜面の底部で、弥生時代後期の竪穴《たてあな》式住居跡が三軒発掘されています。それぞれの住居は長径五・五メートルに短径三・二メートルほどの小判形の平面をもって、四〇センチばかりの深さに土を掘り下げられ、柱穴は直径三〇センチ程のものが五本ずつあり、中央西寄りには炉穴《ろあな》が一つありますが、周囲の溝や貯蔵穴・入口施設（敷石や埋甕《うめがめ》など）はみつかっていません（写真6）。そのうちの二軒は同時に存在したものとみられ、他の一軒はおくれて建て替えられたものらしく、入口施設に関係するとみられる細目の柱穴が一つありました。遺物としては弥生式土器の破片が三六二点出土し、壺形土器・甕形土器が中心であったことが確認されています。

いま二つだけ、由木地域で弥生時代の遺構が報告されているのは、南大沢地区のNo.556・652

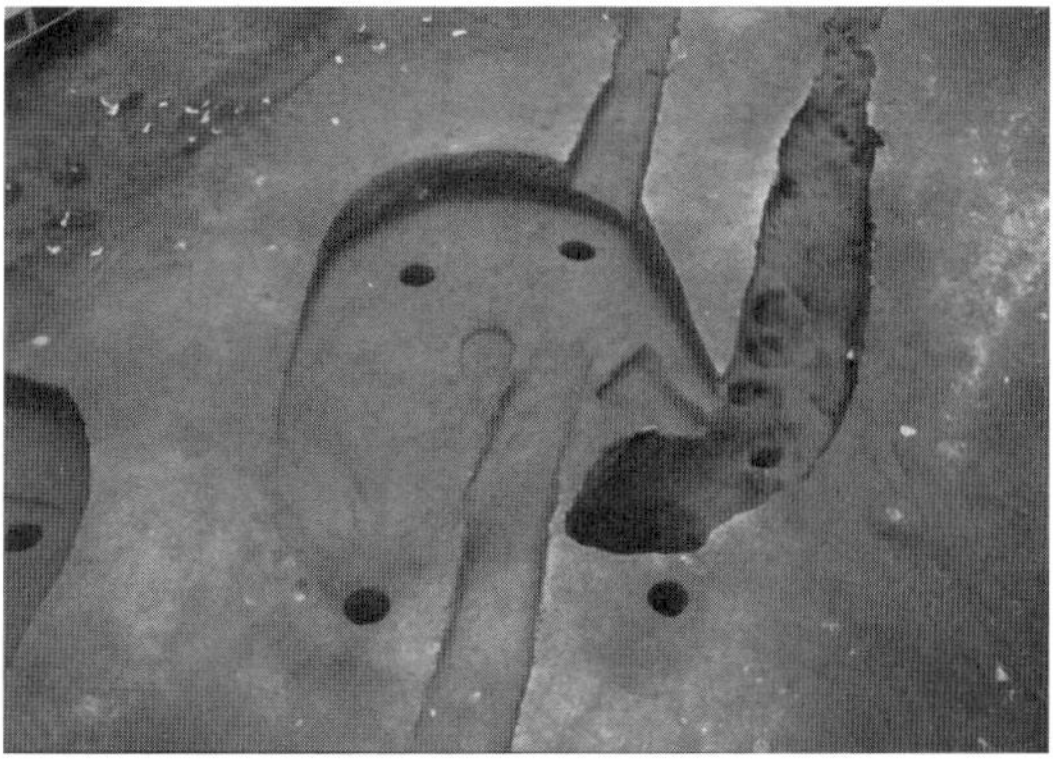

写真６　No.846遺跡１号竪穴式住居跡

遺跡です。No.556遺跡は京王線南大沢駅の南東一キロたらずの所で、大田川の源流の一つと思われる清水入谷戸《しみずりやと》の枝谷、柏木谷戸《かしわぎやと》の出口近くの東向き斜面にあります。ここからも縄文時代前期から晩期までの土器や石器が出土していますが、標高のもっとも低い区域に弥生時代の土坑（ピット）が一基あり、中にあった弥生式土器片を復元したところ、口径三二センチ・底径八センチ・高さ二六センチの立派な甕が復元されました（写真7）。また、この近くのNo.652遺跡でも、縄文時代中期の土器・石器とともに、弥生時代の土坑一基と弥生式の土器片が出土しています。

埋蔵文化財センターの『年報』等で見るかぎり、由木地域において弥生時代の遺物である弥生式土器が出土した遺跡は、南大沢地区が六に堀之内が五、別所が三で上柚木と鑓水が各二、松木が一の合わせて一九遺跡あります。そのうち、中期の土器が七例、後期土器が三例で、ただ「弥生時代の土器」と報告されているものが一〇例あって、南大沢のNo.540遺跡では中期と後期が一緒にみつかっています。

これらの弥生時代遺跡は大まかにみて、大栗川源流域の鑓水No.846遺跡や大田川源流地の南大沢清水入谷戸のNo.556・652遺跡をはじめとして、大栗川南岸の堀之内番場《ばんば》公園のNo.426遺跡やその西側のNo.423遺跡、後に小田野《おだの》氏屋敷跡として紹介する松木台南方のNo.287遺跡など、以前の旧石器・縄文時代から、以後の古墳・奈良平安時代へと連続（断続）する複合遺跡が多く、かつ水利にめぐまれている地点にあるという特長をもっているように思われます。ふつう弥生時代は、稲作が行われて生産物の蓄積が可能となり、集落の拡大や階級の発生もみられるなどといわれ、神奈川県の鶴見川流域などでも、囲周に濠《ほり》をめぐらした環濠集落《かんごうしゅうらく》がたくさんみつかっています。しかし、由木の地域のこれらの弥生時代人の痕跡をみるかぎり、彼等は前の時代とあまり変らない、この地の自然にとけこんだつつましい生活を送っており、巨大な古墳などが造られることのなかった次の古墳時代にかけて、ゆっくりと生活文化の進化をとり入れていったように感じられます。

写真７　No.556遺跡の弥生中期土器

5、古墳時代

大王の墓

古墳《こふん》とは高塚《たかつか》（墳丘《ふんきゅう》）をもった古代の墓のことで、その形としては前方後円《ぜんぽうこうえん》墳・円《えん》墳・方《ほう》墳・上方下方《じょうほうかほう》墳・上円下方《じょうえんかほう》墳・帆立貝形《ほたてがいがた》古墳・八角《はっかく》墳・横穴《よこあな》墳など、時代や被葬者の地位などによってさまざまなものがあり、全国的にはその数は二〇万基におよぶといわれています。そして古墳は歴史的にみて、文字資料のとぼしい当時の支配関係・社会関係を反映した、政治的記念物でもあります。中でも西暦三世紀の後半に、大和《やまと》地方に大王の墓である巨大な前方後円墳がつくられて、この墓の形式（墓制《ぼせい》）が次第に全国にひろがっていったことが、これ以降を古墳時代と呼ぶ理由とされています。その四〇〇年にわたる古墳時代もまた、次のような三期に分けられています。

前期　西暦三世紀後半～四世紀
中期　西暦五世紀
後期　西暦六世紀～七世紀前半

前期には、最古の古墳といわれる奈良県桜井市の箸墓《はしはか》古墳（前方後円墳・二七六メートル）が造られて、あるいは卑弥呼《ひみこ》の墓かともする見解もありますが、この前方後円墳の形式は次第に全国に普及して、南は鹿児島県から北は東北地方の南部までの地方豪族と、ヤマト王権との政治的なつながりが成立していたことが示されているといわれます。奈良盆地の東部を南北に通じる古代からの山辺道《やまのべのみち》の中程にある、纒向《まきむく》古墳群の中でも最大のものが最古の箸墓古墳ですが、その一キロあまり北にある渋谷向山《しぶやむこうやま》古墳（前方後円墳・三〇〇メートル）は第一二代景行天皇陵《けいこうてんのうりょう》とされ、さらにその北一キロの行燈山《あんどんやま》古墳（前方後円墳・二四二メートル）は第一〇代崇神天皇陵《すじんてんのうりょう》とされ、いずれも古墳時代前期のものです。

第一五代の応神天皇《おうじんてんのう》の時代から、大和王朝は大阪府の河内《かわち》地方を本拠とする河内王朝に交替したという論もありますが、大阪府堺市にあるわが国最大の大山《だいせん》古墳（前方後円墳・四八六メートル）は、第一六代仁徳天皇陵《にんとくてんのうりょう》とされており、古墳時代中期の五世紀中葉から後半に築造されています。つまり卑弥呼や初期の天皇をふくめて、歴史文献で伝えられている人物が主体となっている時代が古墳時代で、その後期から終末期（七世紀後半とする説もあります）は、飛鳥時代《あすかじだい》という歴史時代に重なっているわけです。古墳時代に関する情報はおもに考古学的な知見と伝承によるわけですが、この四〇〇年間の日本史の実像は、同時に飛鳥時代という、王権の支配が全国に行きわたって日本という国家が形づくられていった歴史の過程を視野に入れた、複眼的な視点でみつめていく必要があろうと思われます。

さらに、権力者・首長といった古墳の被葬者の周辺に、どれだけの被支配者・庶民がどのように暮らしていたのかという問題意識も重要でしょう。そのような生活文化という面での古墳時代の特徴としては、弥生式土器にかわって、土師器《はじき》という、赤褐色の素焼《すや》き土器がひろく普及したこと、また朝鮮半島から技術者が渡来して須恵器《すえき》という、ろくろを使って成形し高温の窯《かま》で焼成した硬質の土器が、はじめは主として副葬品・祭祀《さいし》用具として、そして次第に日用土器として行きわたったこと、同様に渡来文化として鉄や銅などの金属器具が導入・普及され、さらに馬の飼育もはじまったということなどが重要な点と考えられます。

古墳と東国

関東地方などの東国とヤマト王権とのかかわりを伝える最古の伝承は、有名な日本武尊《やまとたけるのみこと》の東征《とうせい》物語でしょう。『古事記』や『日本書紀』に書かれていますが、第一二代景行天皇《けいこうてんのう》の皇子小碓命《おうすのみこと》は、「東の方一二道の、荒ぶる神と従わない人々を言向《ことむ》け和平《やわ》せ」という天皇の命をうけて、尾張《おわり》・駿河《するが》から相模へ、そして東京湾の浦賀《うらが》水道を舟で渡って上総《かずさ》・下総《しもうさ》・常陸《ひたち》・甲斐《かい》・武蔵《むさし》・上野《こうずけ》・信濃《しなの》と、「ことごとくに荒ぶる蝦夷《えみし》どもを言向《ことむ》け、また山川の荒ぶる神どもを和平《やわ》し還《かえ》り上《のぼ》り」と、諸国を平定して美濃《みの》から尾張《おわり》に戻り、伊勢国の鈴鹿《すずか》で病没したと伝えられています。その史実としての実体ははっきりしないことが多いのですが、この説話がヤマト王権による東国地方平定を、一人の英雄の物語として伝えようとしていることは事実なのでしょう。そして景行天皇陵が四世紀の古墳時代前期に造られていることからみて、「日本武尊の東征」で語られるヤマト王権の第一次的な東国平定も、同時代に実行されていたとみていいのではないでしょうか。

古代に毛野国《けぬのくに》（のちの上野《こうずけ》・下野国《しもつけ》）と呼ばれた群馬県の右島和夫《みぎしまかずお》氏によれば（『列島の考古学　古墳時代』河出書房新社・二〇一一年）、関東の古い古墳としては千葉県木更津《きさらづ》市の高部《たかべ》古墳群（三世紀中葉・前方後円・最大三〇メートル）、神奈川県海老名《えびな》市の秋葉山《あきばやま》古墳群（前方後円・最大五一メートル）が重要で、大和・河内などの畿内《きだい》とほとんど同時進行で前方後円墳が造られており、いずれも伊勢湾岸を中心とした東海西部の土器を伴う点で共通しているといいます。それは日本武尊の東征の時代と接続するように思われます。

そして右島氏は、上野《こうずけ》地方（群馬県）の弥生時代後期の遺跡が山間部に分け入る中小河川の流域中心で、この時代の稲作農耕が氾濫《はんらん》のおそれのない中小河川や湧き水などの自然灌漑《かんがい》を利用したものであったのに対して、古墳時代がはじまる三世紀中頃に東海系の土器をもった集落が忽然《こつぜん》とあらわれ、それまで人跡未踏であった平野一帯を覆いつくすようになったと述べています。墓制の上でも、円形周溝墓《えんけいしゅうこうぼ》を基調とした弥生後期最終段階から、方形《ほうけい》周溝墓・前方後方墓《ぜんぽうこうほうぼ》へと変化し、古墳時代前期の四世紀初頭には、東日本屈指の前橋八幡山《まえばしはちまんやま》古墳（前方後方・一三〇メートル）などが造られ、四世紀前半には同じ地域でさらに充実した前方後円墳が築造されるようになったといわれます。

このような変化は、東国地域と畿内・東海地方をはじめとする他地域との新しい交流関係が活発化したことによるもので、初期ヤマト王権誕生の動きが、各地の動向を刺激した可能性が指摘されています。四世紀前半の前橋市天神山《てんじんやま》古墳（前方後円・一二九メートル）からは、三角縁神獣鏡《さんかくぶちしんじゅうきょう》（縁の断面が三角形で神獣模様のある大形の銅鏡）二箇をふくむ銅鏡五・鉄剣一二・鉄鏃《やじり》七八などが出土し、ヤマト王権と深く結びついた地方勢力があったことを示しているといわれます。

次の五世紀の古墳時代中期はまた、巨大古墳の世紀とも呼ばれ、仁徳天皇陵とされるわが国最大の大山《だいせん》古墳が造られたのもこの時代ですが、東日本最大の古墳といわれる群馬県太田《おおた》市の太田天神山《てんじんやま》古墳（前方後円・二一〇メートル）が造られたのも、この五世紀の前半といわれています。それは畿内の有力古墳に通じる典型的な長持型《ながもちがた》の石棺《せきかん》を持ち、墳丘の葺石《ふきいし》に用いられたらしい河原石《かわらいし》が散在し、ヤマト王権から専門の技術者が派遣されていたのではないかと考えられています。

上野国であったこの太田市から利根川を渡って南下した埼玉県行田《ぎょうだ》市は、武蔵国の最北の地になりますが、ここにある埼玉《さきたま》古墳群は八基の前方後円墳と、直径一〇〇メートルという日本最大の円墳などをもつ古墳群で、その規模は関東一といわれます。中でも最も古いとみられる稲荷山古墳《いなりやま》（古墳中期・前方後円・一二〇メートル）からは、金象嵌銘文《きんぞうかんめいぶん》のある鉄剣がみつかり、そこに刻まれた文の意味は、「辛亥年《しんがいねん》（四七一年）にヲワケ臣《おみ》が、ワカタケル大王（第二一代雄略天皇《ゆうりゃく》）の統治を助けた記念として、この刀を作らせた。祖先は代々大王の宮を警護する杖刀人《じょうとうじん》（武人）の首《おびと》（長）であった」と解されています。この銘文の発見によって、それまで解読不能であった熊本県の江田船山古墳《えだふなやま》（五世紀後半・前方後円・六二メートル）出土の鉄剣に、銀象嵌されていた銘文も「ワカタケル大王」の名を記したものとわかり、二本の剣は国宝に指定されています。

上総国《かずさ》に属する千葉県市原市《いちはら》にある稲荷台《いなりだい》一号墳（五世紀中葉以前・円墳・二八メートル）からも、銀象嵌で「王賜」と刻まれた鉄剣が出土していますが、それは「王が下賜《かし》するために作った刀」という意味に解され、王とはヤマト王権の首長で、五世紀後半のワカタケルの頃から「大王」と称するようになったのではないかと考えられています。そしてこれらの事例は、五世紀の古墳時代中期には、東国から九州におよぶ地方豪族とヤマト王権との間に、明らかな支配服従関係が成立していたことを実証しているといえるでしょう。それは律令制《りつりょうせい》によって中央集権体制が確立されるより、二〇〇年ばかりも古い時代のことでした。

東京都の古墳については、前期の四世紀はじめ頃から造られ始めて、現在では五〇〇基以上が確認されていますが、前方後円墳は一五、六基だけといわれます（『東京の古墳を考える』品川歴史館・二〇〇六）。一番古い前方後円墳は、多摩川下流域の有力首長の墓と考えられる大田区田園調布の宝萊山《ほうらいざん》古墳で、四世紀中頃に築造され、全長は九七メートルあり、そこからは銅鏡や鉄剣・鉄鏃《やじり》、勾玉《まがたま》や管玉《くだたま》などが出土しています。同じ田園調布の亀甲山《かめのこやま》古墳はすこし後の四世紀後半に造られ、全長は一〇七メートルあって、これも有力首長の墓と想定されています。

巨大古墳の世紀と呼ばれる中期の五世紀には、東京都の地域では特筆する古墳はみられず、多摩川下流域の有力首長の墓といわれる世田谷区の野毛大塚古墳は、前方部が短くて小さい帆立貝形《ほたてがいかた》古墳で、全長は八二メートルの規模、同じく等々力《とどろき》の御岳山《みたけさん》古墳も帆立貝形で、全長五七メートルの大きさにとどまっています。これらの古墳からは甲冑《かっちゅう》（上半身を保護するための鉄製の鎧《よろい》）や刀などが出土して、それらはヤマト王権の技術集団によって製作されたものと考えられています。そして東京都の多摩地方でも、この時期になると古墳が出現するようになり、五世紀前半の調布市下布田《しもふだ》古墳（円墳・二三メートル）、後半の狛江市亀塚《かめづか》古墳（帆立貝型・四八メートル）などが知られています。しかし八王子地域では、前期とおなじく中期になってもまだ、古墳の存在は認められていません。

武蔵国造《むさしこくぞう》の乱

六世紀以降の古墳時代後期になると、全国的に古墳の規模は小さくなり、埋葬施設も従来の竪穴式石室《たてあなしきせきしつ》から、追葬が可能な横穴式《よこあなしき》石室が多くなり、また一定の区域に一族の墓をまとめて築く群集墳《ぐんしゅうふん》も各地に造られるようになります。そして多摩川の中流以上の地域でも、この段階から古墳が造られるようになったといわれます。

前期に大型の前方後円墳、中期には帆立貝形の首長墓が造られていた多摩川下流域では、後期に入った六世紀前半に大田区田園調布の浅間神社《せんげんじんじゃ》古墳（前方後円・六〇メートル）が造られたあと、六世紀後葉にその近くの観音塚《かんのんづか》古墳（前方後円・四一メートル）ができるまで、半世紀ほど有力首長墓が造られることはなかったといわれます（『多摩の古墳』八王子市郷土資料館・二〇〇九）。そして多摩川中流域の狛江古墳群の中でも、六世紀半ばの兜塚《かぶとづか》古墳（円墳または帆立貝形・三八メートル）を最後に、有力な古墳は造られなくなったといわれます。この六世紀前半には、調布市でも下布田《しもふだ》・上布田《かみふだ》・飛田給《とびたきゅう》古墳群などで群集墳が造られるようになり、さらに上流の府中市でも、白糸台《しらいとだい》・高倉《たかくら》古墳群などが造られ始めますが、しかしここでも、六世紀の半ばになると一斉に古墳が造られなくなるといわれます（『同』）。

このような事実とどこまで関連するかは不明ですが、あたかもこの六世紀半ばに武蔵国内で大きな騒乱が起きていたことが、『日本書紀』の第二七代安閑天皇《あんかんてんのう》元年（五三四）の記事の中に書かれています。それは、武蔵国の国造《こくぞう》（くにのみやつこ・現在でいえば知事）である笠原直使主《かさはらのあたいおみ》と、同族の小杵《おき》が国造の地位を争い、長年決着がつかなかったので、気性が強くて高慢な小杵は使主を殺そうとして、ひそかに上毛野君小熊《かみつけののきみおぐま》（群馬地方の豪族）に応援を求めた。これを知った使主は京《みやこ》にのぼって訴えたところ、朝廷《みかど》は裁定して使主を国造として小杵を殺した。使主は喜びにたえず、国家《みかど》のために横渟《よこぬ》・橘花《たちばな》・多氷《たひ》・倉樔《くらす》の四か所の屯倉《みやけ》（朝廷の直轄領）を設けたという内容です。この武蔵国内の四つの地名は、後の横見《よこみ》郡（埼玉県比企地方）・橘樹《たちばな》郡（川崎市）・多磨郡（多氷の氷《ひ》は末《ま》の誤りと解釈）・久良岐《くらき》郡（横浜市南部）にあたるとされ、横渟については多摩の横山（八王子市）とする異論もありますが、屯倉の多くは南武蔵に設置されたことになり、この地方はそれまで小杵が支配していたのではないかと想像されます。

この争乱と、この時代における武蔵地方の古墳の築造の動きに関係があるのではないかという見解があります。たとえば遠藤吉次《えんどうよしつぐ》氏は、多摩川下流域の宝莱山《ほうらいざん》古墳・亀甲山《かめのこやま》古墳などの南武蔵古墳群は、五世紀の後半には小規模化して衰え、これと入れ替るように行田《ぎょうだ》市の埼玉《さきたま》古墳群など、北武蔵に巨大な古墳群が出現する。それは六世紀中頃に、南武蔵の有力首長（胸刺《むなさし》国造）が、北武蔵の強大な首長（无邪志《むざし》国造）と支配権をめぐって闘争し、勝利をおさめた北武蔵の豪族（笠原氏）が、武蔵全域を勢力下において武蔵国造の地位を獲得したことを示していると解釈しています（「古代の武蔵国」『多摩のあゆみ』一一号・一九七八）。『日本書紀』はこの事件より一八六年後の奈良時代はじめ（七二〇）に成立したもので、この武蔵国の争乱の記事が史実をそのまま記述したものかどうかには疑問も持たれています。そもそも武蔵国とは、いったいいつから成立していたのでしょうか。国造の乱があったとされる年より五五年後の崇峻天皇《すしゅんてんのう》二年（五八九）に、東山道・東海道・北陸道の東日本に近江臣満《おうみのおみみつ》等を派遣して諸国の境《さかい》を調べさせたことが、『日本書紀』に載っています。そして二年後の崇峻四年（五九一）に、朝鮮半島の任那宮家《みなまのみやけ》が新羅《しらぎ》のために滅ぼされていたのを取り戻そうとして、二万余の軍勢を筑紫《つくし》に向かわせる記事の中で、『書紀』が、「氏氏の臣連《うじうじのおみむらじ》を率《い》て」と書いているのに対して、一一年後の推古天皇《すいこてんのう》一〇年（六〇二）に來目皇子《くめのみこと》を将軍として、新羅を撃つために軍勢をさし向ける記事では、同じ『書紀』に「国造《くにのみやつこ》・伴造《とものみやつこ》等をあわせて軍衆《いくさ》二万五千人を授く」と書かれています。伴造とは、朝廷に仕《つか》える職能集団の管理者ですが、この間の六世紀末には、主として地域の豪族をヤマト王権が任命する国造の制度が定められていたように思われます。

しかし、中大兄皇子《なかのおおえのみこと》（のちの天智天皇《てんじてんのう》）と中臣鎌足《なかとみのかまたり》らによる大化《たいか》の改新（乙巳《いっし》の変・六四五）によって、朝廷の中央集権政策が進められて地方制度が整えられる以前には、国造の支配するクニは全国に一二〇とも、一四四ともいわれる数がありました（『先代旧事本紀《せんだいくじほんぎ》』「国《こく》造本紀《ぞうほんぎ》」）。そのころ、箱根の足柄峠《あしがらとうげ》と長野・群馬県境の碓氷峠《うすいとうげ》より東の地方は、「我姫《あずま》の国（東国）」と呼ばれていて、相武《さがむ》・旡邪志《むざし》・知知父《ちちぶ》・筑波《つくば》・上毛野《かみつけの》・下毛野《しもつけの》・胸刺国《むなさしのくに》など二五の国があったといわれます。奈良時代はじめの和銅《わどう》六年（七一三）に常陸《ひたち》国（茨城県）の歴史・風土記《ふどき》を記した『常陸国風土記』によれば、第三六代の孝徳天皇《こうとくてんのう》の代にアズマは八つの国に分かれたといわれます。孝徳天皇は大化の改新の時に皇位についていますから（六四五―六五四在位）、その時代にアズマは相模・武蔵・上総《かずさ》・下総《しもうさ》・上野《こうずけ》・下野《しもつけ》・常陸《ひたち》・陸奥《むつ》の八か国に分かれたということと考えられます。そしてこの時にできた武蔵国は、以前の旡邪志・知知父・胸刺三国を合わせたものとされています。なお、奈良県の飛鳥浄御原宮《あすかのきよみはらのみや》（六七二―九四）跡と藤原宮《ふじわらのみや》（六九四―七一〇）跡から出土した二片の荷札には、まだ旡耶志国《むさしのくに》と書かれており、武蔵国の表記が定着した時期については、さらに検討が必要かもしれません。

『日本書紀』の方を見ますと、大化元年の六月に蘇我《そが》氏が中大兄皇子等に滅された二か月後の八月に、東国八道（尾張・美濃以東の東海道・東山道一帯）に八人の使節（国司《くにのみこともち》）が派遣されて、各国の人口と農地等の調査が命じられ、翌九月にも諸国に使者を遣《つかわ》して、民《おおみたから》の数（人口）を調べさせています。翌年の大化二年（六四六）正月には「改新の詔《あたらしきにあらたむるのみことのり》」が発せられて、地方制度や戸籍・租税などの新しい制度が定められたとあり、『常陸国風土記』の記録は、この改新を指しているのでしょう。つまり、これより一一二年前の安閑天皇元年（五三四）に笠原直使主《かさはらのあたいおみ》が同族の小杵《おき》に勝って「武蔵国造《くにのみやつこ》」についたという『日本書紀』の記事は、そのままには信じがたいということになります。

それでも、当時の武蔵地方の豪族の争いにヤマト王権が介入したという構造は否定できず（仁藤敦史他『武蔵と相模の古墳』雄山閣・二〇〇七）、その結果として南武蔵の地が屯倉《みやけ》として朝廷に献上されたという歴史的な推移は、王権による全国支配確立の一過程として認められるように思われます。そしてヤマト王権も加わった六世紀半ばの地方豪族の争乱が、当時の武蔵・多摩地方の古墳築造にもやはり影響していたと考えるのも、一つの歴史のロマンといっていいのではないでしょうか。椚國男《くぬぎくにお》氏もまた、朝廷に献上された郡（屯倉《みやけ》）はいずれも多摩川と鶴見川の流域にあり、狛江市の亀塚古墳以後一世紀以上にわたって多摩川流域に前方後円墳の築造が途絶えていることから、「安閑記」の話は正しそうだとしています（「武蔵国の成立」『多摩のあゆみ』二〇号・一九八〇）。一方の北武蔵行田市の埼玉《さきたま》古墳群の周辺では、六世紀後半になると墳丘長一〇〇メートル前後の前方後円墳が林立するようになり、埼玉古墳群は五世紀のオワケ臣《おみ》の稲荷山古墳以来、つねに武蔵国造の奥津城《おくつき》（墓）であったという研究者もいます。

なお、この争乱で北武蔵の勢力は武蔵のほぼ全域を支配下におさめますが、一世紀後の大化の改新によってこの地方は王権統治下の武蔵国に編成されました。さらに半世紀後の八世紀初頭に確立された律令制《りつりょうせい》のもとで、武蔵国の国府《こくふ》が南端に近い府中市の地に置かれ、その周辺に国分寺・国分尼寺が建立されたのも、この時以来の屯倉《みやけ》が南武蔵に設けられていたことと関係があるという見方もなされています。

古墳時代後期の中でも、六世紀の終わり頃になると畿内でも前方後円墳は造られなくなりますが、代わって大形の方墳や円墳が造られるようになり、七世紀半ば頃からは舒明天皇陵《じょめいてんのうりょう》をはじめ、天武《てんむ》・持統《じとう》合葬陵などの八角墳が登場してきます。関東地方ではこの時期には、埼玉県（北武蔵）の八幡山古墳（円墳・七四メートル・横穴式石室は全長一七メートルの三室構造）・栃木県（下毛野国）の壬生車塚《みぶくるまづか》古墳（円墳・八二メートル）など、当時の大王陵をしのぐ大きさの古墳が造られています。

多摩地方の古墳

多摩川中流以上の多摩地方には古墳時代を通じて前方後円墳は一つもなく、七世紀以前にはこの地には有力な豪族は出現しなかったと深澤靖幸《ふかざわやすゆき》氏は述べています（『八王子・日野の歴史』郷土出版社・二〇〇七）。その中で、古墳時代終末期の七世紀前半になって、その時代としては南武蔵地方最大の墳丘と石室をもつ北大谷《きたおおや》古墳（円墳・三九メートル）が八王子市大谷町の台地に造られたことは、ようやく飛鳥時代の後半になってこの地域に支配力をもつ首長が現れたことを示すと考えられています。これは七世紀の前半に造られたといいますが、その石室《せきしつ》は全国的にも珍しい三墓室《ぼしつ》（遺体を安置する玄室《げんしつ》とその前の中室・前室）が直線に連なる横穴式の構造となっていて、石室の全長は一〇メートルに達しています（口絵10）。

写真８　多摩市稲荷塚古墳

　多摩地方で首長の墓とみられている古墳はそのほかに、多摩市百草《もぐさ》に稲荷塚《いなりづか》古墳と臼井塚《うすいづか》古墳があります。稲荷塚古墳（写真8）は幅二メートルの周溝《しゅうこう》の内側に、中心線（稜角《りょうかく》）が三四メートルにおよぶ八角形の墳丘が築かれていたものでした。切石を積んで築かれた石室は玄室と前室の二室ですが、すぐれた技術で完成されていることが指摘されており、七世紀前半に造られたものとされています。畿内の八角形天皇陵としては、西暦六五五―六六二年在位の斉明天皇陵とされる牽牛子塚《けんごしづか》古墳をはじめ、天武・持統両天皇陵、西暦六九七―七〇七年在位の文武天皇陵とされる中尾山古墳などがあり、飛鳥時代後半の天皇陵の特長とされています。稲荷塚古墳はこれらの天皇陵の時代からみれば、いますこし時代が下がるとするのが自然とも思われますが、『多摩市史・通史編1』（一九九七年）ではこれを畿内中枢部の天皇陵より先行して造られたと説明しています。なお奈良県明日香村等による二〇二〇年の中尾山古墳の調査結果によれば、その墳丘底部の八角形の対辺長（相対する辺との距離）は一九・五メートルで高さは五メートル以上、その外側の三段の石敷きの外周を含めても対辺長は三二・五メートルとされ、その規模は稲荷塚古墳とほぼ同じ程度といえそうです。いずれにしても稲荷塚古墳の様式と築造技術は、これが飛鳥の大和政権との密接なつながりの上で造られたことを示していると見るべきで、『多摩市史』ではこの被葬者について、「たとえば多氷《たひ》（多磨）の屯倉《みやけ》経営者などのように中央の大和政権から差し向けられた有力者」と考えられています。このすこし後にできたという臼井塚古墳は、稲荷塚古墳の五〇メートルばかり西隣りにあり、規模は一まわり小さいものですが、同様の切石式二室構造の石室をもち、あるいは両古墳の被葬者は血縁関係にあったとも考えられています。

これらの古墳とは多摩川をはさんで反対の北側にあり、八世紀以降の律令制のもとで武蔵国府が置かれる府中市でも、国司の役所である国衙《こくが》があった所とされる大國魂神社より西方二キロばかりの地で、七世紀中頃から後半の飛鳥時代に造られた武蔵府中熊野神社古墳が発掘されています（口絵11）。墳丘の上部が直径一六メートルの円形で、下部は一辺の長さが三二メートルの方形（正方形）という、全国でもわずか四基しかない珍しい上円下方墳《じょうえんかほうふん》のうちの、最大かつ最古のものといわれています。墳丘には全面に河原石が葺《ふ》かれ、切石を積み上げて精巧に造られた石室は三室構造の横穴式（図３）で、当時のもっとも新しい技術で築造されているといわれます。石室の中でみつかった太刀《たち》の鞘尻金具《さやじりかなぐ》には、鉄の地金《じがね》に銀象嵌《ぎんぞうかん》が施されていて、中央に七つの丸を模様化した七曜文《しちようもん》があり、それは中国古代の宇宙観を表していますが、飛鳥地方の同時代の遺跡からみつかった、わが国はじめての貨幣である富本銭《ふほんせん》に見られるだけで、ほかに出土例のない貴重なものです（写真９）。なお考古学者の故末永雅雄《すえながまさお》氏は、蘇我馬子《そがのうまこ》（六二六年没）の墓とされている飛鳥の石舞台遺跡について、実は上円下方墳

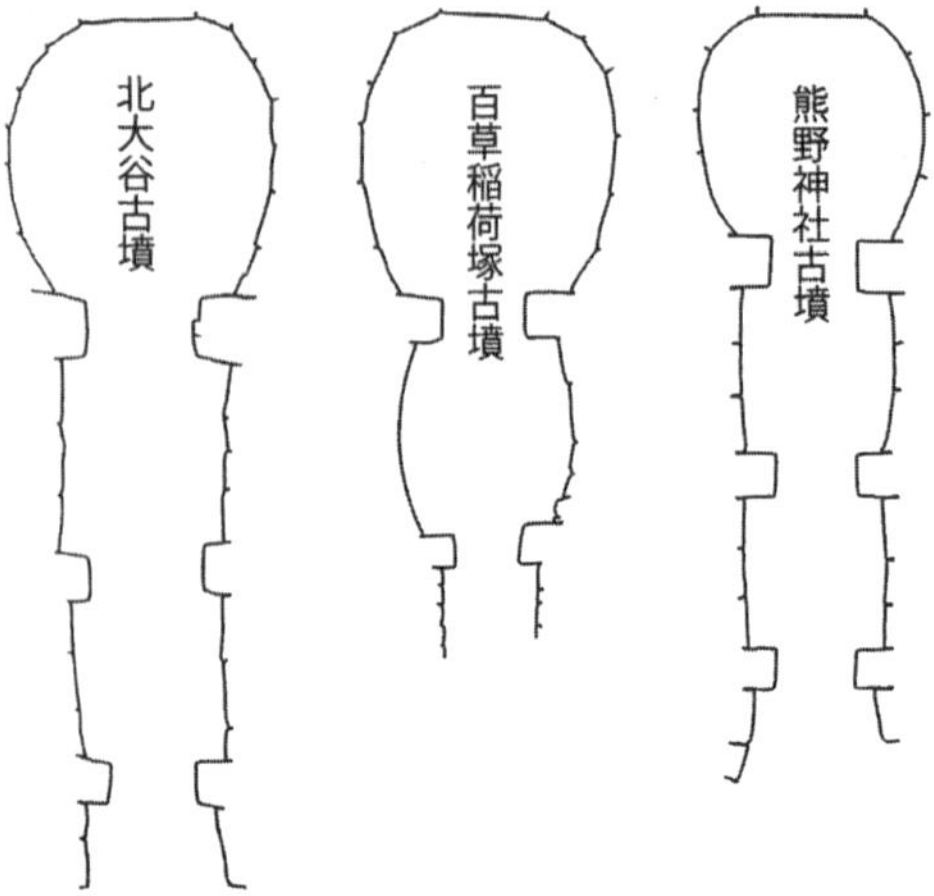

図３　複室構造の横穴式石室墳の平面図
（府中市郷土の森博物館『あすか時代の古墳』より）

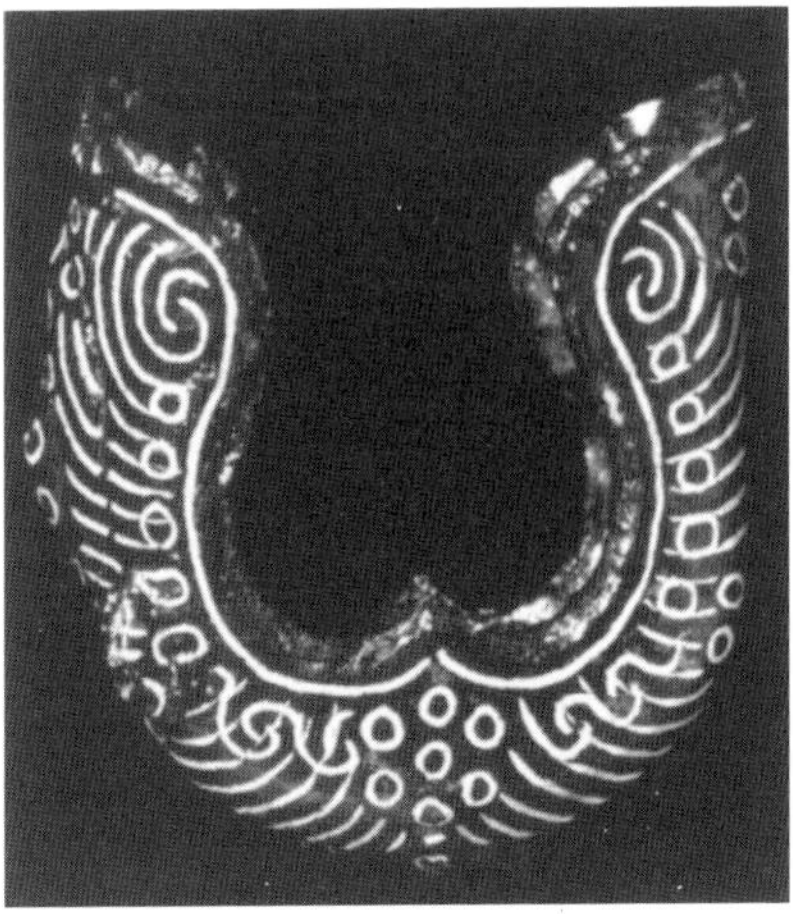

写真９　銀象嵌鞘尻金具
（府中市教育委員会提供）

であったろうとされていた由で、事実であればその規模は熊野神社古墳よりはるかに壮大なものであったに違いありません。また、八王子市長房町の大正・昭和天皇陵と各皇后陵もまた、上円下方墳であるという見解もあります。

そのような武蔵府中熊野神社古墳の高度な内容と位置などから考えて、考古学者の坂詰秀一《さかづめひでいち》氏は、「古墳の主《あるじ》は多磨評《こおり》に関係する有力者であり、類同の構造を有する北大谷……稲荷塚・臼井古墳の主は、それぞれの地域に君臨した在地の首長として把握されよう（『多摩のあゆみ』一二七号・二〇一〇）」と述べています。「多磨評」とは、八世紀以降の律令時代に「多麻郡《たまこおり》」となる武蔵国の一部で、その役所である郡衙《ぐんが》（郡家《ぐうけ》）は大国魂神社の東方におかれ、付近には多磨郡寺《たまぐんじ》が造営されていたといわれます。あたかもこの古墳が造られた七世紀中葉の大化の改新（六四五）から七世紀末にかけて、地方各国はヤマト王権のもとに再編成されて、各国には大王の命令をうけて常駐の国宰《くにのみこともち》が派遣され、その下に在地首長の起用などによる評造《こおりのみやつこ》（郡司）が置かれる体制が整備されつつありました。

さきにもふれた大化二年（六四六）の「改新の詔《かいしんのしょう》」では、『日本書紀』によればそれまでの私有地・私有民を廃止して戸籍を作成し、公民《おおみたから》に一定の広さの田（口分田《くぶんでん》）を支給して、租《そ》（収穫の五％ほどの稲束）・庸《よう》（年間一〇日の役務）・調《ちょう》（綿・布などの貢納物）を官に納めることを義務づける班田収授之法《はんでんしゅうじゅのほう》を造ることが命じられています。さらに各国内の郡司《こおりのみやつこ》には、清廉《いさぎよく》して有能な国造《くにのみやつこ》を選んで大領《こおりのみやつこ》・少領《すけのみやつこ》とし、郡の下には五〇戸を単位として里《り》を設け、里ごとに里長《りちょう》を一人おくこととも定められています。しかしこの「詔」については、後代の律令《りつりょう》の規定を一部引き写して創作されており、「評《こおり》」を「郡《こおり》」と表記するのは「大宝令《たいほうりょう》」（七〇一）以後であるという批判などもあって、国―郡―里によって構成された地方制度の成立の実態は、正確にはまだよくわからない部分があるというのが実情のようです。

それでも『日本書紀』には、六年後の白雉《はくち》三年（六五二）一月条に、六年ごとに口分田を支給する「班田《はんでん》を終る」とも記されています。また天智天皇九年（六七〇）には、日本最初の全国的な戸籍といわれる「康午年籍《こうごねんじゃく》」が作成されています。そして「大宝令」に先行する「浄御原令《きよみはらりょう》」が施行された翌年の持統《じとう》四年（六九〇）七月には、新制度によって大規模な役人の人事異動があり、太政大臣《だじょうだいじん》以下中央八省の役人や全国の国司が任命されています。さらに『書紀』に続く『続日本紀《しょくにほんぎ》』には、その八年後の文武天皇《もんむてんのう》二年（六九八）三月十日条に

「諸国の郡司《ぐんじ》を任ず」とあり、天皇の詔《みことのり》として、「諸国の国司は郡司の候補者を選ぶにあたっては、偏党《かたよっ》てはならない。郡司は任にあたっては、かならず法の定めのごとくせよ」とあります。郡司（評造《こおりのみやつこ》）にはかつての国造《くにのみやつこ》など地域の有力者を中心に選ばれ、任期は終身ということでした。

このような歴史の流れの中で築造された武蔵府中熊野神社古墳は、武蔵国府成立前夜のこの地域の首長が中央と密接な関係を持っていたことを示しており、その被葬者の後裔が多磨の「郡司となっていた可能性も高い」（『武蔵国府』府中の森博物館・二〇〇五）という見解もあります。七世紀前半の北大谷古墳、中頃の稲荷塚・臼井塚古墳をふくめて、この時代にはじめて多摩地方に造られるようになった首長古墳の被葬者がどのような人物であったのかについては、当時のこの地域の政治・社会状況を知るうえでも興味ある謎といえましょう。七世紀後半を過ぎると多摩地方でも有力首長墓は造られなくなり、彼等の古墳づくりのエネルギーは、寺院建立や律令国家への準備に注がれるようになる（『多摩の古墳』八王子市郷土資料館・二〇〇九）といいますが、それはまさにこの地域における古墳時代の終りということになります。

八王子の古墳時代

これまでは、有力な首長等を埋葬した典型的な古墳に注目し、その中には八王子市ではただ一つ、北大谷古墳《きたおおや》がありました。八王子市内にはこの北大谷古墳を代表として、伝承等をふくめると一二基の古墳と四か所の横穴墓群があるといわれます（前出『多摩の古墳』）。その中には楢原町《ならはら》の鹿島神社古墳（規模不明・石室長五・三メートル）・川口町の川口古墳《かわぐちこふん》（同・石室長三・五メートル）・暁町《あかつき》のひよどり山古墳（同・石室長二・七メートル）・長房《ながふさ》町の船田古墳《ふねだ》（直径一四メートルの円墳・石室長四メートル）・宇津木台《うつぎだい》遺跡地の小宮古墳（直径二〇メートルの円墳・玄室長二・七メートル）などがあり、ほぼ七世紀前半の古墳時代後期末に造られた円墳と考えられています。

宇津木向原《うつぎむこうはら》遺跡についてはすでに弥生時代でふれましたが、東京オリンピックが開かれた昭和三九年（一九六四）に、一辺一〇メートル前後の四角形にぐるりと溝が掘られ、その中央に墓壙《ぼこう》が設けられた、弥生時代後期から古墳時代前期にかけての墓が四基発見され、はじめて「方形周溝墓《ほうけいしゅうこうぼ》」という考古学上の名前がつけられました。この形式の墓は弥生時代に畿内で出現し、のちに全国に普及したといわれますが、集落に隣接して単独または複数造られ、集落内の特定集団の墓という性格が強いとされています。宇津木向原遺跡では、弥生時代後期の末頃からの竪穴《たてあな》住居群が三つあるうち、最も新しい集落には一、二軒の大形竪穴住居跡があって、同族集団の中の統率者の住居であったのではないかといわれています。その周辺から方形周溝墓がみつかったことは、古墳時代初頭頃にはなんらかの階級的な差異が集落構成員の中にできていたのであろうと考えられます。

そのような格差がさらに拡大すれば墓制の上にも、墳丘を盛り上げた方墳や円墳、さらには前方後方墳や前方後円墳などが造られるようになるという、古墳文化の発展が生じるのが一般でしょう。宇津木向原遺跡にも、いまは消えうせた狐塚《きつねづか》という古墳があり、奈良時代末期の直刀二本と鉄の鏃《やじり》が出土したといいます。つまりここでは弥生末期の方形周溝墓から、四〇〇年ほどの古墳時代を通じて、集落の発展が時代特有の古墳を生み出す段階に飛躍することはついになく、ようやく次の奈良時代に前代の残照のような遺跡を一つ残したように感じられます。そしてこのような集落のエネルギーの乏しさは、この多摩山間部地方全体の、宿命的な限界を示しているように考えられます。

京王線めじろ台駅の南方一キロにある椚田《くぬぎだ》町の神谷原《かみやはら》遺跡では、三四基もの方形周溝墓がみつかっていますが、ここは古墳時代における多摩地域最大のムラといわれています（前出『八王子・日野の歴史』）。その初期の集落は六軒の竪穴住居がある小規模なものでしたが、中期には一〇〇軒以上の竪穴住居が密集して、その外側の一部に方形周溝墓がまとめて造られるという大規模集落となり、後期には住居数は減少して方形周溝墓も分散していきます（写真10）。

八王子市の西北の山地から流れ出して、市街地の北方で浅川に合流する川口川の北岸にある中野山王《なかのさんのう》の中田遺跡もまた、縄文時代から平安時代に継続的に集落が営まれた複合遺跡ですが、その中心的な時期は古墳時代の後期で、七六軒の住居跡が確認されているといいます（『同』）。その第一期は六世紀前半で三八軒、二期は六世紀後半の二三軒、三期は七世紀前半で一五軒という推移をたどっているといわれます。各時期にはそれぞれ三つの小集団があって、各集団の中には大形住居が一軒から三軒あり、特に中央集団のものは床面積が平均の四倍におよぶ、八〇平方メートルを超える巨大な竪穴住居であるといわれます。出土した土器には、日常の食器として各個人が用いる坏《つき》（皿形の食器）や、米・雑穀を蒸す調理用の大量の甑《こしき》があったことが注目されています。また、道具類には鉄製の鎌や刀子《とうす》、U字形の鋤先《すきさき》も出土し（写真11）、さらに大

写真10　神谷原遺跡住居跡
（八王子市郷土資料館提供）

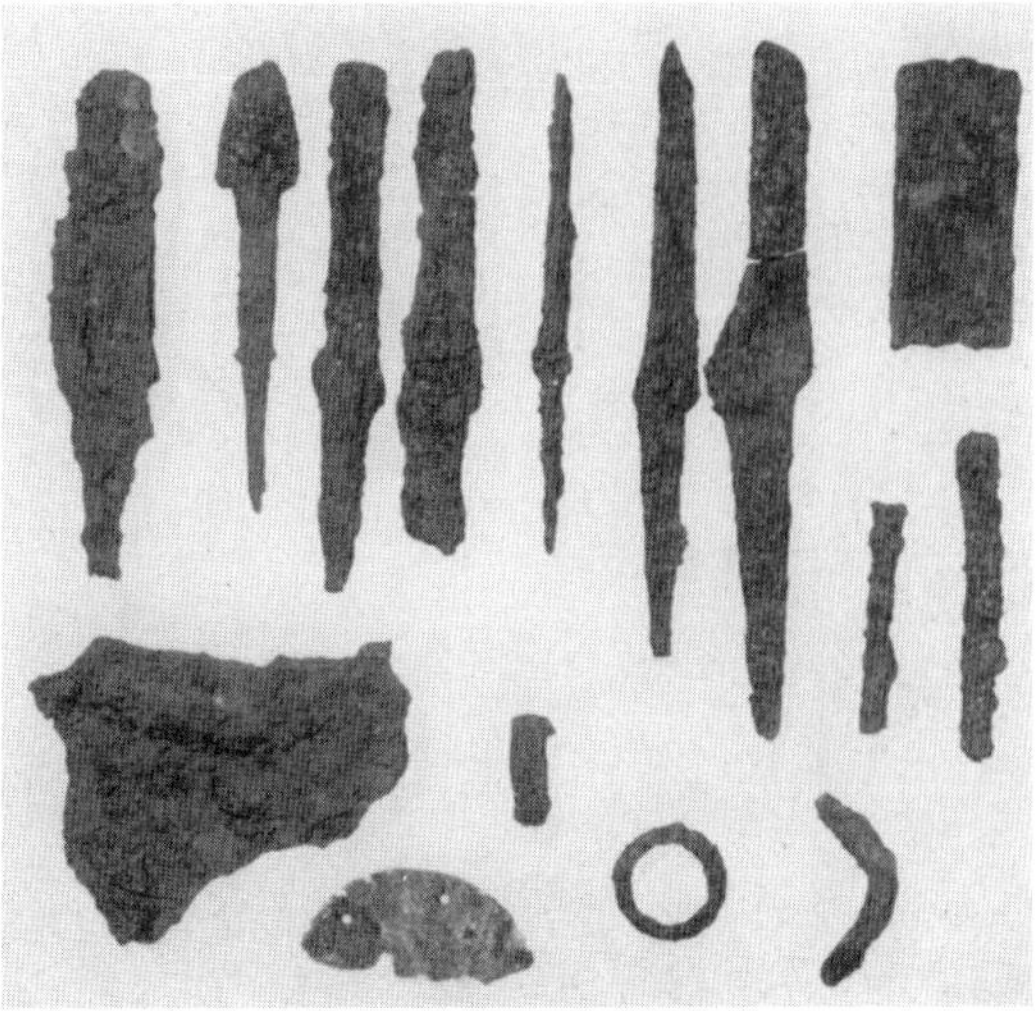

写真11　中田遺跡出土の鉄器
（八王子市郷土資料館提供）

形住居を中心に玉・鏡・剣を土器で模造した祭祀用具もみつかって、当時の村落共同体の生活をしのばせています。

由木の里の古墳時代

由木地域の古墳について知ることのできる資料は、残念ながらほとんど伝えられていません。『新編武蔵風土記稿《しんぺんむさしふどきこう》』が書かれた江戸時代末期には、まだ古墳についての認識が不十分であったといわれますが、各村の記述の中に「神社」「寺院」に次いで「墳墓《ふんぼ》」という項目があります。その大沢村（南大沢地区）の項に、古墳に関係があるかもしれないと思われる次のような記事が見えます。

道春塚《どうしゅんづか》　村北の山の上、江戸道のほとりにあり、高さ九尺余《あまり》。昔、佐藤道春という人の築きし故《ゆえ》、この名ありという。また同所二町《ちょう》ほど東にあたりて、高さ三尺ばかりのわずかの塚あり。来由《らいゆ》詳《つまびらか》ならず。

ここで「佐藤道春という人の築きし故」という点は、高さ三メートルもある塚を何の目的で築いたのか不明で、あるいは実は古墳であったものが彼の土地に所在したために、そのように呼ばれたと解釈する余地もあるように思われますが、具体的なことは何もわかりません。その他の地区について列挙すると、次のとおりです。

上柚木村

とういん塚　江戸道の側にあり。

せいれん塚　村の西、畑の中にあり。ともに来由詳ならず。

中山村

古塚　村の南、字《あざ》原という所にあり。高さ六尺ばかり。これも葬地なりや、詳ならず。

大塚村　大塚村は、鎮守八幡の社地、大なる古塚なるが故に、起りし村名なりという。

八幡社　大塚の上にあり。前に石階六十級ばかりあり。

大塚村の名前の由来となった塚は現在もほぼそのまま残されており、その位置や、一〇数メートルの高さと底辺の直径四〇メートル以上と思われる塚の形からみて、典型的な円墳のように感じられます。大栗川をこえてここから東一キロの所には、多摩市百草の稲荷塚・臼井塚古塚があり、大塚の丘の規模は稲荷塚よりかなり大きいとすら思われます。塚の頂上には八幡神社が建っていて、その南側の石段は六五段におよび、北側には真言宗の最照寺《さいしょうじ》とその墓地がくい込んでいます。残念ながら古墳を証拠立てるような出土物はないといわれ、これまで本格的な調査の対象とされていませんが、まことに気になる大塚です。

昭和三六年（一九六一）に東京都教育委員会がまとめた『南多摩文化財総合調査報告1』には、由木の古墳として三つの遺跡が報告されています。その一つは「大塚日向《ひなた》古墳」で、明治大学の後藤守一《ごとうしゅいち》氏の報告の全文は、次のとおりです。

多摩村古墳群の西方約一㎞離れた大栗川の西岸近く、西方から延びる台地の末端に位置している。径約一三m、高さ約二・五m内外の規模をもっていた円墳と思われるが、出土品その他は不明である。後期終末期に位置する古墳であろう。

その場所は大塚日向地区で、野猿街道の帝京大学入口バス停の東北にあたる台地のあたりと思われ、八王子市教育委員会では一度、ここを埋蔵文化財想定地に指定しましたが、具体的な調査は何もしていないといいます。

二つ目は「堀ノ内下根《しもね》古墳」として、次のように報告されています。

現在は壊滅して、ほとんどその姿を認めることはできないが、西方より延びる丘陵の南斜面寄りに末端部近くに位置する。この古墳より出土という埴輪円筒《はにわえんとう》破片があるので、わずかにその性格をうかがうことができるのであるが、占地《せんち》などから考えて円墳とすべきものと思われる。本調査の多摩丘陵地域で唯一つの埴輪円筒列を存在せしめる古墳である。後期に位置するものであろう。

この遺跡について一九八二年の『東京都埋蔵文化財センター研究論集1』は、「現在はその位置すら不明である」としていますが、おそらく堀之内北八幡神社の西方一〇〇メートルばかりの丘陵で、一九八七年に発掘調査された多摩ニュータウンNo.435遺跡がそれであろうと思われます。

写真12　No.435遺跡の経塚と礫石経

No.435遺跡について報告している『報告書第二七集』によれば、この遺跡は旧石器時代から縄文・弥生・奈良・平安・中世・近世へと接続する複合遺跡ですが、弥生時代中期後半の土器片一五、奈良・平安時代の土師器《はじき》・須恵器《すえき》の坏《つき》・甕《かめ》など多数を出土しているほか、丘陵の上部に、腰の高さ程もないマウンドをもつ塚が九基発掘されたといいます。その二号塚の規模は基底部で径四メートル、高さ一メートル弱のものですが、付属施設として竪穴があり、そこから河原礫《かわられき》（小石）と土器片（縄文・土師・須恵器）に漢字や梵字《ぼんじ》でお経の文字を墨書した礫石経《れきせききょう》が、総数九一、六一三個も出土したといいます（写真12）。

　この遺跡の東方にある北八幡神社は、『新編武蔵風土記稿』によれば、小田原北条氏全盛のころ（一六世紀後半）に大石信濃守《おおいししなののかみ》が建立し、堀之内・越野・松木三村の鎮守であったとされています。また、このNo.435遺跡の西に接するNo.105遺跡は明治初年に廃寺となった真言宗普願寺《ふがんじ》の跡を含んでおり、同じく『風土記稿』によれば、普願寺は越野村字下根《あざしもね》にあって堀之内北八幡神社の別当寺《べっとうじ》で、開基は同じ大石信濃守であるといいます。そしてNo.435遺跡の九基の塚は、これら東西の神社と寺をつなぐ尾根の古い山道筋に立地しているということです。

写真13　No.435遺跡出土の石塔

　さらにこの古塚群の間からは、塚が造られた後に遺棄されたとみられる宝篋印塔《ほうきょういんとう》が出土し（写真13）、その基礎部分には「天正《てんしょう》二十年」「二十人」と線刻されているといわれます。天正二〇年（一五九二）は八王子城が豊臣秀吉勢の攻撃によって落城し、小田原北条氏が滅亡した天正一八年の二年後のことで、後北条氏の家臣であった大石信濃守の一族は、あるいは八王子城で討死し、あるいは由木の里に戻って蟄居《ちっきょ》していた頃と考えられます。普願寺にはその一〇年後で関ヶ原の戦の二年後、徳川家康が江戸に幕府を開く前年の慶長七年（一六〇二）に、大石信濃守の子孫が金蒔絵《きんまきえ》の鞍《くら》や鐙《あぶみ》などの寺宝を寄進したとも伝えられていますから、この宝筺印塔は大石氏の遺族が関係して造られた可能性が考えられ、さらに礫石経を埋納した塚の築造も、おそらくはこれら普願寺と関係の深い人達によって行われたのではないでしょうか。塚の構築時期を判定できる遺物や資料はなく、『報告書』はそれを江戸時代の前半の一七世紀代と結論しています。

一九六一年東京都教育委員会の報告書で、堀之内下根古墳から埴輪円筒《はにわえんとう》破片が出土しているという点は疑問が残りますが、人間や動物などを形どった形象埴輪《けいしょうはにわ》とくらべて、円筒埴輪は破片となったときには、弥生式土器や土師器の破片と識別が困難な場合があるのではないかと考えられます。また、江戸時代初期の礫石経に土師器等の土器片も用いられていたことは、それらの土器片がこの地の人々の身近に顕在していたことを示しているのでしょう。後藤守一氏が指摘していたように、この地方での埴輪の出土は稀なことで、日野市七ツ塚古墳からは一箇の形象埴輪（島田髷《しまだまげ》の女性として鳥居龍造《とりいりゅうぞう》が紹介）と、六世紀後半の円筒埴輪の破片がみつかり、国立市の青柳《あおやぎ》古墳群でも、同時期の円筒埴輪が出土したことが知られている程度です。

『南多摩文化財総合調査報告1』に載っている由木の古墳の三つ目は、「引切横穴《ひっきりよこあな》」です。同書ではただ、西方から延びる丘陵の先端に近い所にあったというけれども、現在はそこの土砂は切り崩されて跡形もなく、人骨一体が横穴の玄室にあったけれども、遺物の出土は知られておらず、小規模な構成の横穴群であったと思われると報告されています。横穴墓とは墳丘を築かず、崖や斜面に横穴を掘った古墳ですが、この「引切横穴」は堀之内と東中野の境に近い引切バス停の北方の丘地にある、多摩ニュータウンNo.446遺跡と考えられます。この遺跡もまた旧石器時代から縄文・古代・中世とつながる複合遺跡ですが、ここでは古代の横穴墓五基と、須恵器を焼成した窯跡《かまあと》二基が発掘されています。

そのうちの一号墓についてみますと、丘陵の急斜面のローム層を掘り込んで、前室と玄室をあわせて奥行き七・四メートルの規模のもので、玄室の床面には一面に河原

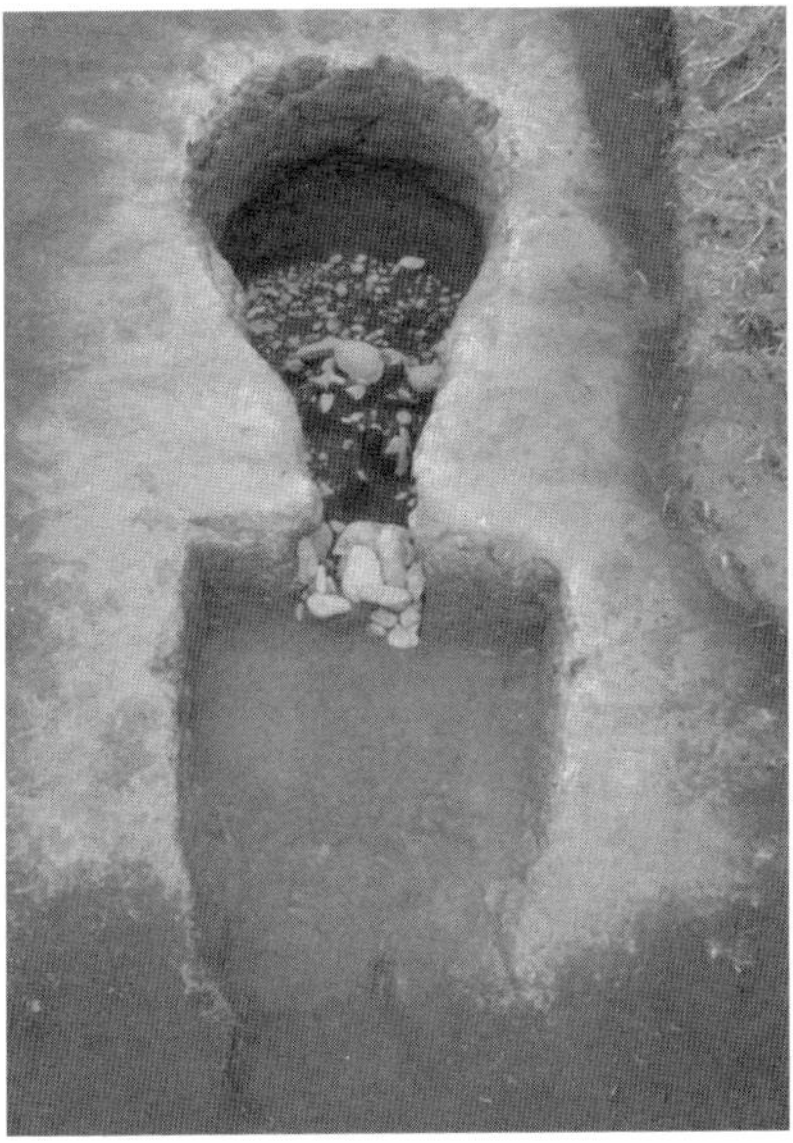

写真14　No.446遺跡１号横穴墓

石が敷きつめられています（写真14）。そこからは八世紀初頭の湖西窯《こさいよう》（滋賀県）産の長頸壺《ちょうけいこ》一個がみつかっていますが、それは追葬の時などに埋められたものと考えられています。また二号横穴墓には四体分の人骨があり、熟年男性二人と小児二人が埋葬されていたといいます。

さらにこれらの横穴墓にはさまれた丘陵斜面地には、須恵器窯《すえきよう》が二基築かれており、その一つの大きさは全長五メートル、幅一・三メートルで、斜面のローム層をトンネル式に掘り抜いた地下式窖窯《あながま》であるといいます（写真15）。周辺からは坏《つき》・高台式坏《こうだいしきつき》・瓶・壺・甕など、須恵器の多数の破片が出土していますが、時代としては横穴墓とともに、七世紀末から八世紀初頭のものと推定されています。須恵器窯の運営については高度な技術をもつ専門の工人が必要と考えられており、大栗川の下流二キロには百草窯《もぐさよう》の存在も指摘されていましたが、具体的に窯跡が確認されたのはこのNo.446遺跡がはじめてといわれます。

写真15　No.446遺跡須恵器窯

武蔵国でも七世紀後半には、大和王権の地方制度としての評《こおり》（郡）が成立し、評家《ひょうけ》（郡家《ぐうけ》または郡衙《ぐんが》）も置かれていたはずで、続く八世紀の律令下ではその下部の里《り》や里長《りちょう》も五〇戸ばかりの集落をまとめて設けられます。飯塚武司《いいづかたけし》氏はそのような制度の成立期を考えるうえでNo.446遺跡は重要で、この「(須恵器)窯の経営には和田古墳群の被葬者の末裔を頂点とする氏族が関与していた」と推定しています（「奈良時代の多摩ニュータウン地域」『多摩ニュータウン埋蔵文化財センター研究論集XV』一九九六）。古墳はその時代の地域の有力者の墓として造られたものですから、由木の地域にもまだ未確認の古墳が残されている可能性は考えられるでしょう。しかし以上でみるかぎり、古墳としてはっきり確認されたのはこのNo.446遺跡の五基の終末期横穴墓だけということになります。それはやはり、大栗川下流域の和田塚原《わだつかはら》古墳群や中和田横穴墓群など、七世紀中葉以降の三〇基をこえる近隣の古墳群との関連の中で築造されたものと考えるべきでしょう。

古墳時代の最後に、多摩ニュータウンの発掘記録の中から、これまでにふれてきた以外の古墳時代の由木の里の情報を探してみたいと思います。多摩ニュータウン遺跡群の時代別の分布をまとめた金持健司氏の「研究ノート」によれば、古墳時代の遺跡数は一三九か所で、住居跡数は三八一軒を数えるといいます。それは前代の弥生時代とくらべれば遺跡数で二・六倍、住居跡数では一三倍という増加ぶりです。その地域的な分布としては、初期は弥生時代と同様に南部の境川流域に集中し、後期には大栗川や大田川の流域にも広がってきたとされます。著者が東京都埋蔵文化財センターの二二年間の年報から拾い出した由木地域の古墳時代の住居跡数は五二頁の表2にあるように七九軒となっていますが、それは鑓水地区と町田市小山《おやま》地区にまたがるNo.327・330遺跡の五〇軒を鑓水地区分に算入したためにに増えたもので、実質的には半数程度と考えるべきかもしれません。

町田市の境川流域に属する多摩丘陵南面の小山《おやま》地区は、早くから弥生文化が導入され、続く古墳時代には中規模の集落が多数形成されていました。No.327・330遺跡の場所は京王線多摩境駅に近い小山内裏《おやまだいり》公園の西方あたりと考えられますが、ここから東南の小山地区一帯にかけては、弥生時代の住居跡六軒と方形周溝墓一基に古墳〜平安時代住居跡三二軒を数えるNo.939遺跡、方形周溝墓二基と古墳時代住居跡一七軒のNo.916遺跡、方形周溝墓一基と古墳時代住居跡五〇軒のNo.200遺跡など、たくさんの古墳時代遺跡が確認されています。

その影響を受けたものと考えられますが、大栗川最上流域の鑓水地区南部の板木谷戸の奥まったところ、弥生時代の住居跡三軒がみつかったNo.846遺跡の近くにあるNo.833遺跡からも、古墳時代の住居跡三軒と平安時代住居跡五軒がみつかり、同じ近くのNo.229・314遺跡からは古墳時代後期の住居跡六軒がみつかっています。そして大田川源流域である南大沢のNo.207遺跡もまた、旧石器時代から平安時代まで連続する複合遺跡ですが、ここからも古墳時代の住居

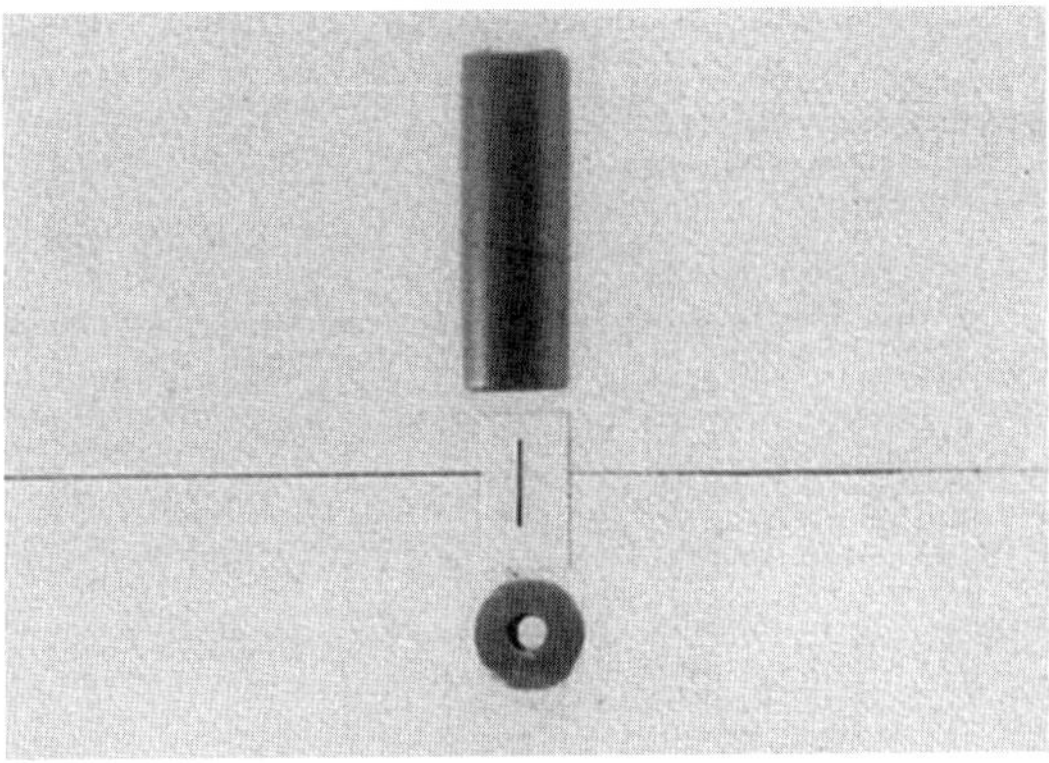

写真16　No.387遺跡出土の管玉

跡五軒と土坑三五がみつかっています。そのすこし東方にあるNo.527遺跡からは、この時代の住居跡一軒の所から勾玉《まがたま》一個が出土しています。

古墳時代の由木地域の出土遺物は、低温素焼《すや》きの土師器《はじき》(坏《つき》・碗《わん》・甕《かめ》など)や石器(砥石《といし》・台石など)・鉄器(鏃《やじり》・刀子《とうす》など)が多いのですが、大石信濃守屋敷跡とされる松木台のNo.107遺跡では、古墳時代の竪穴住居跡二軒の周辺から高温焼成の須恵器《すえき》(坏・フラスコ瓶)や木製品(食物容器・農具など)が出土し、ここの住民の生活レベルをしのばせています。また別所谷の入口に位置するNo.387遺跡で、古墳時代の管玉《くだたま》が一個みつかっているのも(写真16)、この地域としては珍らしい例と思われます。さらに複合遺跡の性格をもつ松木のNo.125遺跡と堀之内のNo.426遺跡でも、この時代の住居跡がそれぞれ三軒と六軒確認されていることは、地域社会の持続性の面で大事な事実と考えられます。一方、縄文時代にこの地域最大のムラを形成していた堀之内のNo.72遺跡では、台地上という立地に関係があるのかもしれませんが、古墳時代の遺構・遺物は発見されておらず、その南側の低地にあるNo.796遺跡から、わずかに古墳時代晩期の土師器が出土したことが報告されています。そしてこのような由木の里の遺跡の実態は、時代を特色づける壮大な首長墓などがついに築造されることなく、小規模な谷戸を中心に細々と営まれていた、この地域の古墳時代人のくらしぶりを証言しているとみるべきでしょう。

四、古代の武蔵国多摩郡と由木の里

八世紀の奈良時代（七一〇―七九四）から、一二世紀末に幕を閉じる平安時代（七九四―一一八五）までの日本古代の歴史については、ぼう大な文献が残され、研究も多面的に進められていますが、由木の地域に関して伝えられた確かな文献情報は、ただの二件しかないといっていいでしょう。その一つは、平安時代も終わりに近い仁平《にんぺい》四年（一一五四）の年代が記された写経《しゃきょう》を埋納《まいのう》した経筒《きょうづつ》が、中山地区の白山神社の地から出土しているということ、その二つは、鎌倉時代のはじまる三年前の寿永《じゅえい》元年（一一八二）に、別所地区の蓮生寺《れんしょうじ》を開いた円浄房《えんじょうぼう》が源頼朝《みなもとのよりとも》に召されて、鎌倉の営《えい》中に参上して妻政子の安産を祈願したという、鎌倉幕府の歴史書『吾妻鏡《あづまかがみ》』の記事です。

ほかに平安末・鎌倉時代に活躍したいわゆる武蔵武士の系譜の中に、由木を領地として由木姓を名のった横山党《よこやまとう》・西党《にしとう》の武士の名前が散見されますが、その実像を物語る資料は極めてとぼしいのが実態です。したがってこの時代の由木の地域について知ろうとすれば、当時の武蔵国の成り立ちや多摩地方の出来事を参考にしながら、まだ姿の見えない古代の「由木の里」の背景と中世へのつながりの経緯をさぐり、また多摩ニュータウン計画が発掘したこの地域の古代の姿を読みとっていくことが、不可欠と考えられます。

なお、今回の改訂にあたって『新八王子市史』を参照した結果、平安時代初期の貞観《じょうかん》九年（八六七）に時の右大臣藤原良相から京都府貞観寺へ寄進された多摩郡弓削荘《ゆげのしょう》が、当時この由木の地にあったと考えられるに至り、史料にもとづく由木の歴史は三百年ほどさかのぼることになります。

1、武蔵国多摩郡

武蔵国《むさしのくに》・多摩郡《たまごおり》の誕生

古代日本の国と地方にまたがる政治制度は、大化《たいか》の改新《かいしん》（六四五）以後に進められた、いわゆる律令制《りつりょうせい》による中央集権体制の形で組織化されていきます。律《りつ》はほぼ現在の刑法にあたり、令《りょう》は行政法・民法・訴訟法など広範にわたっていますが、この律令によって定められた中央・地方の組織とその運用原則に従って、天皇を中心とする日本の政治・行政が運営される体制が、半世紀あまりの時間をかけて、奈良時代が始まるころの八世紀はじめに確立されたといっていいでしょう。

『常陸国風土記《ひたちのくにふどき》』が証言していたように、大化の改新後の孝徳《こうとく》天皇の時代（六四五―五四）以降に、古くからの国造《くにのみやつこ》が支配していた地方各国は再編成されて、朝廷《みやこ》から派遣された国宰《くにのみこともち》が常駐することとなります。武蔵国はかつての无邪志《むざし》・知知父《ちちぶ》・胸刺《むなさし》の三国をあわせてここに誕生し、国の下には豪族の申請などによってのちの郡に相当する評《こおり》が設けられ、かつての国造は基本的に評造《こおりのみやつこ》としてその首長となっていたと考えられます。そして大宝律令《たいほうりつりょう》が施行された大宝《たいほう》二年（七〇二）からは、国《くに》―郡《こおり》―里《り》（五〇戸を一里とする）の地方制度が確立されて、国々の政庁である国衙《こくが》には、国司《こくし》である長官の守《かみ》・次官の介《すけ》・三等官の掾《じょう》・四等官の目《さかん》と事務官の史生《ししょう》が、また、それぞれの郡の郡衙《ぐんが》（郡家《ぐうけ》）には、郡司《こおりのみやつこ》である大領《こおりのみやつこ》・少領《すけのみやつこ》と、事務官の主政《まつりごとひと》・主帳《おびと》が置かれることになりました。

武蔵国の名前については、旧来の旡邪志の呼称を生かしながら好ましい文字をあてて表記法を定めたものと思われますが、「武人を多く出す国」という意味がこめられているともいわれます。この名前がはじめて見られるのは『日本書記』天武天皇一三年（六八四）五月一四日条で、百済《くだら》の帰化人僧俗男女二三人を武蔵国に安置《はべら》したと記されています。後の和銅《わどう》六年（七一三）には郡・里の名前に好い字を用いるように命じられていますが、国名はそれ以前に同じ考えによって決められていたということでしょう。

武蔵国の領域は現在の東京都と埼玉県に神奈川県の東北部を加えた地域で、奈良時代の宝亀《ほうき》二年（七七一）に尾張《おわり》（愛知）・駿河《するが》（静岡）・相模《さがみ》（神奈川）諸国などの属する東海道に編入される前は、上野《こうずけ》（群馬）・下野《しもつけ》（栃木）・常陸《ひたち》（茨城）諸国などとともに東山道《とうさんどう》に属していました。国の規模を大・上・中・下に分ける格付けでは、はじめは上国とされていましたが、奈良時代末に大国に格上げされたようで、平安時代前期の延喜式《えんぎしき》（律令の施行細

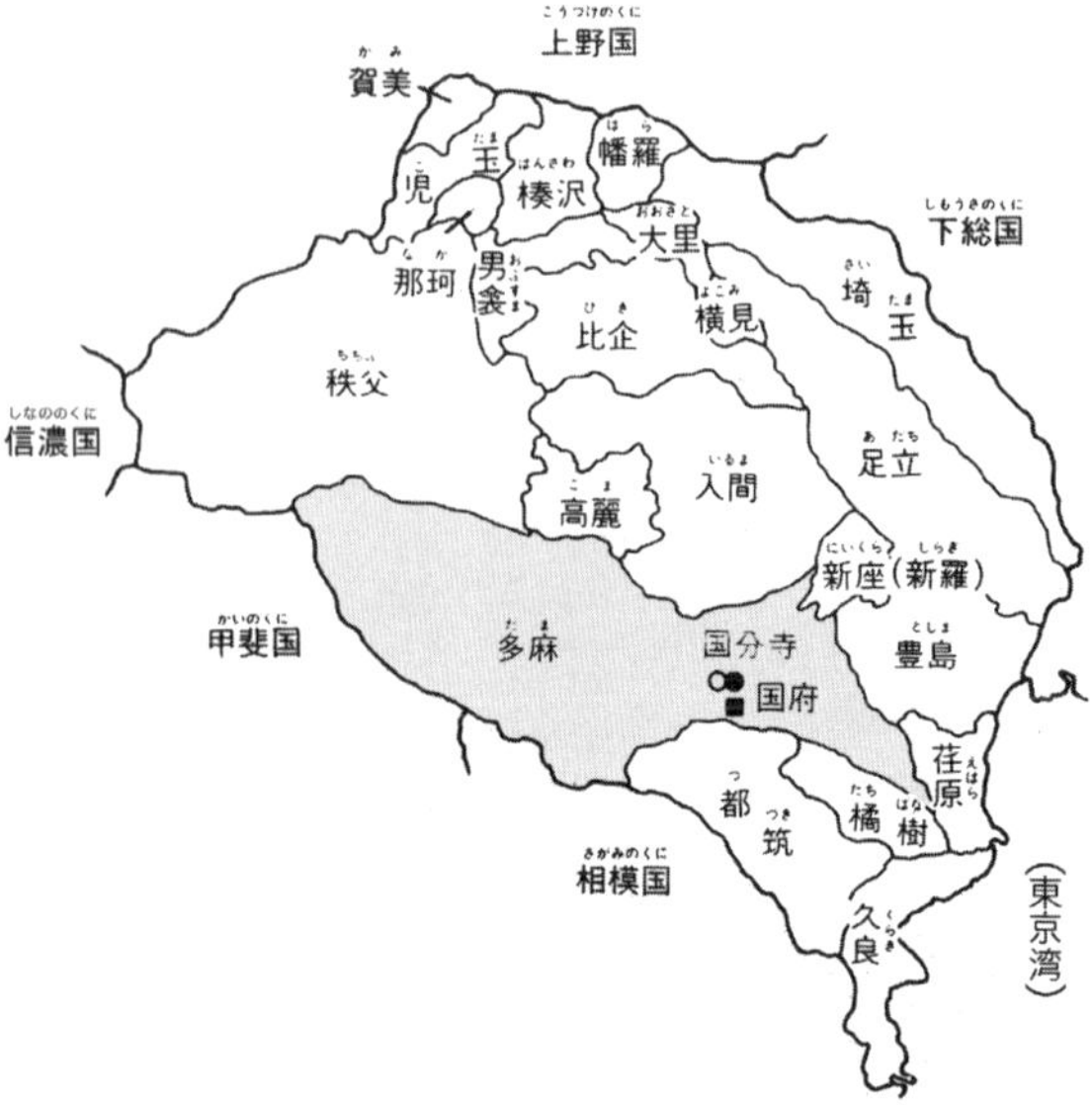

図４　武蔵国と多摩郡

則）では大国に位置づけられています。国内の郡の数は当初は豊嶋《としま》・多麻《たま》・埼玉《さきたま》・秩父《ちちぶ》・都筑《つづき》など一九でしたが、奈良時代はじめの霊亀《れいき》二年（七一六）に、朝鮮半島から渡来した高句麗《こうくり》人一、八〇〇人ほどが坂東《ばんどう》諸国に住んでいたものを武蔵国に移して高麗《こま》郡が作られ、さらに天平宝字《てんぴょうほうじ》二年（七五八）には新羅《しらぎ》の帰化人を移して新羅《にいくら》（新座《にいくら》）郡が新設されて、あわせて二一に増えています（図４）。

その中の多麻郡は六世紀前半の古墳時代後期に、武蔵国造の争乱のあとで朝廷に献上された四つの屯倉《みやけ》の一つ、多氷《たひ》と『日本書紀』に記されていた南武蔵の一地域に相当すると考えられていますが、延喜式では多麻郡と表記されています。その範囲は現在の東京都の西側の半分で、いわゆる三多摩地方に明治時代の東多摩郡（中野・杉並・渋谷区と新宿・世田谷区の一部）を加えた地域になります。そして大宝令では郡の下には五〇戸の良民を単位とした里《り》が設けられたわけですが、奈良時代はじめの霊亀《れいき》三年（七一七）に里は郷《ごう》に代わり、その下におかれた里も天平《てんぴょう》一二年（七四〇）ころに廃止されました。平安時代前期に成立した最古の百科事典『和名類聚抄《わみょうるいじゅしょう》』には、多麻郡の中の郷名が小川《おがわ》・川口《かわぐち》・小楊《おやぎ》・小野《おの》・新田《にふた》・小嶋《おじま》・海田《あまだ》・石津《いしづ》・狛江《こまえ》・勢多《せた》と一〇記されています。これらのうち、小川は現在のあきるの市小川、川口は八王子市川口町、小楊は国立市青柳《あおやぎ》と考えられており、小野郷の名前は国分寺跡から出土した文字瓦にも明記されていて確認されていますが、その場所についてはこれまでさまざまな議論があり、難問とされてきました。

延喜式の中で各国の主要な神社名を列記した「神名帳《じんみょうちょう》」には、武蔵国多麻郡の神社として小野神社の名が挙がっていて、これは当然、小野郷の神社と考えられるわけですが、現実には多摩川をはさんで南の多摩市一ノ宮に小野神社（口絵17）がある一方、北側の府中市住吉町《すみよしちょう》にも小野神社があります。しかし、一ノ宮小野神社の西方二キロの日野市落川《おちかわ》遺跡が昭和五三年から発掘調査されて、古墳時代から一四世紀の南北朝時代にかけての集落跡や中世武士の館《やかた》跡などが確認され、中でも平安初期の弘仁《こうにん》九年（八一八）に鋳造された皇朝一二銭《こうちょうじゅうにせん》の富寿神宝《ふじゅしんぽう》や中国唐《とう》代（九世紀）の貴重な越州窯青磁片《えっしゅうようせいじへん》、官吏が用いたと考えられる刀の装具《かざりぐ》などが出土したことから、一ノ宮の小野神社を「神名帳」に結びつけ、さらには落川遺跡の地を小野郷の郷長《ごうちょう》の館のあった所とする見解が補強されたように思われます。『日野市史通史編一』（一九八八年）では、小野郷の地域について、「稲城市・多摩市・日野市南部旧七生《ななお》地区・八王子市南部旧由木地区に広がる多摩川・浅川南岸の沖積低地《ちゅうせきていち》と多摩丘陵にはいり込む谷々から成る広い範囲」と考えられていますが、それは後に述べる天皇の命令によって設けられた勅旨牧《ちょくしまき》としての小野牧《おのまき》の場所とも関連する見解で、説得力のあるものと思われます。つまり「由木の里」は、古代には武蔵国多麻郡小野郷の一部であったと考えることが可能でしょう。

武蔵守《むさしのかみ》

『日本書紀』に続くわが国第二の正史《せいし》（国が編集した国史書）である『続日本紀《しょくにほんぎ》』を見ると、大宝律令施行翌年の大宝三年（七〇三）七月五日の条に、「従五位下引田朝臣祖父《じゅごいげひけだのあそんおおじ》を武蔵守《むさしのかみ》とする」という記事があります。引田祖父という人物については何も知る手がかりはみえませんが、従五位下という位階《いかい》は、大宝令で定められた上国である武蔵国の守《かみ》の身分にまさしく相当しています。大宝令で定められ、平安時代の延喜式にも受け継がれた位階のきまりでは、最上位の正一位《しょういちい》・従一位《じゅいちい》以下三位《さんみ》までに正《しょう》と従《じゅ》がつき、四位《しい》以下八位《はちい》まではそれぞれの正と従にさらに上《じょう》・下《げ》の区別がつき、最下位の初位《しょい》には大《だい》と少《しょう》があってそれぞれに上・下の区別がついて、全部で三〇の位階が定められています。その中で従五位下は上から一四番目の地位にあたり、河内《かわち》・伊勢《いせ》・陸奥《むつ》などの大国の守は従五位上《じゅごいじょう》、中国の守は正六位下《しょうろくいげ》、下国の守は従六位下《じゅろくいげ》と定められています。

郡《こおり》の役人は地元出身で終身官が原則でしたが、国司《こくし》は中央の任命で任期は原則六年でした。『続日本紀』で五年後の和銅《わどう》元年（七〇八）の記事を見ると、一月一一日の条に武蔵国秩父郡が、「自然《おのずから》に作成《な》れる和銅《にぎあかがね》を献《たてま》つる」とあり、よって年号を和銅と改元し、二月に造幣のための鋳銭司《じゅぜんじ》を設置、八月にはじめて銅銭（和銅開珎《わどうかいちん》）を発行したとあります。武蔵国にはその功績によって今年の庸《よう》（一〇日間の役務）を免除し、秩父郡にはさらに調《ちょう》（糸・布などの貢納）も免除されています。そしてこの間の三月一三日の条には、「正五位下当麻真人桜井《たぎまのまひとさくらい》を武蔵守とす」とみえ、引田祖父は五年で転任して、新任の守は前任者より二階級上位の人物であったことがわかります。

律令体制は一〇世紀半ばの平安時代前半には、藤原氏を中心とする官職の門閥化《もんばつか》や摂関政治《せっかんせいじ》（藤原氏が摂政《せっしょう》・関白《かんぱく》に任じられて国政の実権を握る）の出現、地方豪族の台頭や反乱の瀕発など、さまざまな理由によって次第に解体していきます。大宝三年（七〇三）からその時代の天慶《てんぎょう》三年（九四〇）までの二三八年間について、『続日本紀』をはじめ

表3　史書からみた武蔵国司の位階
大宝３年(703) ― 天慶３年(940)

位階＼官位	守			介		掾
	専任	兼任	権守	正介	権介	
正三位		1				
従三位		3				
正四位下	1	2				
従四位上	2	3	2			
従四位下	5					
正五位上	1					
正五位下	6	2				
従五位上	5		2	3	2	
従五位下	5	1	1	21	4	1
正六位上						1
計	(25)	(12)	(5)	(24)	(6)	2
	42			30		

『日本後紀《にほんこうき》』『続日本後紀《しょくにほんこうき》』『日本文徳天皇実録《もんとくてんのうじつろく》』『日本三代実録《さんだいじつろく》』の五正史と、『日本紀略《にほんきりゃく》』『本朝世紀《ほんちょうせいき》』の各歴史書を斜め読みして、記録に残された武蔵国の国司七四人の位階について調べた数字を表にしてみました（表3）。権官《ごんかん》（かりに任じられた官職）をふくめて、全体として基準以上の高位者が多く、とくに中央に本任の官職があって、地方赴任を免除された兼任（遥任《ようにん》）の場合に、その傾向が著しいとみられます。また大国の次官である介《すけ》の位階は正六位下《しょうろくいげ》が相当ですが、実際には二階級以上の上位者が任命されていることがわかります（なお、続群書類聚《ぞくぐんしょるいじゅう》完成会編の『国司補任《こくしぶにん》』では、同期間に

武蔵守五四人を検出できますが、その位階の傾向には大差は見られません）。

表中の歴代の武蔵守のうち、代表的な著名人を一人だけ挙げれば、当麻桜井からおそらく二代後で養老《ようろう》三年（七一九）に正四位下で武蔵守となった多治比県守《たじひのあがたもり》（六六八—七三七）がいます。県守は霊亀《れいき》二年（七一六）に従四位下で遣唐使《けんとうし》の上級職である遣唐押使《けんとうおうし》に任じられ、翌々養老二年に唐に渡って当時中国で行われていた十道按察使《じゅうどうあんさつし》（全国の一〇の道《どう》に地方官を監督する按察使を常置する）制度を知り、帰国後の養老三年七月から彼の提言によって日本でも按察使の制度が設けられるようになり、彼もその一人として任命されることになったのです。この年の一月に正四位下に昇進していた県守は、その七月に武蔵守に任じられ、同時に相模《さがみ》・上野《かみつけ》・下野《しもつけ》三国の按察使を兼務しています。按察使には、その監督する国司で違法に国民を苦しめる者があれば、みずから巡察して、その状況に応じて国司の官位の進退を決める権限が与えられていました。

多治比県守は正二位左大臣《さだいじん》多治比島《たじひのしま》の子で、兄は従二位大納言《だいなごん》池守《いけもり》、弟に県守と同時に越前守《えちぜんのかみ》として能登《のと》・越中《えっちゅう》・越後按察使《えちごあんさつし》となり、後に従三位中納言となる広成《ひろなり》がいました。翌年の養老四年九月に陸奥《むつ》按察使が蝦夷《えみし》の反乱によって殺された際には、県守は天皇から節刀《せっとう》（天皇から生殺与奪の大権を委されたことを象徴する刀）を与えられて持節征夷将軍《じせつせいいしょうぐん》に任じられ、翌年四月に任を果たして帰京し、六月には正四位上中務卿《ちゅうむきょう》（天皇に近侍して勅命の起草・伝達等を行う太政官《だじょうかん》八省の筆頭の長官）となります。さらに神亀《じんぎ》六年（七二九）二月には、天武天皇の孫で高市皇子《たけちのみこ》の子であった左大臣長屋王《ながやおう》が謀反《むほん》の疑によって自死させられた政変に際して、権《か》りに参議《さんぎ》（国政を審議する上級官職）に任じられ、翌三月には従三位に昇進、後には正三位中納言に上って天平《てんぴょう》九年（七三七）に死去しています。彼の武蔵守在任は一年あまりの短期間でその間の業績は不明ですが、彼自身は文武にわたってすぐれた才能をもち、当時の元正《げんしょう》・聖武《しょうむ》両帝から深く信任された公卿《くぎょう》（上級官人）であったと考えられます。なお県守の死去の翌年の天平一〇年八月には、末弟の正五位下多治比広足《たじひのひろたり》が武蔵守に任命されています。

武蔵国府

これらの国司達が勤務した武蔵国府《こくふ》は現在の府中市にあって、移転することなく中世にまでその伝統が引き継がれたといわれます。国府とは国司の役所が所在する地域で、その中には国司が政務や儀式を行う庁舎である国庁《こくちょう》を中心として、役人が行政実務を行う官舎（曹司《ぞうし》）と正倉《しょうそう》（正税《しょうぜい》であるイネを保管する倉庫）や国学《こくがく》（国立学校）などをふくむ官庁街の国衙《こくが》があり、その周辺には国司の居館である国司館《こくしのたち》をはじめ、役人の邸宅や労務者・兵士の住居、厩《うまや》などがありました。そして府中市では国衙跡と考えられる大国魂神社周辺を中心に、東西六・五キロという広大な範囲を「武蔵国府関連遺跡」として、三〇年以上におよんで発掘調査が続けられています（口絵13）。

国府の中心施設である国庁の建物は、奈良時代の八世紀中頃には地面に直接柱穴を掘った掘立柱《ほったてばしら》建物で、平安時代がはじまる八世紀末頃から、柱を礎石《そせき》の上に据えた礎石建物に瓦葺《かわらぶき》のものが造られるようになるといわれます。そして府中市の大國魂神社の社地から東側にまたがる国衙推定地からは、柱穴の直径が一メートルをこえる大型の掘立柱建物跡や、東西二〇メートル以上の大型礎石建物跡がみつかり、国衙の周辺をとりかこむ二重の溝跡や門の建物跡も発掘され、溝の中間には国垣《くにがき》という築地塀《ついじべい》が築かれていたと想定されています（『古代武蔵国府』府中市郷土の森博物館・二〇〇五）。さらに国衙を中心とした東西二・二キロ、南北一・八キロの地域には、四、〇〇〇棟（七〜十世紀約三〇〇年間の累積）をこえる竪穴《たてあな》建物跡をはじめとした遺構が密集していて、国衙の西側や北側では当時の高級住宅である掘立柱《ほったてばしら》建物跡が多く、北西の区域には鍛冶《かじ》や織物などの手工業生産にかかわる遺構・遺物が多いという、国府のマチの輪郭が浮かび上がるようです。

武蔵国の国衙が成立した時期は奈良時代のはじまる八世紀前葉と推定され、七五〇年過ぎ頃に武蔵国分寺が創建された時に、同じ屋根瓦や塼《せん》（床用の敷き瓦）を用いて改築整備され、以後も改修をくり返して平安時代前半の一〇世紀末には機能を停止していたと考えられています（『同』）。そして国衙の東数百メートルの地点からは、多磨寺《たまでら》と呼ばれた古代寺院（郡名寺院）があったことを示す文字瓦が出土していて、それは多磨郡の郡司が建立したものであり、近くには多磨郡家《ぐうけ》（郡衙《ぐんが》）があった可能性が考えられています。ここからは八世紀初頭から前葉の瓦が出土しており、この一帯が国衙に先行して築造されていたことを示しているといわれます。そして多磨郡家跡はまだ確認されていませんが、国府の小型版としての構造を持っていたものと考えられます。例えば武蔵国都筑《つづき》郡家の遺跡である横浜市青葉区荏田《えだ》の長者原《ちょうじゃはら》遺跡では、正殿《しょうでん》と脇殿《わきでん》を配置した郡庁《ぐんちょう》と給食施設の厨《くりや》・宿泊施設の館《たち》、さらに数多くの倉庫群である正倉《しょうそう》の建物跡がみつかっています。

写真17　府中市大國魂神社

　国府に関連する宗教施設としては、国分寺と国分尼寺《こくぶんにじ》・総社《そうじゃ》・国府八幡宮などがあります。武蔵国では国分寺・国分尼寺は、国府より三キロほど北方の国分寺市西元町《にしもとまち》に遺跡があり、総社は国衙に近接して大國魂神社（写真17）として、また国府八幡宮（写真18）はその東方一キロの府中

写真18　府中市武蔵国府八幡宮

市八幡町に、それぞれ現存しています。総社とは、国司の重要な国務であった国内の諸社を巡拝する労を省くために、国内諸社の祭神を一所に合祀《ごうし》したもので、大國魂神社はまた六所宮《ろくしょぐう》ともいわれて、大國魂大神《おおくにたまのおおかみ》を祀る中殿の左右に、一宮《いちのみや》の小野神社（多摩市）・二宮の小川神社（あきるの市の二宮神社）・三宮の氷川神社（さいたま市）・四宮の秩父神社（秩父市）・五宮の金鑽《かなさな》神社（埼玉県神川町）・六宮の杉山神社（横浜市）の六社の祭神を合祀しています。

また国府八幡宮については、本社にあたる京都府の石清水《いわしみず》八幡宮が平安時代の貞観《じょうかん》元年（八五九）に大分県の宇佐《うさ》八幡神を勧請《かんじょう》して、護国寺と一体として朝廷以下の信仰を集めたものですから、各国が国府にその分社を祀るようになったのはそれ以降と考えるのが自然でしょう。

武蔵国分寺

地方各国での国分寺・国分尼寺の建立は、天平《てんぴょう》九年（七三七）に国毎に釈迦《しゃか》仏像を造らせること、同一二年（七四〇）に国毎に『法華経』一〇部を写して七重塔を建立させるという詔勅《しょうちょく》が出され、さらに天平一三年（七四一）の聖武《しょうむ》天皇の「国分寺建立の詔」によって最終的に始められます。そこでは、諸国は好い土地を選んで七重塔を建立し、護国経典として重んじられた『金光明経《きんこうみょうきょう》』と『法華経《ほけきょう》』各一部を書写させること、国分僧寺には二〇人の僧を置いて封《ふう》五〇戸（五〇戸分の租《そ》・庸《よう》・調《ちょう》の納付を寺の所得とする）と寺領一〇町歩を与え、国分尼寺には一〇人の尼を置いて水田一〇町歩を与えることなどが命じられています。しかし総国分寺である奈良東大寺で本尊大仏の開眼供養《かいげんくよう》が行われたのが、ようやく一一年後の天平勝宝《てんぴょうしょうほう》四年（七五二）であったように、諸国の国分寺建立もおくれがちであったようです。聖武天皇は天平一九年（七四七）にも諸国に使を送って国司に建設の促進を求め、有能な郡司を責任者に定めて三年以内に塔・金堂・僧房を造り終えることを命じ、これを成し遂げた者の子孫は永く郡司に任用することを約束しています。そして武蔵国分寺跡から発掘された漆紙文書《しっしもんじょ》がその一〇年後の天平勝宝九年（七五七）のものであったことから、それまでには武蔵国分寺も建立されていたものと考えられています。

武蔵国分二寺が建てられた場所は国衙の北三キロ、背後には丘が連らなり、その麓からは清水が湧くという好地で、両寺の中間には七世紀中頃に造られた東山道武蔵路《とうさんどうむさしみち》という、道幅一二メートルの国道が国衙の西一キロの所から北方の上野国《こうずけ》方面に通じていました。武蔵国分寺の寺域は、他国の場合ふつう二町（二一八メートル）四方であったのに対して、八町×六町ともいわれる広大なもので、全国一の広さといわれます。発掘調査の結果、本尊を安置する金堂《こんどう》、講経説法《こうきょうせっぽう》を行う講堂《こうどう》、東西の僧房《そうぼう》とこれらをとりまく回廊《かいろう》の外側に、二か所の七重塔跡が確認されています（口絵14）。武蔵国分寺の七重塔は平安時代初期の承和《じょうわ》二年（八三五）に神火《じんか》（雷か）によって焼失し、承和一二年（八四五）に前男衾郡《さきのおぶすまぐん》（埼玉県深谷市一帯）大領外《こおりのみやつこげ》従八位上壬生吉志福生《みぶこしのふくしょう》が、お国のためにこれを再建したいと申し出て許可されたことが『続日本後紀《しょくにほんこうき》』に載っています。発掘調査の結果は、この記録を裏付けていました。壬生氏は皇室の子女の養育のために置かれた部民《べみん》の出身と考えられますが、おそらく古くから男衾郡に定住して国造《くにのみやつこ》などとして財力を蓄積していた豪族だったのではないでしょうか。福生の位階についている「外《げ》」は、彼が「外官《げかん》」（地方官）であったことを示しています。

平安時代はじめ頃の武蔵国の人口は十七万人以上、国税や地方税等の税収は石高《こくだか》に換算して二万二千石といわれますが、国分二寺の建立は当時の武蔵国を挙げての大事業であったと考えられます。建物の屋根には、一般の家屋にはまだ用いられることのなかった瓦が葺かれましたが、これを拠出した郡・郷や個人の名前を記入した文字瓦が多数出土しており、質・量ともに他国の群を抜いて全国一といわれます。そこに記された郡名は二〇あり、天平宝字《てんぴょうほうじ》二年（七五八）に帰化した新羅《しらぎ》の僧俗七四人を武蔵国に移して新しく設けられたという新羅郡《しらぎぐん》の名がないのは、すでにこの年には国分寺は完成していたものと宮崎糺《みやざきただす》氏は考えています（『多摩のあゆみ』第七号）。

国分寺の創建や国衙の整備に用いられた瓦・磚《せん》（敷き瓦）の生産は、北武蔵や南武蔵の数か所の窯業地で集中的に行われ、国司の指揮監督のもとに各郡・郷は経費や労役を負担したものと考えられています。国府の地から南方の多摩川対岸にあたる稲城市大丸《おおまる》にあった瓦谷戸窯跡（口絵15）では、これらの瓦と磚を多量に生産しており、出土した磚では一八郡の郡名磚を確認できるといわれます。そしてこの大丸窯跡群をふくむ南多摩窯跡群の中には、八王子市と町田市にまたがって二〇〇基以上と推定される窯跡をもつ御殿山窯跡群《ごてんやまようせきぐん》があり、御殿峠を堺として町田市相原《あいはら》町の西群と、八王子市鑓水地区の東群に分かれています。西群には相原瓦窯跡《あいはらがようあと》と呼ばれる瓦窯跡が一基あり、平安時代初頭の八世紀末から生産をはじめて、平安時代前半の一〇世紀にかけて最盛期を迎えて東側の鑓水地区へと拡大し、やがて鑓水地区に生産の中心が移って一一世紀に生産活動を終えたといわれます。

鑓水地区のこの東群窯跡は、東京環状道路と八王子バイパスが交叉する地点周辺の丘陵地帯に点在していますが、御殿山窯跡群は国分寺建立と関連する瓦の生産にはじまり、その需要がなくなるにともなって、大量の須恵器《すえき》（坏《つき》・皿・碗・壺・甕《かめ》・鉢など）の生産に転換していったと考えられています（加藤修《かとうおさむ》「地方窯成立の背景について」『東京都埋蔵文化財センター研究論集I』一九八二)。そして御殿山窯群で生産された須恵器は、武蔵国府や国分寺をはじめ多摩川流域の集落遺跡から多数出土していて、国府所在地としての多摩郡内における交易のひろがりを示しているばかりでなく、相模国や甲斐国の都留郡にまでひろく供給されていました。

ここでの須恵器の生産量について『新八王子市史・通史編1』によれば、例えば四七基の窯跡を発掘した八王子市みなみ野シティ地区では、窯跡とその周辺から約四万個体、重量約八トンの須恵器が出土しているとされ、実際の生産量はその数倍に達する膨大なものといわれます。加えて、御殿山窯群の東方の町田市小山《おやま》町の瓦屋根《かわらやね》窯群跡でも、大丸窯の系統の瓦窯の構造をもつ八基が確認されており、武蔵国分寺の七重塔が再建された平安時代初期の瓦に近いと判断された平瓦や、相模国分寺の補修・増築に用いられたと想定される一〇世紀の軒丸瓦《のきまるがわら》も発見されています。

多磨郡の二人の郡司

平安時代のはじめに武蔵国分寺の七重塔を再建した一人の元郡司の名前が正史に記録されていましたが、それより二〇年あまり前に成立した日本最初の仏教説話集『日本霊異記《にほんりょういき》』(八二二頃成立)には、奈良時代の武蔵国多磨郡の二人の郡司の話が載っています。その一人は大伴赤麻呂《おおとものあかまろ》という多磨郡の大領《こおりのみやつこ》で、聖武天皇が諸国に有能な郡司を選んで三年以内に国分寺を完成させるように命じた二年後の、天平勝宝元年《てんぴょうしょうほう》（七四九）の一二月に死亡しました。ところが半年後の翌年五月に黒斑《くろまだら》の牛に生まれ変わり、その斑文《まだらもん》には、「赤麻呂は自分の造った寺で勝手に寺の物を思うままに借り用いて、まだ返納しないうちに死んだため、この物を償《つぐな》うために牛の身にされた者です」とあったといいます。一族と仲間の者達は恥ずかしく恐ろしかったけれども、考えてみれば罪を作ったことが恐ろしいのであって、どうして因果《いんが》の報《むく》いがないことがあろうかと記されています（中巻・第九）。多磨郡家《ぐうけ》の長であった赤麻呂の造った寺とは、武蔵国衙の東方の地に八世紀前葉に建立されたと想定されている、郡名寺院の多磨寺であったのかもしれません。

これより六六年前の天武《てんむ》天皇一四年（六八五）に天皇は詔勅を出して、諸国の家毎に仏舎《ほとけのいえ》を造り、仏像と経を置いて礼拝供養するように命じています。この「家」について、いずれも高名な歴史家である家永三郎《いえながさぶろう》氏は「豪族の私宅」と解し、辻善之助《つじぜんのすけ》氏は「郡家《ぐうけ》・国衙《こくが》の官舎」と解しています。大化の改新から四〇年後のことですから、すでに国・郡（評《こおり》）の地方制度も整えられつつあった時代で、辻氏のように解釈できる可能性もありうると思われます。その九年後の持統《じとう》天皇八年（六九四）にも、諸国に護国経典である『金光明経《こんこうみょうきょう》』を置いて、毎年正月にこれを読むように命じられ、その三四年後の神亀《じんぎ》五年（七二八）に聖武《しょうむ》天皇が各国に同じ経典を一〇巻ずつ分け与えているのも、そのような仏教を国と地方の政治の重要な手段にしようとした一連の施策が、この時代に進められていたのだと考えられます。

国ごとに置かれた国分二寺ほど有名でないにしても、この時代以降には全国の多数の郡に郡寺・郡名寺院が置かれました。それは当然公的な性格のもので、国分寺とともに国・郡の祈願所として精神的に民衆を導く役割を持つものでした。赤麻呂の造った寺が、このような郡寺であったと断定することはできませんが、かりに私的に建立された寺であったとしても、武蔵国府の領域内にあった多磨郡家《ぐうけ》の首長として、その造った寺を自分のほしいままに運営することは許されなかったでしょう。養老《ようろう》二年（七一八）に定められた養老律令の中には、僧侶と尼僧についての規則を決めた「僧尼令《そうにりょう》」があって、その中には、「僧尼は私的に財物をたくわえ、商売で利を求めてはならず、これを犯す者はその財物を官に没収する。寺の財物は仏・法・僧の三宝《さんぼう》の物であり、牛馬・奴婢《ぬひ》・家人《かじん》はみな寺の物である」という規定があります。僧でない赤麻呂としても、寺の物を勝手に私用してはいけないというのが、当時の社会規範であったと考えられます。

『日本霊異記』は因果応報《いんがおうほう》という仏教の考えに立って、善因《ぜんいん》には善果《ぜんが》が、悪因《あくいん》には悪果《あくか》がもたらされると説いていますが、その説話の素材は当時の氏族や民間の伝承に基づくものが多いといわれます。作者の景戒《きょうかい》は奈良薬師寺《やくしじ》の僧で、奈良時代後半から平安時代はじめの九世紀前葉までの人物ですが、紀伊国《きいのくに》（和歌山県）名草《なぐさ》郡の郡司であった大伴《おおとも》氏の一族と推定する説もあります。

景戒が書きとどめたいま一人の多磨郡の郡司は、現在のあきるの市内と想定されている小川郷《おがわごう》の正六位上丈部直山継《はせべのあたいやまつぎ》で、ここでは善因善果を説いています。彼が兵士にとられて奥羽地方の蝦夷《えみし》征討に出征していた間、妻は夫の無事を祈って観音の木像を作り、一心に拝んでいたといいます。無事に帰還した山継は喜んで妻とともに観音を礼拝していたところ、何年もたった天平宝字《てんぴょうほうじ》八年（七六四）に、恵美押勝《えみのおしかつ》（藤原仲麻呂《ふじわらのなかまろ》）が孝謙太上天皇《こうけんだいじょうてんのう》の寵愛《ちょうあい》する僧道鏡《どうきょう》を排除しようとして逆に敗れた乱に遭《あ》い、彼も死刑とされて首を斬られようとする時、観音に助けられて罪を減じられ、信濃国に流罪《るざい》となり、まもなく召し出されて多磨郡の少領《すけのみやつこ》に任じられました。彼が命をまっとうしたのは観音が助けてくれたからであり、それは自分が信心をおこして善行《ぜんぎょう》を積んだ作善《さぜん》の功徳《くどく》であると、景戒はこの段を結んでいます（下巻・第七）。これら二つの説話はいずれも仏教的な因果応報を強調したものですが、その背後には当時の人々の生き方の一面が示されているように思われます。なお、丈部直山継《はせべのあたいやまつぎ》の名についている「直《あたい》」は大和政権に服属した地方豪族である国造《くにのみやつこ》層に賜った姓《かばね》ですから、山継は小川郷の名門の出身といえるでしょう。さらに、山継の正六位上という位階は上国の守《かみ》の従五位下に次ぐ高位で、彼はその後なんらかの功績をあげていたと考えられます。

2、由木の里の古代

由木地域の古代集落

古代の武蔵国多摩郡に設けられた一〇の「郷」のうち、現在の八王子市の地域に相当するのは北西部の川口郷と南東部の小野郷と考えられています。『新八王子市史・通史編1』は川口郷について、川口川・南浅川をふくむ浅川の上・中流域を川口郷の中心部と想定し、その北方の谷地川《やじがわ》流域もこれに含まれると考えています。そして奈良時代にあたる八世紀代の集落遺跡の分布から、浅川左岸（北側）の川口川流域を含む中田遺跡などの地域、南浅川流域の船田《ふねだ》遺跡などと湯殿川《ゆどのがわ》流域を含む地域、それに谷地川流域の三地域を、川口「郷」の下の「里」を形づくった集落のまとまりと推測しています。一方、小野郷に推定される地域の八世紀代の集落遺跡としては、日野市・多摩市にまたがる落川・一の宮遺跡や多摩市の東寺方《ひがしてらがた》遺跡などがある大栗川下流域、多摩ニュータウンNo.446・796遺跡（堀之内）などの大栗川中流域、そして向ノ岡遺跡（多摩市）や多摩ニュータウンNo.450遺跡（同）などの乞田川流域という三グループに分けることができるとしています。

川口郷にふくまれる八王子市長房《ながふさ》町の船田《ふねだ》遺跡では、奈良・平安時代の遺構として竪穴《たてあな》住居跡八六軒・掘立柱《ほったてばしら》建物三棟が発見され、この時代の地域の一つの中心的な集落であったと考えられています。これに対して、小野郷にふくまれる奈良時代はじめ頃の大栗川水系の集落遺跡は、母胎となった集団が下流域にあって、多摩市と日野市にまたがる落川《おちかわ》・一の宮遺跡や、多摩市の東寺方《ひがしてらかた》遺跡などの大規模集落を作っており、これらより上流の多摩ニュータウンの地域は丘陵地であるため、この時代に大規模な拠点的集落が作られることはなかったといわれます。この時代の由木の地域には縄文時代の堀之内No.72遺跡のような規模の大きい集落跡は認められませんが、五二頁の表にあるように住居跡の総数としては、縄文時代より多い遺構が報告されています。それらが下流域の拠点的な集落からの「分村」であったかはともかくとして、松木地区No.107遺跡をはじめ、いくつかの中・小集落的な住居跡群も発掘されていますので、大栗川の中流から上流へと地区を追ってみていきたいと思います。

まず堀之内地区では、東中野との境に近い大栗川南岸の番場《ばんば》公園の地と考えられるNo.426遺跡については、旧石器時代からの複合遺跡でこれまでにもふれてきましたが、奈良・平安時代の住居跡が三〇軒みつかっています。この時代の遺物としては、土師器・須恵器・灰釉陶器《かいゆうとうき》に刀子《とうす》・鎌・紡錘車《ぼうすいしゃ》などの鉄器を出土しました。ここでは以後の中・近世の建物跡も一〇か所発見されており、長期に安定した小集落が営まれていたように思われます。また京王線堀之内駅北方のNo.421遺跡も旧石器時代からの複合遺跡ですが、ここで発掘された奈良・平安時代の住居跡は二〇軒で、同様の遺物を出土し、さらに中世の板碑《いたび》をはじめ近世に継続する生活の痕跡をとどめています。ここから大栗川の対岸にあたる芝原のNo.72遺跡のこの時代の遺構・遺物としては、住居跡三三に鉄製の鋤《すき》をふくむ遺物類、水田跡と溝などが確認されています。さらに保井寺《ほうせいじ》西方の寺沢《てらさわ》地区にあるNo.436遺跡では、奈良時代の八世紀中葉から平安時代中期の一一世紀まで三〇〇年以上にわたって、竪穴住居跡が由木地域最多の五九軒みつかり、この時代の掘立柱建物跡二棟と円形土坑一二基の遺構のほか、土師器・須恵器・灰釉陶器《かいゆうとうき》（白瓷《しらじ》）・緑釉陶器《りょくゆうとうき》（青瓷《あおじ》）等が、コンテナー四〇箱ばかりも出土したと報告されています。『新八王子市史・資料編1』はこの遺跡について、「集落としてはさらに広域に展開していた」と判断して、「大栗川中流域の中心を占めた」ものと評価しています。

五基の終末期横穴古墳と須恵器窯跡が発見されていた東中野・堀之内にまたがるNo.446遺跡でも、隣接する三つの遺跡をふくめて四九棟の住居跡がみつかっています。時代は奈良時代以前の七世紀後半から平安時代中期の一一世紀にわたっていますが、出土した遺物の中に、八世紀の土師器と九世紀の須恵器坏に「寺」の文字が記されたものがあり、『資料編1』は「本遺跡の近くに、仏堂等が存在した可能性がある」と述べています。この遺跡から二〇〇メートル西方の堀之内寺沢地区には、中核的存在と評価された前記のNo.436遺跡があり、その集落の支配者が奈良・平安時代初期にそこに仏堂等を建てていた可能性があると解すべきでしょう。時代は数百年下りますが、戦国時代末期の一六世紀中頃に大石信濃守が越野に開創した普願寺は、『新編武蔵風土記稿』では「昔は廣泰寺と号して、寺沢の上に鎮座ありし」と記されています。廣泰寺については開創者や年代は不明ですが、「寺沢」の地名の由来とあわせて、この地域の古代集落にかかわる注目すべき事実といえましょう。

松木地区の富士見台公園の東方に接する№107遺跡は戦国時代の大石信濃守屋敷跡といわれますが、ここも旧石器時代から近世へと断続する複合遺跡です。ここでは、奈良時代後半から平安時代はじめ頃に武蔵国多摩郡（郡衙は府中市）が郡内の開発を進める中で形成されたと考えられている、近在に例のない掘立柱建物一〇棟を中心に、竪穴住居群で構成された集落の遺構が確認されていますが、この遺跡については後に項を改めて述べることにします。

松木地区ではこの№107遺跡のほかにも、浅間《せんげん》神社周辺の№125遺跡が重要と考えられます。ここも旧石器時代から断続する複合遺跡ですが、この時代の住居跡としては奈良時代が二軒、平安時代が二二軒に加えて、両時代にまたがる古代住居跡が一二軒と、あわせて三六軒みつかっています。この遺跡でとくに注目されるのは実は中世の遺構で、一四世紀の南北朝時代にここに住んだ松木七郎師澄《もろずみ》の居館跡と宝篋印塔《ほうきょういんとう》の墓があるという、松木屋敷の地とされていることです。松木七郎については後にふれることにしますが、発掘調査の報告書では、この時期にかかわる遺構・遺物は多数検出されたといわれます。中世から近世にかけての建物跡が一〇棟確認され、柱間《ちゅうかん》二間《けん》×五間《けん》で五〇平方メートルにおよぶ広さの大形のものもあり、二間×二間の方形《ほうぎょう》（正方形）の建物跡は、『新編武蔵風土記稿』で松木屋敷内にあったとされている地蔵堂《じぞうどう》の跡であろうといわれます。また見つかった大形竪穴《たてあな》跡は、この周辺地域では町田市小山田《おやまだ》のNo.1遺跡（小山田氏居館跡）についで二例目のもので、多数の竪穴遺構や建物跡とともに、中世豪族の居館跡の形を示しているとされています。遺物についても、舶載《はくさい》（輸入）磁器《じき》や瀬戸《せと》・美濃《みの》・常滑《とこなめ》等の国産陶器をふくめて豊富な器種を出土し、その内容は当時の鎌倉地方の日常生活用品と似ているといわれます。

写真19　No.287遺跡の中世の池跡

　松木地区ではいま一つ、No.107遺跡の大石信濃守と同じ戦国時代に活躍した土着の豪族、小田野《おだの》氏の屋敷跡のあるNo.287遺跡も見逃せません。それは信濃守屋敷跡より南方二〇〇メートルほどの近くで、同じく旧石器時代から連らなる複合遺跡です。ここでは奈良・平安時代の住居跡が二七軒確認されていますが、やはり重点は中世の遺構ということになります。小田野氏についても後に別項でふれることに

写真20　№146遺跡粘土採掘坑

しますが、ここでみつかったのは中世の濠《ほり》が二つと溝《みぞ》が三一、池が二つに井戸跡が五〇、柱穴群に地下式横穴が一一と蔵《くら》の跡が一つなどで、二つの池はここに中世の庭園が築かれていたことを示しています（写真19）。遺物も国産の陶磁器類に板碑・鉄製品・古銭など、多数におよんでいます。

南大沢地区にも、この時代の住居跡は三軒・四軒・五軒など一〇か所ほどに点在していますが、南部の丘陵部と考えられるNo.146遺跡では、須恵器の原材料を掘り出したと思われる平安時代の粘土採掘坑《ねんどさいくつこう》が二八発見され、粘土の保存用の粘土土坑《どこう》も五四みつかっています（写真20）。その近くのNo.145遺跡では、住居跡八軒と土師器・須恵器が出土し、また同じくNo.144遺跡でも、三軒の住居跡と土師器・須恵器に鉄製品が出土しました。南大沢地区には七か所の製鉄・鍛冶遺跡がありますが、由木地域としてこの時代には進んだ手工業技術の導入があったように感じられます。それは大栗川下流域からもたらされたというよりは、南部の相模国から丘陵をこえて移入されていたのではなかろうかと思われます。

　鑓水地区もまたこの時代の住居跡は多いのですが、まとまった中核的な集落の姿は浮かんでこず、各地に小規模集落が点在していたという印象です。大栗川南方の鑓水公園のあたりと思われる№304遺跡では、縄文時代の敷石《しきいし》住居跡がみつかっていましたが、ここでは平安時代の住居敷が一〇軒確認され、その時代の円形土坑六二と土師器・須恵器・灰釉陶器と鎌《かま》・鍬《くわ》などの鉄製農具が出土しています。その近くの№219遺跡では平安住居跡九軒、同じく№840遺跡では平安住居跡六軒と各種土器、刀子《とうす》と鏃《やじり》の鉄器と製鉄関連の鉄滓・フイゴの羽口がみつかっています。そして多摩美大の東方の№325遺跡では、平安時代の竪穴住居跡七軒と掘立柱建物跡三棟・土坑二一の遺構とともに、各種土器と鉄製の鋤先《すきさき》・刀子・釘が出土しており、この鋤先金具はニュータウン地域内では他に一点だけしかみつかっていない珍しいものとされています（写真21）。

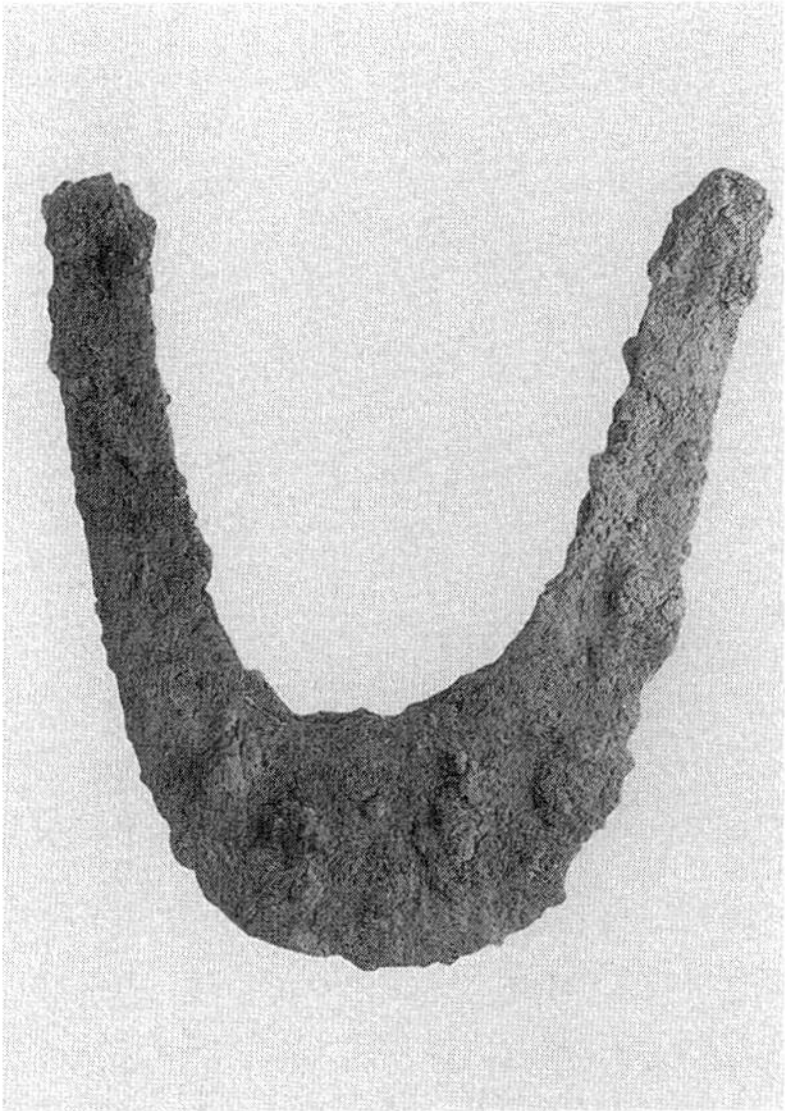
写真21　№325遺跡出土の鋤先

鑓水地区ではさらに、板木《いたぎ》の杜《もり》緑地の南方で数少ない弥生時代の住居跡三軒がみつかっていたNo.846遺跡では、住居跡地の近辺で古代の布目瓦《ぬのめがわら》（裏面に布目の押し跡のついた平瓦《ひらがわら》）や丸瓦《まるかわら》の破片三一点が分散して出土したほか、瓦塔《がとう》（粘土を成形して焼き上げた小塔）の破片が七点みつかっています。その屋根部分の屋蓋《おくがい》の破片には、裏側に方形《ほうぎょう》の地垂木《じだるき》がついており、基壇《きだん》部分の破片には方形の枠形《わくがた》や柱・出入口もついていて、その様式などからみて、八世紀奈良時代のものと推定されています（写真22）。瓦塔は奈良・平安時代の東国で多く作られ、中に仏像や祭具を収める厨子《ずし》の役割をしたり、木造の塔の代わりとされたといわれます。この遺跡にも仏塔を祀って信仰の対象とされた寺ないし草庵があったことが想定され、それは由木地域で知られうる唯一の奈良時代の仏教遺跡であったと考えられます。その時代は八王子市域でもっとも古い寺と認められた船木田荘内の長隆寺《ちょうりゅうじ》より、およそ四〇〇年も古いというはるかな大昔のことになりますが、この遺跡にはおそらく、国分寺や国府の瓦も焼いていたといわれる

写真22　No.846遺跡出土の瓦塔片

近くの御殿山窯跡群《ごてんやまようせきぐん》の技術者集団との関係が想定されるように思われます。

地域開発と生活文化の発展

『新八王子市史・通史編1』は小野郷と考えられる大栗川の上・中流地域と乞田川流域について、奈良時代から平安時代初期までの八―九世紀の集落の盛衰について分析していま す。まず八世紀前半の奈良時代前期では、日野・多摩両市にまたがる落川・一の宮遺跡の竪穴建物跡は一〇〇棟に達していて、小野郷成立時の中核となった集落と考えられています。ところが、八世紀後半になるとその規模は約半減して、平安時代に入った九世紀前半にかけて下流域の集落規模は極端に縮小します。その一方、大栗川中流域ではこの期間に、№436・446遺跡など既存集落の規模が急拡大するとともに、新たな集落形成も見られるといいます。そして中流域のこのような開発は下流域の集落から移住した人びとによって担われたものであって、それは下流域集落の再編・解体を伴い、その際に中流域の中で拠点的な役割を担ったのが、多摩ニュータウン№107遺跡であったと考えられています。

このような多摩丘陵における地域開発について、『通史編1』は「八世紀前半の国家による開墾奨励策と無縁ではなかろう（五八九頁）」としています。七世紀後半以降の律令制では、国は戸籍計帳を作って国民に田地（口分田《くぶんでん》）を支給し、租庸調《そようちょう》や雑徭《ぞうよう》（労役）・兵役などの賦課を徴収して国家運営を行いました。そこでの国の発展は、田地の拡大や公民の増加と直結しています。奈良時代の養老七年（七二三）には三世代にわたって開墾者に田地の私有を認めるという三世一身法《さんぜいっしんのほう》が定められ、天平一五年（七四三）にはこれを廃して墾田永年《こんでんえいねん》私財法《しざいほう》が発布されました。その目的は未墾地も公的に掌握しようというものといわれますが、歴史の現実としては、公地公民制の原則に反した私有地・私領が公的に認められることとなり、有力者による私的な大土地所有である荘園制《しょうえんせい》への道が開かれることになります。

平安時代の九世紀前半には、天皇の勅によって設置された不輸租田《ふゆそでん》（租を課せられない田地）である勅旨田《ちょくしでん》の設置が盛んになり、それは当初は国司によって管理・運営された開墾事業の性格をもち、後には多く荘園に転化したといわれます。たとえば菅原道真が撰した『類聚国史《るいじゅうこくし》』には、天長七年（八三〇）二月一一日付淳和《じゅんな》天皇の勅で、武蔵国の空閑地二百二十町を勅旨田とし、正税一万束（の稲）を開発料にあてることとあります。ともあれ『通史編1』が、八世紀後半から九世紀前半にかけての「大栗川中流域の開発は、小野郷の有力氏族らが主導し、国府官人層を巻き込んで行われたと考えるべきだろう（五九〇頁）」と述べていることは、重要な指摘と思われます。

そのようなこの時代における地域開発はまた、この地域に先進地域からの進んだ生活文化をもたらすことになったと考えられます。多摩ニュータウンの計画区域は由木地域の南側部分にとどまっていますから、おのずからその発掘結果も地域的に片寄ったものとなっています。それでも、これまでの文献資料ではまったく知られなかったこの地域の、八世紀から一二世紀までにおよぶ古代の奈良・平安時代や、さらにその前後の時代のたくさんの生活・文化の情報を明らかにしています。まず古代全体としていえることは、それ以前にはみられなかった新しい生活文化と集落の形がつくられていったことで、ろくろを使って形を整え、窯《かま》で高温度に焼きしめる須恵器《すえき》の生産が、飛鳥《あすか》時代から東中野No.446遺跡の須恵器窯で始められており、平安時代前期からは鑓水地区の御殿山窯跡群《ごてんやまようせきぐん》でも、大がかりな須恵器生産が行われていました。その製品は多摩や相模の広い地域の家々に供給されて、人々の暮らしを豊かにしていたはずです。

木を材料として作られた道具や器《うつわ》は、腐敗のため遺物として発見されることは少ないのですが、松木地区の富士見台公園の東方に接するNo.107遺跡からは、大量の木器遺物が発見されています。この時代の住居跡は奈良時代が二軒、平安時代は一八軒みつかっていますが、そこからは土師器《はじき》・須恵器《すえき》・陶器《とうき》の皿《さら》・壺《つぼ》・甕《かめ》・硯《すずり》などの土器、鏃《やじり》や刀子《とうす》などの鉄器に加えて、集落跡に付随する水場《みずば》遺跡から皿・椀《わん》・蓋《ふた》・漆椀《うるしわん》などのろくろ成形の挽物《ひきもの》木器や、板を曲げて作った曲物《まげもの》容器、鞍《くら》・弓・籠《かご》・木簡《もっかん》などの、多様かつ大量の木製品が出土しています（写真23）。

写真23　No.107遺跡出土の木製皿

鉄の利用が広がったのも、この時代の大きな特長でしょう。別所地区の南西部の丘陵斜面にあったNo.390遺跡からは、鉄を製錬した炉《ろ》の跡が四か所みつかり、大形の羽口《はぐち》（外径二〇センチ程の送風管）や鉄塊《てっかい》・大量の鉄滓《てっさい》（不純物）が発見され、また鉄鏃《やじり》などの製品や須恵器の坏《つき》も出土しています。平安時代前期の一〇世紀中頃から、他地域より技術集団が移住してきて、丘陵地内の各所で製鉄が活発化し、鍛冶《かじ》関連の遺構も増加しています。鉄器の種類としては鋤《すき》・鍬《くわ》・鎌《かま》などの農具、斧《おの》・刀子《とうす》・釘《くぎ》などの工具、鏃《やじり》・太刀《たち》などの武器や、紡錘車《ぼうすいしゃ》・鋺《わん》・鍋などの生活用具がありますが、多摩丘陵内の出土鉄器で特に多数出土しているのが刀子と鉄鏃だといわれます。松崎元樹《まつざきもとき》氏は、「多摩丘陵の鉄生産と鉄器」（『武士の発生　馬と鉄』東京都埋蔵文化財センター・一九九〇）の中で、多摩丘陵で発掘された製鉄・鍛冶関連遺跡の一覧表を示していますが、そのうち由木地域のものは二〇か所あり、南大沢が七、堀之内が五、鑓水・上柚木・別所・松木が各二となっています。

多摩郡小野郷の地域拠点か
――多摩ニュータウンNo.107遺跡――

旧石器時代から中世まで断続する複合遺跡である松木地区の多摩ニュータウンNo.107遺跡の古代に関して、『新八王子市史・通史編1』は注目すべき分析をしています。発掘調査されたのは大栗川と大田川の合流点の西側、両川にはさまれた丘陵尾根の東端約五ヘクタールのうちの四分の一ばかりですが、台地平坦部から掘立柱建物跡が一〇棟と竪穴住居跡が七棟検出され、一帯は戦国時代以降の土地利用によって削平されていて、本来はさらに多くの遺構が存在した可能性があるとされています。掘立柱建物が主体となる遺跡は近在に他に見られないといいますが、そのうち最大のものは桁行《けたゆき》七間、梁行《はりゆき》二間で平面積は八九平方メートルあり、ほかに桁行三間・梁行二間の北側にひさしをつけたものもあって、柱間は比較的長く柱穴も大形の部類に属するといいます。

尾根南側に入り込む谷部には自然の湧水点を利用した水場遺跡があり、先述したように多量の土器類と木製品が発見されていますが、多数の須恵器坏の中で「益」「全」「位」「庄」などの文字が墨書されているものが五五個もあり、また木製の皿には「全」「官」「位」などの文字の焼印が捺されたものが多数あります。この水場遺跡は八世紀第3四半期ごろに構築され、九世紀初頭頃まで活発に利用され、九世紀中葉過ぎには廃絶したもので、丘陵平坦部の掘立柱建物の多くも同時期の奈良時代後半から平安時代初期のものと推定されています。そしてこの時代は、さきに大栗川下流域の小野郷中核地域の集落の縮小と、堀之内・松木等大栗川中流域の集落の急拡大したという時期に、まさしく相当しているのです。

出土した豊富で多彩な木製品の中でも、ほとんどは皿・坏・椀・盆などで、土器でも坏・椀など食膳に用いられた食器が多く、特に高台を削り出した口径二〇センチを超える数個の大形の木皿は、日本列島を見渡しても国府などの官衙遺跡での出土にほぼ限られているといいます。さらにこの遺跡からは一一個体以上の円い面をした硯《すずり》（円面硯《えんめんけん》）が出土しており、これが一般の遺跡で出土するのはまれなことで、官衙跡やそれに準じた遺跡からの出土が多く、一一個体は特筆すべき保有量とされています。そしてここで発見されたものと同じ文字を記した墨書土器は、近隣のNo.287・446・800遺跡などでも発見されており、『通史編1』は八世紀後半から九世紀前半のNo.107遺跡は、大栗川中流域集落の人びとが集い、共同飲食する母体であったと想定しています。

とりわけ、ここで出土した「庄」（荘の古い用字）の文字を墨書した須恵器坏三点に注目して、台地上の遺構群は荘園の経営施設であり、No.107遺跡で行われた共同飲食は、この地にあった荘園における丘陵開発と労働力編成に関わるものと考え、八王子市由木地区は、京都仁和寺《にんなじ》に伝わる「貞観寺田地目録帳《じょうがんじでんちもくろくちょう》」に見える武蔵国多摩郡「弓削庄《ゆげのしょう》であり、多摩ニュータウン№107遺跡をその拠点とみることもあながち的外れではなかろう」と述べています（同書585頁）。また、官衙遺跡にほぼ限られる高台付き大形木皿の出土から、ここを拠点とする大栗川中流域の開発は、小野郷の有力氏族らが主導し、国府官人層をも巻き込んで行われたものと考えられています。

武蔵国多摩郡弓削荘

武蔵国多摩郡弓削荘の名前が挙げられているのは、京都市右京区にある真言宗御室派《おむろは》総本山の仁和寺に伝わる「貞観寺田地目録帳」で、書かれたのは平安時代初期の貞観一四年（八七二）のことです。貞観寺は今は廃絶していますが、京都市伏見区にあった真言宗の寺で、嘉祥《かしょう》三年（八五〇）に清和《せいわ》天皇（八五〇—八〇・文徳天皇第四子惟仁《これひと》親王、母は藤原《ふじわらの》良房《よしふさ》の息女明子《あきらけいこ》）の誕生の折に、外祖父良房（八〇四—七二、当時右大臣）が建立した寺院で、当初は嘉祥寺の一院でしたが、貞観四年（八六二）に独立して貞観寺となったものです。そしてこの間の天安二年（八五八）に惟仁親王は九歳で即位して清和天皇となり、良房はその前年に生存の人臣としてはじめての太政大臣となっています。

この貞観寺に、独立五年後の貞観九年（八六七）二月一九日に良房の弟で右大臣の藤原《ふじわらの》良相《よしみ》（八一三—六七）が、信濃・武蔵・下野《しもつけ》等五か国七か所の荘園を寄進し、これらを合わせた貞観寺領の総計七五五町歩あまりの各地の田地・荘園を記載したものが「貞観寺田地目録帳」で、貞観一四年（八七二）に書かれ、巻末に寺主の真雅《しんが》僧正や後に最高権力者となる良房の養子基経《もとつね》大納言の署名も記されています。

この古文書をはじめて紹介した『歴史地理』（大正一四年（一九二一）第三十七巻）には、「太政大臣良房初め朝臣《あそん》等の寄進によりて寺領の形成せられし状を見るべく、実に平安時代史上の貴重の史料と云ふべし、最近に仁和寺より発見せられしものにして、国宝に指定せらる」と説明されています。この「目録帳」によれば、藤原良相が寄進した武蔵国の荘園は高麗郡の山本荘・多摩郡の弓削荘・入間郡の広瀬荘の三つで、弓削荘は熟田一町九段三四〇歩に荒田二町一段四〇歩のあわせて四町一段二〇歩と記されており、一段は三六〇歩（養老田令）とされています。なお良相は時期は不明ながら、山城国の貞観寺近辺の畠二段と、同じく山城国紀伊郡（京都市南西部）の畠六町七段一六〇歩も別に貞観寺に寄進していたことも知られますが、貞観九年二月にさきの七荘園を寄進した八か月後の一〇月に、五五歳で亡くなっています。

多摩郡弓削荘の所在地について、昭和四一年（一九六六）に刊行された『府中市史史料集』には、著名な歴史家の土田直鎮《つちだなおしげ》氏の講演記録として、「多摩郡のことでありますから、或は南多摩の由木とこれが何か関係あるかもしれない。しかし、現在この弓削庄というのはどこに当るのかはっきりしたところはどうも見当がつき兼ねます」としながら、「貞観寺田地目録帳」は「平安時代の武蔵関係の古文書としては一番年代が古い」と述べられています。翌昭和四二年（一九六七）に初版発行された旧『八王子市史・下巻』では、「多摩郡には弓削という名は現存しないようだが、仮にユギと読むのなら、本市域の由木か、青梅市の柚木かに比定できよう。しかしこの弓削と由木、さらに後述の船木田庄との関係などは、史料不足で十分には分からない」とされています。なお、平成七年（一九九五）に刊行された『増訂改補　青梅市史』を見た限りでは、多摩郡弓削荘に関する記述は見つかりません。また二〇一九年に刊行された『新府中市史・資料編』は、「貞観寺田地目録帳」を紹介して、「多摩郡の弓削庄は地名の類似から東京都青梅市柚木、同八王子市上柚木・下柚木などが推測されるが未詳」としています。

『新八王子市史・通史編1』は平成二七年（二〇一五）に刊行されていますが、その中で執筆者の深澤靖幸氏は、「江戸幕府が十七世紀の中頃に作成した『武蔵田園簿』によると、青梅の柚木村にはわずか一石余りの田しかない。一方、八王子市由木地区は大栗川上・中流域に広がり（中略）上柚木村と下柚木村の田だけでも二六三石余りが計上されている」とした上で、先きにも紹介したように、「八王子市由木地区が弓削庄であり、多摩ニュータウンNo.107遺跡をその拠点とみることもあながち的外れではなかろう」と推測しています。深澤氏の推測は、この地域の考古学的な調査結果の知見を、古文献上の情報と対置して古代社会の実態を蘇らそうというもので、刮目《かつもく》すべき見解と考えられます。

「弓削《ゆげ》」とは上代の言葉で弓を削り作るということから、それを職業とする部《べ》（大和朝廷の支配下におかれた職業集団）の呼称でもありました。弓削部《ゆげべ》を管理した官人の氏族に弓削《ゆげ》氏《うじ》があり、河内《かわち》国弓削郷《ゆげごう》（大阪府八尾市弓削）を本拠としていました。かの弓削道鏡《ゆげのどうきょう》（？―七七二）もここの出身で、彼を寵愛した称徳《しょうとく》天皇（在位七六四―七〇）はここに由義宮《ゆぎのみや》を造営して、奈良の平城京に対する西京《にしのきょう》として神護景雲《じんごけいうん》三年（七六九）と宝亀《ほうき》元年（七七〇）に行幸しています。なお弓削の行宮《あんぐう》が由義宮と表記されたのは、好字が選ばれたためでした。

律令時代には弓削姓の人々が実在し、弓削郷も河内のほか丹波《たんば》（京都府）、美作《みまさか》（岡山県）、筑後（福岡県）各国に分布していたといわれます。『国史大辞典』によれば、弓削荘と名づけられた荘園に丹波国桑田郡の弓削荘があり、南北朝時代に光厳《こうごん》上皇（一三一三―六四）から京都の天龍寺へ寄進されていますが、ここの室町時代・応永一四年（一四〇七）の年貢目録の中には、「七、八寸の木二百本、杉丸太二千寸（本？）」という杣年貢《そまねんぐ》（造営・修理等の材木を貢納する年貢）も記録されています。弓削荘は本来弓を作る所ということから、木材生産にも関係が深かった例かと思われます。

ところで、「多摩郡弓削荘」がかつて由木の里にあったと、本当に考えていいのでしょうか。まず諸書にいわれるように、多摩地方には弓削の地名が伝わっていないので、ユゲはいつかユギに転訛《てんか》していたと考えることはできるでしょう。称徳天皇の弓削の行宮が由義宮《ゆぎのみや》と表記されたのも、同様な用字の先例と考えられます。藤原良相がこの荘園を貞観寺に寄進したより九九年前の、奈良時代の神護景雲《じんごけいうん》二年（七六八）に武蔵国の次官である武蔵介《すけ》に任命された人物に、弓削御浄広方《ゆげのみきよひろかた》がいました（『続日本紀』）。彼はかの弓削道鏡の弟弓削浄人《ゆげのきよひと》の子ですが、この年に従五位下で近衛将監《このえしょうげん》（近衛府の三等官）も兼ねていますから遥任《ようにん》で、武蔵国に赴任することはなかったと思われます。広方は翌年には従五位上の右兵衛佐《うひょうえのすけ》（右兵衛府の次官）に昇任し、武蔵介の兼任も続けられますが、次の宝亀《ほうき》元年（七七〇）には、道鏡の失脚に伴って彼も土佐国に配流されます。従って、彼が武蔵国内に弓削の名を冠した土地を残したとは考え難いことです。しかし広方は遥任とはいえ、二年四か月武蔵介としての俸禄も得ていたわけですから、武蔵国になんらかの領地を所有していた可能性はないとも言いきれないように思われます。「弓削荘」の名の由来の一候補と考えるべきでしょう。

著者はこれまで、「由木」の名が最初に文献に現れるのは、『群書類従』「小野氏系図」における平安時代後期の横山党「由木六郎」と考えていました。彼は前九年の役（一〇五一—六二）で源頼義に従って戦功をあげた横山経兼《よこやまつねかね》の六男で、名字は自分の支配する土地の名前からつけたわけですから、「由木」の地名はそれ以前からあったはずです。国府官人系の西党にも、同時代に由木三郎大夫などがいたと伝えられています。これらの「由木」氏の名が実は「弓削」から転訛したものであったとすれば、理屈としては合理的と考えられます。直接的な証拠は確認できないわけですが、『新八王子市史・通史編1』で深澤氏が述べたように、藤原良相から貞観寺に寄進された「武蔵国多摩郡弓削荘」は、この由木の里にあった荘園であると推定したいと思います。

多摩ニュータウンNo.107遺跡の地は多摩郡弓削荘の拠点であったと推定されるわけですが、ここから出土した多彩な木製品の中には、食器類のほかにも鋤《すき》・鞍《くら》・弓などがありました。しかし出土地が水場遺跡であったことと関連するかもしれませんが、ここで弓が特別に量産されていたという報告はありません。それでも、この遺跡の西側台地に残された広大な未調査地や、ここと連携した近在の他の遺跡に、木製品である故に今は原形を残さない古代の弓の生産地があったかもしれないということは、由木の里がかつて多摩丘陵低地の豊かな山林につつまれ、武蔵国府や多摩郡衙等から徒歩で一日の圏内にある立地からみても、あり得ないことではないと思われます。

しかし、藤原良相から貞観寺に寄進された弓削荘は、熟田と荒田がそれぞれ約二町歩ということでした。この熟田は律令制で成年男女各一名の戸《こ》に支給される班田《はんでん》の、約六戸分ほどの規模にすぎず、また「貞観寺田地目録帳」からは、弓削荘が定常的に弓を製作・貢納していたとも考えられません。この地が「弓削荘」と名づけられた理由については謎も残りますが、それでもここに古代の荘園が存在したわけで、その管理・運営は武蔵国府や多摩郡衙の官人や小野郷の管理機構に委ねられ、荘園本家には彼等からここで徴収された年貢を納めたというのが実態であったと想像されます。そしてこの地域の状況としては、新しく開発された土地の一部が公領として国・郡の支配下に入り、それ以外は有力者等の私領となり、その一部が中央貴族・寺社等に寄進されて荘園となったというものと考えられます。

右大臣藤原良相《よしみ》は貞観九年（八六七）二月に弓削荘等を貞観寺に寄進した八か月後の十月十日に五五歳で亡くなりますが、『日本三代実録』は彼の卒伝《しゅつでん》（死亡時に載せる故人の略伝）の中で次のようなことを記しています。良相は藤原氏の学生《がくしょう》のための氏院《うじのいん》として父冬嗣《ふゆつぐ》が建てた勧学院《かんがくいん》の南に延命院《えんめいいん》を建て、病気や収入のない学生を扶助した。また自宅を崇親院《すうしんいん》と名づけ、藤原氏の子女で自活できない者を収容して養い、自分の領地をさいて荘園に入れて、その費用をまかなった。

その良相が亡くなるすこし前の時期まで武蔵守であった人物に、彼の従兄弟にあたる藤原忠雄がいました（次頁略系図）。忠雄は五年前の貞観四年（八六二）正月に従五位下武蔵守に任命され、貞観九年の正月まで在任していましたが、彼以前の五〇年以上にわたって、彼以上に藤原良相と近かったと考えられる武蔵守は見当りません。

藤原氏北家（1）

藤原鎌足――（三代略）――（北家）内麻呂
- 左大臣 冬嗣
  - 権中納言 長良
  - 太政大臣 良房
  - 右大臣 良相
- 大和守 長岡
  - 武蔵守 忠雄

藤原忠雄の生没年は不詳ですが、南北朝期に洞院公定《とういんのきんさだ》が編した『尊卑分脈《そんぴぶんみゃく》』によれば、忠雄の父長岡は良相の父冬嗣《ふゆつぐ》より四人下の弟に当り、その長岡の三人目の男子が忠雄となっています。彼は良相よりかなりの年少で、若い時に勧学院に寄宿して良相の延命院や崇親院の事業の恩恵をうけていたとも想像されます。彼は良相没後二年の貞観一一年に、従五位下の兵部少輔《ひょうぶしょうふ》から太宰少弐《だざいのしょうに》（太宰府の三等官、正五位上相当）に任じられています。具体的な根拠は何も発見できませんが、この藤原忠雄が武蔵守存任中に、同国内に新しく開発された治田《はりた》（開墾地）などの高麗郡山本荘・多摩郡弓削荘・入間郡広瀬荘の三つの荘園を、右大臣

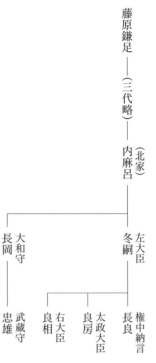

で従兄弟にあたる良相に寄進していた可能性が考えられるように思われます。

これまで多摩地方の歴史を論述する諸書の中で、弓削荘に具体的に言及された例を著者は知りませんが、深澤氏の指摘に触発されて、『続日本紀《しょくにほんぎ》』などの史料を手探りして考えられる限りこれについて述べてみました。結果として由木の里の文献史料にもとづく歴史を、従来の白山神社埋経の仁平《にんぺい》四年（一一五四）からおよそ三〇〇年近く遡らせることができたと思います。そして、わが国の権力中枢にある藤原氏に支えられた貞観寺領であった多摩郡弓削荘は、平安時代中・後期に姿を見せる多摩郡の小野牧や船木田荘と、何等かの関係を秘めている可能性も考えられるのではないでしょうか。

一九七九年に刊行された『東京百年史』は弓削荘について述べながら、「初期荘園の多くは、平安時代の初期から中期にかけて、そのほとんどが荒廃してしまうのが全国的な風潮であるから、おそらくこの多摩郡の弓削荘も、おなじような運命をたどったのであろう」としています。貞観寺領の荘園としてはその通りかもしれませんが、しかしこの地域が弓削から由木と地名を変えて以後の歴史を刻んできた源流として、弓削荘とその関係人脈の後代へのつながりを探る意味があると考えますが、この問題については、次頁以降にあらためて考えることにしたいと思います。

3、小野牧

古代の牧

日本列島で馬が飼われるようになったのは、四世紀末から五世紀はじめの古墳時代中頃のことで、各地で馬の遺骨や鉄製の馬具・馬形の埴輪《はにわ》などが発掘されています。最初の馬は朝鮮半島から、小さな船に載せて運ばれてきました。当時の大和王権（倭国《わこく》）はしばしば朝鮮半島に出兵して、南部の百済《くらだ》と交流を深め、これを圧迫する新羅《しらぎ》・高句麗《こうくり》と戦ってきました。そのような交流の中で馬が渡来したと考えられ、畿内《きだい》地方では五世紀中頃から王権の下で、渡来系集団によって馬を飼育する牧《まき》が営まれていました。信濃国（長野県）の伊那谷《いなだに》地方でも早くから牧が開かれ、ここで育てられた馬は神坂峠《みさかとうげ》（岐阜県恵那山《えなさん》の北）を越えて、西の飛騨《ひだ》・美濃《みの》（いずれも岐阜県）・近江《おうみ》（滋賀県）を経て畿内へ運ばれ、その道は次第に古代の東山道《とうさんどう》として定着していきます。

八世紀の律令制《りつりょうせい》のもとでも、おもに軍馬を生産する目的で各国に牧が置かれました。『続日本紀《しょくにほんぎ》』には文武《もんむ》天皇四年（七〇〇）三月一七日条に、「諸国に牧を定め、牛馬を放たしむ」と記されていますが、令制《りょうせい》では牧は兵部省《ひょうぶしょう》の管轄で、各地の牧には牧長《ぼくちょう》一人・牧帳《おびと》一人、さらに馬牛一〇〇匹を一群として群ごとに牧子《ぼくし》二人が置かれ、牧の運営管理は国司の責任でした。これらについて定めた「厩牧令《くもくりょう》」によれば、牧の馬は乗用に堪えるものはみな軍団に出すこと、当国の兵士の中で、家が富んで馬を養うことができる者を牧に採用することとされています。平安時代はじめの大同《だいどう》三年（八〇八）からは、兵部省のもとに全国一八か所に官牧《かんまき》（諸国牧《しょこくのまき》）が置かれることになりますが、次第にそれぞれの役割に応じて官牧・御牧《みまき》（勅旨牧《ちょくしまき》）・近都牧《きんとのまき》の三つの形に分かれていきます。勅旨牧とは皇族や中央の官人の乗馬を供給する天皇家私有の牧、近都牧は畿内《きだい》近国の官牧でおもに地方から貢上《こうじょう》された貢馬《こうば》（くめ）を飼育する牧場でした。しかし国による牧の経営は平安時代中期には形骸化して、その後は有力貴族や地方豪族が経営する私牧《しのまき》が盛んとなり、ここから武士層が成長していくことになります。

平安時代の康保《こうほう》四年（九六七）に施行された律令の施行細則である「延喜式《えんぎしき》」では、御牧《みまき》（勅旨牧）は東国に三二設けられていて、年に合わせて二四〇匹の貢馬を左馬寮《さめりょう》・右馬寮《うめりょう》に納めることなど、次のように定められています。

御　牧

甲斐国　穂坂《ほさか》牧など三牧

武蔵国　石川《いしかわ》牧・小川《おがわ》牧・由比《ゆい》牧・立野《たての》牧の四牧

信濃国　岡屋《おかや》牧・高位《たかい》牧・新治《にいばり》牧・望月《もちづき》牧など一六牧
　上野国　利刈《とかり》牧・久野《くの》牧・塩山《しおやま》牧・新屋《しんや》牧など九牧

これらの牧の駒《こま》（馬）は、毎年九月一〇日に国司と牧監《ぼくげん》（牧の長官・武蔵国では別当《べっとう》）が牧において検印（焼き印）を押し、牧馬帳《ぼくばちょう》に記載して署名すること。駒の中から四才以上で公用にたえるものを選んで調教し、翌年の八月に牧監等がついて貢上《こうじょう》（左・右馬寮に納める）すること。年貢《ねんぐ》の御馬《みうま》（貢馬《こうば》）の数は、甲斐国が六〇匹、武蔵国は五〇匹（立野牧は二〇匹で他は各一〇匹）、信濃国は八〇匹、上野国が五〇匹の、合計二四〇匹とする。

武蔵国の四牧の場所については諸説がありますが、『大日本地名辞典』では次のように示されています。

石川牧　八王子市石川町
小川牧　あきるの市
由比牧　八王子市四谷町・貮分方《にぶかた》町
立野牧　町田市小山田《おやまだ》・忠生《ただお》から由木西部（松木・南大沢・越野・下柚木など）

このうち立野牧の場所については、後述の小野牧《おのまき》と一部混同している感じがしますが、立野牧は武蔵国都筑《つづき》郡にあった現在の横浜市港北区、そして石川牧についても同じく横浜市港北区とする見方があります（『多摩市史通史編』一九九七年など）。

諸国の御牧《みまき》から毎年八月に貢上された御馬《みうま》は、宮中での駒牽《こまひき》という儀式によって皇族・上級官人や左右の馬寮《めりょう》に分配されました。その記録として古いものは弘仁《こうにん》一四年（八二三）九月二四日の『日本紀略《にほんきりゃく》』の記事で、「淳和《じゅんな》天皇は武徳殿《ぶとくでん》に行幸されて、信濃国の御馬をご覧になった。御馬は親王以下参議以上の公卿《くぎょう》に、各一匹づつ賜った」とあります。六年後の天長《てんちょう》六年（八二九）には、四月二〇日に同じく武徳殿で「諸国から進上された駒」を、九月二二日には同じく「信濃国御馬」を、一〇月一日にも同じく「甲斐国御馬」を御覧になった記録が見えます。下って清和《せいわ》天皇の貞観《じょうかん》九年（八六七）八月では、一五日に平安宮の内裏《だいり》（天皇の御在所《ございしょ》）の正殿である紫宸殿《ししんでん》で信濃国の貢馬を見たあと、二一日に同じ紫宸殿で武蔵国の貢馬を見たことが記録されています（『日本三代実録《にほんさんだいじつろく》』）。

小野牧

「延喜式」の四牧以外に武蔵国の牧の名が出てくるのは、醍醐《だいご》天皇の延喜《えんぎ》一七年（九一七）九月七日の小野牧《おのまき》です。この日、三代先帝の陽成院《ようぜいいん》は武蔵国小野牧の駒三〇匹を天皇に進上し、天皇は内裏の仁寿殿《じじゅうでん》でこれをご覧になったうえで、一八匹を陽成院にお返ししたとあります（『日本紀略』）。第五六代清和天皇と藤原良房の兄長良《ながら》の娘高子《たかいこ》の間に生まれた第五七代陽成天皇（八六八—九四九）は、貞観一八年（八七六）に九歳で即位しますが、元慶《がんぎょう》七年

藤原氏北家（2）

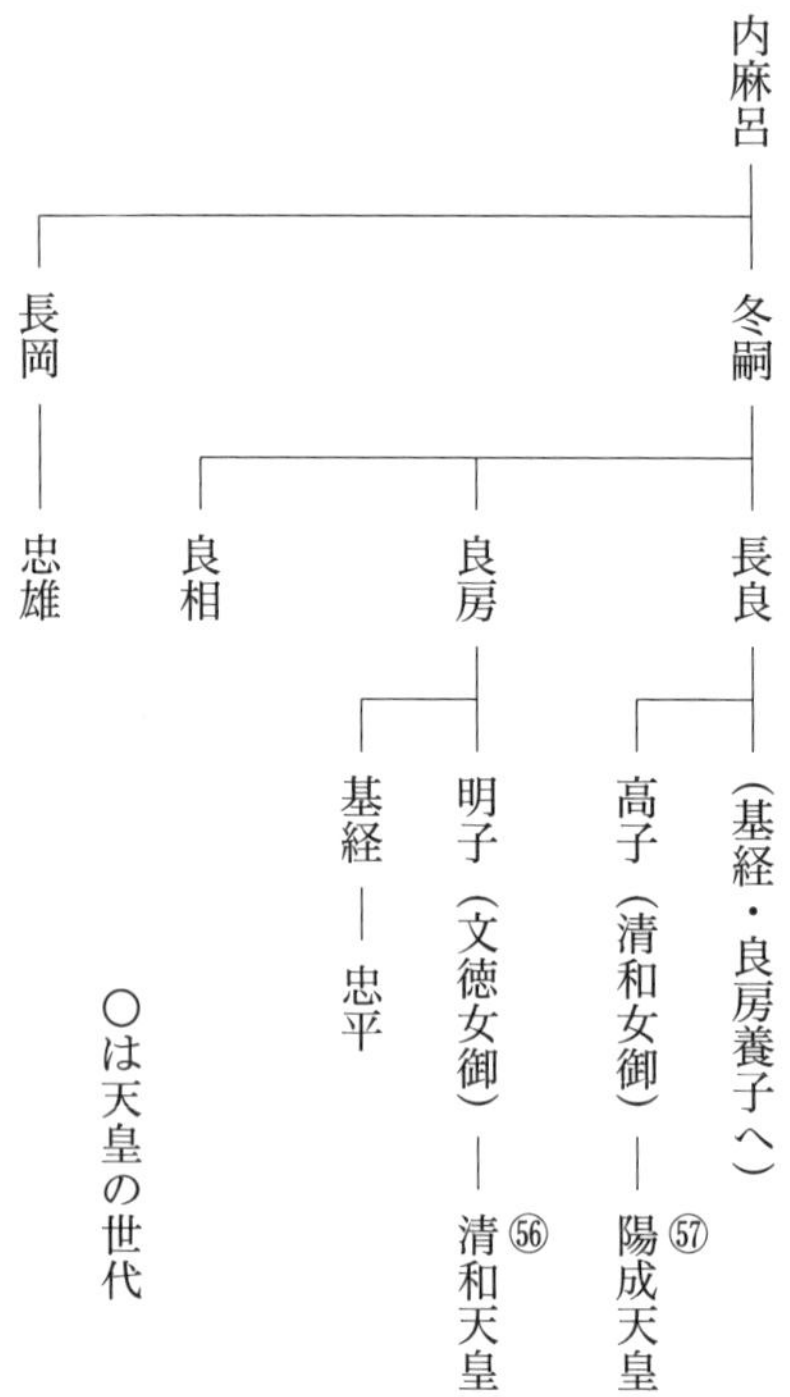

（八八三）に宮中で乳母の子を殺す事件を起こし、翌年一七歳で退位させられます。若少の陽成天皇は馬が好きで、『三代実録』によれば宮中の目立たない所で秘密に馬を飼い、飼育にたくみな右馬少允《うめのしょうじょう》小野清如《おののきよすけ》や、馬術を好くする権小属《ごんのさかん》紀正直《きのまさなお》をしばしば宮中に呼んで馬を走らせており、清如等の所行ははなはだ不法であったと記しています。これを聞いた太政大臣の藤原基経《もとつね》は内裏《だいり》にかけつけて、清如等のみだりがましい下っ端の群を宮中から追い出し

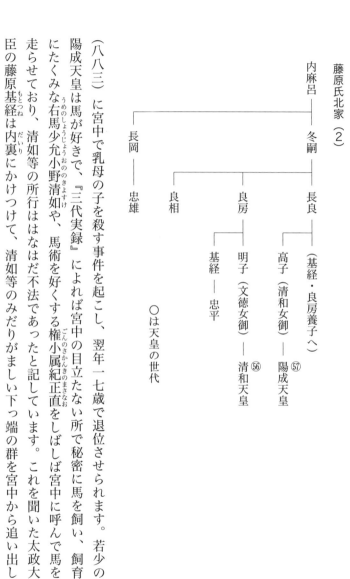

たとされています（元慶七年十一月十三日条）。小野清如の肩書きは右馬寮《うめりょう》の三等官ということで、従七位上（上国の三等官の掾《じょう》相当）の位階の職位になります。そして「延喜式」では甲斐・信濃の牧は左馬寮、武蔵・上野の牧は右馬寮の管轄とされていますから、小野清如は武蔵国の牧、とりわけ小野牧とかかわりがあった者といえ、その位階からみて、あるいは小野牧の別当に相当する人物であったかと考えられます。

小野牧は延喜一七年の時点では陽成上皇《じょうこう》の院牧《いんのまき》であったわけですが、一四年後の承平《しょうへい》元年（九三一）に勅旨牧《ちょくしまき》に加えられ、清如の子孫と考えられる散位《さんに》（位階だけあって官職についてない者）の小野諸興《おののもろおき》を別当として、毎年四〇匹を貢上するように定められています（『政事要略』）。また二年後の承平三年（九三三）には、宇多法皇《うだほうおう》の院牧《いんのまき》であった武蔵国の秩父牧も勅使牧に加わり、毎年二〇匹を貢上することとされており、さらに先年の延喜九年（九〇九）には、「延喜式」の武蔵四牧の中の立野牧もあらためて勅旨牧とされて、これまで二〇匹であった年々の貢馬を一五匹と縮小されています。

武蔵国小野牧の所在地については、多摩郡の小野郷と一体のものとして考えるべきと思われます。多摩ニュータウンの遺跡発掘調査の結果、上柚木地区のNo.178遺跡の平安時代住居跡から、鉄製の馬の轡《くつわ》と製鉄用の炉《ろ》のフイゴ・鉄滓《てっさい》などが発見され、また南大沢地区のNo.187遺跡からも同様の製鉄遺構と馬具の遺物が出土しています。これらの遺跡のある大栗川に向って細長く開けた谷戸を、小野牧の飼育馬を追い込んで管理する役割を持った遺跡であろうという研究者もいます。この南方の町田市小山ヶ丘にある№248遺跡でも、製鉄と鍛冶《かじ》用の火床《ひどこ》や炉《ろ》が発掘され、鉄製の馬具として鐙《あぶみ》金具と兵庫鎖《ひょうごぐさり》の鐙靼《みずお》（あぶみを吊るひも）や鉸具《かこ》（止め金《がね》）なども見つかっています（写真24）。これらの馬具は農耕用の馬には用いられることのないもので、ここでは乗用馬の飼育生産が行われていた可能性と、牧との関連性が示唆されているといわれます（松崎元樹『牧の考古学』高志書院・二〇〇八）。しかし、これらの小規模な谷筋で牧に関係する馬の飼育が行われていたとしても、それだけで毎年四〇匹という貢馬をまとめて生産することはまず不可能で、おそらくは小野郷内の各地で分散的に飼育されていたというのが、小野牧の実態であったのではないでしょうか。馬の臼歯や鍛冶工房跡と焼印などのほか、緑釉香炉・銅製帯金具など九世紀後半から一〇世紀中頃の遺物が出土している湯殿川流域の、八王子市館町・寺田町にまたがる一帯もまた、小野牧を構成する地域であったと考えら

写真24　古代の馬具

れます。そして同じく馬具等を出土している日野市の落川・一の宮遺跡に居館を占めた在地の豪族などが、国の任命する別当の下で小野牧の管理運営に当たっていたもので、その活動範囲はかなり広域にわたっていたのではないかと考えられます。

平安時代末に鳥羽法皇《とばほうおう》の指示によって藤原通憲《ふじわらのみちのり》（信西入道《しんぜいにゅうどう》・？―一一五九）が編集した歴史書の『本朝世紀《ほんちょうせいき》』には、小野牧の別当に小野諸興が任命された七年後の、天慶《てんぎょう》元年（九三八）秋の駒牽《こまひき》の記事がいくつか載っています。まず八月七日に甲斐国の御馬《みうま》二〇匹が牽進《けんしん》され、二三日には信濃国望月《もちづき》牧の御馬が二六匹、翌月の九月三日には武蔵国秩父牧の御馬が二〇匹、七日には信濃国の諸牧の御馬が六〇匹、そして翌日の八日には上野《こうずけ》・武蔵両国の諸牧の御馬が一度に牽進されています。

八日の駒牽の様子は、朱雀《すざく》天皇が紫宸殿《ししんでん》に出御《しゅつぎょ》されて、まず武蔵国小野御牧《おののみまき》の駒《こま》四〇匹を御覧になります。駒は左右の近衛府《このえふ》の武官に牽《ひ》かれて東側の日華門《にっかもん》から紫宸殿前の南庭《なんてい》に参入し、三回引き廻されたあとで、指揮官の「乗れ」の号令で左右の騎士は乗馬して三、四回庭内を乗り廻ります。その間、馬は首を投げ身を振り、あるいは轡《くつわ》が切れ手綱《たづな》が離れ、あるいは鞍《くら》が引っくり返って騎士が転落するなど、その光景は壮観であると記されています。そして指揮官の「下《お》りよ」の号令でいっせいに下馬して、天皇の御前に馬を牽いていきます。ついで紫宸殿正面の階段の東側には左近衛少将《さこんえのしょうしょう》と左馬頭《さめのかみ》が立ち、西側には右近衛少将《うこんえのしょうしょう》と右馬頭《うめのかみ》が立って、指揮官の「御馬を取れ」の号令でまず左側から始めて駒を選び取り(分取《わけどり》)、左右の日華門・月華門から退出します。この間に日が暮れてしまったので、上野国の御馬を御覧になることは取り止めとなり、二匹の駒がまず太政大臣藤原忠平《だじょうだいじんふじわらのただひら》の第《てい》(邸宅)に下賜され、殿上人《てんじょうびと》達は紫宸殿の東側の宜陽殿《ぎようでん》に移って、それぞれ一匹の御馬を支給されることになります。そして同じ九月の一七日には、武蔵国の由比・石川・小川・立野の四牧の御馬四五匹の牽進があり、立野牧だけは一五匹貢上しています。

小野牧の駒牽は本来八月二〇日と決められていましたが、この年は途中の駿河国《するがのくに》で洪水のため進むことができずに、九月八日に延びたものでした。そしてこの時には別当小野諸興《おののもろおき》の代わりに弟の小野永興《おののながおき》が奉仕する予定でしたが、急に差し障りができて上京しなかったといい、このようなことは前例としてはならないと記されています。実はこの前後の時期には、東国諸国は平将門《たいらのまさかど》の乱で大混乱の中にありました。平将門(?―九四〇)は下総国《しもうさのくに》(茨城県南部)を本拠として周辺に勢力を振るっていましたが、承平《じょうへい》五年(九三五)に同族間の争いで伯父の常陸大掾《ひたちのだいじょう》(常陸国の三等官)平国香《たいらのくにか》を殺し、下総・常陸・下野《しもつけ》地方で争乱を引き起していました。そして天慶《てんぎょう》二年(九三九)には常陸・下野・上野《こうずけ》の各国府を攻め、その一二月には新皇《しんのう》と自称して除目《じもく》(官職への人事発令)を行います。すでに武蔵権介《むさしのごんのすけ》(武蔵国の補佐的な二等官)になっていた小野牧別当の小野諸興は、この天慶二年六月に相模・上野各国の権介《ごんのすけ》とともにそれぞれの国の追捕使《ついぶし》に任じられ、群盗《ぐんとう》（おもに将門一門）を平らげる役割を与えられていました。将門は下総国の牧の経営にもかかわっていたという説もあり、騎馬武者として武力を強めており、これに対抗するには騎馬の得意な武者達を指揮できる牧の別当を起用するのがいいということであったかもしれません。

平将門は翌天慶三年（九四〇）二月の下総国辛嶋《からしま》の合戦で、下野国押領使《おうりょうし》（凶党を追捕する地方官）の藤原秀郷《ふじわらのひでさと》（俵藤太《たわらとうた》）と平貞盛《たいらのさだもり》の軍勢に敗れて殺され、六年におよんだ将門の乱は収束します。平貞盛はさきに将門に殺された桓武《かんむ》天皇の四代目の子孫である国香の子で、のちの平家一門の繁栄の基礎をつくった武将であり、清盛《きよもり》の六代前の祖先にあたります。一方、清和《せいわ》天皇の孫でこの当時武蔵介《むさしのすけ》であった源経基《みなもとのつねもと》は、将門が武蔵権守《ごんのかみ》の興世王《おきよおう》と結んで謀反《むほん》を起こしていると朝廷に密告して、紛争をのっぴきならないものにしていますが、乱後には昇進して後々の源氏一門の繁栄の祖となっているのも、不思議な歴史の因縁であったと思われます。

なお、この間の天慶二年八月□日にも武蔵国小野牧の御馬三四匹が駒牽され、九月七日には同じく由比・小川・石川・立野の四牧の御馬四〇匹が牽進されていますが、『本朝世紀』の記事は天慶三年分が欠落していて、翌四年八月にはいずれも「牽進せず」と記されており、多摩地方にも乱の影響が深かったと思われます。この間の小野諸興・永興兄弟の消息は明らかでありません。ただ天慶四年（九四一）八月七日の条に、先年各国に任命した追捕使を解任するかどうか伺ったところ、太政大臣から「解除あるべからず」との仰せがあったとありますので（『本朝世紀』）、おそらく小野諸興の武蔵国追捕使の役職は以後も続いたと考えられます。また同年一一月二日と四日には、八月に牽進予定であった甲斐国の御馬がおくれて貢上され、その報告書を左馬少允《さめのしょうじょう》（左馬寮の三等官・従七位上に相当）の小野国興《おののくにおき》が駒牽の場に持参したとありますが、その官位は六〇年前の小野清如と同格で、彼も諸興の弟または子息であったのであろうと考えられます。

この時代の武蔵国の諸牧の駒牽の期日は、秩父牧が八月の一三日、小野牧が二〇日、石川・小川・由比・立野の四牧が二五日と定められていましたが、一〇世紀の末頃から大幅な期日のおくれが目立つようになり、牧の管理者はさまざまな口実を設けて貢馬数と期日を守らなくなって、武蔵国の駒牽の記録は一一世紀中期以降には史料にみえなくなります。

小野牧と横山氏

平安時代末期から鎌倉時代にかけて武蔵国に勢力を振るった武士団のいわゆる武蔵七党のうち、多摩地方と神奈川県北部に拠点を占めた横山氏の本姓は小野氏で、小野牧の別当の小野諸興《おののもろおき》が多摩の横山の地に定住して横山氏を称し、武蔵武士団として発展したものといわれています。江戸時代に塙保己一《はなわほきいち》が編集した『群書類従《ぐんしょるいじゅう》』の続篇（巻百六十六）には、飛鳥《あすか》時代の推古《すいこ》天皇一五年（六〇七）に遣隋使《けんずいし》となった小野妹子《おののいもこ》を祖とする小野氏・横山系図が載っていますが、要約すると次頁のような形になります（図中、〇数字は著者の付記。孝の字には隆を用いる例もあります）。

この横山氏からは有力な武士団の家系として、椚田《くぬぎだ》・海老名《えびな》・藍原《あいはら》・小倉《おぐら》・糟谷《かすや》・由木《ゆぎ》・室伏《むろぶし》・大串《おおぐし》・平山《ひらやま》など三七氏が出ているとされ、共通の祖として武蔵権介《むさしのごんのすけ》（武蔵国の補佐的な二等官）であり、はじめて横山の地に定住した①義孝《よしたか》を位置づけ、義孝こそ小野諸興《おののもろおき》その人であると解されているのです。諸興は承平《しょうへい》元年（九三一）に勅旨牧となった小野牧の別当に就任し、天慶《てんぎょう》二年（九三九）には武蔵権介として追捕使《ついぶし》に任じられて、没したのは応和《おうわ》三年（九六三）ともいわれています。

義孝の孫の③経兼《つねかね》については、永承《えいしょう》六年（一〇五一）から康平《こうへい》五年（一〇六二）にわたって陸奥守源頼義《むつのかみみなもとのよりよし》が陸奥国の蝦夷《えみし》の安倍貞任《あべさだとう》・宗任《むねとう》を征服した前九年《ぜんくねん》の役《えき》において、貞任の首を柱に釘打ちしてかける名誉の役目を頼義から仰《おお》せ付《つ》かったと伝えられています。それはこの一二〇年あまり後の文治《ぶんじ》五年（一一八九）九月に、源頼朝《みなもとのよりとも》が弟の義経《よしつね》を殺した陸奥の藤原泰衡《ふじわらやすひら》を撃ち、泰衡の首を柱にかける際に経兼の故事にならって、その曾孫《ひまご》の⑥時広《ときひろ》にその役を命じ、時広の子の⑦時兼《ときかね》がこれを実行したと、鎌倉幕府の歴史書『吾妻鏡《あづまかがみ》』に記録さ

小野氏・横山系図

- 小野妹子 ―（四代略）― 篁《たかむら》（八〇二―五二）―（六代略）― 孝泰《たかやす》 従四位下 武蔵守
  - ①義孝《よしたか》 武蔵権介 横山大夫 始住横山
    - ②資孝《すけたか》 野三別当
      - ③経兼《つねかね》 従五位下・野大夫 康平五年頼義奥州合戦抽功
        - ④孝兼《たかかね》 新大夫
          - ⑤時重《ときしげ》 散位権守
            - ⑥時広《ときひろ》 従五位下 出雲権守
              - ⑦時兼《ときかね》 右馬允 建暦乱討死
              - 広季《ひろすえ》 田名二郎兵衛 和田合戦討死
            - 女子 和田義盛妻
            - 重兼《しげかね》 椚田 ― 広重《ひろしげ》 和田合戦被誅
          - 孝遠《たかとお》 藍原二郎大夫
          - 忠重《ただしげ》 古郡別当
          - 経孝《つねたか》 小倉二郎
        - 盛経《もりつね》 糟谷五郎
        - 保経《やすつね》 由木六郎
    - 家光 野次大夫六郎
    - 義兼 横山八郎
  - 時資《ときすけ》 横山介三郎 猪俣元祖

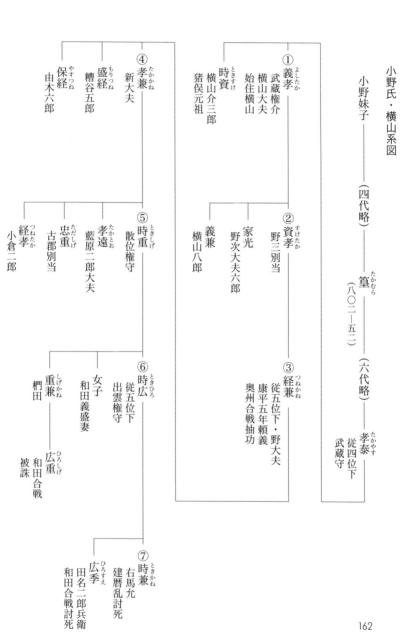

れていることから知られることでした。しかし、応和三年に没したといわれる諸興と、その孫とされる③経兼が陸奥国で軍功を挙げた康平五年は一〇〇年近く離れており、ほぼ二世代分が欠落していると思われます。小野諸興が実は①義孝の父の孝泰《たかやす》であったとすれば（『日野市史』）世代は近づきますが、しかし系図には孝泰は武蔵守であったと記されており、この当時の武蔵守の記録の中にその名前を見出すことはできません。横山党系図には疑問点があり、鎌倉佐保《かまくらさほ》氏は小野氏と横山氏の関係について、「少なくとも横山氏は系図上ではその繋《つな》がりを伝えておらず、また小野牧の故地と横山荘《よこやまのしょう》の地とも一致しない。今のところ系譜上の繋がりは不明といわざるを得ない」（「多摩郡の武士と所領形成――横山氏を中心として」『多摩のあゆみ』一四三号・二〇一一）、としています。たしかに系譜上のつながりに不明瞭な部分がありますが、やはり従来からいわれてきたように、横山氏の本姓が小野氏であることは確実という見解もあります。

小野氏と横山氏との関係については、系図上に①義孝が「横山大夫・始住横山」と記されているところから、従来からいわれているように、小野諸興が八王子市域の横山の地に定住して、その地名を姓名にとって横山義孝と名のった段階で、横山氏が創氏されたものと考えるほかありません。彼の通称とされる「横山大夫」の大夫《たいふ》は五位の官人の通称で、武蔵権介《ごんのすけ》に任命されて従五位下に叙せられていたと考えられる彼の階位に相当しています。②資孝の「野三別当」も小野氏の三男で小野牧の別当、③経兼の「従五位下、野大夫」も小野氏の五位の人を示し、その呼称は『吾妻鏡』文治五年（一一八九）九月六日の条の「横山野大夫経兼」にも用いられています。同時に、その曽孫としての⑥時広が同書で「小権守時広」と「横山権守時広」の二様に記されているのは、横山一族は小野氏の系統であるという認識が当時もあったということでしょう。

横山系図で①義孝と③経兼の間には、②資孝をおいてもなお二世代程のすき間があり、これを特定することは困難ですが、『本朝世紀』天慶《てんぎょう》四年（九四一）一一月二・四日の駒牽の記事に名前の見える左馬少允《さめのしょうじょう》小野国興《くにおき》は、諸興の子息かとも考えられます。しかし彼がその後多摩の横山の地に定住したかどうかは不明です。

一方、小野諸興より一世代ほど前の武蔵守に高向利春《たかむこのとしはる》という人物があり、土田直鎮《なおしげ》氏は「これが実はある種の小野系図によれば、小野氏であります（『府中市史史料集第一三集』昭和四一年）」と述べています。元来は小野利春であって途中で高向と改姓したとされ、その経歴を記している平安時代末に藤原仲実《なかざね》が著した『古今和歌集目録』によれば、利春は延喜《えんぎ》一〇年（九一〇）に武蔵権小掾《ごんのしょうじょう》に任命され、翌一一年に武蔵介《すけ》に昇任、一四年に従五位下に叙せられて一八年（九一八）に武蔵守に任じられ、延長六年（九二八）に甲斐守に転じたとあります。そして『扶桑略記《ふそうりゃっき》』によれば、延喜一九年五月に前の武蔵権介《ごんのすけ》の源任《みなもとのあたる》が国衙の官物を奪い、官舎を焼き、国府を襲って国守の高向利春を攻めてきたとしている条に、彼の官位と名前が記録されています。利春はこれらの前には秩父牧の別当であったようで、平安中期に源高明《みなもとのたかあきら》が著した『西宮記《さいきゅうき》』によれば、延喜五年（九〇五）五月一四日に醍醐《だいご》天皇は仁寿殿《じじゅうでん》で秩父牧の御馬をご覧になり、牧司《ぼくし》利春に小袖《こそで》（うちがき）一領を給ったと記されています。当時の秩父牧は先帝の宇多《うだ》法皇の院牧でしたが、利春は法皇の知遇を得ていたようです。

高向利春と小野牧を結ぶ情報は何も見つかりませんが、一八年の長期にわたって武蔵国司として権力の座にあり、もとは同国内の秩父牧の別当でもあって小野氏族らしいとされる彼は、在任中に小野牧やその別当をはじめとする小野氏一族と、深い関係を持っていた筈です。当時の小野牧は陽成院の院牧でしたから、利春は武蔵守としてその経営の責任者とされ、運営の実務にあたる別当を監督する立場におかれたでしょう。利春の世代は小野清如と諸興のちょうど中間にあたります。想像の次元の考えですが、小野氏・横山系図にあって実像の見えない①義孝の父孝泰には、高向利春のイメージが色濃く反映され、かつて太政大臣藤原基経《もとつね》から「みだりがましい下っ端者」として宮中から駆逐された一族の、権威づけが系図の中に作為されたものと考えられます。いくつかの小野系図の中で、孝泰の位階が従四位下から従五位上、従五位位下と混乱しているのも、それを裏付けているのかもしれません。

さらに系図とは関係なく、小野諸興《もろおき》（横山義孝）以前の小野氏の系譜と小野牧の成立について、史料的に厳密な根拠をしばらくおき、想像をまじえてすこし考えてみたいと思います。天慶《てんぎょう》二年（九三九）に武蔵国の追捕使《ついぶし》に補された諸興より五四年前の、元慶《がんぎょう》七年（八八三）の『三代実録』の記事に見えた右馬小允《うめのしょうじょう》小野清如《きよすけ》は、一六歳で馬好きな陽成天皇のとり巻きで、彼等が宮中で飼っていた馬の数は、平安時代後期に文人貴族の大江匡房《おおえのまさふさ》（一〇四一―一一一一）の談話等を集めた『江談抄《ごうだんしょう》』では、三〇匹におよぶとされています。つまり、清如はそれ以前から武蔵国で牧を経営しており、そこで育てた馬を天皇に供給していて、その立場から武蔵国の牧を所管する右馬寮の三等官に任じられていたのでしょう。翌年に天皇が一七歳で退任させられた後、陽成院の院牧《いんのまき》として名前が明らかになる小野牧は、この小野清如の時代にはすでに形を成しており、諸興はその子または孫として牧の経営を継承し、さらに後に小野牧が勅旨牧とされた承平《しょうへい》元年（九三一）に、正式に別当に指名されたものと考えられます。そのとき彼が散位《さんに》（位階があって官職のない者）であったというのも、そのような立場を示しているように見えます。

しかし牧の成立と朝廷ないし中央貴族との関係づけには、当然に武蔵国府とのつながりがあったはずです。水戸徳川家が三代藩主の光圀（一六二八―一七〇〇）から始めて明治三九年（一九〇六）まで、二五〇年かけて完成した『大日本史』の中の「国司郡司表」を見ると、平安時代の小野姓の武蔵国司としては、貞観六年（八六四）正月に武蔵介に任じられた小野春風《はるかぜ》と、天慶二年（九三九）六月に『本朝世紀』にも見える権介の小野諸興の二人の名前があります（貞観四年の藤原忠雄・延喜一八年の高向利春の二人の守ももちろんあり）。そして続群書類従完成会編の『国司補任《こくしぶにん》』をあわせて見ると、情報はほぼ同一ですが、小野春風の項には典拠として『古今目録』と付記されています。つまり、当時の国史である『三代実録』の貞観六年正月十六日条の除目《じもく》の記録には、春風の兄である鎮守府将軍《ちんじゅふしょうぐん》小野春枝《おのはるえ》が相模権介に任じられたとはありますが、春風の発令は載っておらず、このときに春風が武蔵介に任じられたという情報は、かの『古今和歌集目録』によるというわけです。

貞観六年といえば当時の武蔵守は藤原忠雄で、その従兄弟の右大臣藤原良相《よしみ》が武蔵国多摩郡弓削荘等を貞観寺に寄進する三年前にあたります。この時代に小野春風が本当に武蔵介であったのなら、春風は守の藤原忠雄と合議して、弓削荘の近在に形成される小野牧の地をあわせて藤原良相に寄進し、この地が亡くなっている良相の兄長良《ながら》の娘で貞観八年に清和天皇の女御《にょうご》となる高子《たかいこ》を経由して、その子である陽成天皇に伝領されたということが考えられないでしょうか（一五四頁図）。その地は当初は未開の荒地であっても、実質的に小野春風が同族を動員して牧として開発したと考えたいところです。そしてその同族の主要人物が、後に陽成天皇に仕える小野清如であったということにならないでしょうか。

しかし歴史書で見るかぎり、小野春風が貞観六年に武蔵介に任じられていたとは考えられません。彼は貞観一二年（八七〇）に散位《さんに》正六位上から従五位下対馬守に任命されています。これは軍略家として認められた彼に、前年から新羅《しらぎ》の海賊船が筑紫の博多津などに来襲するのに備えさせるためでした。つまり国司のクラスとしてはこれが彼の初任と考えられ、それは貞観六年より六年後のことです。彼はその後、仁和《にんな》三年（八八七）に大膳大夫に任じられ、最後には正五位下に昇っています。なお余談ですが、春風は元慶《がんぎょう》二年（八七八）に鎮守府《ちんじゅふ》将軍に任じられて、出羽国の蝦夷《えみし》の反乱（元慶の乱）の鎮圧に当ります。『三代実録』によれば、まず陸奥国に着いた春風は陸奥権介の坂上好蔭《さかのうえよしかげ》とともに各五百人の精兵を率いて出羽国に向かい、反乱軍の中に唯一人出向いて賊を説得して降伏させたといいます。彼の兄春枝は一〇歳以上の年長とみられますが、貞観五年（八六三）に同じく鎮守府将軍に任じられており、彼等の父は従五位上小野石雄と言っています。

小野春風が武蔵介であったという『古今目録』の記録は否定されたわけですが、清和天皇の貞観年代（八五九—八七七）の半ばすぎに小野牧は成立し、陽成天皇が退位した元慶末から仁和の頃（八八四—九）に院牧となったのではないかという状況が、おぼろげに感じられます。右馬少允小野清如の名が『三代実録』に現れたのは元慶七年（八八三）で、陽成天皇は退位前年の一六歳、清如の生没年は不詳ですが、その地位からみて四〇歳前後の壮年であったと考えていいでしょう。陽成天皇がその地位にもかかわらず、はた目を驚かすほどに馬好きであったについては、幼児期からの経験をふまえているように思われます。母の高子《たかいこ》は藤原良房《よしふさ》の兄長良《ながら》の娘で、彼女が一五歳の時に父は五五歳で亡くなり、二五歳の貞観八年（八六六）に叔父で四か月前に人臣初の摂政《せっしょう》となった良房の政略によって、当年一六歳の清和天皇の後宮に入第《じゅだい》して女御《にょうご》となり、二年後に第一皇子の陽成天皇を生みます。

天皇は九歳で即位しますが、それ以前から馬に親しむ環境が身近かにあったのではないかと想像され、それは母高子が、貞観九年（八六七）に亡くなっている叔父良相が従兄弟の武蔵守藤原忠雄から多摩郡弓削荘などとともに寄進されていた「小野牧の地」を伝領しており、後に小野牧となるその領地から年貢として貢上されていた馬が身近かに存在したという状況が、一つの仮説として考えられないでしょうか。良相は二〇歳台後半に三年間左馬寮の頭《かみ》を勤めており、牧の管理・運営には精通していたはずです。その「小野牧の地」は高子から馬好きの息子陽成天皇に贈られ、多摩の小野氏によって開発・拡充されて、後の勅旨牧となる発展を遂げたものと考えたいと思います。なお、また余談になりますが陽成天皇の母高子には、入第《じゅだい》前に『伊勢物語』で知られる在原業平《ありはらのなりひら》との悲恋物語が伝わり、また陽成天皇即位後に平安京岡崎の地に東光寺を建立しますが（寺名からみて薬師如来を祀っていたはずで、天皇や一族への功徳を祈願したのでしょう）、寛平《かんぴょう》八年（八九六）に五五歳の皇太后ながら東光寺僧と密通したとして、皇太后を廃されています。陽成天皇はすでに一二年前に廃位されていますが、これも母子の間の一種の血のつながりの結果ということでしょうか。

　横山氏の本拠地についても、小野牧の所在地と同じくさまざまな説があって難問ですが、横山荘《よこやまのしょう》（庄）として名前の挙がる地域として、『日野市史・通史編二（上）』（平成六年）は鎌倉―戦国時代の史料から、次のような地名等を指摘しています。

　横山庄散田（一三二二年の記録、以下同）
　横山船木田新庄小比企郷（一四一六）
　横山庄由井郷大幡宝生寺（一四二七）
　横山庄之内子安大明神（一五五三）
　横山片倉村来光寺（一五五五）
　横山庄椚田郷高尾山有喜寺（一五七一）

これらは八王子市南部の湯殿川《ゆどのかわ》・山田川流域に集中していますが、時代の範囲も広く、これだけで横山氏の本拠を特定することは困難でしょう。

　全国の荘園に関する史料を集めて一九三三年に刊行された『荘園志料』によれば、横山荘の範囲は江戸時代の由井領内の本郷・八王子横山十五宿・千人町・元横山・新横山・子安・散田・山田・上椚田・下椚田・小比企・片倉・小山・上相原・中相原・下相原・寺田・大船・上長房・下長房の三四村と、由木領内の松木・大沢・上柚木・下柚木・中山・堀之内・越野・中野・大塚・落合の一〇村とされており、ほぼ現在の八王子市域の南半分と町田市・多摩市の一部に、神奈川県相模原市の相原地区を合わせた地域となります。つまり町村合併前の八王子旧市内と由井・由木・横山・浅川の旧町村および多摩市・町田市・相模原の北東部分で、旧『八王子市史・下巻』では「平安期の船木田庄の下司職を横山氏が担当していた地域も横山氏の自墾の私領も共に含まれた」ものと推測されています。いずれもほぼ多摩の横山の地であり、毎年四〇匹の貢馬《くめ》を京上した小野牧の貢馬の道にも相対し、国府官人系として日野市域や八王子市北部の由比牧に勢圏を拡げた西党の領地とも区分されています。

また横山党宗家《そうけ》の居館・館《たち》については、一九七三年に清水睦敬《むつたか》氏が郷土研究誌『武蔵野』に「横山党の居館について」の論考を寄せていますが、その中で清水氏は、「横山党根拠地」として戦前に東京府史蹟に指定された八王子市元横山町の八幡八雲神社境内を否定し、その祭祀は室町時代末期以前にはさかのぼらず、その地域は浅川の河原に沿った低地帯で「半米《メートル》にして砂利層に達」するという地形・地質からも、「到底考えられない」とする一方、館町の名称や平安時代制作の大日如来像を伝える龍見寺の存在に注目して、湯殿川上流の館町地域を横山党の初期の居館としているのは、一つの有力な見解といえると思われます。あえていえば、まだその遺跡が考古学的に実証されていない点が弱点で、かりにその地が横山党の居館であったとしても、それは支族の椚田氏のものであったのではないかという疑問も残るように思われます。横山系図では⑤時重《ときしげ》の次子に重兼《しげかね》がいて椚田《くぬぎだ》姓を名のっており、建暦《けんりゃく》四年（一二一三）の和田合戦で⑦時兼以下横山氏の名だたる武士三一人が討死して壊滅的な打撃をうけた時、その中には椚田太郎・次郎以下六名の同族の名前があげられています。またその後に横山荘を領した長井氏が、およそ三百年後の一六世紀はじめに越後上杉勢の攻撃をうけて滅亡したのも、椚田城の落城と同時のことでした。

横山党宗家の館の場所については疑問が残りますが、横山氏の⑥時広の時代と考えられる一二世紀末には、小野牧の推定地の一つとされる多摩市一の宮の小野神社の地域（吉富郷《よしとみごう》）が、武蔵国衙の官人として多摩の西部に勢力をひろげていた日奉《ひまつり》氏の西党《にしとう》の所領となっていたことが知られています。つまり勅旨牧である小野牧の経営管理の責任者は国司で、牧の別当はその下の現場運営者の立場であるため、小野・横山氏の牧の支配力には制約があったと考えられます。結果として、小野牧の地域は西党と横山党が中心となって分断支配する形になっており、それぞれの宗家の館も、西党については日野台東部の台地が想定されていますが、遺構としてはっきりしない状態になっていたわけでしょう。

「小野系図」について考える

小野（横山）義孝以前の「小野系図」について、歴史書を手がかりにしてすこし点検してみたいと思います。「小野系図」は一四世紀の南北朝時代に作成されたといいますが、そのはじめの部分は、『新八王子市史・通史編２・系図補遺』を要約すると、次のようになります。

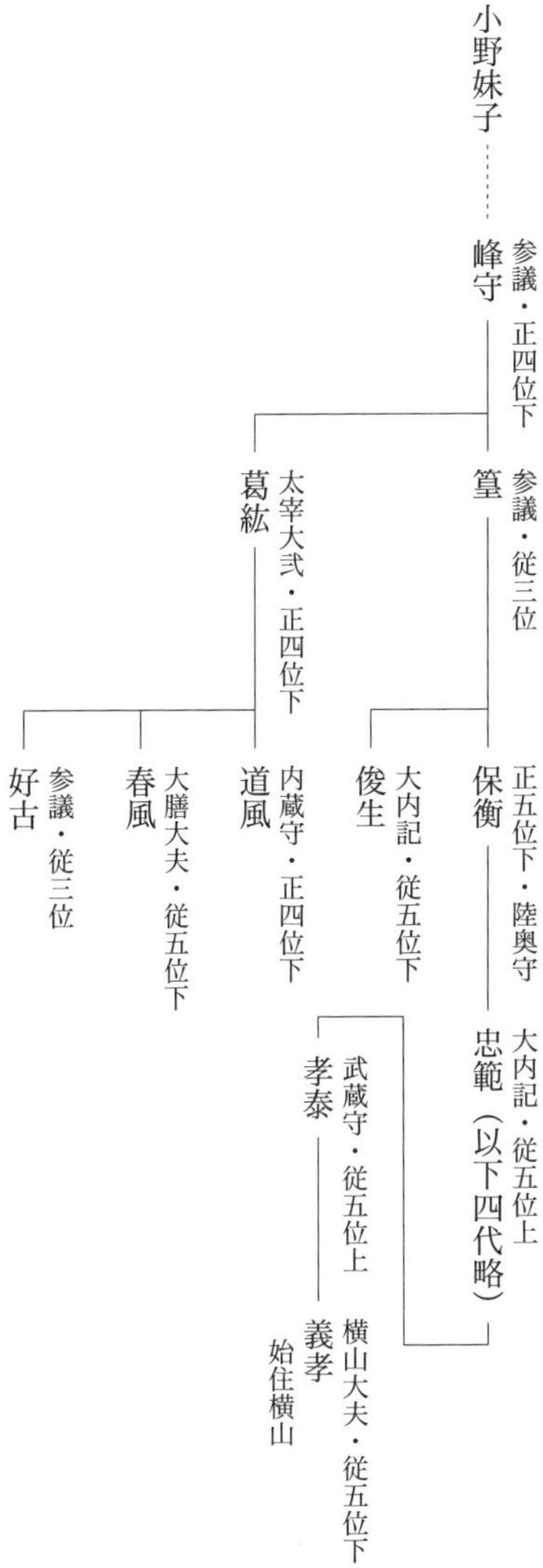

この系図について、平安時代初期の九世紀前半以降の記録を『続日本後紀《しょくにほんこうき》』『日本文徳天皇《にほんもんとくてんのう》

実録《じつろく》』『日本三代実録《にほんさんだいじつろく》』の三国史を中心に、実年代を尊重して検討してみると、およそ以下のような問題に気付かされます。

承和元年（八三四）に遣唐副使に任命されながら乗船を拒否して隠岐国に流された小野篁《おののたかむら》（八〇二―五二）は、のちに許されて参議にまで昇進しますが、文人としても名高い人物でした。「系図」はその子に保衡《やすひら》と俊生《としお》がいると記していますが、諸書に保衡の名は見えません。篁世代を第一世代とし、その子供の世代を第二世代として、実年代に従って史書の中の第二世代小野氏を探してみると、次の三名が候補になります。

小野貞樹《さだたつ》　嘉祥《かしょう》三年（八五〇）従五位下刑部少輔以降、甲斐守・太宰少弐・天安二年（八五八）従五位上肥後守

小野国梁《くにはし》　斉衡《さいこう》五年（八五五）従五位下以降、備後守・日向守・仁和《にんな》元年（八八五）従五位上上総介

小野俊生《としお》　貞観九年（八六七）従五位下大内記以降、大判事・石見守・従五位上上野守・仁和二年（八八六）刑部大輔から摂津守

つまり長男の保衡《やすひら》に相当する人物は不明で、史書によるかぎり貞樹または国梁が篁の長男であったと考えるしかありません。次男の俊生については「系図」どおりと考えられますが、位階は従五位上まで上り、経歴も多彩なことがわかります。

ついでに篁の弟とされる太宰大弐・筑前守正四位下葛紘《くずお》の系統についてみると、史書に見える小野葛紘は元慶《がんぎょう》元年（八七七）に式部大丞《だいじょう》として従五位下に叙せられ、翌年に加賀介、七年（八八三）に従五位上に上っています。つまり世代としては篁等の孫の世代にあたります。では誰が実際に篁の弟であったのか、その候補は小野千株（従五位上播磨守）・興道（従五位下陸奥守）・永道（従五位下左京亮）・宗成（従五位上大蔵大輔）・末嗣（従五位下従筑前権守）・石雄（従五位上）の六名ばかりが考えられます。そして「系図」で葛紘の子とされている春風はみずから、父は従五位上石雄《いわお》と言っているわけですから、篁の弟に葛紘ではなくて石雄がいたことは確実と見られます。つまり部分的にみて、

峰守 ─┬─ 篁
　　　 └─ 石雄（従五位上）─┬─ 春枝（鎮守府将軍・陸奥権守従五位上）
　　　　　　　　　　　　　　└─ 春風（鎮守府将軍・大膳大夫正五位下）

という系図が成立する筈です。

篁の甥とされる道風《みちかぜ》以下の三人のうち、春風についてはすでに述べましたが、あとの二人

にも問題があります。書家として有名な道風（八九四—九六六）は寛平《かんぴょう》四年の生まれで、篁等の第一世代よりはるか年少のいわば第五世代に相当しますので、「系図」はただ有名人の名前をここに借りてきたにすぎません。また三男とされる好古《よしふる》（八八四—九六八）もまた史上の有名人で、東国で将門《まさかど》の乱が吹き荒れている天慶《てんぎょう》三年（九四〇）に、西国の藤原純友《すみとも》の乱鎮圧のため追捕《ついぶ》山陽・南海両道凶賊使とされ、翌年に博多津で純友を打ち破っています。彼も文武の両道に秀でた官人でしたが、その世代は道風と同じで、篁よりはるか後代の人物です。

これらの限りでも「小野系図」は作為と誤りに満ちていることは瞭然としていますが、すべて間違いというわけではもちろんありません。当面の問題は篁の長男から横山義孝にいたる系図と七代の人物の真疑ですが、横山義孝＝小野諸興とすれば、承平《しょうへい》元年（九三一）に小野牧の別当に任命されている諸興の世代は、第一世代の篁からみてほぼ第五世代にあたり、道風や好古よりわずかに年少という関係になります。篁は三二歳の天長一〇年（八三三）三月に従五位下で、二月に即位した仁明《にんみょう》天皇の皇太子の教育係である東宮博士《とうぐうはかせ》に、のちに文章博士《もんじょうはかせ》となって『続日本後紀《しょくにほんこうき》』の編纂を担当する春澄善縄《はるずみよしただ》と共に任命されており、それは諸興が小野牧の別当に任命されるより九八年前のことでした。つまり篁から義孝までの中間の世代は、「系図」の七代ではなく三〜四代でじゅうぶんということになります。

もっと基本的な問題は、義孝とされる小野諸興は本当に篁流の小野氏といえるのかということですが、「いえる」とする確証を見つけるのは困難と思われます。小野篁の子で横山氏につながるとされる保衡の実在すら確かめられず、保衡から義孝の父孝泰までの七代も系図上創作されたものと考えるほかありません。これに対して、陽成天皇のとり巻きとして名前が記された小野清如こそ、諸興の父または祖父と考えるのが自然と思われます。しかし清如がはたして篁流の名家の出身なのか、牧にかかわることによってたたき上げてきた牧子《ぼくし》や国府官人などの子孫であったのか。太政大臣藤原基経《もとつね》から「群小の者」として宮中から駆逐された風景を考えると、後者のケースもあり得る感じで、その場合、清如の小野姓は武蔵国多摩郡小野郷の地名（「名字《みょうじ》の地」）に由来したものと考えるべきこととなります。彼の従七位上相当の右馬少允《うめのしょうじょう》の身分評価とあわせて、今後さらに従来の固定観念を捨てて検討すべき課題と考えられます。そしてその場合には、「小野氏・横山系図」の前半の小野氏の部分は、歴史的に実体のない借り物ということになり、「系図」に義孝について「始住横山」と書かれている肝心の部分についても、小野牧が成り立った貞観の時代から義孝の先祖達は横山の地を在地の本拠としていたはずであるということになります。それは同時に、武蔵武士としての横山党の成立の根源にかかわる問題というべきでしょう。

西党・日奉《ひまつり》氏

日奉氏系図《ひまつりしけいず》（『八王子・日野の歴史』八九頁）によれば、祖先の藤原宗頼《ふじわらのむねより》は武蔵国に流れてきて日野宰相《ひのさいしょう》と呼ばれ、日奉氏（西党）は、「道頼《みちより》（宗頼の誤記か）と在地豪族（国衙《こくが》官人《かんじん》）の日奉氏娘との婚姻によって成立した武士団」と考えられています。宗頼の二人の孫はいずれも国衙の官人となり、兄の宗忠《むねただ》は武蔵大掾《だいじょう》（武蔵国の三等官）で、弟の宗弘《むねひろ》は源頼義《みなもとのよりよし》の下で奥州征伐の前九年の役（一〇五一―六二）に従ったといいますから、彼等の世代は横山氏でいえば③経兼と同じころ、そして祖父宗頼は武蔵権介であった同じく①義孝の世代と推定されます。

日奉氏系図

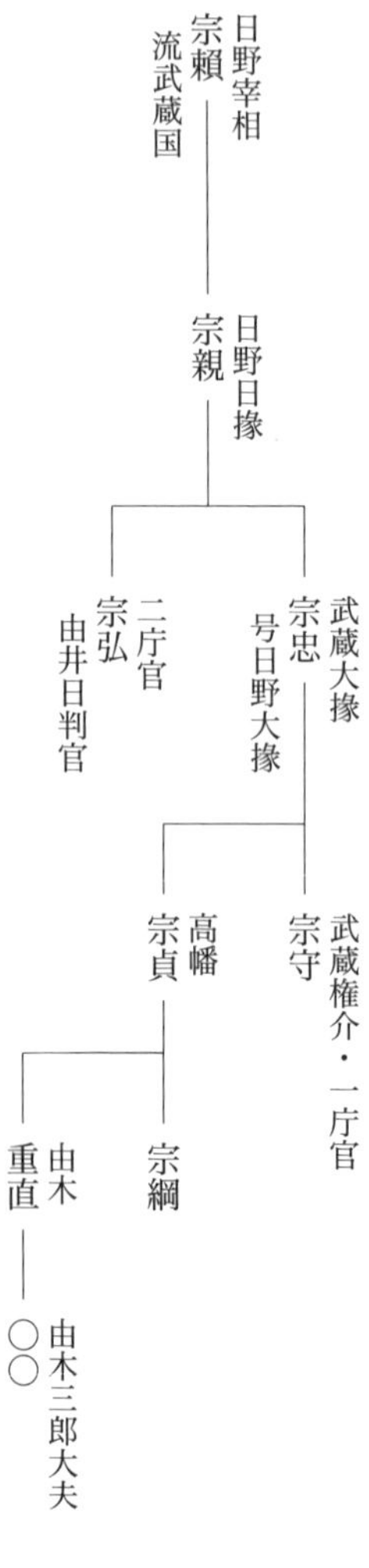

この日奉氏系図は、多摩郡《ごおり》小川郷《ごう》（あきる野市）を本拠とした日奉氏一族小川太郎季能《すえよし》が、承久《じょうきゅう》の乱《らん》（承久三・一二二一年に後鳥羽上皇《ごとばじょうこう》らが鎌倉幕府執権《しっけん》の北条義時《ほうじょうよしとき》を追討しようとして、逆に幕府に敗北した争乱）の勲功によって鹿児島県の甑島《こしきじま》の地頭《じとう》職を与えられ、その子孫が伝来した日奉氏小川系図をもとに作られたもので、小川系図は日奉氏に関するもっとも良質な史料とされています。『日野市史通史編二』（一九九四年）は、この日野宰相宗頼を藤原摂関家《ふじわらせっかんけ》の子孫とする日奉氏小川系図を紹介していますが、要約すると次のようになります。

藤原鎌足 ― 不比等 ― （八代略） ― 太政大臣 兼家 ┬ 関白 道隆 ┬ 大納言 道頼 ― 宰相・西祖 宗頼
　　　　　　　　　　　　　　　　　　　　　　　　　│　　　　　　└ 内大臣 伊周
　　　　　　　　　　　　　　　　　　　　　　　　　└ （道長）

ここで宗頼の父道頼《みちより》は、かの御堂関白道長《みどうかんぱくみちなが》の兄である道隆《みちたか》の長子とされていますが、一四世紀の南北朝時代に編集された系図集の『尊卑分脈《そんぴぶんみゃく》』にも載っておらず（宗頼自身も同様です）、弟で道長との権力争いに破れた伊周《これちか》が正二位内大臣《ないだいじん》まで進んでいるのに対して、大納言《だいなごん》（正三位相当）とされているのも不自然で、小川系図のこれらの部分の信頼性には疑問も感じられます。しかし武蔵国に流されてきたという宗頼が日野宰相と呼ばれたのは、三位《さんみ》または四位《しい》の公卿《くぎょう》が任じられる参議《さんぎ》の唐名《とうめい》（中国式呼称）が宰相で、父道頼が正三位相当の大納言と伝えられたことに由来したというものでしょう。

『日野市史通史編二』によれば、これまで伝えられた多くの日奉氏系図は、その祖先を神話上の高天原《たかまがはら》に最初に現れた神の天御中主尊《あめのみなかぬしのみこと》として、その子孫である高魂命《たかみむすびのみこと》が日奉氏の祖神《そしん》とされており、日奉氏は太陽の祭祀《さいし》を任務とした古代氏族であるといいます。飛鳥《あすか》時代の敏達《びたつ》天皇六年（五七七）に「日祀部《ひまつりべ》を置く」という勅令が出されたことが『日本書紀』に記されていますが、太陽神の祭（日まつり）に奉仕する中央の日奉連《ひまつりむらじ》のもとに、東北から九州までの各国に日奉部《ひまつりべ》が置かれました。その四〇年あまり前の安閑《あんかん》天皇の時代に屯倉《みやけ》（朝廷の直轄領）として献上されていた多摩地方にもそのような部《べ》（職業集団）が置かれ、武蔵国が成立して府中に国府が設けられると、その西方にあって日まつりにふさわしい日野の地に日奉部が定着し、やがて日奉氏という地方豪族となっていたのでしょう。

日奉氏の祖神は現存する日野市栄町《さかえまち》の日野宮《ひのみや》神社と想定され、この周辺に日奉部が居住し、日まつり（火まつり）の行事は日野台地の上に火をともして、太陽の復活と再生を祈ったと考えられています。江戸時代末期成立の『新編武蔵風土記稿《しんぺんむさしふどきこう》』はこの日野宮神社について、勧請《かんじょう》の年歴と祭神は不明であるが、一説には日野宗頼を追慕して子孫が日ノ宮と呼んだものとして、その南二〇〇メートルあまりの田んぼの中に姫宮権現《ごんげん》の廃社趾があって、この姫宮は宗頼の妻を祀ったものであったという人もいると記しています。

この日奉氏が平安時代の中頃に摂関家流《せっかんけりゅう》の藤原氏とつながることによって、以後の多摩地方で飛躍的な発展をとげたわけで、中興の祖ともいうべき藤原宗頼は武蔵国に下向し、日野の地で古代豪族の系譜をひく日奉氏の女性と結婚して、父系では藤原氏・女系では日奉氏という、西党の一族が成立したと考えられています(『日野市史通史編二』)。西党とは多摩郡のうち、多摩市関戸《せきど》を通る鎌倉街道の西側で、かつ多摩川の南側にあたる多西《たさい》郡を中心として、中世に勢力をひろげた日奉氏系の武士団をいいます。

宗頼の子宗親《むねちか》は日野日掾《ひのにちじょう》(武蔵国の三等官か)とされる一方、『武蔵武士』(渡辺世祐・八代国治著、有峰書店)では内舎人《うどねり》(摂政《せっしょう》・関白《かんぱく》など最高位貴族の随身《ずいしん》・護衛)とされており、京都と武蔵にまたがって活動した人物と思われます。その長子の宗忠《むねただ》は武蔵大掾《だいじょう》でその子宗守《むねもり》は武蔵権介《ごんのすけ》(補佐的な二等官)の一庁官《いっちょうかん》、宗親次子の宗弘《むねひろ》は武蔵国衙《こくが》の二庁官《にちょうかん》で由井牧《ゆいのまき》の別当ともされています。つまりこの二兄弟家で武蔵国衙の職務を二分割していたような一族の勢威が感じられます。そして以後の西党・日奉氏は国衙官人としての権威を背景として、本拠地の多摩西部からさらに各地に勢力を拡げたことは歴史的な事実でしょう。その中からは平安時代の後期以降に平山・由木・由井・立河氏など、多数の地方豪族が派出していますが、その中の西党由木氏についてはあらためて別項でみることにしたいと思います。

横山党の消長

横山氏の話に戻りますが、さきの小野氏・横山系図（一三七頁）を見て考えられることは、まず、もし本当に①義孝《よしたか》が小野諸興《おののもろおき》であったとするなら、その弟として記載されている時資《ときすけ》は当然小野永興で、その通称が横山介三郎《すけのさぶろう》とされていることは、小野牧別当の兄の補佐役であったことと対応するのでしょう。時資は埼玉県秩父市東北の美里町を本拠とする、武蔵七党の一つである猪俣党《いのまたとう》の祖とされていますが、小野氏がこの世代で兄弟ともに武蔵国に土着して武士団を組織していたことが想定されます。秩父地方はいうまでもなく、武蔵七党最高の名族秩父氏の本拠地です。秩父氏は桓武平氏《かんむへいし》の流れで、元祖の将常《まさつね》は平将門《たいらのまさかど》のいとこにあたる平忠頼《たいらのただより》の長子です。武蔵権守《ごんのかみ》となった後に秩父郡に住み、その子武基《たけもと》は秩父別当と称していますので、秩父牧の経営にもかかわったのでしょう。その近隣の地に小野氏の二男坊が勢力を定着させるには当然、秩父氏と良好な関係になければならず、横山氏の③経兼《つねかね》の娘が秩父武基の孫の重綱《しげつな》に嫁ぎ、④孝兼《たかかね》の娘も重綱の子（畠山）重弘《しげひろ》の妻となっているのも、政略という側面に加えて、そのような関係が前提とされていると考えられます。

③経兼が源頼義《みなもとのよりよし》・義家《よしいえ》に従って陸奥の前九年《ぜんくねん》の役《えき》で軍功を認められたように、横山氏は源氏の棟領家《とうりょうけ》に忠勤をはげむと同時に、秩父氏との連携を保った中で、武蔵・相模両国での政治的立場を確立していったと思われます（鎌倉氏・前掲論文）。そしてそのような事情を正

秩父氏系図

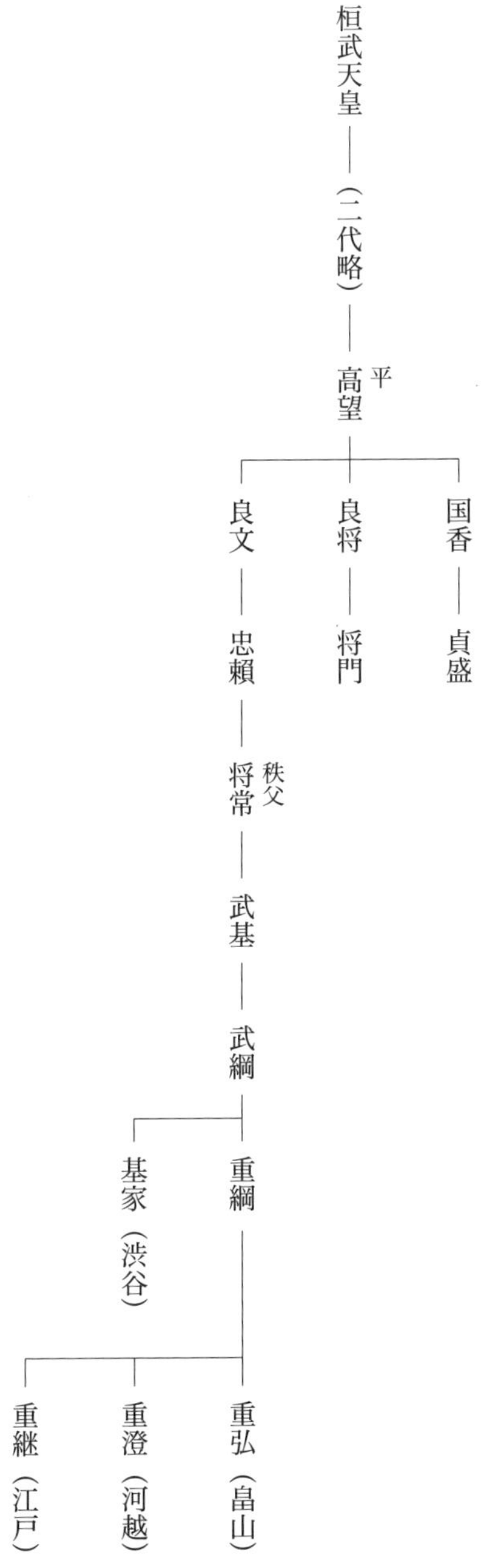

直に反映しているのが、前出の小野氏・横山系図（一六二頁）の③経兼以降と考えられます。②資孝《すけたか》は野三別当《のさんべっとう》と号したそうですから、まだ小野牧別当としての役割が中心で、その弟達もおもに長兄を補佐する立場だったようにみえます。③経兼に至って一段と政治的飛躍をとげ、みずからは野大夫《のだいふ》と称して小野牧の別当としての立場を維持しながら、子の盛経《もりつね》を相模国糟屋《かすや》氏の祖とし、おなじく保経《やすつね》を由木の里の支配者としていますが、この由木保経に

ついては後にあらためて紹介することにします。

横山氏四代目の④孝兼《たかかね》もまた、一族の繁栄に力を尽くしたことが歴然としています。総領の時重《ときしげ》は武蔵権守《ごんのかみ》に出世し、三人の女子は秩父（畠山）重弘・波多野遠義《はたのとおよし》（秦野市）・梶原景時《かじわらかげとき》（鎌倉市）と、それぞれ武蔵・相模両国のとびきりの有力者に嫁がせ、次男の孝遠《たかとお》は相模原市相原《あいはら》を領する藍原氏《あいはらし》の祖、三男の忠重《ただしげ》は神奈川県愛甲《あいこう》郡の古郡《ふるごおり》に住んで古郡別当となっています。⑤時重の代にも同様の勢力拡大の動きは続き、娘の一人は鎌倉幕府の初代侍所別当《さむらいどころべっとう》となる和田義盛《わだよしもり》に嫁ぎ、一人は相模国の名族渋谷重高《しぶやしげたか》の妻となっています。長男の⑥時広《ときひろ》は従五位下の出雲権守《いずものごんのかみ》についていますが、次男の重兼《しげかね》は横山荘内で椚田氏《くぬぎだし》を名のり、末子の重経《しげつね》は相模国の海老名地方を支配してそれを姓としています。さらに、この系図には示されていませんが、⑥時広の娘もまた和田義盛の子の常盛《つねもり》の妻となって、横山・和田両氏は二重の婚姻関係でつながっていました。

小野諸興が小野牧別当に任じられてから、横山氏は⑦時兼まで二八〇年の歳月と、史料上は七代の世代交替を経て、横山党三七氏におよぶ一族の勢力拡張を続け、また将軍家の源氏や中央から派遣された武蔵守等を通して鎌倉や京都の権力中枢とも接触しながら、武蔵・相模の両国一帯を中心に鎌倉武士の名を高めました。しかし⑦時兼の代にいたって、鎌倉幕府の執権《しっけん》として実権を独占しようとしていた北条義時《ほうじょうよしとき》と、頼朝以来の源氏将軍を支えてきたという自負をもつ坂東武者《ばんどうむしゃ》の中心人物、侍所別当《さむらいどころべっとう》の和田義盛《わだよしもり》が決定的に対立し、義時の挑発にのった義盛は建暦《けんりゃく》三年（一二一三）五月に兵を挙げてこれを攻め、応援した時兼以下の横山勢ともども鎌倉で敗れ、それぞれの一族は滅亡します（和田合戦）。

横山氏が和田義盛に加勢した理由には、縁戚関係も当然あったはずですが、最大の原因は古来の武蔵武士として、外来の執権北条氏が武蔵・相模の国守の地位まで独占して、地域支配を強めようとした動きを許すことができなかったということであったと考えられます。結果として一族のおもだった武士三一人以下が犠牲者となり、その支配地の横山荘は、北条方勝利に貢献した幕府の政所《まんどころ》別当の大江広元《おおえのひろもと》（一一四八―一二二五）に与えられ、その子孫の長井氏が支配することになります。しかし、残された一族や多くの支族をふくめて、広い意味での横山党は武蔵・相模の各地方に実質的に根強い実力を、のちのちの時代まで保ち続けたものと考えられます。

4、船木田荘《ふなきだのしょう》

中山白山神社

由木の里の西北端にあたる中山地区の白山《はくさん》神社（口絵18）について、江戸時代末期の文政《ぶんせい》五年（一八二二）に成立した『新編武蔵風土記稿《しんぺんむさしふどきこう》』は、「社地一町四方、無年貢地《むねんぐち》、字《あざ》宮ノ前にあり、村の鎮守《ちんじゅ》なり、勧請《かんじょう》の年代をしらず」と記しています。白山神社は大栗川支流の中山川の源流に近く、中山谷の北側に南面する標高一七〇メートルほどの山頂に鎮座していますが、その社殿周辺から、江戸時代の文政九年（一八二六）以来数回にわたって経塚《きょうづか》の存在が確認され、出土した経筒《きょうづつ》の中から、平安時代末の仁平《にんぺい》四年（一一五四）に『法華経《ほけきょう》』等を書写した十巻の埋経《まいきょう》が発見されています。最初の発見は社殿裏にあった小墳丘《ふんきゅう》の砂が崩れた時、一個の経筒が姿を現したと伝えられていますが、明治一二年（一八七九）から神奈川県によって編集された『皇国地誌《こうこくちし》』には、その墳丘の規模は、高さ一丈（三メートル）、周囲一五間（二七メートル）の大きさであると記されています。昭和五一年（一九七六）にも新社殿改築の際に、旧社殿の玉垣の東隅の地下五〇センチの所から陶片が出て、常滑焼《とこなめやき》の経塚壺《きょうづかつぼ》とその中にあった青銅板製《せいどうばんせい》の経筒と銅鏡《どうきょう》が出土したと報告されています（佐々木蔵之助「八王子市中山白山神社新発見の経塚遺物について」『多摩考古』14・一九七九）。それらの出土物は現在、白山神社と東京国立博物館に保存されていますが（口絵19）、特に重要な点は経巻末に記された奥書《おくがき》です。

文政九年に発見された経巻《きょうかん》は十巻あり、『法華経』八巻とその開経《かいぎょう》とされる『無量義経《むりょうぎきょう》』一巻、結経《けっきょう》とされる『観普賢経《かんふげんきょう》』一巻が、いずれも紙本《しほん》に朱書《しゅしょ》されており、埋納の修法《しゅほう》としては完結したものといわれます。料紙《りょうし》は土中に長く埋められていたため粘着していて開くことができなかったのですが、一九八九―九一年にかけて八王子市が保存修理を行った結果、経巻を開いて全体を見ることができるようになったといわれます（細谷勘資「八王子市中山白山神社経塚出土の経巻について」『八王子郷土資料館紀要4』・一九九二）。

なお、『法華経』八巻を一巻ずつ講義して追善供養などを行った法華八講《ほっけはっこう》は、わが国でも平安時代以前から行われていました。天台宗開祖の最澄《さいちょう》（七六七―八二二）はこの八講の最初に開経として『法華経』の教えに導く『無量義経』を、終わりに結経として『法華経』終章の「普賢菩薩勧発品《ふげんぼさつかんほつぼん》」をうけた『観普賢経』を加えて、延暦《えんりゃく》一八年（七九九）一一月の天台大師智顗《ちぎ》の命日に法華十講《ほっけじっこう》をはじめました。そして『法華経』の埋納は平安中期頃から、この十巻をそろえて行うのが正しい埋経（如法経《にょほうきょう》）とされています。これまで竹内理三《たけうちりぞう》編の『平安遺文《へいあんいぶん》』をふくめて、白山神社経塚出土経の紹介は著者の目にしたかぎり、すべて『観普賢経』を最初に、『無量義経』を最後に挙げていますが、それは信じ難い誤りで、その順序は逆でなければいけないのです。奥書の写経の日付をみても、『無量義経』の九月十一日に対して、『法華経』第二巻が九月九日、第四・五・六巻が九月十日と進み、結経の『観普賢経』の日付は開経より九日おそい九月二十日となっています。

奥書の記載は腐敗などで判読できない部分が多いのですが、これまでの諸文献からできるかぎり正確な要点を抜き出してみますと、まず開経の『無量義経』は次のとおりです（句点と振り仮名は著者、以下同じ）。

以此書写結縁《このしょしゃのけちえんをもって》、為法界諸有情《ほっかいのもろもろのうじょうのためとし》、皆共成仏道《みなともにぶつどうをじょうぜん》

…年甲戌《きのえいぬ》九月十一日　大勧進僧弁智《だいかんじんそうべんち》

…小野氏人等《おののうじびとら》　結縁者僧有阿《けちえんじゃそうゆうあ》

…僧順応《そうじゅんのう》　清原氏人等《きよはらのうじびとら》

ここには写経・埋経を行うという善因功徳《ぜんいんくどく》を、この世のすべてのいのちあるもの達に廻向《えこう》（まわし向ける）して、みな一緒に悟《さと》りの世界に到達できますようにという願意《がんい》が述べられ、これを全体としてとり進めた僧が弁智で、これを主導的に支援したのが小野氏の一族、これに結縁《けちえん》して協力したのは有阿・順応という二人の僧と清原氏の一族などであったことが読みとれます。これ以外の結縁者については、別巻の奥書から忠尊《ちゅうそん》と蓮意《れんに》の二僧の名を知ることができます。

この奥書で願われていたのは「成仏道《じょうぶつどう》」、つまり「成仏《じょうぶつ》」で、それは文字どおり「仏になること」を意味しており、これが仏教の根本の目標です。その方法としては、出家して戒律《かいりつ》を守り、厳しい修業をして悟りをひらく難行道《なんぎょうどう》（聖道門《しょうどうもん》）もあれば、阿弥陀仏《あみだぶつ》の慈悲《じひ》をたよりに念仏を称《とな》え、極楽に往生《おうじょう》して仏になるという易行道《いぎょうどう》（浄土門《じょうどもん》）もあります。平将門《たいらのまさかど》の乱のさ中、小野牧別当で武蔵権守《ごんのかみ》の小野諸興《おののもろおき》が追捕使《ついぶし》に任命される前年の天慶《てんぎょう》元年（九三八）に、陸奥国《むつのくに》の布教から京に還った「わが国の念仏の祖師《そし》」空也《くうや》（九〇三―七二）は、平安京の市《いち》の中に石塔を建てて、「一《ひと》たびも南無阿弥陀仏《なむあみだぶ》という人の　蓮《はちす》のうえにのぼらぬはなし」という念仏往生のすすめを説いて、阿弥陀聖《あみだひじり》と呼ばれました。俗人が成仏するためには寺を建て仏像を造り、写経を行うなどの作善功徳《さぜんくどく》が必要と考えられていた時代に、このような易行《いぎょう》の教えはまことに画期的なものでしたが、やはり天台や真言の伝統宗教の力は絶大であったことが、この経塚の埋経にも示されていると思われます。天台宗の開祖最澄《さいちょう》は、「すべての衆生は法華経の経力《きょうりき》によって即身成仏《そくしんじょうぶつ》できる」と説いて、法華経は衆生《しゅじょう》を現在のこの身のままでただちに仏にしてくれる力を持っていると教えました。この埋経では勧進僧の弁智がその教えを小野氏・清原氏等に説いて、写経・埋経を勧進したということでしょう。なお、専修念仏《せんじゅねんぶつ》の浄土宗をひらいた法然《ほうねん》（一一三三―一二一二）が天台比叡山を出て念仏に回《え》心《しん》（心を開き向ける）したのは、空也の還京の二三七年後、白山神社埋経の二一年後のことでした。

　ところでこの奥書の記録は、おもに昭和二年（一九二七）に東京府が編集した『東京府史蹟名勝天然記念物報告』から引用・紹介したものですが、平成二年（一九九〇）に八王子市が保存修理を行った時点では、「小野氏人等―清原氏人等」の貴重な記述部分は、この間の六三年の経過の中で判読不能となっていたといわれます。歴史の真実を証言する史料の生命のはかなさを思わずにはいられないと同時に、もし文政九年（一八二六）の発見当時に正確な記録が残されていたならばとも感じられます。

出土した十巻の最後の、結経である『観普賢経《かんふげんきょう》』の奥書は次のとおりです。

大歳甲戌仁平《たいさいきのえいぬにんぺい》四年九月廿日時許《ときばかり》
於武蔵国西郡
船木田御庄内長隆寺　西谷書写了《にしたにしょしゃおわる》
勧進僧弁智　結縁者僧忠尊《けちえんじゃそうちゅうそん》

「大歳甲戌」とは、国家の安寧《あんねい》や民間の福慶《ふくけい》をもたらす木星《もくせい》の精《せい》が、この年には戌《いぬ》の方位《ほうい》（西北西）にいるということで、その方向に家を建てたり土を動かしたりすることはつつしまれました。この仁平《にんぺい》四年（一一五四）は後白河天皇《ごしらかわてんのう》が即位する前年で、その翌々年の保元《ほうげん》元年（一一五六）七月には、後白河天皇が平清盛《たいらのきよもり》・源義朝《みなもとのよしとも》の軍に兄の崇徳上皇《すとくじょうこう》の御殿を襲わせて、上皇方を破る保元の乱が起こります。この乱で義朝は清盛とともに勝者となりますが、彼の部下の大部分は武蔵七党系であったといいます。そして奥書に書かれた内容は、「この仁平四年九月二十日に、武蔵国の多西郡《たさいのこおり》（多摩郡の鎌倉街道より西・多摩川の南）の船木田荘園《しょうえん》（奥書の庄は荘の古い用字）内の長隆寺《ちょうりゅうじ》の西谷で書写を完了した。勧進の僧は弁智で、これにこたえて写経し、金員を拠出した僧は忠尊である」ということになります。船木田荘は後々の中世まで武蔵国の荘園として注目されますが、その名前が文献に現れたのはこれが初例で、荘内に長隆寺という寺があり、これらにかかわる小野氏・清原氏等がいたこともあわせて証拠立てる貴重な史料として、この埋経の奥書は評価されています。

白山神社の経塚群はこれまでにすくなくとも五基以上発見されていて、文政九年発見のものが最も古く大きいものといわれます。そして中山地区の石井兵庫《いしいひょうご》氏が所蔵される古文書によれば、白山神社は平安時代に比叡山西塔《ひえいざんさいとう》の僧武蔵坊弁慶《むさしぼうべんけい》の結縁《けちえん》によって、僧弁智が『法華経』を奉納した関東の白山神社七社の一社であるとされ、天正《てんしょう》一八年（一五九〇）六月に八王子城が豊臣秀吉《とよとみひでよし》の軍に攻められて落城した際に、白山神社も兵火にあって長隆寺とともに焼失し、同年八月二日に再建され、江戸時代の慶長《けいちょう》一八年（一六一三）以降、数度にわたり改修されてきたといわれます。戦国時代まであったとい

写真25　長隆寺礎石と伝えられる石

写真26　白山神社参道の宝篋印塔

う長隆寺の場所については、ただ中山地区内の「堂の山」という所と伝えられていますが、これまで正確には不明でした。白山神社の社殿の左手には、現在も長隆寺の礎石であったという大きな石が一個あり（写真25）、表面には柱を受けとめる直径三八センチの円盤形の盛り上がりが刻まれています。また『新編武蔵風土記稿』には、白山神社の境内には本殿改修の時に後背の山から掘り出したという高さ二尺あまりの五輪塔があって、文字が多く彫られているけれども、ただ「山王《さんのう》廿一社」の五文字だけがかすかに見えると記されています（写真26）。

山王二十一社とは、天台宗総本山の比叡山延暦寺《ひえいざんえんりゃくじ》の鎮守神の総称で、滋賀県大津市坂本の日吉大社《ひえたいしゃ》の本宮《ほんぐう》と境内社《けいだいしゃ》を合わせたものです。はじめは大社（本宮）・聖真子《しょうしんじ》（宇佐神社）・客人《まろうど》（白山姫神社）・八王子（牛尾神社）などの山王七社として、平安時代末の永久三年（一一一五）までには成立していましたが、後にさらに末社が加わって山王二十一社になったといいます。したがってこの五輪塔（実は宝篋印塔《ほうきょういんとう》）が建てられたのは、埋経の仁平四年（一一五四）より後であったと考えられますが、それは長隆寺の鎮守神という意味で奉納されたものであったということになります。そして白山神社の本殿の背後からこのような塔が出てきたことは、その場所が長隆寺のあった場所そのものであり、長隆寺は天台寺院であったことを証言しています。

『皇国地誌』もまた、本殿背後の墳丘（経塚）について説明しながら、「此社地は往古《おうこ》長隆寺と称する廃寺の跡ならんか」と記していますが、その推測は正しかったわけで、さらに「堂の山」とは、かつて長隆寺が建っており現在は白山神社が鎮座する山そのものであったということになります。加えて、結経である『観普賢経』の奥書には「長隆寺西谷書写了」と書かれていましたが、長隆寺が現在の白山神社と同じ山頂にあったとすれば、その西南方には今も谷と呼ぶにふさわしい地形が残っており、比較的ゆるやかな傾斜の谷筋の古道を通して、山頂の平坦な社地に通じています。その低地に、弁智や忠尊という天台僧が写経を行った僧房があったということになります。

船木田荘内にあったこの天台寺院長隆寺は、八王子市域における最古の寺であったと認められています。そしてこの地より東方三・五キロほどの別所地区にある蓮生寺《れんしょうじ》も、後にふれるようにはじめは天台宗の寺で、創建されたのは長隆寺の埋経よりすこし後の平安時代末と考えられます。開山僧は京都で源頼朝《みなもとのよりとも》が生まれる久安三年《きゅうあん》（一一四七）に安産の祈祷をしたという、天台僧の円浄房《えんじょうぼう》でした。蓮生寺の創建を支えた在俗の有力者（檀那《だんな》）については不明ですが、長隆寺に関しては、この埋経の勧進・結縁者として奥書に記されている小野氏と清原氏、とりわけ小野氏（横山氏）が有力な檀那であったのに違いないと考えられます。そして小野氏を本姓とする横山氏は、長隆寺の埋経の頃はおそらく⑤時重の時代にあたっていたでしょう。「小野氏人等」としては時重や弟の藍原孝遠《あいはらたかとお》・小倉経孝《おぐらつねたか》、あるいは叔父の由木保経《ゆぎやすつね》やいとこの由木保信《ゆぎやすのぶ》、子の⑥時広・椚田重兼などを想定することができるかもしれません。

当時、⑤時重自身は武蔵権守《むさしのごんのかみ》として府中の国衙《こくが》で職務にあたることが中心であったと考えられますが、多数の家の子・郎等《ろうとう》が船木田荘の一帯に散在しており、おそらく船木田荘そのものも横山氏がその支配する地域を藤原摂関家《せっかんけ》の荘園として寄進することによって立荘《りっしょう》し、国府の公権力による支配に対抗しようとしたものと考えられます。そして横山氏はこれを現地で支配・経営する下司《げし》（荘官《しょうかん》）の立場となって、旧来の地方豪族としての地位を確実なものにすると同時に、武蔵の騎馬武者集団として武家の棟梁《とうりょう》たる源氏に、また時には天下を我物顔にふるまった平氏に対して、一所懸命《いっしょけんめい》の忠勤をはげんでいたと考えられます。

なお『風土記稿』は、白山神社の創建について「勧請《かんじょう》の年代をしらず」と記していました。そして長隆寺のあった場所は、『風土記稿』が本殿後背の山から掘り出した石塔に「山王廿一社」と彫られていると証言しているように、堂の山山頂の現在の白山神社社殿の場所であったと考えられます。従って、ここに横山氏を開基としてはじめに長隆寺が創建され、その後に白山神社が同所に勧請されたと考えるのが自然と思われます。長隆寺の埋経が行われる七年前の久安《きゅうあん》三年（一一四七）に、比叡山延暦寺から国に対して加賀白山社を延暦寺の末社とすることが申請され、この時は許されなかったのですが、五年後の仁平二年（一一五二）にはこれが認められています。その二年後に長隆寺で埋経が行われ、前後して白山神社が長隆寺境内に創建されたと考えるべきでしょう。

加賀白山社とは、加賀・越前・美濃・飛騨四国（石川・福井・岐阜三県）にまたがる白山の三つの峰を対象とする白山本宮《はくさんほんぐう》（白山比咩神社《しらやまひめじんじゃ》）などの三社をいいますが、神仏習合《しゅうごう》の考えからそれぞれに別当寺《べっとうじ》が設けられ、平安時代の中頃からは寺が信仰の中心となって、平安末期にはそれぞれが天台延暦寺の末寺になったといわれます。中山白山神社は伝えによれば、平安時代に比叡山西塔《さいとう》の武蔵坊弁慶《べんけい》（?—一一八九）の結縁《けちえん》で、僧弁智《べんち》が『法華経』を奉納した関東白山七社のうちの一社ということでした。思いすごしかもしれませんが、当時すでに白山神社が関東に七社存在していたというよりは、加賀白山社がその信仰を各地に広めるために天台宗の笠の下に入り、その力と『法華経』の信仰をかりて、この時代に関東にも新しく七社の白山神社を創建させていったのが真相ではないかと思われます。白山神には歯痛の神・子供の神・お産の神などの性格がつけられ、各地に末社が勧請されてひろく信仰が広がったといわれます。そのような信仰の広がりの最初期の事例として、仁平四年に長隆寺に『法華経』等が埋経された前後に、境内にその守護神として白山神社が勧請されたものと考えられます。

天正一八年（一五九〇）六月二三日の八王子城の落城に際して長隆寺と白山神社はともに兵火に遭ったといわれますが、旧『八王子市史』は落城寸前、六月二〇日に北条方の武将中《なか》山勘解由《やまかげゆ》に催促されて、周辺の修験者が城中の武運長久《ぶうんちょうきゅう》を祈願するために城に集められたとして、その面々の中に柚木中山円覚院の名を挙げています。円覚院とは当時の白山神社の別当寺で、現町田市の木曽村覚円坊につながる本山修験宗の寺でした。そして白山神社の「由緒」によれば、神社は慶長一八年（一六一三）に願主の覚円坊僧頼長《らいちょう》権僧都と大旦那伊藤九郎左衛門によって再建され、頼長は元和《げんな》二年（一六一六）に亡くなりますが、彼を継承する中山村円覚院あらため常宝院が明治維新まで白山神社の別当寺となって、地域の人々とともに神社の長い伝統を守ってきたということでした。つまり平安時代末期に創建された長隆寺は戦国時代にはすでに廃寺となっていたことが考えられ、あるいは鎌倉時代の和田の乱（一二一三）による横山氏の滅亡によって庇護者を失って以来、存続することが困難であったのかもしれないと想像されます。八王子城落城の戦乱の中で焼失したのは、白山神社と当時の別当寺の円覚院であったのではないでしょうか。

藤原摂関家《せっかんけ》と船木田荘

平安時代後半の一一世紀半ば以降には、中央政府のもとに全国の国々があって、その下に郡―郷が置かれて一元的に支配されるという律令体制《りつりょうたいせい》はすでに崩壊し、中央政府が諸国の国府とその下の現地支配者である地頭《じとう》を通して地域を公的に統治する公領《こうりょう》と、天皇を退位した院《いん》（上皇《じょうこう》・法皇《ほうおう》）や有力貴族・大寺社が本家となってまとまった地域を荘園《しょうえん》として領有し、これに領家《りょうけ》として従属する中小貴族と現地の地頭（下司《げし》・公文《くもん》）が荘園を支配管理するという、二元的な、いわゆる荘園公領制《しょうえんこうりょうせい》の形に変わっていったといわれます。

公領　国司―国府（在庁官人）―地頭―百姓
荘園　本家（有力貴族等）―領家（中下級貴族）―地頭―百姓

そして船木田荘が出現する一二世紀の多摩西部（多西郡《たさいぐん》）では、武蔵国府に近い多摩川南岸の土渕郷《つちぶちごう》・得恒郷《とくつねごう》（日野市）や吉富郷《よしとみごう》（多摩市）などが公領とされていましたが、八王子市域のすべてと日野市域の南部丘陵側は、すべて船木田荘（本荘と新荘）の領域となっていたといわれます（『八王子・日野の歴史』）。

長隆寺埋経の仁平《にんぺい》四年（一一五四）が、船木田荘《ふなきだのしょう》（庄）の名が見えた最初でした。次にその名が見えるのは二六年後、かの以仁王《もちひとおう》が平家追討の令旨《りょうじ》を発し、源頼朝《みなもとのよりとも》が伊豆に挙兵する治承《じしょう》四年（一一八〇）のことで、崇徳《すとく》天皇の皇后であった皇嘉門院《こうかもんいん》（一一二一―八一）が死の前年に、自分の財産の一部であった船木田荘の本荘と新荘を弟の九条兼実《くじょうかねざね》の子の良通《よしみち》に譲るという処分状《しょぶんじょう》を書きますが、その中にただ「むさし　ふなきた本　新」と見えます。皇嘉門院は摂政《せっしょう》・関白《かんぱく》を歴任した藤原忠通《ふじわらのただみち》（一〇九七―一一六四）の子聖子《せいし》で、大治《だいじ》四年（一一二九）に女御《にょうご》として崇徳天皇（一一二三―四一在位）の後宮《こうきゅう》に入り（入内《じゅだい》）、翌年に中宮となります。永治《えいじ》元年（一一四二）に皇太后となり、九年後に皇嘉門院と号しますが、崇徳上皇が後白河天皇との争い（保元の乱）に敗れて四国の讃岐《さぬき》に島流しされた保元《ほうげん》元年（一一五六）に髪を落として出家し、養和《ようわ》元年（一一八一）に亡くなっています。

皇嘉門院の父忠通は道長五代の孫にあたる藤原氏の氏長者《うじのちょうじゃ》で、二五歳の保安《ほうあん》二年（一一二一）から六二歳の保元《ほうげん》三年（一一五八）まで、三七年間にわたって摂政・関白の最高位にいました。おそらくその間、横山氏の⑤時重の時代にその本拠地の横山荘が摂関家に献じられて、船木田本荘は立荘《りっしょう》されていたと考えられます。時重は武蔵国府においては補佐的な権守《ごんのかみ》

藤原氏九条家を中心とする系図

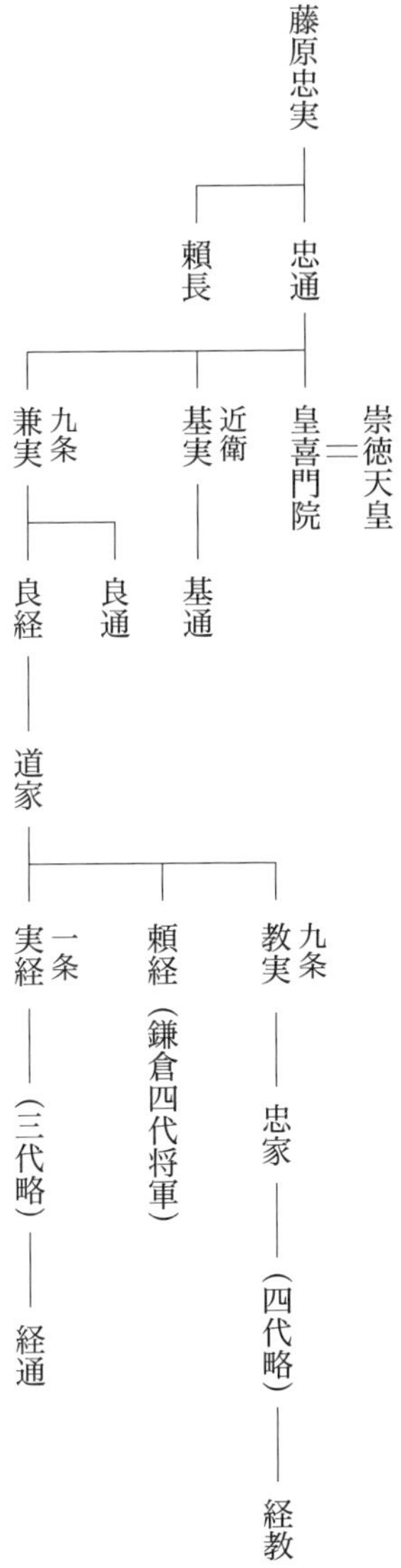

でしたが、この頃に武蔵守であった人物に藤原信頼《のぶより》・信説《のぶとき》兄弟がいます。兄の信頼は皇嘉門院に院号が下された久安《きゅうあん》六年（一一五〇）に武蔵守となって七年間在任し、弟の信説はこれを継いで保元二年（一一五七）から二年間在任しました。兄弟の妹は皇嘉門院の弟藤原（近衛）基実《もとざね》に嫁いで近衛基通《このえもとみち》を生んでおり、彼等は摂関家の家司《けいし》（貴族の家政機関の職員）であったと考えられています（細谷氏前掲論文）。

この間の保元《ほうげん》の乱《らん》（一一五六）・平治《へいじ》の乱《らん》（一一五九）には武蔵武士も多数参戦し、とくに平治の乱は帰京して権中納言《ごんちゅうなごん》となっていた藤原信頼が、源義朝《みなもとのよしとも》と組んで後白河上皇《ごしらかわじょうこう》・

平清盛《たいらのきよもり》と戦い、敗れて殺された争乱でした。船木田の本荘はこれ以前に横山氏の⑤時重から摂関家に献じられていたと考えられますが、その周辺に拡張されていく新荘の一部はおそらく、信頼の武蔵守在任中に彼のあっせんによって、横山党・西党の在地豪族から関白忠通に献上されたとみるべきでしょう。そして仁平四年（一一五四）に中山白山神社埋経の行われた長隆寺の地が、船木田本荘・新荘のいずれであったかということも難問ですが、長隆寺は横山氏によって横山荘内の仏教信仰の拠点として創建され、それは船木田荘が立荘される以前であり、中山白山神社の地は横山氏の本拠地の一部であったと考えられます。当初横山荘内に設定された船木田荘はいわゆる「地頭請所《じとううけしょ》」で、その経営は地頭に委されて本家にはただ年貢を納める形であったため、実質的に横山荘と変らず、横山氏は白山神社の地である由木地域西部の中山地区と鑓水地区を含めて、その本拠地周辺を船木田の本荘としていたと考えられます。

船木田荘が父忠通から皇嘉門院に譲られたのは、同時代に摂関家の家司《けいし》であった平信範《たいらののぶのり》の日記『平範記《へいはんき》』に、「入道殿より相伝《そうでん》された（仁安二年（一一六七）五月二三日条）」と来歴を示されているのによれば、忠通が関白を引退後に出家した応保《おうほう》二年（一一六二）頃のことであったかと思われます。そして摂関家等で船木田荘《ふなきだのしょう》と呼ばれ、白山神社埋経奥書には「船木田御庄」と書かれていたわけですが、『日野市史・通史編二』では、これを横山荘と同じものであるとして、「荘園領主側は船木田庄と号したが、地元や（鎌倉）幕府では横山庄の呼称が流通していた」とされています。また同奥書に結縁者として書かれていた「清原氏人等《きよはらうじびとら》」については何の情報もありませんが、清原氏は貴族・儒学者を輩出した名門で、多西郡の清原氏といえば船木田荘の管理にあたる下司《げし》か、事務的な業務を行う公文《くもん》などであったように想像されます。

摂関家領としての船木田荘は、皇嘉門院から遺贈された甥の九条良通《よしみち》が文治《ぶんじ》四年（一一八八）に早世して以後、父の九条兼実《かねざね》が預かった後、良通の弟良経《よしつね》からその子道家《みちいえ》へと、九条家領として相伝されます。この後に東国では和田合戦（一二一三）があって横山氏は滅亡、横山荘は大江（長井）氏の支配下に入るのですが、嘉禎《かてい》二年（一二三六）に発願して京都東山に臨済宗東福寺《とうふくじ》を創建する道家（一一九三―一二五二）は、亡くなる二年前の建長《けんちょう》二年（一二五〇）に船木田の本荘を孫の九条忠家《ただいえ》に、新荘を子の一条実経《さねつね》に譲っています。そしてさらに鎌倉時代も終わろうとする建武《けんむ》元年（一三三四）に新荘は一条家五代目の経通《つねみち》から東福寺に寄進され、本荘の方も南北朝時代の貞治《じょうじ》六年（一三六七）に九条家十代目の経教《つねのり》から寄進されて東福寺領となっています。このような経緯の中で、以後の船木田荘についての具体的な情報を含む史料は、いわゆる東福寺文書《とうふくじもんじょ》の中にみられることになります。

なお、皇嘉門院が治承《じしょう》四年（一一八〇）に書いた所領遺贈の処分状には、北は越後《えちご》・常陸《ひたち》から南は肥前《ひぜん》・豊後《ぶんご》にわたる二二か国の、三七の荘園の名が数えられ、その大部分は弟九条兼実の長子良通《よしみち》に、一部が弟の藤原兼房《かねふさ》に贈られています。そのうち武蔵国では多摩郡の船木田本荘・新荘のほか、橘樹《たちばな》郡の稲毛《いなげ》本荘・新荘がありますが、これは現在の川崎市の地域にあって、小山田《おやまだ》・葛西《かさい》・江戸氏など秩父党の武士団が勢力をもっていた所といわれます。

東福寺領船木田荘

現在も東福寺のある京都市東山区の一帯は、古くから藤原氏の領地でした。皇嘉門院《こうかもんいん》の父の忠通《ただみち》より八代前の当主藤原忠平《ふじわらのただひら》（八八〇―九四九）は、ここに藤原氏北家《ほっけ》の家寺《いえでら》として法性寺《ほっしょうじ》を建て、その三代後の道長《みちなが》は広大な寺域をさらに充実整備しています。そして忠通自身はこの地に邸宅を造って法性寺殿《ほっしょうじどの》と呼ばれ、九条家の祖となるその三男の兼実《かねざね》はこの寺で出家し、月輪殿《つきのわどの》とも呼ばれた彼の墓はいまも東福寺の奥地にあります。忠通の曾孫《ひまご》で九条家三代目の道家《みちいえ》は、ここに法性寺に代わる九条家の家寺として東福寺を建てようとしたのでしょう。寺の名は奈良の東大寺と興福寺《こうふくじ》から一字ずつとり、規模は東大寺を、教義と仏事は藤原鎌足《ふじわらのかまたり》につながる氏寺《うじでら》の興福寺にならうという壮大な構想による寺で、道家の没後三年の建長《けんちょう》七年（一二五五）に、聖一国師円爾《しょういちこくしえんに》を開山として落慶供養が行われています。したがって道家の子孫が父祖伝承の荘園を東福寺に寄進したのは、ごく自然の発想であったと考えられます。
船木田荘について簡潔にして意を尽くした説明がされているのは、管見のかぎり一九五九年の『日本史研究』41号に載っている杉山博氏の「武蔵国多西郡船木田庄について」です。そこでは船木田本荘を九条忠家に、新荘を一条実経に分与した藤原道家の建長二年（一二五〇）の処分状をはじめ、船木田荘の消滅を示唆する室町時代の東福寺文書までの関係史料を紹介したうえで、船木田荘の伝領から消滅までの推移が概観されています。その八年後に刊行された旧『八王子市史・下巻』はこれを参考にしてさらに深く史実を探っていますが、建長二年の処分後の一条家文書に、鎌倉時代と考えられる船木田新荘の年貢高が、同じ武蔵国稲毛荘と並べて次のように記されているとしています（同書三二五頁）。

　年貢国絹三百九十三疋三丈准銭七十八貫
　　武蔵国稲毛庄　　地頭請所
年貢例布五百段
　　船木田新庄　同

多摩川下流の稲毛荘の年貢が絹（一疋は五丈一尺）であるのに対して、船木田新荘はふだん使用する麻布である例布《れいふ》を五百反と大量に貢納することとされています。船木田新荘の地域はこの時代にはかつての西党系由井氏から、源頼朝側近として活躍した御家人天野氏の子孫が支配する地となっていて、水田稲作を主体とした本荘に対して、新荘は新しく開発された丘陵地を含めて設定され、麻の栽培に適した土地が多かったのであろうかとも思われ、また一定の年貢納入を条件に、荘園の管理が地頭に一任される地頭請所《じとううけしょ》となっています。

旧『八王子市史・下巻』が紹介している次の船木田新荘の年貢は、南北朝時代に入った文《ぶん》和《わ》三年（一三五四）の「東福寺領武蔵船木田庄年貢代付物送文」で、あわせて一〇貫文の年貢を、絹布七疋、小袖一領として納めることと記されています。主な年貢が銭高で定められているほか、新荘の産物として以前の麻布に対して絹織物が登場していることが注目されます。なお貫文とは、銭貨一枚を一文としてその一〇〇〇枚の価格をいいます。

永原慶二氏の『荘園』（吉川弘文館、平成一〇年）によれば、一二世紀末から日宋貿易による北宋銭の流入によって取引手段の米から銭への転換が進み、荘園の年貢も一三世紀から一四世紀前半にかけて、米や布などの生産物でなく銭で納める代銭納《だいせんのう》が急速に浸透していったといわれます。船木田新荘の右の二例は、まさにその変換の経過を例証していると思われます。

次の東福寺文書の船木田（新荘）「年貢算用状」は、貞治《じょうじ》二年（一三六三）に給主《きゅうしゅ》（荘務を担当した僧侶）継徳《けいとく》によって、三年分の年貢が書き出されていますが、第一年度の延文《えんぶん》六年（一三六一）分は次のとおりで、新荘内の郷村名がはじめて示されています。

六貫文　豊田村
一貫文　梅坪村
二貫文　南河口郷
二貫文　北河口郷
一貫文　長房郷
五百文　由比野村
五百文　谷慈郷
　以上一三貫文

ここで明らかにされた新荘の郷村は、古来の横山荘というよりはかつて西党の支配した由比牧の周辺が中心で、新荘の性格を示唆するものがあるように思われます。

翌貞治元年（一三六二）分は前年と同じですが、次ぎの貞治二年分は、前年度までの一三貫文に加えて、守護《しゅご》の権威によって始めて知行《ちぎょう》（支配・収益）する分として、以下が加わっています。

一〇貫文　平山郷
五貫文　中野郷
三貫文　大谷村

二貫百文　　青木村
一貫百文　　下堀村
一貫五百文　横河郷
三貫文　　　大塚郷
二五貫七百文、守護の権威をもって納めるものにつき、二〇貫文を守護に差出す契約とする

室町幕府が関東支配のために置いた鎌倉公方《くぼう》を補佐する関東管領《かんれい》には、この頃おもに上杉氏が任じられていて、上杉氏は武蔵国の守護（国ごとに置かれた軍事、行政責任者）を兼ね、国内の地頭や土豪の支配する地域を荘園に編入させて、まとめて支配する方策をとったといわれます。本家の東福寺もはじめははるばると給主を下向させて荘務をとらせましたが、この頃から「東福寺は、守護上杉氏の力をかりなければ、もはや寺領の年貢を徴収することができなかった（杉山氏前掲論文）」といわれ、守護の力によって荘園が維持される「守護請《しゅごうけ》」の実態となっていたことが知られます。

残された最後の「船木田庄勘定状」は南北朝時代末期の至徳《しとく》二年（一三八五）のもので、そこでは二二年前の貞治二年分とくらべて、長房郷・谷慈郷・大谷村等の天野氏支配地域が消失して、新しく多摩の横山地域の由木郷（四貫五百文）と木切沢村（現日野市程久保・南

平、二貫七百文）が加わって、新荘分の年貢高は三四貫三五〇文となり、また初めて、この間の貞治六年（一三六七）に寄進されている本荘分の二〇貫文が加わっています。

以上の年貢関係文書から、船木田新荘の領域は八王子市（梅坪《うめつぼ》村・南河口郷・北河口郷・長房《ながふさ》郷・由比《ゆい》郷・谷慈《やじ》郷・中野郷・大谷《おおや》村・宇津木《うつぎ》郷内青木村・横河《よこかわ》郷・大塚郷・由木郷）および日野市（豊田郷・平山郷・木切沢村）の、浅川・川口川・谷地《やじ》川・大栗川沿いの一帯の範囲にわたっていたものと知られます。なおここでの由木郷は、江戸時代の上柚木村・下柚木村の区域と考えるべきでしょう。

一方の船木田本荘は二〇貫文の年貢を納める広さを持った地域であったわけですが、この文書からは郷村の名を知ることができません。永原慶二氏によれば、鎌倉時代の米の収穫量は反（三六〇歩）あたり一石程度で、年貢は反当三斗から五斗前後といわれます。そして米の石と銭の貫との関係については、寛喜《かんぎ》二年（一二三〇）に朝廷が一貫文＝一石と定めています。この前提で年貢を産出するに必要な田の面積を計算すると、一貫文分は二～三反歩となり、本荘分の二〇貫文は四～六町歩で生産できる勘定になります。しかし年貢以外にも地頭の取り分等もあり、実際の荘園領地ははるかに広大であったでしょう。しかも地頭請の形ですから、船木田本荘といっても明確な領域が画定されていたわけではなく、当初は横山氏の本拠とするいわゆる横山荘と明確に区別する必要はなかったのだと考えられます。しかし

図５　八王子市域の旧市町村と横山荘、船木田本・新荘の郷村

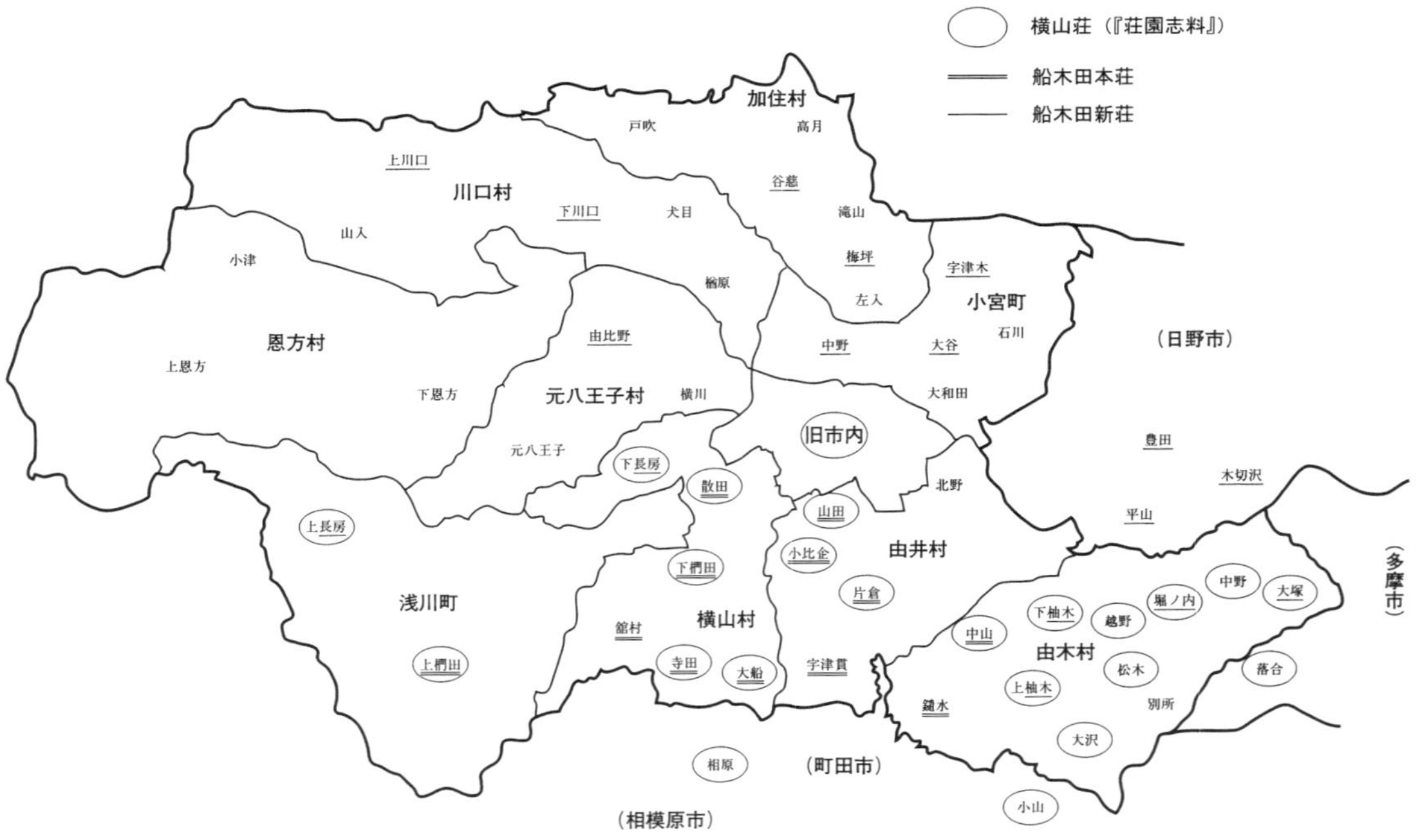

横山荘の中にも船木田新荘とされていた地域もたくさんあるわけですから、それらと区別して船木田本荘の地域を特定する試みも必要と考えて、それを図に示してみました（図5）。なお小比企郷については、応永二三年（一四一六）の五日市岩走明神社蔵大般若経奥書に「横山船木田新荘小比企郷」と記されている由（『日野市史・通史編二（上）』ですが、小比企の地はむしろ横山氏本拠地の一部であり奥書は誤記であろうと考えられます。

ところで、東福寺文書至徳二年の「武蔵船木田庄勘定状」の後半には、合計五四貫三五〇文のこの年の年貢の分配先が、次のように記されています。

寺納分　一五貫六〇〇文
五貫文　管領進物《かんれいしんもつ》
三貫文　梶原方一献料《かじわらがたいっこんりょう》
五貫文　守護代《しゅごだい》方一献料
二貫文　大石大井介《おおいしおおいのすけ》方一献料
二貫文　芝宇弾正《しばうだんじょう》方一献料
一貫文　小河原《おがわら》方一献料
二六貫文　国雑用文《くにのざつようもん》
以上　五九貫六〇〇文

不足　五貫二五〇文

つまり収納された年貢の三割弱が領主の東福寺に納められ、一割弱が関東管領《かんとうかんれい》の上杉憲方《うえすぎのりかた》に届けられています。また梶原方とは、鎌倉幕府で頼朝に重用された末に失脚した梶原景時《かじわらのかげとき》の末裔達と考えられます。景時の妻は横山氏の④孝兼の娘で、元八王子地区には景時の館跡といわれるものがありますから、その子孫も船木田荘の年貢の分け前を受け取るような立場にあったのでしょう。一献料とは文字どおり酒代で酒宴を行うための費用ですが、荘園の存立運営を保証するというような、地域の実力者に対する名目的な献金と考えられます。守護代とは、古代の武蔵守が鎌倉・室町時代に軍事・行政官として名を変えた武蔵守護《むさしのしゅご》の代務者で、当時は木曽義仲《きそよしなか》の末裔とされる大石憲重《おおいしのりしげ》（聖顕《せいけん》とも）でした。大石氏は由木の里にも関係が深く、のちに「殿《との》ヶ谷戸《やと》の昔語り」でもふれる予定です。大石大井介は大石大炊助《おおいのすけ》の異表記で、守護代の一族と考えられ、この二〇年後に武州足立郡に妙楽寺《みょうらくじ》を建立しています。芝宇弾正と小河原については不明です。また国雑用文とは荘園の現地での必要経費で、代官の所得分なども含みました。

この配分表が示していることは、当時の船木田荘の年貢の取り立ては武蔵守護が請け負っていたという、守護請《しゅごう》けの実態でしょう。管領の上杉憲方は武蔵守護を兼ねており、守護代の大石氏等と合わせれば、領主である東福寺の取り分を上廻る年貢を、現地の支配者達が分け取りしていたということになります。それは荘園という土地と百姓を基盤として経済価値を生産する仕組みが、何重にもわたる権力の階層に対して収益の分け前を上納させられていたという中世的な状況で、本家である荘園領主は権威だけを保ちながら、実質的な支配・収益は現地まかせになっていたということでした。その傾向はこれ以後もますます進んで、船木田荘は室町時代の一五世紀には消滅したと考えられています。

船木田荘の名前について

船木田荘の名前については、領内に船木田という地名は伝えられていないので、仁平四年以前に船木田本荘が立荘されたときに、地域の特性をふまえて寄進者側でこのように命名され、それが本家である摂関家でも用いられていたものと考えられます。本荘の年貢の内容は南北朝時代まで不明ですが、通常の年貢としては、古代には稲束として納められ、次第に脱《だっ》穀《こく》した米（単位は石・斗・升・合）になり、さらに銭の流通に伴って銭納（貫・文）へといった推移をたどります。米以外の生産物ももちろん年貢とされますが、これは領主まで送り届ける運搬手段がないと実現しません。なお、またまた余談となりますが、天皇から賜った旅費が稲束であったという例を一つ紹介したいと思います。小野篁と一緒に天長一〇年（八三三）に同じ東宮博士《とうぐうはかせ》に任じられた春澄善縄《はるずみよしただ》の長女に春澄高子《たかいこ》がおり、清和・陽成・光孝・宇多・醍醐五代の天皇の後宮に仕えて、内侍司《ないしのつかさ》の次官である典侍《ないしのすけ》となり、最後には父親と同じ従三位にのぼっています。彼女が従五位上掌侍《ないしのじょう》（三等官）であった貞観一五年（八七三）九月、先年に没した父の家督を継いで郷里の伊勢国猪名部《いなべ》氏の氏神に奉幣《ほうへい》の旅に立つ際に、清和天皇の勅によって「稲一千五百束」を賜ったことが『三代実録』に記録されています。この時春澄高子の名前であった彼女は後に春澄洽子《あまねいこ》と名前を変えていますが、それは元慶《がんぎょう》元年（八七七）にかの清和天皇女御の藤原高子《たかいこ》が、息子の陽成天皇の即位に伴って皇太夫人となった際に、同名をはばかって改名したものと考えられます。それにしても一五〇〇個もの稲束を彼女はどのような形で実際の旅費として支出したのか、この時代には和同開珎《わどうかいちん》にはじまる皇朝十二銭は九番目の貞観永宝《じょうがんえいほう》まで発行されているのですが、当時の経済活動の実態が不思議に思われます。

　船木田本荘と想定される地域は多摩の横山の一帯ですが、そこは標高の低い山林と平地が入りまじり、山林部にくい込む谷々から多くの川が流れ出して谷戸を作っています。南浅川の支流には案内川・初沢川、その下流の浅川の支流には山田川・湯殿川があり、湯殿川にはさらに殿入川・寺田川・大船《おおふね》川・兵衛《ひょうえ》川が流れ込んでいます。古代にこの地に住みついた人々は、これらの川沿いに谷戸田《やとだ》を開発して稲作を定着させていったわけでした。

　そのような谷戸田の特性として八王子市史編さん専門委員の春日祐美《かすがゆみ》氏は、古くは稲の苗を田に植えるのではなくて直播《じかまき》する「摘田《つみだ》」が一般的な農法であったとして、大人のヘソまで埋まるような深いドブッ田では、松や杉の丸太を埋めてその上に乗って田植えをしたという伝承を報告しています（『稲荷山通信一〇号』二〇一〇）。そもそも荘園時代の水田はおもに湿田であったと考えられており、小河川によって形成された谷の低地や丘陵のへりに水田があるのが通例で、谷戸のドブッ田の中には渡《わた》り木《ぎ》という丸太を田の中に入れて、その上を歩いて作業をしており、深いドブ田では田舟《たぶね》（板舟）も用いられて、稲苗や肥料・刈り穂などを運び、農民もこれに乗って農作業をしました（山本隆志「荘園制下の生産と分業」『講座日本荘園史三・荘園の構造』吉川弘文館・二〇〇三、高島緑雄『関東中世水田の研究』日本経済評論社・一九九七、小川直之『摘田稲作の民俗学的研究』岩田書院・一九九五など）。

白山神社埋経より五〇年前の長治三年（一一〇六）頃に成立した『堀河院御時百首和歌集《ほりかわいんおんときごう》』の「夏部」には、和田合戦後に横山庄を領有する大江広元の曽祖父で、江中納言とも呼ばれた漢学者の大江匡房《おおえのまさふさ》（一〇四一―一一一一）の詠んだ、「早苗《さなえ》取る深田に渡す板舟の　降り立つ事のさも難《かた》きかな」という和歌があり、農民がこれに乗って農作業をしていた様が歌われています。

清水睦敬氏が横山党居館の地とする館《たて》町は湯殿川と殿入川にはさまれており、その東方の寺田川一帯が寺田、さらに東部の支流大船川の源流地には大船《おおふね》があります。『新編武蔵風土記稿』は大船村の名前の起こりとして、「昔片倉村に大江備中守師親《もろちか》が居城ありし頃、ここの辺はなべて沼なれば、便宜のために舟橋を造りしよりの名なり、近村椚田村の小名《こな》に船橋と云所あるも、その遺名なるべしと土人等いへり」と記しています。大江（長井）氏のこの地方の支配は横山氏滅亡の和田合戦（一二一三）以後のことですが、この記録はこの地がかつての横山荘の地であることを証明すると同時に、かつての船木田本荘の地である横山荘内の谷戸田の状況を証言してくれています。

八王子市の民俗研究者佐藤広氏は、この大船の明治二八年（一八九五）生まれの農民からの聞き書きとして、大船では大正の初め以前は全域が摘田で中には腰までつかる深田があり、松丸太を渡して稲刈りなどの渡り木とし、木の枝元を藤で編んだフネ（舟）に刈り取った稲を乗せて運んだという話を記録しています（『桑都民俗・五』一九九一）。ここではまさに船と木が、沼地を稲作りの田に変えていたわけでした。このような状況は船木田新荘であった北方の長房郷でもみられ、そこには船田《ふねだ》遺跡や船田川に加え、船田山、船田丘陵の名まで残されています。

「船木田荘」の名前は、この地域の人々が耕作して年貢を納めなければならない沼地のような田圃を、日常農作業の実感から船田《ふねだ》ないし船木田《ふねぎだ》と呼びならわしており、この地が横山氏などの地頭から荘園として摂関家に献じられた際に、荘の名前としてそのまま定まったに違いないと考えられます。のちに皇嘉門院はこの名を「ふなきた」と書きましたが、現地では「ふねぎだ」と呼んでいたのであろうと考えられます。それは『日本書紀』に天神の言葉として記される「豊葦原千五百秋瑞穂之地《とよあしはらのちいほあきのみずほのくに》」といわれた、葦の茂る沼地を開拓して瑞穂《みずほ》の稲田をひろめた太古以来の、わが国の水田稲作の特性を示した重要な意義を持つ名称であり、領主・地頭らの支配者の対極に、泥まみれになって生活の糧と年貢を生む稲田を耕作した多摩の農民の辛労を包蔵した、歴史の証言でもあったと考えられます。

『日野市史通史編二』（一九九四年）では船木田荘の名前について、「船木」とは船の材料となる樹木で、「田」は「地・所」と同義に使われ、「船木田」は「船木を産する地（所）」の意味であろうとして、船木田荘内の木切沢村《きぎりざわむら》が良材を産し、村内に木工（番匠《ばんしょう》）を意味する「ばんしょうがやと」という小字《こあざ》があると指摘し、「古代では船木を切り倒し山中で船が造られ、川や海に運び下ろされた」と述べています。『八王子・日野の歴史』（郷土出版社・二〇〇七）もまた、「船木田庄の名称は、船木、すなわち船材にする良質な材木を生産するところから名づけられた」として、それは「京都の荘園領主摂関家が名づけたものであろう」と記しています。

しかし、東福寺文書をみても木切沢村の名がみえてくるのは、延文《えんぶん》六年（一三六一）・貞治《じょうじ》元年（一三六二）・貞治《じょうじ》二年（一三六三）・至徳《しとく》二年（一三八五）と船木田荘内の郷村名が記されているうち、最後の至徳二年の新荘分の中で、明らかに守護の権威によって最後参の郷村の一つとして加えられたものです。それより二三一年前の仁平四年の白山神社埋経奥書に「船木田御庄」と明記され、それ以前に摂関家領として立荘されているからには、この「木切沢村」が荘の名前の由来とされることはまったくありえないことで、時間の絶対的な不可逆性を無視して、正しい歴史認識が成り立つわけはありません。

木切沢村については、『新編武蔵風土記稿』多摩郡小宮領平《たいら》村の項に、村内の「小名《こな》木伐沢《ききりざわ》」として次のような文が載っています。

村の西の方《かた》にあり、高幡村不動の縁起によれば、昔平山武者所季重《ひらやまむしゃどころすえしげ》が不動堂を再建せしとき、ここにて木を伐りしゆえ、のち其地の名となれりといえり、不動縁起には木切沢村とあり。

西党の武蔵武士平山季重の生没年は不詳ですが、『平家物語』によれば寿永《じゅえい》四年（一一八四）の平家追討の一の谷の戦で、熊谷直実《くまがいなおざね》（一一四一―一二〇八）とともに先陣として平家の陣に攻め入り、「保元平治《ほうげんへいじ》両度の合戦《かっせん》に先がけたりし武蔵国の住人、平山武者所季重」と名乗ったといいます。この時四四歳の熊谷直実も、一九歳の時に平治の乱に加わっていますが、その三年前の保元の乱に季重が参加していたのであれば、彼は直実と同年かすこし年長とみていいでしょう。そして季重が高幡不動堂を再建していたとすれば、それは源平の合戦も終わり、さらに源義経《みなもとのよしつね》が奥州で藤原泰衡《ふじわらやすひら》に殺され、その泰衡を頼朝が滅ぼした文治《ぶんじ》五年（一一八九）の奥州追討《おうしゅうついとう》より以後の、動乱がひとまず治まった時代であったのではないでしょうか。あきるの市の大悲願寺《だいひがんじ》も源頼朝の命をうけて、平山季重が建久《けんきゅう》二年（一一九一）に創建したと伝えています。木切沢村の名が生まれたのがそのころ以後であったとすれば、それは白山神社の埋経より三五年以上あとの時代であったことになります。

『日野市史・通史編二』はまた、船木田庄は林業荘園であったとして、「多摩丘陵の材木は船材として優れており、またその用材は同時に寺社や邸宅の建築用材として需要が多かったので、浅川・多摩川の水運によって武蔵各地に運ばれたものと思われる。船木田庄はまさに林業荘園として立荘され、その特質を持って荘名としたのであろう（七九頁）」と述べています。しかし広大な船木田本・新荘の中で、最後参の木切沢村の年貢高はわずか5％の二貫七百文にすぎません。時代からみても、その規模からみても、ここが船木田荘の性格や荘名を決定できる存在であったと考えることはできません。木切沢村で生産した程度の材木は、多摩の横山のどこの山林でも産出できたはずで、同書が挙げている高幡不動堂の暦応《りゃくおう》二年（一三三九）の再建時に用いられたという古材も、『武蔵名勝図会』によれば「柱はみな松の丸太造りなり」ということでした。真水に朽ち難い船材として同書が挙げている槙《まき》や楠《くすのき》などは、この地方の自然山林ではほとんど見ることができないのです。

さきに丹波《たんば》国（京都府京北町）弓削荘の杣年貢《そまねんぐ》が領主である京都嵐山の天龍寺へ貢納された年貢目録に、「七・八寸の木二百本、杉丸太二千本」とある例を記しましたが、これができたのは山深い弓削荘から嵐山の天龍寺まで、上流部は大堰川《おおいかわ》・下流部は保津川《ほつかわ》と呼ばれる一本の水路で結ばれていたからと考えられます。船木田荘が本当に林業荘園であったのなら、はるか東国の武蔵国多摩郡から、摂関家なり東福寺なりの京都まで、重たい材木を誰がどうやって運べるというのでしょうか。至徳二年の「年貢算用状」に書かれている運送費とみえる「夫賃」は、ただの二貫六百文です。

『日野市史』は歴史の現実としてはまったく成り立たない論を立てていたわけですが、今までこれがほぼ通説として受けとめられていたようで、著者も愛用している山川出版社の『日本史広辞典』（一九九七）は、船木田荘についてこの論に沿った説明を載せています。著者は八年前の本書の初版以来、上来の趣旨で船木田荘の性格と名称についての考えを述べ、さらに七年前の二〇一四年八月には『多摩のあゆみ』一五五号に同趣旨の「船木田考」を寄せ、進行中の新八王子市史の編さんに参照されることを願って、その事務局にも何冊か送り届けました。

驚いたことに、『日野市史』の論は『新八王子市史』にもそのまま受け継がれ、船木田荘を林業荘園と解して、「荘域内には川口川や湯殿川などが流れており、産出した材木の搬出手段として活用されていた可能性もある（通史編2・二八頁）」などと述べています。川口川や湯殿川は浅川に合流し、さらに多摩川を経て東京湾に注いでいます。しかしその先の京都まで誰がどうして重い材木を運ぶのか、問題はそこにあるはずです。一言でいえばその不見識、そして著者の著作はともかく、五〇年前に刊行されて麻や絹の年貢を記録している旧『八王子市史』にすら目を通している気配も見られない、研究者としておよそ考えられない怠慢に、ただただ驚くばかりです。かけ替えのない郷土の歴史の真実を、正しく見つめて後世に伝えるいっそうの努力を、関係者には強く望みたいと思います。

5、別所蓮生寺《れんしょうじ》

頼朝安産の祈祷僧円浄房

鎌倉幕府の歴史を記録した『吾妻鏡《あずまかがみ》』の中に別所地区の蓮生寺を開創した円浄房の話が出ていることは、『新編武蔵風土記稿《しんぺんむさしふどきこう》』にも紹介されてよく知られていますが、それは中山地区の白山神社出土の経筒《きょうづつ》によって、平安時代末期、そこに船木田荘《ふなきだのしょう》内の長隆寺《ちょうりゅうじ》が存在していたことが示されたことともに、由木の古代にさかのぼる希少な文献資料として、極めて重要な意味があると考えられます。『吾妻鏡』の記事は、幕府が開設される三年前の寿永《じゅえい》元年

（一一八二）四月二〇日のもので、円浄房が源頼朝《みなもとのよりとも》に召し出されて鎌倉の営中《えいちゅう》（軍営の本部）に参上し、祈祷に励んだ功績によって寺に田畑を寄付されたというものですが、その出来事の意味については、前後の事情の中で理解する必要があります。

頼朝（一一四七―九九）は久安《きゅうあん》三年に源氏の棟梁源義朝《とうりょうみなもとのよしとも》（一一二三―六〇）を父とし、尾張の熱田神宮《あつたじんぐう》の大宮司《だいぐうじ》藤原氏の娘を母として生まれています。父の義朝は鎌倉を本拠に勢力を拡大して上京し、仁平《にんぴょう》三年（一一五三）に従五位下《じゅごいげ》・下野守《しもつけのかみ》に任じられ、翌四年に父為義《ためよし》から家督《かとく》を継ぎます。頼朝が生まれたのはこの間の義朝二五歳の時で、左衛門尉《さえもんのじょう》から翌年には検非違使《けびいし》に任じられる父為義のもとで、おそらく平安京南郊の鳥羽上皇《とばじょうこう》の御所《ごしょ》、鳥羽殿《とばどの》の北面《ほくめん》の武士《ぶし》（上皇の身辺警固の武士）として仕えていたとも考えられます。そして頼朝が生まれる前に母が着けた岩田帯《いわたおび》に安産の祈祷をしたのが、ほかならぬ円浄房であったわけです。蓮生寺もはじめは天台宗《てんだいしゅう》であったといいますから、円浄房は比叡山延暦寺《ひえいざんえんりゃくじ》か三井寺《みいでら》系統の天台僧であったのでしょう。

『吾妻鏡』によれば、寿永元年の三月九日には頼朝の妻政子《まさこ》の着帯《ちゃくたい》が行われ、千葉常胤《ちばつねたね》が献上した岩田帯《いわたおび》を頼朝が結んだとあります。そして同じ一五日には、由比《ゆい》が浜から鶴岡《つるがおか》八幡宮までの道が曲がりくねっていたのを、政子の安産のため頼朝がみずから命令して、政子の父北条時政《ほうじょうときまさ》らに土石を運ばせてまっすぐにさせたとあります。そのような状況の中で、四月二〇日の円浄房の記事が出てくるということでした。

そこでは、頼朝に召し出されて多摩の山中から鎌倉の営に参上した円浄房は、丹誠をこめて政子の安産を祈り、その祈祷が続く間は営中に侍《はべ》っていました。この僧はかつて頼朝が母の胎内にあった昔も、護持僧《ごしそう》として母の御帯に祈祷を加持《かじ》した者であったとされています。頼朝が生まれて一二年後の平治《へいじ》の乱《らん》（一一五九）では、父の義朝は平清盛勢に破れて頼朝も伊豆に流され、翌年には義朝は尾張で殺されるという激動がありますが、その乱の後に円浄房は京を出て武蔵国に来て、蓮生寺を草創してそこに住んでいたと記されています。そして『吾妻鏡』は頼朝がその昔の円浄房の功績と、今回のねんごろな祈祷の勤めを多として、田五町と桑畑五町を蓮生寺に「未来際《みらいざい》の限り（永久に）」寄付したと記しています。そしてこの記事から考えれば、円浄房が蓮生寺を開創したのは平治元年（一一五九）から寿永元年（一一八二）の間ということになります。

なお円浄房の祈祷の効果があったということか、一二六歳の政子は四か月後の八月一二日に、第二代将軍となる嫡男の頼家《よりいえ》を無事出産しますが、その前後の様子も『吾妻鏡』によればなかなか大変だったようです。前日の晩になって御台所《みだいどころ》（政子）に出産の気配があったので、頼朝は政子のいる建物にやってきて、また多くの人達が群集します。在国《ざいこく》の御家人《ごけにん》等もその以前から多く参上しており、安産の祈祷のための奉幣使《ほうへいし》を箱根の伊豆山権現《いずさんごんげん》・相模一宮《さがみいちのみや》の寒川《さむかわ》神社・武蔵六所宮《ろくしょぐう》の大國魂《おおくにたま》神社・常陸《ひたち》の鹿島神宮《かしまじんぐう》・下総《しもうさ》の香取神宮《かとりじんぐう》など一〇社に遣《つか》わしています。そして一二日の午後六時頃に政子は男子を出産しますが、これには験者《げんざ》（念力のある修験者）・阿闍梨《あじゃり》（密教の高僧）などが侍り、弓弦《ゆんづる》を引き鳴らして悪霊《あくりょう》を払う鳴弦役《めいげんやく》も三人いました。一三日には若君の誕生を祝って、畠山重忠《はたけやましげただ》・和田義盛《わだよしもり》・横山時兼等が御護刀《おまもりがたな》を献上し、その他の御家人が御馬を献上すること二〇〇匹におよび、これらは鶴岡八幡宮をはじめとする諸社に神馬《しんめ》として奉納されたといいます。

平安京の天台僧であったと考えられる円浄房が、平治の乱後にどうして由木の別所谷に来て蓮生寺（口絵20）を開くことになったのかは、まったく不明です。頼朝出生の際に爲義の妻の安産のため祈祷した時に、かりに彼は三〇歳であったとすれば、平治の乱の時は四二歳で、寿永元年に頼朝に招かれて鎌倉におもむいた時は六五歳の高齢です。彼が京を去って東国に来たのは、おそらく四〇歳代のことでしょう。その当時の都の周辺では、平家一門が次第に天下を我物顔に権勢を振るうようになっていく一方、仏教界では天台宗の延暦寺と三井寺（園城寺《おんじょうじ》）に、奈良法相宗《ほっそうしゅう》の興福寺《こうふくじ》が三つどもえとなって、互いに僧兵を繰り出すなどして激しい勢力争いを続けていきます。円浄房はそのような醜い僧俗の世界から離れようとしたのではないかということが、まず考えられます。加えて、蓮生寺の薬師堂にまつわる伝説などに、この寺と町田市小山田《おやまだ》に本拠を持った鎌倉武士小山田氏との関係が語られることがあります。

その伝説は、円浄房の時代より一五〇年以上も後の南北朝時代の話になりますが、延元《えんげん》元年（一三三六）に北朝方《ほくちょうがた》の足利尊氏《あしかがたかうじ》が兵庫の湊川《みなとがわ》で南朝方《なんちょうがた》の新田義貞《にったよしさだ》・楠木正成《くすのきまさしげ》を破った戦で、義貞の身代わりとなって討死した小山田高家《おやまだたかいえ》の夫人浄瑠璃姫《じょうるりひめ》が、一族・家臣の離散する中で、持仏の薬師像を持って別所の地に逃れ山中の長池《ながいけ》に入水《じゅすい》して果て、翌年にその仏像を蓮生寺の僧が池からとり上げて薬師堂を建てて安置したというものです。しかもその仏像はもと相模湾の大磯の海中から漁師がとり上げたものが、姫の実家に伝わって父から与えられたものとされています。しかし薬師堂の本尊は次にみるように平安時代末に制作された等身大の木像ですから、この説話は信仰上の創話とみるほかありませんが、そこに小山田氏とのつながりが説かれていることには、何等かの理由があったように感じられます。

小山田氏は桓武平氏《かんむへいし》の名門秩父氏《ちちぶし》の流れで、平安時代末期に武蔵国多摩郡の小山田荘に城を構えた小山田別当有重《おやまだべっとうありしげ》を祖としています。その城跡はいまは大泉寺《だいせんじ》境内となっていますが、有重は保元・平治の乱で源義朝に従い、その後、鎌倉御家人《ごけにん》となった人物とされていますす。保元の乱（一一五六）では平清盛とともに勝者となり、平治の乱（一一五九）では清盛に敗れた義朝を介して、円浄房が有重と接触することがあったかもしれません。また有重の母は横山氏の④孝兼の娘で祖母もまた同③経兼の娘という、近郷の横山氏とは二重の姻戚関

秩父・小山田・横山氏

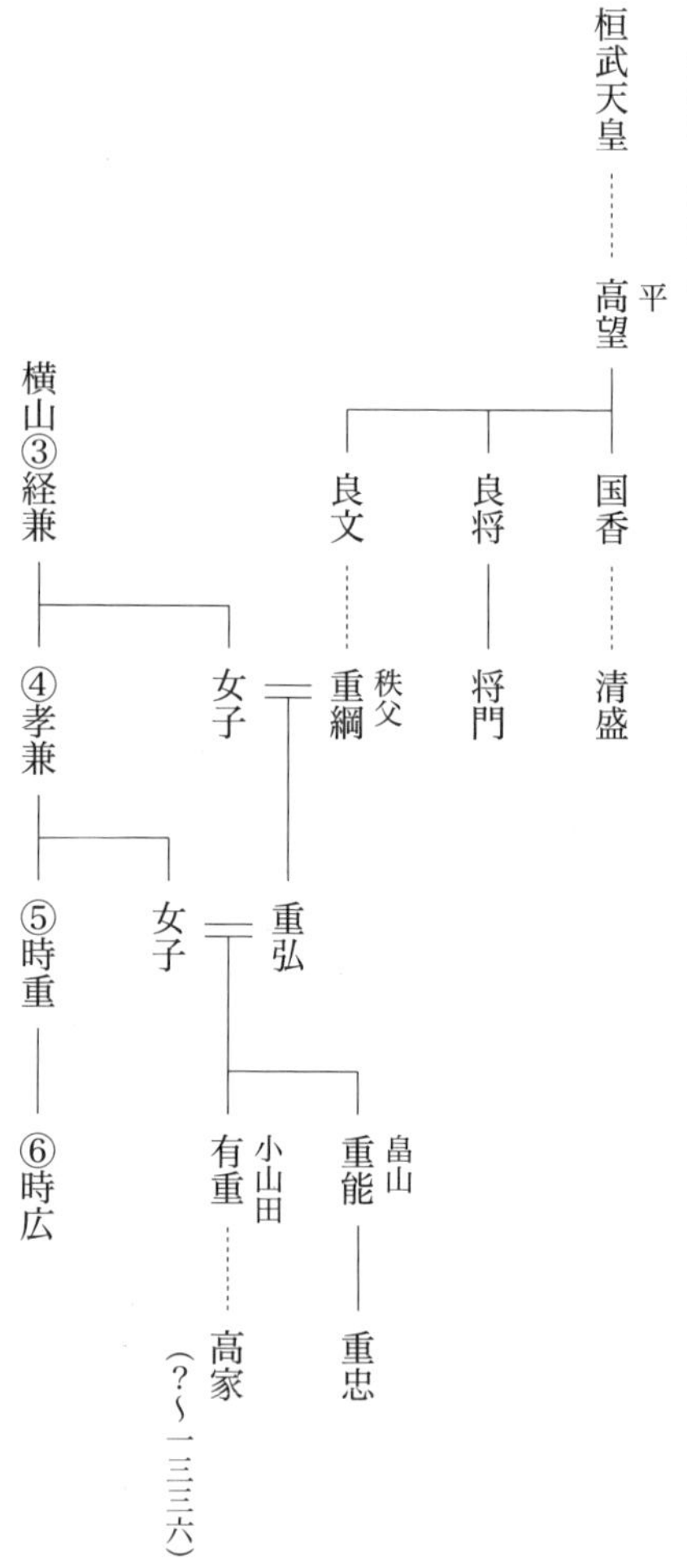

係にあります。円浄房の蓮生寺開創については、この小山田氏または横山氏の支援と承認があったとみていいのではないでしょうか。小山田城趾である大泉寺の位置は、蓮生寺の南東二・五キロの近くにあたります。

平治の乱より五年前の仁平《にんぺい》四年（一一五四）には、蓮生寺より西北西三・五キロの地にある船木田荘内長隆寺《ちょうりゅうじ》の『法華経』埋納が行われ、これには弁智《べんち》・忠尊《ちゅうそん》・蓮意《れんに》・有阿《ゆうあ》・順応《じゅんのう》等の僧侶がかかわっていました。中心となった勧進僧《かんじんそう》の弁智は、比叡山延暦寺西塔《さいとう》の武蔵坊弁慶《むさしぼうべんけい》の結縁者《けちえんじゃ》と伝えられていましたが、京にかかわりのある同じ天台僧がごく近い多摩の山中に共通した足跡を残しているということは、弁智と円浄房との間にはなんらかの交渉があったであろうことを想像させますが、具体的なことはまったく不明です。ただ円浄房は、横山氏に支援された天台宗長隆寺とは別個の天台寺を、そのすこし後の時代に小山田氏の勢力圏に近い由木の別所谷に開創し、前者が現在は廃寺となって姿を失っているのに対して、蓮生寺は戦国時代に曹洞宗に変わって現在も継承されているということだけは、明らかな歴史的事実といえるでしょう。

別所

『新編武蔵風土記稿』は江戸時代の別所村の名前について、「薬師堂のある処《ところ》を多く別所と号す…当村も蓮生寺に古き薬師堂あり、故にこの村名起りしならん」と述べています。しかしふつう別所とは、「本寺を離れた僧や聖《ひじり》が居住した草庵《そうあん》やその集落の地域」を指した言葉で、そこは租税や課役が免除されたのでそのように呼ばれたとされています。歴史的には、平安時代末の一一世紀前半に現れ、鎌倉時代の一三世紀には史料上は姿を消すといわれますが、蓮生寺はまさにその期間に創建されています。この旧別所村の名前はおそらく、円浄房が寿永元年（一一八二）に頼朝から一〇町歩の田畑を「未来際の限り」寄進されたことによって、鎌倉時代には寺の周辺は年貢《ねんぐ》等の賦課《ふか》を免除されていたという事情から、自然に地区の名称として定着したものではないかと推察されます。この地区も由木郷の一部として、当時は京都の荘園領主が支配する船木田新荘に含まれていましたので、領主は直前の治承《じしょう》四年（一一八〇）に崇徳天皇《すとくてんのう》皇后であった皇嘉門院《こうかもんいん》から、甥の九条良通に変わっていましたが、現地で年貢の取り立てや管理に当たる下司《げし》・地頭《じとう》（あるいは西党から分かれた由木氏であったかもしれない）に対して、頼朝から保証された蓮生寺の寺領が年貢の除外地であることをはっきりさせる必要があったはずです。

頼朝が蓮生寺に田五町歩とともに、桑畑五町歩を寄進したと記録されていることも、珍しい情報と思われます。鎌倉時代から南北朝時代にかけての一四世紀前半の記録に、多摩川下流域の稲毛荘《いなげのしょう》の年貢に絹が見えるのに対して、船木田荘の年貢は麻布であったともいわれますが（旧『八王子市史下巻』一九六七）、それより一七〇年前の『吾妻鏡』の記事からは、その時代にすでにこの地域で養蚕が行われ、絹の糸・布の生産も行われていたと考えるべきでしょう。その産物は国や領主に貢上するものではないはずで、寺の維持に用いられていたということになります。

蓮生寺の仏たち

『新編武蔵風土記稿』が蓮生寺について記していることは、境内の薬師堂の仁王門《におうもん》の力士像《りきしぞう》を江戸時代の寛永《かんえい》一三年（一六三六）に松木村の小田源太左衛門尉周定《おだげんたざえもんのじょうちかさだ》が寄進したということなど、総じて江戸時代末の所見にとどまっています。そこでは、蓮生寺は由木山と号し、昔は天台宗であったけれどもその後衰えて、天正《てんしょう》（一五七三―九二）の頃に永林寺《えいりんじ》第二世の恵鑑《えかん》（天正二年・一五七四没）が曹洞宗の寺として再興したとしています。本堂の本尊は毘盧舎那仏《びるしゃなぶつ》の木の坐像で高さは四尺五寸（一三五センチ）、曹洞宗改宗以前のものであるといいます。また薬師堂本尊の薬師如来《やくしにょらい》の木像は、その昔に村内の長池から出現したもので、霊験《れいげん》あらたかなので厨子《ずし》に収めてその戸張《とばり》を固くしめ、昔から住僧といえども直接目にすることはできないということです。薬師像の左右には十二神将《じゅうにしんしょう》の木像があって、六体は古来のものですが、他の六体は、天正一六年（一五八八）の火災で焼けた後で改作したものと記されています。

蓮生寺の薬師堂は平成六年（一九九四）に火難に遭い、古くから伝わった仏像ともども全焼してしまいました。その消えた仏像の貴重な記録が、昭和三六年（一九六一）に東京都教育委員会から出された『南多摩文化財総合調査報告1』に残されています。その中には薬師堂本尊の薬師如来像について、まず次のように報告されています。「この薬師如来像は薬師

写真28　蓮生寺薬師如来像

写真27　同頭部

（『南多摩文化財総合調査報告１』より）

堂本尊として永く秘められていたもので、風土記稿にもその由《よし》が記されている。このたび寺家《じけ》の理解によって調査することができたものである」。

その本尊薬師如来像は榧《かや》の一木造《いちぼくづくり》の立像で、高さは一メートル五七センチの等身大の木像でした。制作年代は平安時代末期にあたる一二世紀中葉（藤原期後期）で、地方で造られたものと考えられています（写真27・28）。金箔《きんぱく》や彩色《さいしき》などはなく、最初から白木《しらき》のままであったと確認されていますが、「一木造として太作《ふとづく》りな像身《ぞうしん》、相貌《そうぼう》豊かに、しかもその曲面・曲線に温秀《おんしゅう》の美しさを多分に蔵《ぞう》している」と、調査（彫刻）担当の丸尾彰三郎《まるおしょうざぶろう》氏は好意的に評価しています。この本尊に付随する十二神将像については、鎌倉時代に作られた像高一メートルほどの寄木造《よせぎづくり》で、地方作のもので「良作とし難い」と評価され、うち六体の頭部は後に補作《ほさく》されたものであると記されています。そして薬師堂仁王門の仁王像については、当時すでにすっかり解体されているとしながら、これを寄進した小田周定《おだちかさだ》の造立銘《ぞうりゅうめい》の拡大写真を載せています。

平成六年に焼失した仏像に関するこれらの調査記録、とくに秘仏とされ、南北朝時代の一四世紀に長池から出現したと説話されてきた本尊薬師如来像が、平安時代末期に制作された等身大の木造であり、その眷族《けんぞく》として祀《まつ》られた十二神将像が鎌倉時代制作のものであったという記述は、由木地域の歴史と仏教文化を再確認するうえでたいへん貴重な証言と考えられます。蓮生寺の薬師如来に関する説話は、信濃善光寺《ぜんこうじ》と台東区浅草寺《せんそうじ》の類似の縁起《えんぎ》がいずれも室町時代初期の応永《おうえい》年間（一三九四—一四二八）に作られていることからみても、それ以後の創作と考えられます。当時の住職はそのような仏像の真実を承知のうえで、村人の信心を高める方便として浄瑠璃姫《じょうるりひめ》の説話を創作し、円浄房の薬師仏を後住者にも見ることを禁じて、開山の菩提心を封印してしまったということでしょう。それは日本仏教にしばしば見られる非合理性の、一つの典型と考えられます。

『調査報告』のそのような価値は、焼失をまぬがれた本堂本尊の盧舎那仏像《るしゃなぶつぞう》の記録に関しても認めることができます。その本尊像は、像高八九センチの桧《ひのき》の寄木造《よせぎづく》り漆箔装《しっぱくそう》（漆《うるし》の上に金箔《きんぱく》をはる）の坐像で、右手は臂《ひじ》を曲げて手の平を前方に立てた施無畏印《せむいいん》の相を示し、左手は膝《ひざ》の前で五指を開いた如来相《にょらいそう》を示しています（口絵21）。制作年代は平安時代末期一二世紀の中頃で、中央様式、とくに仏師定朝《ぶっしじょうちょう》の作風にかなっている美作であると評価されています が、同時に「盧舎那仏とは珍しい名付けである」と、専門家らしい鋭い報告をしていま す。さらに『調査報告』は『吾妻鏡』の記事を紹介したうえで、「本像は円浄房が京都から東下《あずまくだ》りした縁によって、あるいは自ら奉じてとした方がよいが、将来《しょうらい》されたものではあるまいか」と推定しています。

さきの『吾妻鏡』の記述から考えても、『調査報告』の推定は的《まと》を射たものと思われます。おそらく延暦寺天台僧であった円浄房は、弟子または従者にこの盧舎那仏像や経典・仏具を運ばせて、この地に仏寺を開き、仏教を弘めるために京から下ってきたのでしょう。そして『調査報告』は仏像名として、「盧舎那仏とは珍しい」としていました。普通に毘盧舎那仏《びるしゃなぶつ》といわれる仏名の毘盧舎那とは、もとは太陽の意味で仏の智恵の広大無辺なことを示し、毘盧舎那仏は『華厳経《けごんきょう》』の教主として奈良東大寺の華厳宗をはじめ、天台宗・法相宗などで崇《あが》められており、真言密教では大日如来《だいにちにょらい》とされています。

天台宗ではこの大日如来の梵称《ぼんしょう》（サンスクリット語読み）である毘盧舎那《びるしゃな》（ヴァイロー

チャナ）仏《ぶつ》について、仏の三身《さんじん》（三つの身体の性質）と対応させて、三種の呼び方を区別しています。仏の真理を表す身相《しんそう》である法身《ほっしん》は毘盧舎那仏《びるしゃなぶつ》と呼び、仏が行《ぎょう》を積んで完全な功徳《くどく》をそなえた身相としての報身《ほうじん》は盧舎仏《るしゃぶつ》と呼び、衆生済度《しゅじょうさいど》のため状況に応じて姿を現す応身《おうじん》を盧舎那仏《るしゃなぶつ》と呼び分けているのです。円浄房がみずから持《も》ち来《きた》った本尊を応身の呼称である盧舎那仏と呼んでいたのなら、それはまさに彼の東国での衆生済度《しゅじょうさいど》の強い決意を表したものであったと考えられます。

（大日如来）
- 法身 ―― 毘盧舎那仏
- 報身 ―― 盧舎仏
- 応身 ―― 盧舎那仏

天台宗を開いた伝教大師最澄《でんぎょうだいしさいちょう》（七六七―八二二）は、二〇歳の頃に東大寺で受戒《じゅかい》して大僧《たいそう》の資格を得た後、ひとり比叡山に入って樹の下、石の上に住んで厳しい孤独な修行をしますが、その時に彼が誓った五つの誓願《せいがん》の第五は、「自分が修行によって得る功徳は自分だけが受けるのではなく、あまねく衆生にまわし向けて、みなことごとく無上《むじょう》の悟《さと》りを得るようにしたい」というものでした。これが大乗仏教としての天台宗の、いちばん大事な目標であったのです。世俗的な利欲に仏教界が毒された平安末期の時代にあっても、仏教の真実の目標に忠実であった僧はいたわけで、おそらく円浄房もその一人であったのでしょう。

『調査報告』によれば、いまは焼失した蓮生寺薬師堂の本尊薬師像が造られたのも、平安時代末期の一二世紀中葉のことで、その等身大の榧《かや》の一木造《いちぼくづく》りの仏像は地方制作の、技術的には素朴な仏像であったとされています。薬師如来は東方にあるという浄瑠璃国《じょうるりこく》の教主《きょうしゅ》で、一切衆生の諸病を除き、身心安楽《しんじんあんらく》にして無上《むじょう》の菩提《さとり》を開かせるという仏です。最澄は二二歳の延暦《えんりゃく》七年（七八八）に、みずから薬師仏像を刻んで比叡山中に小堂を建てて比叡山寺《ひえいさんじ》（一乗止観院《いちじょうしかんいん》）を創建し、これが後に延暦寺となっています。延暦寺の本堂である根本中堂《こんぽんちゅうどう》の本尊も薬師如来で、その前には現在でも不滅《ふめつ》の法灯《ほうとう》がともされ続けています。蓮生寺薬師堂の本尊薬師仏像も、その時代鑑定と作風からすれば、円浄房が最澄と同じくみずから榧《かや》の木材を刻んで、由木の里において造り出したものにちがいないと思われます。それは浄瑠璃姫の悲劇を創作して庶民の信仰を誘発するまでもなく、天台宗の大乗菩薩思想に立って造型された尊い仏像であったと考えられるのです。

天台宗には『法華経《ほけきょう》』や天台大師智顗《ちぎ》の『摩訶止観《まかしかん》』の教えなどによる顕教《けんぎょう》（明らかに説かれている仏の教え）の側面と、最澄や円仁《えんにん》が渡唐《ととう》して学んだ密教《みっきょう》（深遠で秘密の教え、加《か》持《じ》・祈祷《きとう》を用いる）の二つの側面があります。円浄房が頼朝の安産を祈祷したのは密教の側面で、蓮生寺本尊として彼が京から持ってきた盧舎那仏《るしゃなぶつ》は、天台では最澄が帰国後にこれを祀《まつ》って密教の修法《しほう》を行うなど、密教的な仏像とみられます。これに対して薬師如来《やくしにょらい》は顕教としての天台宗の中心とされる仏で、衆生済度のあらたかな功徳ある仏と信じられてきました。円浄房はこの二つの仏像を中心として蓮生寺の信仰世界を築き、船木田荘の一隅《いちぐう》からこの地域に仏教の利益《りやく》を弘めようとしたのだと考えられます。最澄はこのような菩提心《ぼだいしん》（道心《どうしん》）を国宝といい、それは一隅を照らす人であるといっています。その教えが、円浄房の心の中に強く受けとめられていたのではないでしょうか。

蓮生寺は現在は曹洞宗の寺となっていますが、その開祖の道元禅師《どうげんぜんじ》（一二〇〇―五三）もまた衆生済度《しゅしょうさいど》の菩提心を重んじて、「菩提心をおこすといふはおのれいまだわたらざるさきに、一切衆生をわたさんと発願《ほつがん》しいとなむなり（『正法眼蔵《しょうぼうげんぞう》』十二巻本「発菩提心」）」と、「自未得度先渡他《じみとくどせんどた》」の心を教えています。その菩提心こそ、宗派をこえて僧と寺に存在意義をもたらす根源というべきでしょう。八〇〇余年にわたって幾多の災難の中を護り伝えられてきた蓮生寺の二つの仏像のうち、薬師如来像は不幸にして最近の火難で失われてしまいましたが、円浄房がはるばる京から持ち来《きた》ったと考えられる盧舎那仏像は、幸いなことに現在も蓮生寺の本堂に安置されています。それは東京都の文化財に指定されていますが、由木地域だけでなく八王子市域全体としても、館町《たてまち》の龍見寺《りゅうけんじ》大日如来像と並んでもっとも古く、かつ由緒ある重要な文化財であることに間違いありません。

由木山蓮生寺談所《だんしょ》

蓮生寺の歴史に関して信頼できる史料としては、以上に述べたような開創の事情にふれる『吾妻鏡』の記事と、その時代に造立《ぞうりゅう》されたとみられる仏像についての調査記録、それに『風土記稿』の記載という程度でした。ところが『多摩市史　通史編』（一九九七年）の中にいま一つだけ、小さな情報を見つけることができました。それはもう古代は過ぎて中世もたけなわという時代ですが、鎌倉時代の末頃から多摩地方の天台宗の寺の中に、天台の教学を学ぶ場所として談所《だんしょ》・談義所《だんぎしょ》というものがいくつか設けられていたといいます。談所は僧徒の養成機関でもあり、檀林《だんりん》とも呼ばれ、関東天台本山とされた川越市の喜多院《きたいん》に置かれた仙波《せんば》談義所を中心に、関東には天台の十檀林が各地に設けられていたといわれます。

そして『多摩市史』が紹介しているのは府中市の定光寺《じょうこうじ》と由木山蓮生寺で、講じられていたのは天台三大部といわれる、六世紀中国の天台大師智顗《てんだいだいしちぎ》の著作である『法華玄義《ほっけげんぎ》』『法華文句《ほっけもんぐ》』『摩訶止観《まかしかん》』に関する入門書で、談所の開かれた時期は鎌倉時代末の文保《ぶんぽう》三年（一三一九）から、南北朝時代の観応《かんのう》三年（一三五二）にわたっています。由木山蓮生寺で

『法華文句抄《ほっけもんぐしょう》』が開かれた記録がみえるのは観応二年（一三五一）六月からで、テキストは『法華文句抄』が用いられました。この書名は『仏書解説大辞典』にも見つかりませんので、おそらく研修用に抄録《しょうろく》された教科書であったと思われます。蓮生寺での談義はこのテキストの「巻二」から始まっていますが、同じテキストの「巻十」から始まる談義が翌年閏《うるう》月の二月から定光寺で行われていますので、両寺では連携して同じ談義を分担していたのかとも思われます。

この事例を紹介した『多摩市史』はこの項の終わりで、「この定光寺や蓮生寺は、天台宗の教学センターとして中世多摩川中流域における宗教世界の中核を構成していたのであろう」と述べています。定光寺はもと府中競馬場の地にあった天台寺院で、現在は府中市矢崎町にある臨済宗常光寺の前身とされますが、その旧寺の経塚から出土した経筒には中山長隆寺埋経より一三年後の、仁安《にんあん》二年（一一六七）の記銘が確認されています。

発掘された蓮生寺の古代

昭和六一年（一九八六）に多摩ニュータウンの区画整理事業のため、蓮生寺前面の七、〇〇〇平方メートルの区域がNo.692遺跡として発掘調査され、その結果が『多摩ニュータウン遺跡調査報告』第九集の中に報告されています。それによれば、蓮生寺前面の傾斜地を二段に掘り下げて平面が作られており、そこでおよそ二〇〇年の期間にわたる一七棟の建物跡が発掘されたといいます。その年代については、出土した舶載《はくさい》（輸入）陶磁器・国産陶器などの年代比定《ねんだいひてい》をもとに、平安時代後期の一二世紀第三四半期《しはんき》（一一五一―七五）を中心に、南北朝時代の一四世紀前半までにわたっているとされています。建物跡はいずれも掘立柱式《ほったてばしらしき》で屋根瓦の出土はなく、板葺《いたぶき》か桧皮《ひわだ》ないし茅葺《かやぶき》であったと推定されています。そしてこれらの遺構のうち早期に属するものは、あたかも『吾妻鏡』に記録された平治の乱（一一五九）の後に、円浄房がここに蓮生寺を創建したという伝承と相応していると結論されています。その当初の大形建物の規模は、縦（梁行《はりゆき》）の柱間が二間《けん》に横（桁行《けたゆき》）が六間《けん》あり、その外側には四方に廂《ひさし》（縁《えん》）をめぐらしてあります。初期はこの建物一棟だけのようですが、時代が下るとともにこの形式の中心建物のほかに、大形・小形の建物や倉庫が増えてくるとされています。

日野市教育委員会の清野利明《きよのとしあき》氏によれば、蓮生寺の裏山の平場《ひらば》では明治時代から一四世紀前半の古い屋根瓦が発見されており、No.692遺跡の南西の地からも、一三世紀中頃の鎌倉時代の瓦がまとまって出土するといわれます（「日野の遺跡こぼれ話」二〇〇一）。

そして清野氏はNo.692遺跡は初期の蓮生寺であり、一四世紀前半以降に後方上段にあたる現蓮生寺に建物群が移ったと考察しています（「源氏ゆかりの蓮生寺と中世瓦」『幻の真慈悲寺を追う』日野市郷土資料館、二〇〇七、図5）。蓮生寺の鬼頭英彬《きとうひであき》住職のお話では、現在は

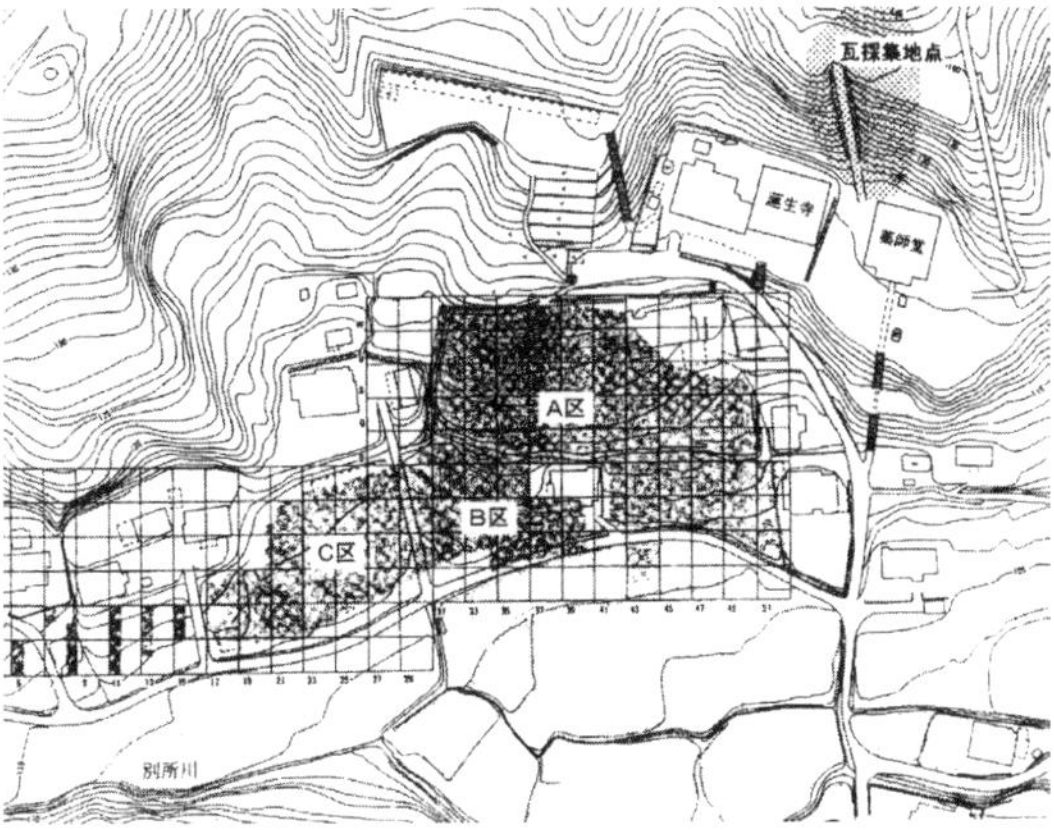

図６　№692遺跡と蓮生寺

平地にある別所地区の日枝神社はもとは蓮生寺の裏山にあったもので、寺の創建時に円浄房が寺の守護神として勧請したのではなかろうかといわれます。天台宗大本山の延暦寺の守護神が大津市坂本の日吉大社《ひえたいしゃ》（山王権現《さんのうごんげん》）であることはよく知られており、鬼頭住職の推定はおそらく正しいでしょう。『風土記稿』別所村の項には、村の鎮守である山王社《さんのうしゃ》（日枝神社）について、蓮生寺の持《もち》（所属）であって社殿の覆屋《おおいや》は三間四方の大きさ、前には高さ「二十五間余」（四五メートルあまり）の石段があると記されています。昭和六一年の多摩ニュータウン計画によるこの地の発掘調査は、時間に制約されながら寺の前面の一部を調査したにとどまっている感じで、蓮生寺の周辺の丘陵地の地下には、まだまだ古代・中世の貴重な遺構・遺物が眠っているのではないかと思われます。

五、中世の多摩と由木の里に生きた人々

1、殿ヶ谷戸の昔語り

殿屋敷《とのやしき》

下柚木《しもゆぎ》地区の東はずれにある由木中央小学校前のバス停から、野猿峠《やえんとうげ》をこえて八王子駅方面に向かう京王バスが、五〇〇メートルほど走って止まる次の停車場は「殿ヶ谷戸」で、それは昔からのこの地の小字名《こあざ》です。江戸時代末の文政《ぶんせい》五年（一八二二）に完成した『新編武蔵風土記稿《しんぺんむさしふどきこう》』には、この地名の由来はふれられていませんが、この殿ヶ谷戸には殿屋舗《とのやしき》という旧蹟があり、だれの館趾《やかたあと》かわからないと書かれています。そしてこの地に住む百姓平右衛門《へいえもん》の家の敷地の中には高さ二尺三寸余（七〇センチほど）の青石の碑があって、貞治《じょうじ》三年（一三六四）十一月六日と彫られている部分だけがかすかに読めるけれども、何人《なにびと》の墓かはわからず、かつてこれになれなれしく近づいた人に祟《たた》りがあったので、稲荷の祠《ほこら》に祀《まつ》ったと記されています。

一方、『風土記稿』の執筆者の一人でもあった八王子千人組同心組頭《どうしんくみがしら》の植田孟縉《うえだもうしん》（一七五七―一八四三）が、おなじ頃の文政六年（一八二三）に書き上げた『武蔵名勝図会《むさしめいしょうずえ》』には、鎌倉に源頼朝《みなもとのよりとも》（一一四七―九九）が幕府を開いた（文治《ぶんじ》元年・一一八五）よりはるか前から、ここには由木氏の邸《てい》があり、「小名《こな》を殿ヶ谷戸と称するところは永林寺《えいりんじ》境内の辺《あたり》より御岳《みたけ》の社地あたり、往昔《むかし》由木氏が旧跡なるゆえ、おのずから殿のあとという心にて殿ヶ谷戸と唱《とな》えて、村の小名に称するなり」と書かれています。また、『風土記稿』に記された南北朝《なんぼくちょう》時代の貞治三年の青石碑のほかにも、殿ヶ谷戸薬師堂の庭には室町《むろまち》時代の正長《しょうちょう》二年（一四二九）銘の長さ一尺余の板石があり、いずれも「往昔の由木氏の碑なるべし」と考えられています。

二つの由木氏

現在の東京都と埼玉県から神奈川県の北部にまたがる武蔵国《むさしのくに》で、平安時代の中頃から成長し、鎌倉時代に大活躍した武士について、大正二年（一九一三）までに書かれた『武蔵武士』（渡辺世祐・八代国治著、有峰書店）によれば、いわゆる武蔵七党の一つで、現在の八王子市横山地区を本拠とした横山党の中に、源　頼朝《みなもとのよりとも》より五代前の武将頼義《よりよし》（九八八―一〇七五）が陸奥《むつ》の阿倍貞任《あべのさだとう》を討った前九年の役《えき》（一〇五四―六二）に従軍して軍功をたてた横山経兼《つねかね》の子に、保経《やすつね》（隆家《たかいえ》とも）という武士があり、由木六郎と称して旧由木村下柚木の殿ヶ谷戸に住み、そこはいまも殿屋敷といっているということです。保経の長男広保《ひろやす》は平安時代末期に崇徳上皇《すとくじょうこう》と後白河天皇《ごしらかわてんのう》の兄弟が争った保元《ほうげん》の乱《らん》（一一五六）で、天皇方について勝利した源義朝《みなもとのよしとも》（一一三三―六〇）に従い、さらに孫の範保《のりやす》と曽孫の保貞《やすさだ》は、鎌倉初代将軍頼朝と二代頼家《よりいえ》に仕えたとされています（次頁系図）。

由木保経の次男孝保《たかやす》は、埼玉県比企郡《ひきぐん》の大串《おおぐし》に住んで大串次郎と称して大串氏の祖となり、その子の大串重保《おおぐししげやす》（重親《しげちか》）は頼朝に仕えて、寿永《じゅえい》三年（一一八二）の木曽義仲《きそよしなか》追討の宇治川合戦《うじがわかっせん》に加わったことが伝えられています。『平家物語《へいけものがたり》』の「宇治川先陣《せんじん》」の段には、馬を急流に押し流され、烏帽子親《えぼしおや》の畠山重忠《はたけやましげただ》に助けられて岸に上がった重親が、「武蔵国の住人、大串次郎重親、宇治川徒歩《かち》たちの先陣ぞや」と名のりを上げ、敵味方から一度にどっと笑われたと記されています。

一方、おなじ『武蔵武士』の中には武蔵七党のいま一つの党で、日野を中心として平山・立川・川口などに発展し、武蔵国府のある府中の西にあたるため西党《にしとう》（日奉《ひまつり》氏）と呼ばれた豪族の中からも、由木三郎大夫《だゆう》と称して下柚木の殿屋敷に居館を構えた西重直《にししげなお》（日奉氏系図では重直の子）なる人物が現れたと記されています。その子孫は由木・川口・田口の三氏に分かれ、川口に住んだ重直の子川口二郎大夫の子である川口八郎大夫は、三代将軍実朝《さねとも》暗殺の後に京都から招かれた四代将軍藤原頼経《ふじわらのよりつね》の暦仁《りゃくにん》元年（一二三八）の上京に、随兵として従ったと記録されています。つまり、西党の由木三郎大夫重直もまた平安時代の末期、おそらく横山党の由木六郎保経より一世代ほど後の人物であったと想像され、『武蔵武士』が彼

横山党・由木氏系図（一六二頁「小野氏・横山系図」関連）

- 横山 ③経兼
  - ④孝兼 — ⑤時重 — ⑥時広 — ⑦時兼（—一一一三）
  - 由木六郎 保経（隆家）
    - 室伏 広保 — 範保 — 保貞
    - 大串 孝保 — 重保（重親）
      - 広隆
      - 川口 経保

西党・由木氏系図（一七八頁「日奉氏系図」関連）

- 西 宗忠
  - 武蔵権介 宗守 — 国守 — 長沼 職任
  - 宗貞
    - 宗綱 — 宗季 — 平山 季綱 — 季重
    - 重直
      - 由木三郎大夫 ○○
      - 川口二郎大夫 景綱
      - 由木四郎大夫
      - 田口太郎

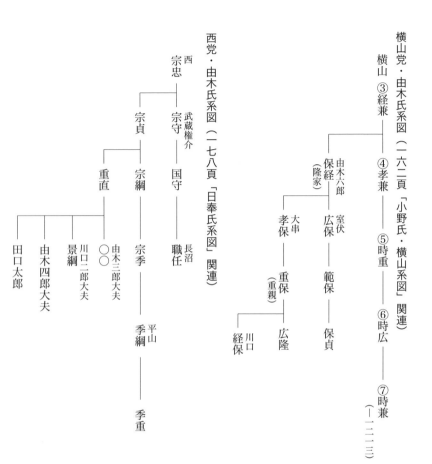

等の居館を同じ殿ヶ谷戸としているのはまったく疑問です。

植田孟縉の『武蔵名勝図会』もまた、横山党・西党の二つの由木氏について記したうえで、次のように述べています。

この両家の子孫は代々由木領を所領として鎌倉へ仕えければ、古き家にてありしが、その後、元弘《げんこう》（一三三一―三四）建武《けんむ》（一三三四―三八）以来はこの地も管領《かんれい》の麾下《きか》大石の知るところとなりけり。北条陸奥守氏照の領有となり、由木氏は終《つい》に衰えて北条氏の麾下《きか》となれり。

つまりここでは、横山党と西党の区別はつけられず、殿ヶ谷戸に館を構えた由木氏の所領は、南北朝時代（一三三六―九二）以降には、室町幕府《むろまちばくふ》が鎌倉に置いた鎌倉府《かまくらふ》の長である鎌倉公方《かまくらくぼう》の補佐役である関東管領《かんとうかんれい》として勢威を高めていた山内上杉《やまのうちうえすぎ》氏のもとで、多摩・入間地方の支配を代行する目代職《もくだいしき》（守護代《しゅごだい》）に任じられた大石氏の実質的な領地となり、さらに戦国時代（一四六七―一五七三）には、小田原北条氏の氏照《うじてる》（一五四〇？―九〇）の領地となって、由木氏はその配下になったとされています。

『武蔵武士』の記述やこの『図会』の説明には、二つの問題点が考えられます。まず、出自や権力基盤の異なる横山党と西党の二つの由木氏が、それぞれの家の子・郎等《ろうとう》を配下としながら、同じ時代にこの狭い殿ヶ谷戸に館《やかた》を構えていたということは考えられないことです。おそらく西党の由木氏はここではなく、一・二キロ東の堀之内・松木地区に居館を築いていたと考えられますが、この点は後に検討することにしたいと思います。また、横山党の由木氏が平安時代の末頃からこの殿ヶ谷戸に館を構えていたとしても、鎌倉・南北朝・室町・戦国時代と、四〇〇年以上の長い戦乱と興亡の時代を通して、この地で平穏に命脈を保つことができたということもまた、信じ難いことです。

大江・長井氏の支配

平安時代の末期から鎌倉時代初期まで、多摩の西南部を拠点として各地に勢力をひろげた横山党は、鎌倉幕府発足三〇年足らずの建暦《けんりゃく》三年（一二一三）に起きた執権北条義時《しっけんほうじょうよしとき》と侍所別当《さむらいどころべっとう》の和田義盛《わだよしもり》との内紛、和田合戦《わだかっせん》に巻き込まれて滅亡します。鎌倉幕府の歴史書『吾妻鏡《あずまかがみ》』には、敗死者の中に横山右馬允《うまのすけ》（⑦時兼）・六郎・七郎・九郎、椚田《くぬぎだ》太郎・次郎・三郎・四郎・五郎・又五郎等三一人の名をあげており、その他の名の知れぬ郎党達も含めて、滅亡にちかい一党の被害の厳しさが知られます。

横山党の領地であった横山荘《よこやまのしょう》の由井領内本郷・八王子横山一五宿・千人町・子安・片倉等三四か村と、由木領内の松木・大沢・上柚木・下柚木・中山・堀之内・越野・中野・大塚・落合の一〇か村の、あわせて四四か村（『荘園志料』）は没収されて、幕府の政所別当《まんどころべっとう》で北条方勝利に貢献した大江広元《おおえのひろもと》（一一四八—一二二五）に与えられます。大江氏は菅原《すがわら》氏と並ぶ学者の家柄で、広元は文人政治家として著名な大江匡房《おおえのまさふさ》の曽孫にあたり、頼朝の側近として重んじられていました。横山荘を委された広元の次男時広《ときひろ》を祖とする長井氏も、幕府の評定衆《ひょうじょうしゅう》（幕府の最高議決機関のメンバー）を代々つとめるなど、鎌倉時代を通じて幕府の要職を歴任し、後醍醐天皇の建武《けんむ》の新政《しんせい》（一三三三—三六）や以後の室町幕府でも重要な役割を果たしています。一門は、北は出羽国から南は九州肥後国までのいたる所に所領を持ち、横山荘もその一つでした。したがって在地の武士のように一所懸命《いっしょけんめい》にこれに執着するようなことはなく、旧来の土着の豪族を配下に組み入れながら、地域支配を進めて行ったと考えられます。

しかし、この前後の大江姓長井氏による由木領をふくむ横山荘支配の実態は、ほとんどわかりません。現在まで断片的に伝えられていることは、南北朝時代の応安《おうあん》五年（一三七二）に、広元の子孫の長井道広《どうこう》（法号）が片倉城の鎮護のため、その地に住吉神社を創建したこと、また道広が開基となってその居館であったともいわれる山田の地に、甲斐国塩山《かいのくにえんざん》の向岳寺《こうがくじ》から臨済宗の禅僧峻翁令山《しゅんおうれいざん》を招いて、康応《こうおう》二年（一三九〇）に広園寺《こうおんじ》を創建したということなどです。またJR高尾駅の西南にある初沢《はつざわ》の高乗寺《こうじょうじ》も、応永《おうえい》元年（一三九四）におなじ峻翁令山を開山、長井大膳大夫高乗を開基として創建されたと伝えられています。

長井氏による由木領支配について記された記録はみつかりませんが、旧『八王子市史』下巻（一九六七年）に載る散田町《さんだまち》の真言宗真覚寺《しんかくじ》に伝わるという「真覚寺縁起《しんかくじえんぎ》」は、江戸時代中期の享保《きょうほう》一四年（一七二九）に作られたもので、直接の史料とはいえませんが、興味ある内容を記しています。真覚寺は鎌倉時代初期に創建されましたが、室町時代の応永《おうえい》一八年（一四一一）に津久井《つくい》城主長山修理亮忠好《ながやましゅりのすけただよし》が中興したと伝えられ、長山忠好は長井忠好の誤伝ではないかと指摘されています。この「縁起」の下半分は破損していて、和様漢文の文章と用字も不規則ですが、推測をまじえて判読すると、次のような内容が想定されます。

延文《えんぶん》年間（一三五六―六一）の頃、片倉城主は長井大膳大夫高乗で、大江健長《おおえとしなが》・長井広資《ながいひろすけ》など、兄弟子息が多数あった。府中の高安寺城《こうあんじじょう》には長井広資、由木永林寺山には大江健長がおり、相模の小松城は長井広乗の出城《でじろ》である。（以下略）

武蔵国府の一キロほど西にある府中市の高安寺は、南北朝時代以降、足利尊氏《あしかがたかうじ》や歴代の鎌倉公方《かまくらくぼう》（室町幕府の東国統治者）が、武蔵野での合戦の本陣としてきました。また小松城は相模原市城山町川尻《かわじり》にあり、多摩丘陵の南部を東に流れる境川《さかいがわ》の上流の小松川と穴川にはさまれた、比高一〇〇メートルほどの小高い丘に城趾があって、空濠《からぼり》や土塁《どるい》・櫓跡《やぐらあと》などが残っています。その麓《ふもと》には真言宗宝泉寺《ほうせんじ》が建っており、寺伝ではここに長井大膳大夫の屋形《やかた》があったといわれます。本城の片倉城からは西南に約六キロの所にあり、相模平野の西北端を押さえています。これに対して、殿ヶ谷戸に永林寺が創建されるのは二〇〇年も後の一六世紀の戦国時代のことですが、その永林寺山は片倉城から東方約四キロにあり、もと横山党由木氏の居館であったとすれば、後参の長井氏としても地域支配の要《かなめ》として、名実ともにそこに支配権を確立しておかなければならない要地であったでしょう。確証はないながら、「真覚寺縁起」が記している長井・大江氏の配陣は納得性が高いと感じられます。

しかし、片倉城主長井高乗の弟、あるいは子息と考えられる大江健長とその子孫の、由木領における事蹟については何もわからず、一族によるこの地方の支配は後述のように、永正《えいしょう》元年（一五〇四）の椚田《くぬぎだ》城落城とともに終わったはずです。またこの時代の長井・大江氏に支配者の地位を明け渡した古来の横山党・西党の由木氏の動静も、この周辺にはまったく見出せません。ただ一つ気になることは、さきの『風土記稿』が記録にとどめた殿ヶ谷戸の百姓平右衛門邸内の古碑の年号が、「縁起」に記された「延文年中之頃（一三五六―六一）」に近接する貞治三年（一三六四）であったという点です。そして、この板碑《いたび》と考えられる古碑を粗略に扱うと祟りがあると信じられたのも、その一族がいつかこの地での支配力を失って去っていかなければならなかった悲劇的な過去と、後住者との関係を暗示しているようにも感じられます。『風土記稿』の時代の殿ヶ谷戸の住民は、多く戦国時代の大石・後北条氏系の遺民であったと思われます。「延文年中」は和田合戦で横山党が滅んでから約一五〇年後、大石氏がここに支配を及ぼすのも、これよりおよそ一五〇年後のことです。この板碑の主は年代からみて、大江・長井氏の一族の者である可能性も否定できませんが、おそらく『名勝図会』の指摘するように、当時も大江・長井氏の配下の在地豪族として命脈を保っていたであろう、横山党由木氏にかかわりのある者であったのではないかと考えられます。

縣敏夫《あがたとしお》氏の『八王子市の板碑《いたび》』（揺籃社・二〇〇五）によれば、未確認ながら永林寺には南北朝時代の延文《えんぶん》六年（一三六一）銘の板碑があり、同じ殿ヶ谷戸地区内にある現在は永林寺寺領の薬師堂には、応永《おうえい》四年（一三九七）銘をふくめて六基の板碑があると記されています。平安時代末期に創建された別所地区の蓮生寺が薬師堂の信仰で知られているように、殿ヶ谷戸に遺されている薬師堂もおそらく平安時代末、あるいは鎌倉時代初期に横山党由木氏によって創建され、以後も殿ヶ谷戸の仏教信仰の中心となって、そこに中世の板碑が多く伝承されることになったのではないでしょうか。

多摩地方に断片的な事蹟が残されている南北朝時代の長井氏について、湯山学《ゆやままなぶ》氏の『武蔵武士の研究』（岩田書院・二〇一〇）や、徳永裕之《とくながひろし》氏の「鎌倉・室町期の長井氏と横山庄」と黒田基樹《くろだもとき》氏の「戦国時代の椚田《くぬぎだ》長井氏」（『多摩のあゆみ』一四三号）によれば、広園寺《こうおんじ》と高乗寺《こうじょうじ》の開基は同一人物で長井氏初代の時広《ときひろ》より六代後の長井氏元《うじもと》であり、彼は永和《えいわ》四年（一三七八）に鎌倉府の引付頭人《ひきつけとうにん》（訴訟審理の統轄者）になり、応永《おうえい》九年（一四〇二）に死亡して戒名を大海道広大禅定門《たいかいどうこうだいぜんじょうもん》とされたといわれます。つまり長井道広《どうこう》の名で伝えられる事蹟は、氏元に帰せられるべきものとなります。

『真覚寺縁起』が記述した時代より一二〇年ばかり後の、応仁の乱がようやく終わろうとする戦国時代の文明九年（一四七七）に、関東管領家《かんとうかんれいけ》の山内《やまのうち》上杉顕定《あきさだ》に反旗をひるがえした長尾景春《ながおかげはる》の乱がおこり、太田道灌《おおたどうかん》（一四三二—八六）の書いた「道灌状《どうかんじょう》」によれば、長井大膳大夫広房《だいぜんだゆうひろふさ》が山内上杉のいわば分家筋である扇谷《おうぎがやつ》上杉定正《さだまさ》の婿として、関東管領の配下で

長井氏系図

長井時広 —（四代略）— 挙冬 — 氏元（道広） — 氏広 — 兼広 — 某 — 広房 — 広直（—一五〇四）

広房 ＝ 女子

扇谷上杉持朝（一四一八—六七）
- 顕房（一四三五—五五）
- 定正（一四四三—九四） — 朝良（—一五一八）
- 朝昌 —（朝良）
- 女子

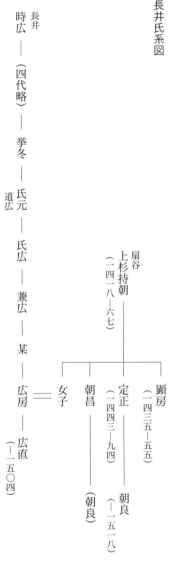

勇敢に戦って部下に多くの犠牲者を出したといわれます。湯山氏等によれば長井大膳大夫広房は時広から一〇代目の子孫で、文明年間（一四六九―八七）に扇谷上杉定正の妹を妻としており、長井氏は横山荘の領主として在地支配をつらぬいていたといいます。

しかし、長井氏が主家とした扇谷上杉定正・朝良《ともよし》父子は、有能な部将の太田道灌を相模で謀殺した文明一八年（一四八六）以降、山内上杉顕定《あきさだ》と敵対して武蔵・相模の各地で対戦するようになります。そして長井氏の勢力もこの頃には次第に衰えていたといわれますが、広房の子広直《ひろなお》の時代の永正《えいしょう》元年（一五〇四）一二月、長井氏が本拠としていた椚田《くぬぎだ》城（初沢城・高乗寺城）は、山内上杉顕定の援軍である越後の上杉房能《ふさよし》の攻撃をうけて落城し、広直は一族二〇余人とともに自害したほか、討死する者数知れずという中で、長井氏は滅亡します。その後の椚田城には山内上杉「顕定の宿老大石道俊《おおいしどうしゅん》が入ったと推測され、その領国も大石氏に継承されることになる」（黒田基樹氏「戦国時代の椚田長井氏」）と考えられています。そして大石氏は永正七年（一五一〇）に、後に北条早雲《ほうじょうそううん》と改名する後北条氏の祖、伊勢宗瑞《いせそうずい》によって椚田城を攻略されると、西北方の元八王子地区の由井《ゆい》城を本拠とすることになるといわれます。なお由井城については、下恩方《しもおんがた》町の浄福寺《じょうふくじ》城とする説もあります。

殿ヶ谷戸と大石氏

殿ヶ谷戸の由木氏居館趾に永林寺（古くは永麟寺《えいりんじ》）を創建することになる大石氏は、南北朝以降、主家の関東管領家山内上杉氏《かんとうかんれいいけやまのうちうえすぎし》のもとで、鎌倉を本拠とした長尾《ながお》氏とともに武蔵国の守護代《しゅごだい》を継ぐ家柄として栄えた一族ですが、その全体像についてはまだ研究の途上にあるように思われます。一九七五年に名著出版から刊行された『大石氏の研究』の中で、編者の栗原仲道《くりはらちゅうどう》氏は次のように述べています。

武蔵大石氏は、南北朝のころから関東管領上杉氏の重臣として活躍しはじめ、およそ二百年の間、武蔵野に武威《ぶい》をとどろかせた名族であった。しかしその活躍の晩期にあたる戦国時代には、大石氏は小田原北条氏の勢下にたったので、その赫々《かくかく》たる事蹟もいつしか北条氏の蔭にかくれてしまい、ことに徳川家康の江戸入府以後は、大石氏の活躍の場であった武蔵西部の地が徳川家の天領《てんりょう》としてその譜代《ふだい》の代官《だいかん》によって支配されるようになったので、ますます大石氏の影はうすれていった。

源頼朝《みなもとのよりとも》によって武家政権として開設された鎌倉幕府は、以前の国守《くにのかみ》やその役所である国衙《こくが》の律令制《りつりょうせい》の組織を利用しながら、幕府を支える有力な武士・御家人《ごけにん》を、直轄の相模・武蔵両国を除く諸国の軍事・行政官である守護《しゅご》に任命して、次第に武家政治を確固たるものにしていきました。元弘《げんこう》三年（一三三三）の後醍醐天皇による建武《けんむ》の新政《しんせい》はこれを天皇親政《しんせい》に戻そうとしたものですが、武士層の反発などによって三年にして挫折し、続く南北朝時代には足利尊氏《あしかがたかうじ》が建武三年（一三三六）に京都に設立した室町幕府《むろまちばくふ》のもと、諸国の守護による支配はむしろ強化されていきます。そしてこの時代以降、幕府の東国統治者として足利氏の鎌倉公方《かまくらくぼう》が置かれ、これを補佐する関東管領《かんとうかんれい》が任命されることになります。足利尊氏・直義《ただよし》兄弟の母が上杉氏の出であったことから上杉氏は幕府に重用され、宗家《そうけ》である山内《やまのうち》上杉家の憲顕《のりあき》（一三〇六—六八）が建武五年（一三三八）以来、四次にわたって没するまで関東管領に任じられたのをはじめとして、戦国時代の永禄《えいろく》四年（一五六一）に上杉憲政《のりまさ》が長尾景虎《ながおかげとら》（上杉謙信《けんしん》）に名跡と関東管領職を譲るまで、この職はおもに山内上杉家によって占められています。

武蔵国の守護職を兼任したこの上杉家の重臣として、その領国支配を代行する守護代《しゅごだい》などを勤めながら南北朝から戦国時代にかけて各地に活躍したのが大石氏ですが、その中で代々の当主を「源左衛門尉《げんざえもんじょう》」と名のる一家は後に後北条氏《ごほうじょうし》の配下となり、小田原落城の後に子孫の一部が殿ヶ谷戸辺に土着したと伝えられています。その殿ヶ谷戸に住んでいた著者の小学校同級生に、先年亡くなった伊藤巳代治《いとうみよじ》君がいましたが、彼の家に「木曽大石系譜」（写真29）が伝来しているということを知ったのは、同窓会で時々再会するようになった中年以後のことでした。それは『新編武蔵風土記稿』にも「大石系図」としてくわしく紹介され、他

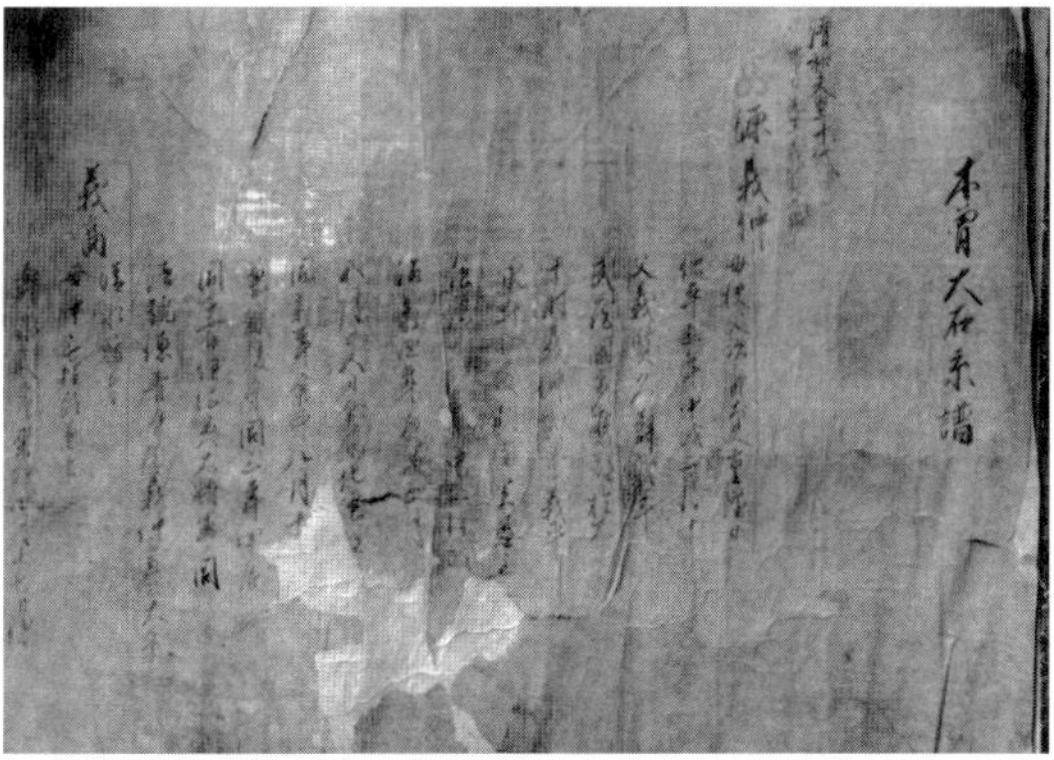

写真29　「木曽大石系譜」

に例をみない詳細な内容のものですが、『大石氏の研究』の中で奥野高広《おくのたかひろ》氏はこれについて、「その系図ははるか後世に、いまの形につくられたものであり、しかも正確な史料と比較すると矛盾する個所がかなりある。だがそのすべてを否定しさることはできない」と述べ、大石氏が木曽義仲《きそよしなか》の子孫であり、出身が信濃《しなの》であることも疑いなかろうと述べています。その『大石氏の研究』の中で栗原《くりはら》仲道《ちゅうどう》氏は、伊藤家の「木曽大石系譜」とその他の資料を検討したうえで、「大石系図（修正版）」を発表しています。それは要約すると次頁の図のようになります。

　大石氏が武蔵守護代になったのは、栗原仲道氏によれば、応安《おうあん》元年（一三六八）九月に山内家の上杉能憲《よしのり》（一三三三―七八）が関東管領に就任してからで、能憲は同時に武蔵国の守護を兼ねていたものと推定されています。その下で守護代に任じられたのは「木曽大石系譜」には載っていない大石能重《よししげ》で、⑥為重《ためしげ》の子であり、木曽本家から入った⑦信重《のぶしげ》の義弟にあたる人物かと推定され、さらに「その後、⑦信重・⑧憲重《のりしげ》・⑨憲儀《のりよし》の三代が武蔵

大石氏略系図

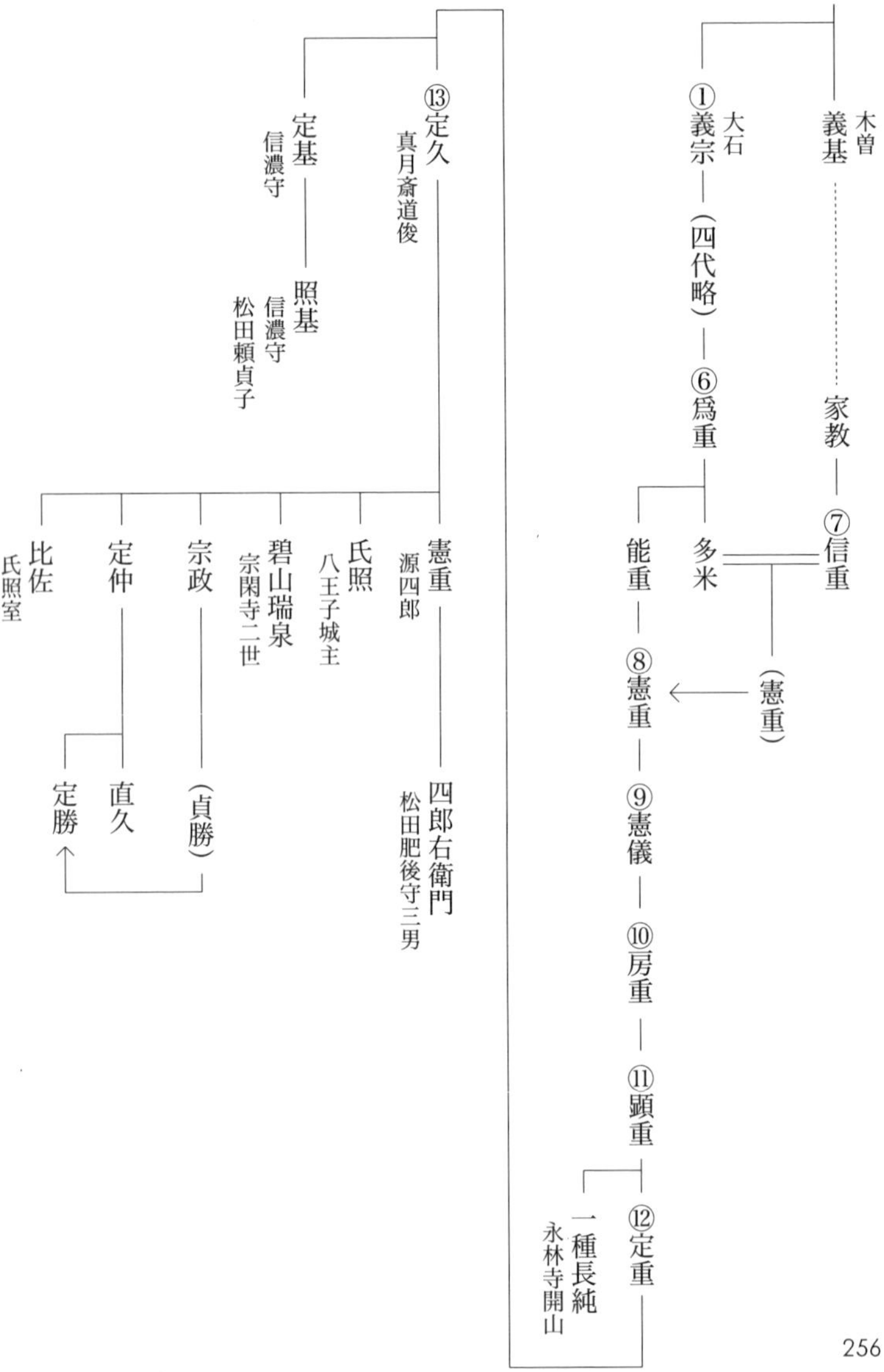
源義仲
木曽
義基
家教
⑦信重
大石
①義宗
(四代略)
⑥為重
多米
能重
(憲重)
⑧憲重
⑨憲儀
⑩房重
⑪顕重
⑫定重
一種長純
永林寺開山
⑬定久
真月斎道俊
定基
信濃守
照基
信濃守
松田頼貞子
憲重
源四郎
四郎右衛門
松田肥後守三男
氏照
八王子城主
碧山瑞泉
宗閑寺二世
宗政
(貞勝)
定仲
直久
定勝
比佐
氏照室

守護代をつとめた」とされています。ところが最近、客観的な史料の裏付けに立って大石氏の事蹟と系譜を復元しようという研究が深められつつあり、現在では伊藤家伝来の「木曽大石系譜」だけで大石氏を語ることはできなくなっています。

湯山学《ゆやままなぶ》氏は一九九三年に「木曽大石系譜」の史料批判を行って、「系譜」では一系統に書かれている大石氏には、歴代にそれぞれ個有の通称を持つ次の三つの家系があると明らかにしました（『関東上杉氏の研究』岩田書院・二〇〇九所収）。

[1]遠江守《とおとうみのかみ》家―源左衛門尉《げんざえもんじょう》・遠江守
[2]石見守《いわみのかみ》家―隼人佑《はやとのすけ》・石見守
[3]駿河守《するがのかみ》家―源三郎《げんざぶろう》・駿河守

このうち[1]の遠江守家が総領家で、この家系が殿ヶ谷戸にかかわる⑬定久《さだひさ》やその養子とされてきた（北条）氏照《うじてる》とつながっています。そして栗原仲道氏が関東管領上杉能憲の下ではじめて武蔵守護代になったする大石能重は、実は[2]の石見守家の初代当主であるということです。さらに黒田基樹《くろだもとき》氏は二〇一〇年に「大石氏復元系図」を発表し、[1]遠江守家については初代（憲重＝聖顕）から氏照の代にいたる七代の系図を示していますが（『武蔵大石氏』岩田書院・二〇一〇）、率直にいってまだ推定の部分を多く残している印象です。したがって専門外の著者としては、「木曽大石系譜」に書き込まれている歴代の事蹟と最近の研究成果をあわせて参考にしながら、殿ヶ谷戸にかかわる大石氏の足どりを簡単に探り、個々の人物像については、別項でスケッチを試みることにしたいと思います。

戦国時代の一五世紀前半頃までの大石氏の拠点は、おもに埼玉県北西部の児玉郡や所沢市にあったといわれます。そして「系譜」によれば、太田道灌《おおたどうかん》が江戸城を築いた翌年の長禄《ちょうろく》二年（一四五八）に、大石源左衛門尉《げんざえもんじょう》⑪顕重《あきしげ》（?―一五一四）は所沢市の滝の城から多摩川を南に渡った八王子市の高月城《たかつきじょう》に移り、その子⑫定重《さだしげ》（一四六七―一五二七）は永正《えいしょう》一八年（一五二一）に、その南東二キロの八王子市北部加住《かすみ》丘陵に滝山城《たきやまじょう》を築いて移ったとされています。その六年後の大永《だいえい》七年（一五二七）に定重は没し、源左衛門尉⑬定久《さだひさ》（道俊《どうしゅん》・一四九一―一五五三頃）が大石家の後継者として「由木氏館から滝山城へ移る」と、『八王子事典』（かたくら書房）は記しています。「系譜」では定久は延徳《えんとく》三年（一四九一）の生まれですから三七歳の時となりますが、しかし家督を継ぐ前の定久が、いつから殿ヶ谷戸の由木氏館に居住していたかははっきりしません。

さきに、永正《えいしょう》元年（一五〇四）に長井氏の本拠椚田城《くぬぎだ》が落城した後に大石道俊（定久）が入り（「系譜」によればまだ一四歳ですが）、六年後にこれが伊勢宗瑞《いせそうずい》に攻略されて城主は北西の由井城に移ったとする黒田基樹氏の見解を紹介しました。黒田氏によれば、道俊の父定重《さだしげ》は埼玉県志木市の柏《かしわ》の城を本拠としていましたが、道俊の代になって多西郡《たさいぐん》（多摩郡の西部）に本拠が移され、その領国は横山荘・由井郷・由木郷・小山田荘から、さらに東部・北部を含む範囲であったと推定されています。そして小田原北条氏が北上して上杉氏の領国に侵攻してくるのにともなって、大石氏はおそくとも大永《だいえい》四年（一五二四）までには山内上杉氏から離反して後北条氏に従属し、あらためて後北条氏から従来の領地の領有を認められたと考えられています（『武蔵大石氏』）。これまで、大石氏が後北条氏に従ったのは天文《てんぶん》一五年（一五四六）の河越《かわごえ》の戦で、後北条家三代目の氏康《うじやす》が古河公方《こがくぼう》の足利晴氏《あしかがはるうじ》と上杉憲政《のりまさ》（山内《やまのうち》家）・朝定《ともさだ》（扇谷《おうぎがやつ》家）の軍を破って以来のこととするのがいわば通説でしたから、それより二二年も早い年代という説になります。

さらに黒田基樹氏は、道俊（定久）の出家も後北条氏への従属にかかわっていた可能性があるとして、「それまで敵対していた経緯をもつ道俊は出家し、さらに後継者を確定して、その後継者へ家督を譲ることで、北条氏の従属下において大石氏の安定的な存続を図ろうとするものであった」と推定しています（『同』）。大永五年（一五二五）一二月一三日付で下恩方町の浄福寺《じょうふくじ》に納められた棟札《むなふだ》に、「大檀那《おおだんな》大石源左衛門入道《にゅうどう》道俊并《ならびに》子息憲重《のりしげ》」と書かれていることからも、それが歴史の真実であったかと思われます。彼は大永五年に鎌倉時代創建の浄福寺を中興の開基として復興した以後の文書では、「道俊《どうしゅん》」または「真月斎《しんげつさい》道俊」の斎号《さいごう》をしばしば使っており、むしろ「定久」の名を用いた古文書は存在しないといわれます。

大永五年一二月の浄福寺棟札にあった道俊の子息憲重《のりしげ》の名前は、その七か月前の五月吉日に島根県大田市の南八幡宮に納められた経筒銘《きょうづつめい》に、「武蔵国多西郡　大石源三朝臣《あそん》　憲重」の形で記録されています。そして源三は大石氏の③駿河守家の通称ですから、この年に憲重は駿河守家から①遠江守家の道俊の養子となっていたことが想定されます。憲重の生没年は不詳ですが、彼は天文《てんぶん》二二年（一五五三）頃に道俊が没したあと家督を継ぎ、その年に八王子市長房町の白山神社に納めた棟札には、「大檀那大石源左衛門尉綱周《げんざえもんじょうつなちか》」と書かれています。それは憲重が、この間に新しい主家となった小田原北条氏の第二代氏綱《うじつな》（一四八七―一五四一）の名前から「綱」の一字を与えられて（大名等からその名の一字を家臣に与えるのを偏諱《へんき》を賜うといいます）、臣下として改名した結果でした。その二年後の弘治《こうじ》元年（一五五五）に綱周は小田原城に氏綱の後継者氏康《うじやす》（一五一五―七一）を訪ね、氏康の次男氏照《うじてる》（一五四〇―九〇）を大石家の養子に受け入れる話をまとめています。黒田氏によれば、大石氏は北条氏に従属することによって自らの領国をむしろ拡大しており、それだけ北条氏からその存在を重視されていたわけで、綱周の後継として氏照が入ったのも、大石氏の存在と役割を維持するためであったと考えられています。そしてさきの「大石略系図」の⑫定重以後について、黒田氏の「復元系図」を要約すると次のようになります。

定重――道俊――綱周（憲重）┬氏照
　　　　　　　　　　　　　└女子

このような最近の研究の結果からも、残念ながら大石氏と殿ヶ谷戸の関係は何も見えてきません。殿ヶ谷戸の永林寺に伝わる古文書には、大永《だいえい》七年（一五二七）に大石定久（道俊）が殿ヶ谷戸から滝山城に移った後の館《やかた》は心月閣道俊院《しんげつかくどうしゅんいん》と称して、叔父である一種長純和尚《いっしゅちょうじゅんおしょう》に譲られたとありますが、永林寺開山とされている長純が実際にここに入寺したのは、五年後の天文《てんぶん》元年（一五三二）であったといいます。そして翌年の天文二年には、永林寺の西方三〇〇メートルの殿ヶ谷戸の山上に、滝山城主である定久が城の鎮守神の一つを勧請《かんじょう》して御岳神社《みたけじんじゃ》を創建したといわれます。『新編武蔵風土記稿』の原本である浄書稿本《じょうしょこうほん》には、そのとき納められた棟札には四郎左衛門・六郎・四郎・右衛門四郎・源次三郎など一〇人の発願者の名が記されてあるけれども、四郎左衛門は定久の初めの名なのであろうかと記されています。定久（道俊）が領主としてこの地の支配権を領民にはっきり示そうとするなら、浄福寺の場合のように相応しい姓名を記すのが当然で、領民と区別のつかないような名前が多数並べられているのには、奇異の感があります。後に述べるように、由木氏出身の観智国師《かんちこくし》の父利重《とししげ》がその本領三五〇貫を没収されたと伝えられるのが天文一八年（一五四九）で、土豪の小田野《おだの》氏が大石道俊から由木の別所・松木地区の手作り分（門田《かどた》）を安堵《あんど》されたのも、その前年のことでした。この時期になってはじめて大石氏の由木支配が確立されたという見方もできるように思われます。

また『風土記稿』は、御岳神社は上・下柚木村の鎮守であるけれども、別当寺《べっとうじ》（神仏混淆《こんこう》時代に神社と一体として祀られ、その維持管理を担当した寺）は永林寺ではなく、谷川を越えて一・五キロも南方の宮郷《みやごう》にある光明院《こうみょういん》という天台宗の寺であるとして、江戸時代はじめの元和《げんな》三年（一六一七）の御岳神社の棟札にも、「願主川和豊後《かかわぶんご》、遷宮導師《せんぐうどうし》下柚木村光明院」とあると記しています。この光明院については別項であらためて述べることにしますが、御岳神社の別当寺が近くの永林寺でなかったのは、天文二年当時はまだ永林寺の整備が不十分だったということでしょうか。

現在、殿ヶ谷戸に建つ曹洞宗永林寺は、禅宗寺院として七堂伽藍《しちどうがらん》を具えた由木地域随一の大寺です（口絵27）。そのような姿が出来上がったのは寺伝によれば天文《てんぶん》一五年（一五四六）のことで、翌年夏に行われた落慶供養《らっけいくよう》は定久の発願により、その養子となっていた北条氏照《うじてる》とその家来達が助勢して、千人の僧侶による九旬江湖会《くじゅんごうこえ》（九〇日間、禅僧が集中坐禅する修行）が行われたとされています。しかし氏照が生まれたのは、『寛政重修諸家譜《かんせいちょうしゅうしょかふ》』によれば天文九年（一五四〇）のことで、天文一五年にはまだ数え年で七歳にしかなっていません。

『風土記稿』は永林寺について、氏照はこれを崇敬すること篤《あつ》く、「伽藍再営の企あり。時に家人横地監物《よこちけんもつ》・中山勘解由奉行《なかやまかげゆぶぎょう》として、七堂伽藍落成し、すこぶる美を尽せり」とも記しています。永林寺の伽藍を、新しい権力者北条氏がその威信をかけて華やかに整備した状況は理解できますが、氏照の重臣中山勘解由家範《いえのり》が生まれたのは二年後の天文一七年（一五四八）のことです。天正《てんしょう》一八年（一五九〇）の八王子城落城の際に、本丸を守った横地監物は脱出して落命し、二の丸を守った中山家範は果敢に戦って討死《うちじに》した武将です。この人々が永林寺の再築造営を実際に指揮したとすれば、その当時の中山家範の年齢をかりに三〇歳と想定した場合、それは天正五年（一五七七）ということになり、さきの落慶供養が行われたという天文一六年より三〇年の後にあたります。その頃には大石定久は亡くなって二四年も過ぎており、氏照はすでに三八歳に達して南関東の各地に東奔西走していたはずで、この一三年後には、本拠とする八王子城は豊臣秀吉軍の攻撃によって打ち破られ、氏照は小田原城外で兄の氏政とともに切腹に追い込まれます。

大石道俊（定久）が殿ヶ谷戸の支配者として来住したのが事実とすれば、その初めはおそらく、長井氏滅亡の後に大石氏が椚田城に入って長井領（横山荘）を支配したと黒田氏の考えられる永正《えいしょう》元年（一五〇四）から、殿ヶ谷戸に御岳神社が創建されたと伝えられる天文二年（一五三三）までの間ということになりますが、この間以降にも、定久はかならずしも殿ヶ谷戸に常駐してはいなかったと思われます。浄福寺《じょうふくじ》城ないし滝山城を拠点として四方に目配りする大石氏の棟梁《とうりょう》として、定久は由木の地では松木台の大石屋敷跡に弟の信濃守《しなののかみ》宗虎《むねとら》（定基《さだもと》）を居住させ、また土着の由木氏の末裔等を配下に収めることによって、地域の実際の支配に当たらせたのでしょう。事実、多摩ニュータウン工事にともなう遺跡発掘によって、松木台の大石屋敷跡からは櫓《やぐら》や濠《ほり》を含む中世武将の居館としての遺構が発掘されているのに対して、永林寺の寺域には攻撃と防禦の機能を想定させる構造は、ほとんど存在していなかったようにみえます。つまり多摩丘陵に四方をとりかこまれた由木の里が、南関東の広い領域支配を左右する拠点としてはあまりにも閉鎖的で、激動する戦国時代の政治・軍事情勢を主導する権力中枢としては、さほど重要視されなかったということと考えられます。

大石氏を支配下におさめた後北条氏にとってはこのような事情はより明らかで、逆に多摩の横山の山中に壮麗な永林寺の伽藍を誇示することによって、後北条氏の権勢をこの地方の領民に納得させる精神的な中心を築こうとしたのでしょう。氏照の父氏康《うじやす》も氏照が大石道俊の嗣子《しし》綱周《つなちか》の養子となって間もなくの永禄《えいろく》三年（一五六〇）に、小田原市の北方の南足柄郡《みなみあしがらぐん》にある曹洞宗の大寺最乗寺《さいじょうじ》の七堂伽藍を修理しており、永林寺の本寺とされる所沢市の永源寺《えいげんじ》も、大石定久の父定重《さだしげ》によって臨済宗建長寺派として開創されましたが、永林寺の開山と同じ一種長純《いっしゅちょうじゅん》を中興開山、北条氏照を中興開基として曹洞宗の寺院になったといわれます。

大石氏による永林寺の創建については、さきの永林寺古文書が伝える以上のことはわかりません。それでは、『風土記稿』が記していたような北条氏照による永林寺の伽藍再営は、いったいいつ頃に行われたのでしょうか。加藤哲《かとうあきら》氏の「後北条氏の宗教政策――武州八王子領の場合――」（『北条氏照と八王子城』八王子郷土資料館・一九九〇）によれば、氏照は永禄《えいろく》二年（一五五九）頃に滝山城に入った後、旧大石領の継承者として八王子領の経営に当たり、まず領内の主要な寺社に寺社領や弥宜《ねぎ》職を安堵《あんど》し、棟別銭《むねべつせん》（建物の棟ごとに課した税金）を免除するなどによって支配力を浸透させていったといわれます。そして永禄九年（一五六六）には元八王子にあった廃寺の神護寺《じんごじ》を牛頭山寺《こずさんじ》（のちの宗関寺《そうかんじ》）として再興し、大石定久の子の碧山瑞泉《へきざんずいせん》の師である仏国普照禅師《ぶっこくふしょうぜんじ》（随翁舜悦《ずいおうしゅんえつ》）を開山に招いて、曹洞宗の寺として復興しています。それは氏照の個人的な信仰であったと同時に、領国支配に寺社の持つ権威を再生利用したものでもありました。氏照は天正《てんしょう》一〇年（一五八二）頃から元八王子の神護寺山に大がかりな八王子城の築城をはじめますが、伝えられるような氏照による永林寺の伽藍再営はおそらくそれ以前のことで、氏照による八王子領支配の発展期といわれる永禄八年（一五六五）から天正一〇年の間、さきの中山家範の年齢を考えればむしろその間の末期であったのではないかと思われます。

「木曽大石系譜」の伝承では、北条氏康の次男である氏照は大石定久の養子となって、その娘比佐《ひさ》を妻としたといわれます。そして氏照は二一歳の永禄三年（一五六〇）には、定久の末子で六歳年長の定仲《さだなか》を自分の養子として大石家を譲り、北条姓に復したとされています。数多く残された氏照の書状の中でも、大石姓を用いたのは永禄四年三月三日に書かれた加藤駿河守虎景《かとうするがのかみとらかげ》宛の一通（大石源三氏照・花押《かおう》）だけといわれています（『大石氏史跡調査研究会調査報告書』一九七二）。それでも結果として大石・北条氏は、由木氏館を継承する殿ヶ谷戸の永林寺を通して、由木の里にそれまで存在しなかった曹洞禅宗を導入し、かつては末寺二〇か寺を数え、禅僧の養成機関もそなえた禅仏教布教の拠点に結実させて、現在までその影響を持続させることになりました。

消えた光明院と住吉神社

天文《てんぶん》二年（一五三三）に大石定久が滝山城の守護神を勧請《かんじょう》して創建したと伝える殿ヶ谷戸の御岳神社について、さきにみたように『新編武蔵風土記稿《しんぺんむさしふどきこう》』はこれを上・下柚木村の鎮守としながら、その別当寺を同じ殿ヶ谷戸の永林寺ではなく、南西一・五キロも谷を越えた宮郷《みやごう》の光明院《こうみょういん》であるとしていました。江戸時代初めの元和《げんな》三年（一六一七）の御岳神社改築の棟札《むなふだ》も、「遷宮導師《せんぐうどうし》下柚木村光明院」と記されていたといいます。『風土記稿』によればその光明院は、大石氏の高月城《たかつきじょう》に近い高月町の天台宗円通寺《えんつうじ》の末寺で、創建の年代はわからないが、本堂は三間に六間、境内は八一坪の小さな寺であったようです。そしてこの光明院の地続きに社地二、五〇〇坪の住吉神社があり、光明院はこの住吉神社の別当寺でもあったそうです。『武蔵名勝図会《むさしめいしょうずえ》』には、「この社地ならびに別当光明院のあたりすべて民家のあるところを小名《こな》宮郷とぞ唱えければ、この神社は古《いにし》えの村内の鎮守にて、（中略）由木氏の勧請《かんじょう》せし社頭にして、宮郷の地は古えの社領なるべし」と書かれています。

江戸時代末期の文献にこのように記録されている光明院と住吉神社は、今はまったく姿を消していますが、二〇一一年二月に、宮郷の田倉義一《たくらぎいち》氏に教えられてその跡地をたしかめることができました。それは京王線南大沢駅から八王子駅行等のバスが北上して、由木街道につき当たる所の大田平《だいだびら》橋から大栗川を渡った西北二〇〇メートルほどの山中で、野猿峠から東南東へ、北側の殿ヶ谷戸の谷筋と南側の中山川にはさまれてゆるやかに高度を下げて連なる多摩丘陵の、舌状の台地のほぼ南端にあたります（写真30）。住吉神社の跡は、大栗川北岸の平地より五〇メートルほど高い丘陵の肩にあり、一面に篠竹《しのたけ》が密生する一〇〇坪ばかりの平地の中の、二かかえもある山桜の大木の根元に、わずかに小さな石の祠《ほこら》が一つのこされていました（写真31）。

田倉氏の話では、昔は社殿があって近隣に氏子もいましたが、大正一二年（一九二三）に神社を廃して殿ヶ谷戸の御岳神社に合祀《ごうし》することを決め、社地は私有地になっているということです。かつての別当寺であった光明院はその下の平地にあったそうですが、これも同じ頃に廃寺となり、跡には民家が建っているといいます。そして住吉神社跡地の左手の畑地の隅に小さな墓地があって、江戸期のものと思われる僧侶の卵塔《らんとう》二つなど、数基の墓石が残されています。現在の殿ヶ谷戸の御岳神社に祭神《さいじん》の日本武尊《やまとたけるのみこと》とともに、相殿《あいでん》に中筒男命《なかつつおのみこと》を祭神とする住吉大神が祀られているのは、そのような経緯であったようです。

写真30　宮郷の住吉神社旧地

　この地方の住吉神社といえば、片倉城の鎮護のため長井道広《ながいどうこう》（法号）が南北朝時代の応安《おうあん》五年（一三七二）に、大阪の住吉神社を勧請したという例が知られていますが、同人とされる長井高乗《こうじょう》が応永《おうえい》元年（一三九四）に初沢町《はつざわまち》に開基した高乗寺《こうじょうじ》の境内にも、住吉社が祀られています。さらに『風土記稿』にあたってみますと、長井氏が山田町に開いた広園寺《こうおんじ》の末寺が、大石氏の浄福寺城《じょうふくじじょう》の築かれた上恩方村《かみおんがた》に六か寺もあり、村内には永享《えいきょう》一二年（一四四〇）創建のものなど三社の住吉神社があるとされていますが、その経緯はまったく不明ながら、往時の長井氏支配

写真31　住吉神社旧社殿地

の痕跡を示しているように感じられます。そして由木地域でも東中野の熊野神社に境内社として住吉社が祀られており、下柚木宮郷の例とともに、これが『武蔵名勝図会』のいうような由木氏の勧請によるものなのか、あるいは長井氏支配の遺物であるのか、消え去った由木の歴史を解く一つの、小さな鍵が秘められているように思われます。

　上柚木地区と下柚木地区は互いに飛地があったり、その境界は複雑に入り組んで隣接しています。それは土地の所有関係がかなり固定した江戸時代の初期に幕府旗本《はたもと》等の知行地《ちぎょうち》として二分されたためで、『皇国地誌《こうこくちし》』はその時期を宝永《ほうえい》四年（一七〇七）としています。しかし幕府が慶安《けいあん》二・三年（一六四九—五〇）に調査した『武蔵田園簿《むさしでんえんぼ》』でもすでに上・下に分かれていますから、分割はそれ以前と考えるべきでしょう。それらは、本来は由木氏の本領として一体のものでした。その中で宮郷は、鑓水川と中山川が合流して大栗川となる栗元《くりもと》の地の北側にあたり、由木郷の中心地であったのではないかと考えられます。

そして『風土記稿』が上柚木村について記す中にも、気になる部分があります。上柚木村にも同名の宮郷の小名《こな》があり、それは村の東部にあるといいますから、本来は下柚木村西部の宮郷と一体のものであったはずです。そこに現在もある曹洞宗の西光寺《さいこうじ》は、もとは門外に建っていた山王社《さんのうしゃ》の別当寺で、その山王社は室町時代の応永《おうえい》二九年（一四二二）に、時の地頭細田河内守忠次が軍守護のために建立したものと記されています。そして忠次の子孫の細田某《それがし》（天正一七年・一五八九没）が瀧山城主大石某（定久嗣子の憲重《のりしげ》か）の家老《かろう》であったとき、永林寺の第二世照室恵鑑《しょうしつえかん》（一五六五―七四在住）を開山として西光寺を開創し、先祖が祀った山王社の別当寺としたとされています。つまり上・下柚木村が一体であったときの宮郷には、住吉神社と山王社の二つの神社と、それぞれの別当寺である光明院と西光寺の二つの寺があったということになります。

鎌倉時代初期の建暦《けんりゃく》三年（一二一三）の和田合戦で横山党は潰滅的に敗北し、横山荘は大江広元《おおえひろもと》に与えられていました。「真覚寺縁起《しんかくじえんぎ》」にあったように、南北朝時代にも大江建長《おおえとしなが》など大江・長井氏の部将が殿ヶ谷戸の由木氏館跡を拠点に、由木郷一帯を支配していたと考えられます。飛躍した仮説かもしれませんが、ここに住吉神社を勧請して宮郷という社領を設けたのは、『名所図会』が想定する由木氏ではなく、その後に入った支配者の長井氏であったのではないでしょうか。新来の長井（大江）氏は旧支配者の殿ヶ谷戸の居館を占拠し、その南方の由木郷の中心地に、片倉城の守護神と同じ住吉神社を創建してここをその社領の宮郷とし、新支配者の権威を示そうとしたように思われます。

一方、南北朝時代の後期に武蔵守護代として北方から勢力を拡大してきた大石氏は、おそらく⑧憲重《のりしげ》が応永《おうえい》二三年（一四一六）の上杉禅秀《うえすぎぜんしゅう》の乱《らん》で、鎌倉公方《くぼう》を助けて反乱勢の鎮圧に貢献した功によって相模大住郡《おおすみぐん》（伊勢原・平塚・秦野）の八郷を与えられた頃から、船木田新荘の一部である由木郷にも部下を地頭として送りこみ、それが細田忠次であったのではないでしょうか。彼は殿ヶ谷戸を中心にまだ支配力を維持していた長井氏と対決することなく、住吉社と同じ尾根の四〇〇メートル西に大石勢の守護として山王社を建てた。その後、長井氏が滅亡した永正《えいしょう》元年（一五〇四）以後に、殿ヶ谷戸の館は大石氏の地域支配の象徴として位置づけられ、その南方の宮郷の地には大石氏によって、前代の支配者が創建した住吉社の別当寺として、高月村円通寺末の光明院が建てられる。

そして永正一八年（一五二一）に定久の父⑫定重が滝山城に入り、大永《だいえい》四年（一五二四）頃から後北条氏に従属する立場となるに従って、大石氏の由木地域支配は徐々に強化され、松木台には定久の弟の宗虎《むねとら》（定基《さだもと》）が館を構え、天文《てんぶん》二年（一五三三）には滝山城から勧請された御岳神社が殿ヶ谷戸に建てられて、光明院はその別当寺も兼ねることになった。同時に大石氏の中心勢力は後北条勢の手兵《しゅへい》として関東各地に動員されるようになり、この地域での大石支配の象徴であった殿ヶ谷戸の館は、永麟寺《えいりんじ》（永林寺）として形を変え、ついには氏照の手によって七堂伽藍を整えられていく。以上のような想定を裏付ける確証はありませんが、古代・中世の由木の里の支配者の記録はまことに乏しく、上・下柚木地区にまたがる宮郷の名前の由来や寺社の性格と支配勢力の消長をふくめて、いまなお多くの謎につつまれていると感じられます。

疑われた古文書

以下のことは、あまりはっきり書くことをはばかるべきかもしれませんが、やはり地元の人間として真実が大事と考えられますので、あえて書きとめておきます。『風土記稿』にも載っていることですが、永林寺には天文《てんぶん》七年（一五三八）六月二八日に大石定久が寺（当時は永麟寺《えいりんじ》）の四方の境界（四至《しし》）を定めたという古文書《こもんじょ》の写しが伝来しているとされ、『永林寺誌』にはその写真が載っています。そこに示されている寺地の境は、南は街道（野猿街道より北側にある旧村道）・西は猿丸（野猿峠の頂上）・北は猿川（堀之内の寺沢川）・東は平山街道（下柚木と越野の堺を北に平山方面に通じる道）となっており、文書には日付とともに、「大石心月斎道俊《しんげつさいどうしゅん》」の署名と「判」の文字が書き入れられています。この古文書に従えば永林寺の境内はおよそ二〇万坪となり、『風土記稿』が記している三万三千百六十五坪の六倍の広さ、殿ヶ谷戸から二キロほどの野猿峠まで細長く西方に連らなる山林地をほぼ包み込む形になります。しかし『武蔵名勝図会《むさしめいしょうずえ》』は、猿丸を道俊没後の呼称としていました(三四頁)。

いま一つ永林寺に伝わる定久の古文書といわれるものは、かの川越合戦の二か月後の天文一五年(一五四六)六月二八日付で、本寺である所沢市久米村の永源寺《えいげんじ》の住職に、後に永林寺第二世住職となる当時五一歳の恵鑑《えかん》長老を任命するというもので、同じく「大石心月斎」の署名と花押《かおう》(書判《かきはん》)の記入されているものです。上柚木地区の西光寺の開山で別所蓮生寺の中興開山でもある恵鑑が、永林寺の住職であったのは永禄《えいろく》八年(一五六五)から天正《てんしょう》二年(一五七四)までで、永源寺にはそれ以前まで住職として入院していたということになります。

この二つの古文書について昭和四七年(一九七二)に出された八王子市教育委員会の『大石氏史跡調査研究会調査報告書』は、その筆跡と花押は定久の直筆と著るしく相異し、字体も当時のものとは思われないと指摘しています。植田孟縉《うえだもうしん》の『武蔵名勝図会』もまたこれらの文書を、「本書にあらず、写しなり。直偽いかにやあるべき」とし、奥野高広《おくのたかひろ》氏は『大石氏の研究』(名著出版・一九七五)の中で、天文七年の文書の「文言は当時のものではない」、天文一五年の文書の「花押の形状から見て、後世の人のもののようである」と評していています。大石道俊(定久)の自筆書状の署名はすべて「道俊(花押)」または「真月斎道俊(花押）」で、花押だけのものもありますが、主君である北条氏康《うじやす》が天文一八年（一五四九）七月二一日に彼に宛てた判物《はんもつ》（支配者が自ら花押を書き込んで出した文書）の宛名も、「謹上真月斎」です。信頼できる伝来文書に、「心月斎」と自署された例はみられません。

さらに『風土記稿』は永林寺古文書の三通目として、「甲寅《きのえとら》（天文二三年・一五五四）八月十日」付の「棟別役人足《むねべつやくにんそく》」という、北条氏照《うじてる》の判物を載せています。その内容は永林寺門前の末寺等に七人の人足役を命じたものですが、この年には氏照はまだ一五歳で藤菊丸《とうきくまる》と名乗っており、定久の嗣子綱周《つなちか》が小田原城に父親の北条氏康《うじやす》を訪ねて彼を養子に迎える話を決めたとされるのは、翌年の弘治《こうじ》元年の夏のことでした。この永林寺の古文書は数多い氏照文書の中でも突出して早い時期にあたり、須崎克彦《すざきかつひこ》氏はその「文字が全体に弱々しく、花押も後期のものに似せて書かれているとして、これを「偽文書《にせもんじょ》である」と断定しています（『北条氏照の大石入嗣の時期についての研究』一九八五）。史料の乏しい時代の古文書は貴重ですが、これらの三つの「古文書」から歴史を復元しようとすると危険だということを、真実を第一義とする研究者から指摘されている点に、残念ながら留意することが必要と思われます。

2、戦国時代末期の大石氏とその群像

小田原北条氏にとりこまれる名族大石氏

源氏の木曽義仲《きそよしなか》を祖先として信濃国に発祥し、一四世紀の南北朝時代から武蔵守護代《しゅごだい》など関東管領《かんとうかんれい》上杉氏の重臣の立場で発展した大石氏は、一三代目の定久《さだひさ》（道俊《どうしゅん》・一四九一―一五五三頃）が当主の戦国時代末期に、北上して南関東に勢力を延ばす小田原北条氏に降り、その配下におかれるようになります。これにともなって滝山《たきやま》城主の定久は出家して道俊の法号を名のり、養嗣子の綱周《つなちか》（憲重《のりしげ》）は北条氏康《うじやす》の二男氏照《うじてる》（一五四〇頃―九〇）を養子に迎え、大石氏の棟梁の立場を譲ります。そして道俊の子や孫の世代には、後北条家譜代《ふだい》の家臣を後継ぎに受け入れて伝統ある名家の主体性をさらに失っていくことになります。

さきの「殿ヶ谷戸の昔語り」でもふれましたが、殿ヶ谷戸の伊藤家に伝来する「木曽大石系譜」を、栗原仲道《くりはらちゅうどう》氏が『大石氏の研究』（名著出版）の巻末に翻刻《ほんこく》して載せた資料と同氏の修正版を要約した「大石氏略系図」（二五六頁）について、さらに一部を著者の見解によって改変して、後期の大石氏の系図をまず掲げておきます。

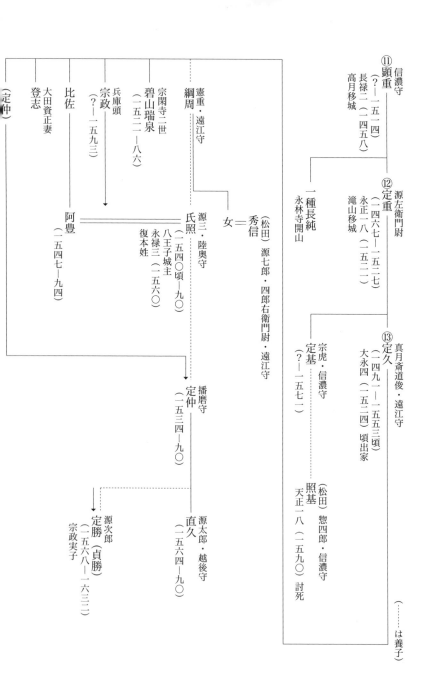

（……は養子）

⑪顕重　信濃守
（？—一五一四）
長禄二（一四五八）
高月移城

⑫定重　源左衛門尉
（一四六七—一五二七）
永正一八（一五二一）
滝山移城

一種長純
永林寺開山

⑬定久　真月斎道俊・遠江守
（一四九一—一五五三頃）
大永四（一五二四）頃出家

定基　宗虎・信濃守
（？—一五七一）

照基　（松田）惣四郎・信濃守
天正一八（一五九〇）討死

秀信　（松田）源七郎・四郎右衛門尉・遠江守
女＝秀信

綱周　憲重・遠江守

氏照　源三・陸奥守
（一五四〇頃—九〇）
八王子城主
永禄三（一五六〇）
復本姓

碧山瑞泉　宗閑寺二世
（一五二一—八六）

宗政　兵庫頭
（？—一五九三）

比佐

阿豊
（一五四七—九四）

登志　大田資正妻

（定仲）

定仲　播磨守
（一五三四—九〇）

直久　源太郎・越後守
（一五六四—九〇）

定勝（貞勝）　源次郎
（一五六八—一六三二）
宗政実子

大石道俊（定久）

下柚木永林寺の開基と伝えられる大石定久《さだひさ》の名は「確実な史料にはみえない」として、『戦国人名辞典』（吉川弘文館）や『後北条氏家臣団人名辞典』（東京堂出版）は大石道俊《どうしゅん》の名でこれに解説しています。一方「系譜」では、延徳《えんとく》三年（一四九一）に生まれ、幼名を丑丸《うしまる》、通称を歴代当主が用いた源左衛門尉《げんざえもんじょう》、本名を定久として、大永《だいえい》七年（一五二七）に父定重《さだしげ》の死によって家業を継いだとあります。そこでは、祖父の顕重《あきしげ》は長禄《ちょうろく》二年（一四五八）に所沢市の滝《たき》の城《じょう》から八王子市高月《たかつき》町の高月城《たかつきじょう》に移り、父の定重《さだしげ》は永正《えいしょう》一八年（一五二一）にこの高月城から東南二キロの滝山城《たきやまじょう》に移ったとされていますので、定久は高月城の中か、おそらくは大石氏の平時の居館があったといわれる山すその天台宗円通寺《えんつうじ》のあたりで生まれ育ち、三〇歳頃からは滝山城を拠点として各地に活躍していたと考えられます。

三七歳の大永《だいえい》七年一二月に家業を継いだとされていますが、さきに述べたようにその二年前の大永五年（一五二五）一二月には、子息憲重《のりしげ》とともに下恩方《しもおんがた》の浄福寺《じょうふくじ》を大檀那《おおだんな》として中興しており、棟札《むなふだ》の名前はすでに出家していることを示す「大石源左衛門入道道俊」となっています。この寺の裏山には浄福寺城があり、「大石系譜」では道俊の六代前の信重《のぶしげ》が南北朝時代の至徳《しとく》元年（一三八四）に築城（案下城《あんげじょう》とも呼ぶ）して住んだとされ、道俊はこれを改築して滝山城の支城としたわけでしょう。彼が晩年に隠居したのも、「系譜」のいうあきるの市の戸倉城《とくらじょう》ではなく、この浄福寺城であったという説（『八王子事典』）もあります。

道俊は天文《てんぶん》一七年（一五四八）には小田野新右衛門尉《おだのしんうえもんじょう》に由木の別所谷と堀之内の本領支配を承認するなど、天文二一年（一五五二）までは埼玉県や多摩地方・相模北部などで支配力を保っていた様子がうかがえます。この道俊による小田野氏の本領安堵《あんど》は、土着の豪族小田野氏に対して、以後は大石氏に服属しながら局地的な支配権を承認するということでした。

道俊は弟の宗虎《むねとら》（晩年に定基《さだもと》と改名）を小田野屋敷と目と鼻の松木台の館に住まわせて小田野氏の上位に置き、大石氏の領国支配の網の目の中に由木の地域を取り込んでいきます。

しかし同時に、道俊五九歳の天文一八年（一五四九）とみられている七月二一日付の北条氏康《うじやす》から真月斎《しんげつさい》（道俊）あての書状は、大石氏が北条の配下に組み入れられていたことをはっきりと示しています。氏康は使者にこの書状と、贈り物として中国から輸入された唐紙《からかみ》百枚などを持たせて与えながら、自分が三日以内に秩父方面の反北条勢力の制圧に出陣することを道俊に予告して、軍勢を揃えることは大儀であるけれども、しっかり用意しておくことが肝要であると、有無を言わせない口調を交えながら命令しています。また、その二年後の天文二〇年（一五五一）、道俊六一歳の九月六日にあきるの市の広徳寺《こうとくじ》に与えた寺領安堵《じりょうあんど》の判物《はんもつ》（直書《じきしょ》）には、道俊の署名にあわせて後北条氏の領国支配を象徴する虎朱印《とらしゅいん》が押印されていて、大石氏の領国支配は北条氏の承認のもとで実行されるようになっていたことを示しています。

道俊は翌天文二一年八月一九日付で、恩方・案下《あんげ》の熊野宮《くまのぐう》の弥宜《ねぎ》職を安堵する判物を残し、『関東古戦録』によれば、天文二二年（一五五三）八月に関東に出兵した上杉謙信《うえすぎけんしん》に対して、北条氏康が小田原を発進したことを道俊が飛札《ひさつ》（急ぎの手紙）で知らせたとありますから、彼はすくなくともその年の六三歳までは存命したと認められるでしょう。また彼が後北条氏に全面的に屈伏していたわけではないことも推察されます。しかし道俊の死後、後北条氏は氏照を大石宗家《そうけ》の後継者に位置づける形をとりながら、小田原譜代《ふだい》の家臣をその領国にさし向けて、実質的な支配権を掌握していくことになります。

その結果、滝山城や後の八王子城を舞台とする後北条氏対甲斐《かい》の武田・越後《えちご》の上杉、そしてついには天下を手中にしようとする豊臣秀吉との覇権争いの中で、由木氏・大石氏の旧臣をはじめとするこの地方の武士や民衆は悲惨な運命にまきこまれていきました。そのような激動する歴史の流れの変り目の焦点に、大石道俊がいたことは間違いないでしょう。その一方で道俊は、叔父の一種長純和尚《いっしゅちょうじゅんおしょう》を殿ヶ谷戸に招いて永麟《えいりん》（林）寺《じ》を開き、それは後北条氏の後援をうけてこの地域屈指の名刹《めいさつ》として今日に残されることになりました。史実として不明の点を多く残しながらも、大石道俊は戦国時代の由木の歴史の中に、もっとも強く銘記されるべき人物の一人であったといえましょう。道俊の最後についても確定的なことはわかりませんが、永林寺境内には江戸時代末期の文化八年（一八一一）に子孫の片野氏が建てた墓碑が伝えられています（口絵28）。

大石綱周《つなちか》と二人の養子——氏照《うじてる》と秀信《ひでのぶ》

大永《だいえい》五年（一五二五）一二月の浄福寺《じょうふくじ》棟札に道俊の子息として名前が見えていた憲重《のりしげ》は、同年五月の島根県大田市南八幡宮の経筒《きょうづつ》の銘文には、「大石源三朝臣《げんざあそん》憲重」と記されており、源三を当主の通称とする駿河守家《するがのかみ》からこの年に道俊の養子に迎えられたと考えられます。そして二八年後の天文《てんぶん》二二年（一五五三）一二月の長房《ながふさ》町白山神社の棟札には、「大檀那《おおだんな》大石源左衛門尉縄周《げんざえもんじょうつなちか》」と記されており、源左衛門尉は大石総領家の当主の通称名ですから、この時点で憲重はすでに北条氏康《うじやす》の父氏綱《うじつな》の一字を与えられて綱周（綱と縄は同じ）と改名しており、後北条氏の配下として道俊の後継者の役割を果たしていたことが示されています。

『異本小田原記』には、弘治《こうじ》元年（一五五五）に大石綱周が小田原城の北条氏康のもとに滞在して、花見の宴で上総《かずさ》（茨城県）の結城政勝《ゆうきまさかつ》と和歌を詠んだとありますが、このときの談合で北条氏から後継ぎを迎えることを決め、その年内に氏康の二男藤菊丸《とうきくまる》（氏照）を婿養子に迎えて、自身はあきるの市の戸倉城に隠居したといわれます。これによれば、氏照を養子にしたのは大石綱周（憲重）であり、その時期は弘治元年の氏照一六歳の時ということになります。

綱周の伝えられる事蹟は、近在にいくつかの寺を開基し、神社を中興したという程度ですが、男の子供はなかったといわれ、妹比佐《ひさ》の娘阿豊《おとよ》（一五四七―九四）を養子として氏照にめあわせ、氏照を婿養子にしたと考えられています。氏照は養父の旧名の大石源三《げんざ》を名のって滝山城に入り、永禄二年（一五五九）一一月一〇日にはあきるの市三島神社の弥宜《ねぎ》に奉行《ぶぎょう》（命令を執行する家臣）の布施《ふせ》・横地《よこち》氏から朱印状《しゅいんじょう》を出させて、大石時代と同様に北条氏のもとで働くように命じています。しかし北条家当主の近親として氏照の責任や活動範囲は広く、永禄三年（一五六〇）には早くも道俊の末子で六歳年長の定仲《さだなか》をみずからの養子として大石氏の家督を譲り、北条姓に復帰したと「大石系譜」は記しています。氏照が発行した数多い文書の中で大石源三氏照と直筆した唯一のものは、翌永禄四年（推定）三月三日付のものですから、氏照の北条復姓はそれ以後であったのかもしれませんが、書状の相手が八王子に近い上野原城の城主であったため、通りのいい名前を使ったにすぎないとも考えられます。いずれにしても氏照の大石氏への婿入りは短期間のもので、この地方への大石氏の伝統的な支配力を北条方にとり込むための方便にすぎなかったのか、あるいは黒田基樹《くろだもとき》氏の主張されるように大石氏の安定的な存続を図ろうとしたものか、見解は分かれると思われます。

この綱周に関する伝承として、『大石氏史跡調査研究会調査報告書』は『甲陽軍鑑《こうようぐんかん》』の伝える一つの史話を記しています。『甲陽軍鑑』は甲斐武田氏の軍学書で、江戸時代はじめの元和《げんな》年間（一六一五―二四）に成立したとされますが、永禄一二年（一五六九）一〇月八日の相模国三増峠《みませとうげ》の合戦で武田信玄《たけだしんげん》と北条氏照の軍が戦った時、めざましく戦う北条勢の一武者を信玄が目にとめて、このままでは討死するであろうから生け捕りするようにと子の勝頼《かつより》の軍に命じ、とらえた武者の名を聞くと、「北条陸奥守《むつのかみ》（氏照）内、大石遠江《とおとうみ》」とこたえ、彼は三年間甲州にとらわれた後、北条方に返されたということです。この「大石遠江」が憲重（綱周）であることは、明治初年の『皇国地誌』でも認められており、彼は源左衛門尉を通称とする総領家当主の官途《かんと》の遠江守を名のっていたことがわかります。

　北条方にとりこまれていく時代の大石氏の棟梁として、綱周はいま一人の北条勢出身者を養子に迎えています。『後北条氏家臣団人名辞典』の大石秀信《ひでのぶ》の項は、『異本小田原記』を次のように引用して綱周の二人目の養子を紹介しています。

　　松田筑前守《ちくぜんのかみ》三男源七郎、是《これ》八王子大石遠江守といふ人、三増合戦に甲州に生け捕られ、その跡に女子一人ありしかば、氏康の御意《ぎょい》にて彼《かの》源七郎を大石の婿として其跡《そのあと》を継がしめ大石四郎左《（右）》衛門と申す。

『甲陽軍鑑』では大石遠江守は永禄一二年一〇月の三増峠合戦で武田方に生け捕られ、三年後に北条方に戻されたとありました。その間の元亀《げんき》二年（一五七一）の一〇月三日には、北条氏康は亡くなっています。そして氏康の二男氏照をかつて養子とした遠江守綱周は、すでに一二年前に婿殿に去られ、大石家の当主には末弟の定仲《さだなか》が氏照の養子の立場で就いています。北条氏にしてみれば松田源七郎の大石入婿は、有力家臣を用いて氏照の去った後の大石氏の掌握を継承するという方策であったのでしょう。綱周が婿養子を入れてみずからは戸倉城へ隠居したと伝えられるのは、三増合戦の伝承からすればその後の元亀三年（一五七二）以降のことであったと思われますが、綱周のその後については明らかでありません。『風土記稿』は下恩方村の浄福寺近くの城光院《じょうこういん》の開基を大石憲重としてその戒名を記していますが、綱周はその地で亡くなったとも想像されます。

大石綱周の二人目の養子、大石四郎右衛門尉秀信《しろうえもんじょうひでのぶ》となる松田源七郎の名前は、天正《てんしょう》六年（一五七八）に後北条四代当主氏政《うじまさ》の使者として、彼が古河公方《こがくぼう》の足利義氏《あしかがよしうじ》のもとに派遣された時の記録に見られ、そこではまだ「松田四郎右衛門尉」と記されています。彼が大石と名のっている最初の文書は、天正一二年（一五八四）と推定されている四月二七日付の書状で、「北条陸奥守内　大石四郎右衛門尉」と署名した、栃木県小山城《おやまじょう》での天野宮内右衛門《あまのくないえもん》の戦功を賞したものです。その三年後の天正一五年正月五日の氏照朱印状《しゅいんじょう》では、彼は横地与三郎《よこちよさぶろう》・狩野刑部大輔《かのうぎょうぶたいふ》と並ぶ奉書人《ほうしょにん》（主命をうけて文書を書いて発行する者）の筆頭者として、奥多摩小河内《おごうち》の地侍《じざむらい》杉田清兵衛《せいべえ》に対して、その一二歳の子供を人質《ひとじち》として八王子城に差し出すように厳命しています。この頃から後北条氏は豊臣秀吉との決戦を予測して、必死にその対応の準備を進めていました。その中で大石四郎右衛門尉秀信は八王子城主北条氏照の重臣として、重要な役割を果たしていたことがわかります。八王子城は秀吉勢の攻撃によって天正一八年（一五九〇）六月二三日に落城しますが、その前後の秀信の動向は伝えられておらず、その子孫も不明です。

氏照の妻・阿豊《おとよ》

小田原北条氏の三代目当主氏康《うじやす》の二男として天文《てんぶん》九年（一五四〇）頃に生まれ、天正《てんしょう》一八年（一五九〇）七月に小田原城外で自刃《じじん》して果てた氏照《うじてる》は、一六歳で大石綱周《つなちか》の養子となり、五年後には北条氏に復姓していたと考えられます。氏照が生まれる二年前に彼を大石定久（道俊）の養子になったと記している「大石系譜」は、定久の娘比佐《ひさ》を氏照の妻としていますが、氏照がその年齢にふさわしく定久の養嗣子綱周の養子であったと考える場合、比佐は義理の叔母にあたり、はるか年長の比佐が氏照の妻であったとは考えられません。それではいったい誰が大石氏の女性として、氏照の妻の座に実際にあったのでしょうか。

氏照が主導して築城し、豊臣秀吉勢の攻撃によって天正一八年（一五九〇）六月二三日に落城した八王子城趾の山麓にある曹洞宗宗閑寺《そうかんじ》は、かつて氏照が古来の神護寺《じんごじ》を再興して牛頭山寺《ごずさんじ》とし、それが八王子落城の際に焼失した跡に、川口町楢原《ならばら》出身の随翁舜悦《ずいおうしゅんえつ》が氏照の戒名（透岳宗閑居士《とうがくそうかんこじ》）から寺名をとって、文禄《ぶんろく》元年（一五九二）に建立したものといわれます。その舜悦が寛永《かんえい》年中（一六二四―四四）に記したという宗閑寺の「古記録」が『新編武蔵風土記稿』に載っており、その中に氏照の妻とされる女性に関する記述（原漢文）があって、すこし長い文章ですが、およそ次のようなことが書かれています。

月宵峰暉窓祐晃尼《げっしょうほうきそうゆうこうに》という戒名の庵主《あんじゅ》（尼僧）は、俗名を阿豊《おとよ》といい、武蔵国の大石氏の出自で、牛頭山寺第二世碧山瑞泉禅師《へきざんずいせんぜんじ》の妹である。若くして北条氏照の正妻となったが、世俗を望まず仏教を求め、館《やかた》の外に別堂を作って、常に舜悦《しゅんえつ》を招き、永林寺開山の一種長純《いっしゅちょうじゅん》や桂厳禅師《けいげんぜんじ》などの名僧にも教えをうけ、坐禅の修行をした。

豊臣秀吉の八王子城攻撃で親族が逃散したとき、数人の従者とともに秩父郡に逃れ、剃髪《ていはつ》して尼となってますます修行にはげんだ。ある夜、風雨が扉を吹き倒す音をきいて豁然《かつぜん》として悟りを開き、牛頭山《ごずさん》に舜悦を訪ねてその境地を述べ、印可《いんか》（悟りを開いたことを師僧が認める）された。やがて八王子村の東南の隅にある月宵峰に庵《いおり》を結んで庵主となった。

ある日、庭を掃《は》いているときに徹《てつ》という修行者がきて、

「お師家《しけ》（禅の師匠）さんは学人《がくじん》（修行者）に対して、どのように導くのですか」と問

うた。

尼は「そんなものは破いてしまったよ（形などにとらわれないで、全身心で修行しなさい）」

徹いわく、「どうすればいいのですか」

尼は箒子《ほうき》で打った。

また、ある僧が来た。茶のみ話のついで、尼は茶碗を挙げて、「これは死句《しく》か活句《かっく》か」、つまり、「今ここに茶碗があるという事実を目にして、仏の教えである諸法実相《しょほうじっそう》（すべてのものは直実のすがたを示している）の真理を悟るのか悟らないのか」と聞いた。

僧は答えることができない。

尼はすぐに鉄火箸《てつひばし》をとっていう、「あんたの気脈《きみゃく》（真理をさとる心の道すじ）はどこにあるの」

ただちに僧を追い出した。

尼の住む庵が壊れ、雨は漏り風が吹き込んできても、気にかける様子はない。旧臣たちが相談して修理しようとしても、尼は「夢の中のように無常な世の仮住居を、なんで造り改めなければならないの」といって、ついに従わなかった。文禄《ぶんろく》三年八月二十三日、坐禅したまま亡くなった。年齢は四十八歳であった。

かつて利心道人《りしんどうにん》という人が尼の肖像を写して、建長寺《けんちょうじ》の天叟禅師《てんそうぜんじ》に賛《さん》を求めた。それは次のように書かれていた。

身現婦女　心叶天真　未窮山頂　転鉄磨輪　草庵結磐　無蹤跡処

「古記録」の最後に載る賛は、一部の語順を原文と変えていますが、その詠み下しは次のように解されます。

身は婦女と現わし、心は天真《てんしん》に叶《かな》う。いまだ山頂を窮《きわ》めずして、鉄を転じ輪《りん》を磨く。草庵を磐《いわお》に結んで、蹤跡《あと》とする処なし。

「天真」とは人に具《そな》わっている本源の心で、仏性《ぶっしょう》とも自性清浄心《じしょうしょうじょうしん》ともいいます。「山頂」は悟りを指し、「転鉄磨輪」とは堅固な意志をもって仏法を学ぶということでしょう。「没蹤跡《もっしょうせき》」という俗世界に跡かたを残さない仏教者の理想の生き方をいう言葉がありますが、天叟も阿豊が禅の悟りに徹して、そのような生き方を貫いたことを認めたのだと考えられます。そしてこの舜悦の記録と天叟の賛に示されていたのは、累代《るいだい》の武家である大石氏に生まれて、北条氏照の妻となりながら、俗界のとらわれをみずから絶ちきり、仏道におのれの真実に生きる道を貫いて短い生涯を終えた、いさぎよい戦国女性の姿でありました。

この「古記録」でも、氏照の妻は定久の娘とされていますが、文禄三年（一五九四）に四八歳で亡くなっているということは、生まれたのは天文《てんぶん》一六年（一五四七）ということで、定久は晩年の五七歳、その末子とみられる定仲《さだなか》より一三歳若いということになってしまいます。一方、定仲の姉比佐《ひさ》が弟より数歳の年長であったとすれば、天文一六年に女子を生んでいたとしても不自然ではありません。比佐の夫とすべき人物は不詳ですが、妹の登志《とし》は非常な美人であったといわれ、扇谷《おうぎがやつ》上杉家の重臣太田資正《おおたすけまさ》の後妻となっています。資正は主家が天文一五年の河越合戦で後北条氏に滅ぼされた後も後北条氏と戦い、永禄四年（一五六一）の上杉謙信の小田原攻めにも参加したといわれますが、そのような人物に娘をめあわせた定久の、旧主上杉氏と新支配者後北条氏の間にたった微妙な立場がうかがわれます。氏照が綱周の養子となったのが弘治元年（一五五五）で五年間大石氏にとどまったとすれば、それは阿豊の九歳から一四歳の時になります。阿豊の場合も叔母登志と同じく、夫氏照との関係はもっぱら両家の政略的なおもわくにほんろうされたものであったと想像されます。

阿豊が庵を結んだという月宵峰《げっしょうほう》は月夜峰《つきよみね》といわれ、元八王子町二丁目にあって現在は共立女子大学のキャンパスになっていますが、『武蔵名勝図会』は、「北条氏照居城のみぎり、この地にて月を賞《め》でしより」名づけられたといい、『風土記稿』も、「北条氏照この地在城の頃、その妻室《さいしつ》この辺に住居せしという」と記しています。すでに北条に復姓していた氏照がいたこの地の城とはいうまでもなく八王子城（口絵24・25）で、峰岸純夫《みねぎしすみお》氏はそれまで根小屋《ねごや》と呼ばれていた小城を、氏照は天正一〇年（一五八二）以降に大改修して滝山城から引き移ったとしています（『多摩歴史叢書3　八王子城主・北条氏照』）。天正一〇年には阿豊は三六歳に達していますが、氏照はその五年後の天正一五年には、豊臣秀吉との将来の対決に備える小田原城の増強のため、狩野一庵《かのういちあん》を八王子城の留守役に命じて小田原に移ったとされています。彼が大石家に入っていたのは短い期間だったわけですが、妻室としての阿豊との関係はこの間の彼の晩年まで断続的に維持されていた可能性が考えられ、阿豊の剃髪出家が八王子落城後、つまり氏照の没後と伝えられるのも、そのことを示していると思われます。氏照は横笛の名手で、城中でも閑な時にはみずから笛を吹いて家臣に舞をさせたといいますが、そのような風流の情景は、阿豊とともに月を賞でた月宵峰でも見られたのであろうと想像されます。

碧山瑞泉禅師《へきざんずいせんぜんじ》

叔父の一種長純を招いて殿ヶ谷戸に永鱗寺《えいりんじ》（永林寺）を開いた定久（道俊）の子に、宗閑寺《そうかんじ》二世となった碧山瑞泉《へきざんずいせん》がいたわけですが、『風土記稿』が記録した宗閑寺の「古記録」には、瑞泉についても師の舜悦《しゅんえつ》の筆によって次のような内容が書かれています。

瑞泉禅師は大石遠江守《とおとうみのかみ》定久の子で、木曽義仲の後裔である。若くして弓馬の術に長じ、また父とともに諸寺に名僧を訪ね、つねに坐禅を好んでいた。二五歳のある日、庭先で弓の修練をしていたとき、「これは世俗の技術にすぎない。どうして無上の仏法を求めないのか」とみずから猛省し、下恩方心源院《しんげんいん》の玉田和尚《ぎょくでんおしょう》について剃髪出家《ていはつしゅっけ》した。そののち十年間諸方を歴参し、心源院にいた随翁舜悦《ずいおうしゅんえつ》に認められて印可《いんか》をうけ、永禄七年（一五六四）に牛頭山《ごずさん》に入った。そこには牛頭天王《ごずてんのう》（祇園天神《ぎおんてんじん》・もとは祇園精舎《ぎおんしょうじゃ》の守護神）を祀る八王子権現《ごんげん》があり、平安時代に開創された神護寺《じんごじ》の廃寺跡であった。やがて瑞泉に帰依する道俗が増えたので、領主の北条氏照は中山勘解由《なかやまかげゆ》に命じて寺を改修させ、瑞泉はここを宗関神護禅寺《そうかんじんごぜんじ》（牛頭山寺）として舜悦を招いて第一世住職とした。天正元年（一五七三）に瑞泉は師の跡を継いで第二世住職となり、天正一四年（一五八六）に六六歳で亡くなった。

ここには、一種長純から定久・瑞泉とつながる大石氏の曹洞禅宗とのかかわりが見られ、その影響は氏照・阿豊まで深くおよんでいたと考えられます。

なお『風土記稿』には、瑞泉の師である随翁舜悦《ずいおうしゅんえつ》の位牌の背面に書かれていたという舜悦の伝記（漢文）も記録されていますが、駒沢大学の『禅学大辞典』はこれを受けて次のように舜悦の略伝を記しています。

舜悦（一五〇七—一六二六）号は随翁・また卜山《ぼくざん》。永正《えいしょう》四年に生まれ、一三歳で山田の広園寺《こうおんじ》に投じ、翌年剃髪受戒《ていはつじゅかい》。塩山向岳寺《こうがくじ》・京の南禅寺《なんぜんじ》・相国寺《しょうこくじ》を歴参、心源院の傑山《けつざん》より印可《いんか》を受く。北条氏照その道望を慕って永禄九年（一五六六）牛頭山宗関寺を興してこれを請《しょう》ず。また北条氏康しばしば小田原の館に招いて法談し、朝廷に奏して紫衣《しい》と仏国普照禅師《ぶっこくふしょうぜんじ》の勅賜号《ちょくしごう》を贈る。（中略）天正一八年夏、牛頭山寺また兵火に罹《かか》る。その間に郡内を巡錫《じゅんしゃく》して宝珠《ほうしゅ》・興岳《こうがく》・信松《しんしょう》等の寺を開き、寛永《かんえい》三年（一六二六）秋、宗関寺に帰り十月二十六日示寂《じじゃく》。世寿《せじゅ》一二〇。

舜悦は川口の楢原《ならばら》村の農家の出身で、多摩が生んだ随一の傑僧といわれます。彼が修行した広園寺から京都の南禅寺・相国寺はいずれも臨済宗《りんざいしゅう》の名刹ですが、三三歳の天文八年（一五三九）に越前の永平寺《えいへいじ》に参じて道元禅師《どうげんぜんじ》（一二〇〇―五三）の『正法眼蔵《しょうぼうげんぞう》』を読んで感激し、曹洞宗《そうとうしゅう》に投じて下恩方《しもおんがた》の心源院《しんげんいん》に入ったといわれます。心源院は文明一六年（一四八四）に大石氏が開創した曹洞禅院でした。「北条氏照は妻の阿豊とともに舜悦を師と仰いで参禅した」（清水利「多摩の禅師たち」『多摩郷土史研究』一九号）という心あたたまる説もあります。台町の信松院《しんしょういん》の開基松姫《まつひめ》尼（武田信玄の四女）も、舜悦に師事したといわれます。そして宗関寺の伝記によれば、舜悦は弟子の瑞泉より四〇年も長生きして、寛永《かんえい》三年（一六二六）に一二〇歳で亡くなったとされています。

大石家を継いだ定仲《さだなか》と二人の男子

「大石系譜」によれば、北条氏照は大石家に養子として入った後、永禄《えいろく》三年（一五六〇）に本姓に戻り、大石定久（道俊）の末子定仲を養子として大石の家督を継がせたとありました。その定仲については、幼名は千寿丸《せんじゅまる》、受領名《ずりょうめい》（国守の官位を名のったもの）は播磨守《はりまのかみ》で、定久四四歳の天文《てんぶん》三年（一五三四）に生まれ、天正《てんしょう》六年（一五七八）に下総《しもうさ》の関宿城《せきじゅくじょう》（千葉県野田市）を氏照から賜ってこれを守り、天正一八年（一五九〇）の一月三〇日に五七歳で没したとされています。

『大石氏史跡調査研究会調査報告書』では、定仲の本拠は父定久が隠居したあきるの市の戸倉城《とくらじょう》でしたが、三九歳の永禄五年（一五六二）には、山内上杉憲政《やまのうちうえすぎのりまさ》から関東管領《かんとうかんれい》職を譲られていた上杉輝虎《てるとら》（謙信《けんしん》）による館林城《たてばやしじょう》攻撃に参加し、天正一七年（一五八九）には上杉謙信の子景勝《かげかつ》の佐渡攻めに援軍として参加するなど、「氏照と養父子関係を結んでいたとはいえ、元来が上杉管領家の重臣であった縁故関係もあって、北条氏一辺倒になり切ることもできなかった」と解されています。八王子城落城の半年前に五七歳で亡くなっていますが、その原因は伝えられていません。

「大石系譜」はまた、定仲には源太郎・源次郎の二人の男子があり、長男の源太郎直久《なおひさ》の母は、綱周《つなちか》の婿養子である大石秀信《ひでのぶ》と兄妹である後北条家重臣の松田頼貞《まつだよりさだ》の娘で、直久は永禄八年（一五六五）に生まれ、天正一八年には伊豆国の獅子浜城《ししはまじょう》（沼津市）に籠って、数カ月、小田原攻めの敵勢を防いだとあります。直久の本城は志木城《しきじょう》（埼玉県）と考えられていますが、すでに天正七年（一五七九）から獅子浜城に配され、豊臣勢の東進を防ぐ最前戦にあって奮闘し、「系譜」が彼の二六歳での没年をただ天正一八年の「五月」とだけ書いているのは、六月の八王子落城、七月の小田原落城に先立つこの月に、直久はここで壮絶な討死をとげたということを示していると考えられます。

弟の源次郎定勝《さだかつ》については、母はこの「系譜」を伝えた殿ヶ谷戸の伊藤家との関連が考えられる伊藤祐重《いとうすけしげ》の娘で、永禄一一年（一五六八）に生まれ、小田原北条氏没落の後は徳川幕府代官の大久保長安《おおくぼながやす》に仕えたとあります。一方、永林寺には大石貞勝《さだかつ》が慶長一〇年（一六〇五）に書いた『当山開基由緒記《とうざんかいきゆいしょき》』が伝わっている由で、これを書いた貞勝はみずからを、定久の三男大石兵庫頭宗政の「次男源次郎貞勝」と記載しているといいます。この『貞勝記』とも呼ばれる文書には父の宗政について、次のように記載されています（『調査報告書』による）。「定久の三男兵庫頭宗政、天正十八年相州小田原の城に氏照と共に籠城《ろうじょう》す、小田原開城後、武蔵国多西郡《たさいぐん》由木郷に蟄居《ちっきょ》す、文禄《ぶんろく》二年（一五九三）八月二十七日卒す」。天正一八年（一五九〇）の六月二三日に八王子城は落城し、七月五日に小田原城も開城となり、その一一日に氏政・氏照の兄弟は城外で自刃《じじん》します。この前後に、小田原籠城の武士や人質として集められたその妻子等は東西南北に散り去ったといいますが、助命された後北条五代当主氏直《うじなお》も、家臣らに仕官《しかん》の自由を保証しています。

そのような中で大石宗政も由木に帰り、おそらく殿ヶ谷戸の永林寺の近在に隠棲したということでしょう。「大石系譜」にない宗政の二男貞勝と、「系譜」に定仲の二男として記されている定勝との関係については、栗原仲道《くりはらちゅうどう》氏が定勝＝貞勝であり、貞勝は本家の定仲の養子となって定勝と改めたとしているのが納得できると思われます（『大石氏の研究』名著出版）。実父の宗政は由木郷で三年の余生を送り、その間に直久を失なってその子定長も浜松に蟄居《ちっきょ》したという本家に二男貞勝を入れて、大石本家の名跡《めいせき》を守ろうとしたのでしょう。その定勝の江戸幕府大久保代官の下での行蹟は不明ですが、その間の三八歳時に祖父定久の伝記を書き、寛永（「系譜」は寛文）九年（一六三二）に六五歳で没したと考えられます。

二人の大石信濃守

「大石系譜」には定久（道俊）と同母の弟に信濃守定基《しなののかみさだもと》があり、子息は宗四郎照基《そうしろうてるもと》と記されています。この信濃守定基について『大石氏史跡調査研究会調査報告書』は、永林寺に伝来する『大石貞勝記《さだかつき》』に次のような記載があると紹介しています。

信濃守定基は遠江守《とおとうみのかみ》（定久）の惣領《そうりょう》（長男）で、内記《ないき》とも称して、武蔵国由儀郷《ゆぎごう》に居住した。元亀《げんき》二年（一五七一）六月八日に亡くなっている。多摩郡越野村普願寺《ふがんじ》の開基である。

『貞勝記』は慶長一〇年（一六〇五）に書かれたものですが、また別に、慶長年間の末頃（—一六二五）に書かれた『永林寺歴住年譜《れきじゅうねんぷ》』では、信濃守定基は定久の二男で信濃守宗虎《むねとら》といい、居城は松木台《まつぎだい》という所で、越野村普願寺の開基とされているということで、いずれも「系譜」より一代後の人となっています。

『新編武蔵風土記稿』の越野村の項を見ますと、大字下根《おおあざしもね》に大石信濃守開基の新義真言宗普願寺《ふがんじ》があり、境内には開基の大石信濃守宗虎の墓である五輪塔があると記されています。そして松木村の項には旧跡として大石信濃守屋敷跡があげられ、「大栗川の南にあたれる山のなだれ（斜面）なり、信濃守は郡中滝山城主にて、永禄のころの人なりという」と書かれています。そのほか堀之内村の項では北八幡神社について、「堀之内・越野・松木三村の鎮守なり、小田原北条氏全盛の頃、大石信濃守宗虎が勧請《かんじょう》せし所なり」と記され、下柚木村の項にある諏訪社《すわしゃ》についても、「山下《やました》にあり、山上の森の内なり、昔大石信濃守建立せし所なりという、わずかなる社なり」とあります。

まず、この大石信濃守は定久（道俊）の弟なのか子なのかということですが、元亀二年（一五七一）に平穏に生涯を終えたようにみえる定基は、定久の嗣子でその二年前に三増峠《みませとうげ》で奮戦し、三年間甲斐の武田勢に捕らわれていたという綱周《つなちか》よりは、すこし年長にみえます。やはり「系譜」にしたがって、定久の弟と考えるべきでしょう。そして次に、この信濃守の名前は定基なのか宗虎が正しいのかという難問がありますが、これらの史料からはどちらとも判断できません。しかし伝えられる事蹟が同じであるからには、やはり定基と宗虎は同一人物であったと考えるべきでしょう。さきの『報告書』も同じ考えをとっていて、「定基が本名で、宗虎は小田原落城後由木に隠居してからの改名ではあるまいか」と述べています。しかし定基が亡くなったのは小田原落城（一五九〇）より一九年前の元亀二年ですから、この見解の後半は明らかに誤りです。

大石定久の場合も、残された文書にみずから書かれている名前は源左衛門（尉）の部分を除けば、すべて道俊《どうしゅん》または真月斎道俊《しんげつさいどうしゅん》の道号《どうごう》で、嫡嗣子憲重《のりしげ》の名前も、後には北条氏にゆかりのある綱周《つなちか》に変わっていました。それは大石氏に対して支配力を強めてきた後北条氏との関係の反映で、綱周は主君となった北条氏綱《うじつな》から一字を授けられて（偏諱《へんき》）改名したものでした。そして、この時代から二五〇年以上後に『風土記稿』が書かれる江戸時代後期まで、由木の地に「信濃守宗虎」という名前で彼の事蹟が口承《くしょう》されていたということは、彼がこの地の支配者として活動した時代には、実際に宗虎の名で仕事をしていたということと考えられます。松木台の信濃守屋敷も、俗に宗虎屋敷と呼ばれていたといいます。

当時、宗虎よりすこし若い人物ですが、小田原城主北条氏康の末子で氏照の弟にあたる氏秀《うじひで》（一五五三？―七九）がいました。彼ははじめ甲斐の武田家に養子に入りましたが、永禄《えいろく》一二年（一五六九）の六月にそれまで対立していた北条氏康と越後の上杉輝虎《てるとら》（後の謙信《けんしん》）が和睦していわゆる越相同盟《えっそうどうめい》が成立し、それまでの武田・北条の甲相同盟《こうそうどうめい》は解消されました。そしてこの年の一〇月に武田信玄《しんげん》は小田原城を攻め、かの三増峠の合戦が行われています。このため氏秀は武田方を去って小田原に戻り、翌年の元亀《げんき》元年（一五七〇）には逆に上杉謙信の養子となって上杉景虎《かげとら》と名のります。養父の謙信の名もはじめは景虎で、ついで政虎《まさとら》・輝虎《てるとら》と名のり、入道して謙信となります。北条氏秀あらため上杉景虎は謙信の死（一五七八）の後、その甥の景勝《かげかつ》と家督を争って天正七年（一九七九）に敗死しますが、その時まで後北条氏の援護を受けていました。

後北条氏の配下とされた定久の弟である大石宗虎の名は、越相同盟のもとで権威を問われる上杉景虎と甲乙つけがたい品格の高い武将名に見えます。推測にすぎない仮説かもしれませんが、大石宗虎が定基と名を変えたのは亡くなる前年の元亀元年のことで、その理由は主筋《しゅすじ》の氏照末弟の上杉景虎と共通する用字をはばかってのことと考えられます。そしてこのような例は古代からしばしばあったことでした。もともと偏諱《へんき》とは天皇や将軍・大名などの実名の一字をいい、臣下はこれを敬ってその字を用いることを避けました。逆に功績のある下臣に主人の名の一字を与えることが「偏諱を賜う」として名誉なこととされ、足利尊氏《あしかがたかうじ》が後醍醐天皇の「尊治《たかはる》」の名前から一字を与えられた例が有名です。

大石定基の名前が用いられたのは従って一年ばかりの間で、このため「大石系譜」や彼の戒名の全文を挙げて格式を整えている『大石貞勝記』など、彼の死後の文献に定基の名前が記録されたものと考えられます。滝山城を拠点として大石領全体を統轄した兄の定久（道俊）に対して、弟の宗虎もまた滝山城内に自陣を持ちながらも、由木氏館以来の殿ヶ谷戸に定久が開基した永林寺をま近かに望む松木台に屋敷を構え、由木の地を中心とした近郷二三か村の支配を担当し、その過程で支配地に神社や仏寺を造営して、この地域の宗教文化の向上にも貢献したと認めるべきでしょう。『風土記稿』は彼が開基した普願寺《ふがんじ》（明治初年に廃寺）には、その子孫が慶長七年（一六〇二）に寄進した寺宝である、金蒔絵《きんまきえ》の鞍《くら》や鐙《あぶみ》・轡《くつわ》などが伝来していたと記しています。

「大石系譜」に戻って、宗虎改め定基には同じ信濃守を名のる宗《そう》（惣）四郎照基《しろうてるもと》という後継者がいたことになっています。そして『調査報告書』によれば、『異本小田原記』という後北条系の史書には、定久の「弟を大石信濃守という。男子なく松田六郎左衛門弟を養子とす、大石惣四郎と云う」とあるといいます。相模国の名門波多野《はたの》氏から分かれた松田氏は代々小田原北条氏の重臣で、六郎左衛門康郷《やすさと》（「系譜」では頼貞）は松田筑前守康定《ちくぜんのかみやすさだ》の長男

松田・大石氏略系図

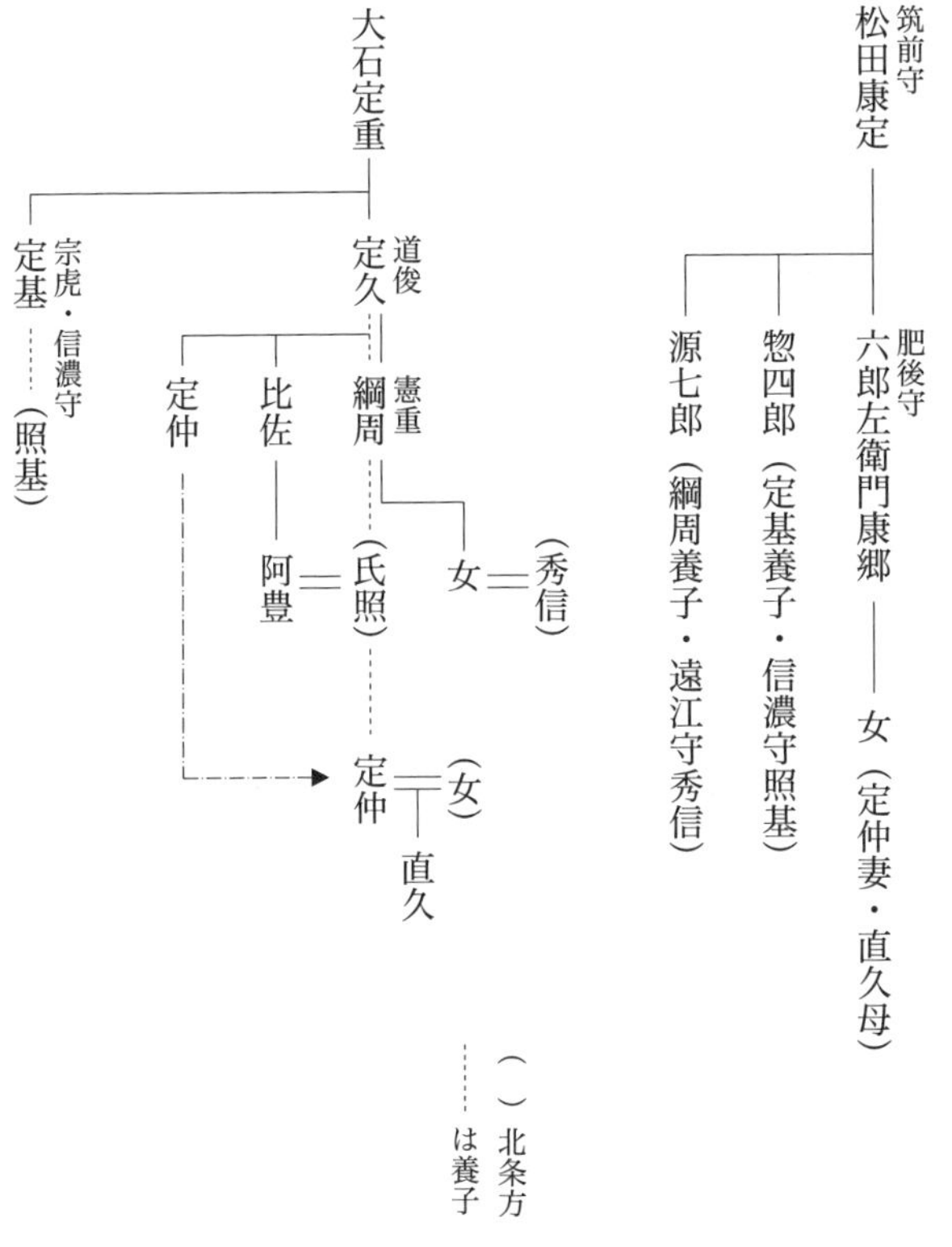
筑前守
松田康定
肥後守
六郎左衛門康郷
女（定仲妻・直久母）
惣四郎（定基養子・信濃守照基）
源七郎（綱周養子・遠江守秀信）
大石定重
道俊
定久
宗虎・信濃守
定基
（照基）
憲重
綱周
比佐
定仲
女
（秀信）
阿豊
（氏照）
定仲
（女）
直久
（　）北条方
┆は養子

であり、康郷の娘は大石家を継いだ定仲と結婚してかの直久を生んでいます。そして六郎左衛門の弟の惣四郎は筑前守の二男であったと思われますが、大石定基の養子となって信濃守照基となります。照基の名前は八王子城主の北条氏照から一字を与えられた（偏諱《へんき》）ものでしょう。以後は氏照の部将として各地で活躍し、最後は天正一八年の八王子城落城に際して、城を守って果敢に戦って討死しています。そしてさらに、松田筑前守三男の源七郎はすでに見たように大石綱周《つなちか》の娘と結婚して養子となり、大石遠江守秀信《とおとうみのかみひでのぶ》となっていました。

おそらく七〇歳すぎまで存命していたと思われる養父の定基（宗虎）と異なり、信濃守照基の由木の地での活動の跡は何も伝えられていません。彼が大石家の養子となったのも、定基の晩年のことであったと考えられます。一方、氏照文書等を通して照基の武将としての事蹟のいくつかを知ることができますが、それらはいずれも定基没後の天正年間（一五七三—）のもので、初期に用いられていたのは大石惣四郎という名前でした。その文書の年月は不明ですが、北条氏照の陣立《じんだ》て（軍勢《ぐんぜい》を揃えて隊を連らねること）に参着した軍勢を書き上げた「北条氏照着到書立《ちゃくとうかきたて》」で、一四人の寄親《よりおや》（親分）にひきいられた七八人の寄子《よりこ》（子分）の軍勢の中に、大石惣四郎は一四人の一隊の寄親で騎馬にのった馬上侍《ばじょうざむらい》として参加しています。その一隊のうちには馬引き一人、鑓持《やりもち》二人、旗差物持《はたさしものもち》二人、あとの八人は鑓や旗をもたない手明《てあ》きでした。惣四郎の一三人の手勢の武士達はおそらく、養父大石宗虎が松木台の信濃守屋敷で家来とした者達と思われますが、全隊の中で馬上侍は惣四郎と土屋備前守の二人だけですから、隊長的な指揮権を与えられていたと考えられます。

そのほかの照基の文書には、天正五年（一五七七）四月二六日の氏照朱印状を大石信濃守の名で奉書《ほうしょ》（主命を代筆）したものがあり、内容は栃木県小山《おやま》市の祇園城《ぎおんじょう》の城兵に対する命令で、照基は氏照の奉行人《ぶぎょうにん》として働いていたことが知られます。同じ年の九月一〇日の氏照の直書《じきしょ》（判物《はんもつ》）は、茨城県結城《ゆうき》市での合戦で照基の家臣が戦功をたてたのに対する感状《かんじょう》で、宛名は「大石信濃守殿」となっています。

豊臣秀吉がやがて関東に攻めてくることを予想した氏照は、天正一六年（一五八八）一月一一日の朱印状で日野市三沢《みさわ》の地侍《ぢざむらい》土方氏《ひじかたし》にも八王子城守備のための出陣を命令していますが、それは「当郷にいる侍・百姓ともに、男であるほどの者は出頭して、走り廻る（働らく・戦う）べきこと」というもので、下山治久《しもやまはるひさ》氏は「北条氏の領国全域の郷村《ごうそん》から農兵が徴用され、各城々に立籠《たてこも》っていた」と解説しています（『八王子城主・北条氏照』たましん地域文化財団）。この文書の三日前にあきるの市大久野《おおくの》の番匠《ばんしょう》（大工）落合氏に出した氏照の朱印状の内容はさらに厳しいもので、八王子城の一の曲輪《くるわ》（城郭の一部）の普請を落合氏が担当すること、妻子は人質《ひとじち》として八王子城に入れること、これを嫌がって他所に逃れた番匠は見つけ次第死刑にすることなどを厳命しています。

この時期の大石照基の文書には、同じ一六年一一月二八日と翌一七年九月二七日に、栃木県小山城領内の鋳物師《いもじ》の頭梁枝惣右衛門《とうりょうえだそうえもん》に対して、小山の市《いち》の立つ日に三駄《だ》の荷を出すこと等を命じています。その荷の中味はおそらく、鋳物で作られた戦道具《いくさ》であったのではないでしょうか。照基はその後に八王子城に呼び戻されたらしく、天正一八年（一五九〇）六月二三日の越後上杉・加賀前田ら豊臣勢の激しい八王子城攻撃の中で、果敢に城を守って討死して果てました。旧『八王子市史・下巻』（一九六七）はその様子を、『小田原記』によって次のように伝えています。

（寄せ手の）侍《さむらい》ども一万五千余騎、一面ここに忠功をはげまして本領安堵《ほんりょうあんど》せんと、（中略）近々と押上る。されどもかねて用意の事なれば、石弓を切て落し、先陣数百騎唯《ただ》一まくりに討落さる。されども敵は多勢なれば、重《かさね》て押寄る、角《かか》る所に味方に野心の者有て屋《や》くらに火を懸《かけ》たる程に、悉《ことごと》く敗北し、中山（家範）と狩野（一庵）は下の曲輪《くるわ》にて自害《じがい》し、大石信濃守は切出《きりい》で、散々合戦し敵あまた討取終《つい》に討死してけり。

加藤哲《あきら》氏によれば、滝山城の古城図では大石信濃守の陣地は、城の中心をかこむ大規模な空堀《からぼり》の中ではなくて、堀の外の家臣団屋敷におかれていたけれども、八王子城の曲輪《くるわ》配置では山上の中核部分に「松木曲輪《まつぎくるわ》」という一部があって、これは二人の大石信濃守と氏照との信頼関係の変化を示しているといいます。そして多摩地域に後北条氏の「滝山領」が形成された過程で、大石領はその大名権力によって吸収され、大石の家名は残ってもその本質は北条氏であり、分家の大石一族も北条譜代《ふだい》の宿老《しゅくろう》の家によって代わられたと指摘しています（「中世後期多摩地域の領主と大名権力」『多摩のあゆみ』90号）。小田原北条家重臣である松田筑前守の子として大石の分家を継いだ照基は、養父と同じ大石信濃守の名のもとに天下人秀吉の北条攻めに立ち向かい、八王子の山城の中核で氏照の期待にそむくことなく、武将として名誉ある最後を飾ったのでした。

多摩ニュータウン計画が発掘した大石信濃守屋敷

『新編武蔵風土記稿』松木村の項に旧跡としてあげられていた大石信濃守屋敷跡については、ただ「大栗川の南にあたる山のなだれ（斜面）なり」とだけ記されていましたが、この一帯は多摩ニュータウンの開発にあたって№107遺跡として、昭和五三年（一九七八）から平成元年（一九八九）の間に九次にわたって発掘調査され、その結果は『東京都埋蔵文化財センター調査報告第64集』として、一九九九年にまとめて報告されています。この№107遺跡は、大栗川と大田川にはさまれた段丘に舌状に突き出した丘陵の東の端にあり、かつては松木台とも呼ばれていました（口絵29）。北側には改修される前の大栗川が丘の裾をけずるようにくねって流れ、高さ一〇メートルばかりの崖となっていました。南は大田川までの間に

写真32　No.107遺跡近景

谷が入り込んで、西側からの丘陵の先端が南北二つに割れたようになっており、遺跡はおもに北側の丘にあって、信濃守屋敷跡はその中央にあたります。大栗川と大田川は古くは現在より西方の、遺跡の東端近くで合流していたといわれますが、大栗川を越えた遺跡の北側には野猿街道《やえんかいどう》が走り、南側の大田川沿いには町田方面への街道が通じて、この丘が地域の要衝として重要な地点を抑えていたことがわかります。直線距離七〇〇メートルほど西方の下柚木の殿ヶ谷戸とは、狼煙《のろし》や旗などの信号でただちに情報を伝え合うことができたでしょう。

戦中戦後の著者の少年時代には、この松木台の一帯は数軒の民家が東の端に点在していたほかは畑地で、縄文時代の土器片がいくらでも拾えるという、日当りのいい高台でした。このNo.107遺跡も「旧石器時代から現代まで綿々と続く複合遺跡」で、平安時代の初期には多摩郡弓削荘にゆかりのあった地と想定されるわけですが、その中で大石信濃守屋敷跡と比定された遺構は、中心部に東西八〇メートル・南北七〇メートルの溝（堀）でかこまれた主郭《しゅかく》が検出され、溝の幅は最大四・五メートルに深さ二・五メートルとされています（写真32）。四角形の主郭の北側に突き出した外側には、さらに溝をめぐらした五メートル×一〇メートルの大形建物跡があって、「この場所に立つと大栗川がその裾を流れ、目の前に野猿街道が通っており、西には永林寺が、東には普願寺が間近に見え」、それは「館の北側から街道を監視する意味をもった建物」で、時代が戦国後半にあたり、館を強化するうえで建設された（『東京都埋蔵文化財センター研究報告Ⅸ』）ものと想定されています。そして主郭の南側中央には入口が設けられており、一段下がった南側と東側にある従者等の住居とみられる区域からも、多数の柱穴や遺物が発掘されたといいます。さらに主郭の西側の幅一〇〇メートル・長さ一七〇メートルの広い平面は、「全体の遊休的な場か」とされていますが、馬場《ばば》・弓場《ゆば》など武術鍛錬の場であったと考えることもできると思われます。

これらの区域から出土した遺物には、瀬戸《せと》・美濃《みの》・常滑焼《とこなめやき》の天目《てんもく》茶碗（高台《こうだい》が小さく台にのせて使う茶碗）・皿・壺・甕《かめ》などのほか、舶載《はくさい》（輸入）の青磁《せいじ》・白磁《はくじ》・染付磁器《そめつけじき》（青色の釉薬《うわぐすり》で模様などの描かれたもの）などが多数あり、それらの編年《へんねん》的な時代分析から、屋敷の構築されたのは一五世紀末から一六世紀前半のうちで、「永禄（一五五八―七〇）の頃」の人とされる大石信濃守宗虎の文献上の時代と合致すると判定されています。さらに遺跡終末の年代については、溝の覆土《ふくど》内の廃棄物や焼土層の出土遺物から、溝の埋められた年代は一六世紀中で、屋敷の終末も磁器の編年から推測して「一五八五年（天正一三年）に近い時期」とされています。

これらの結果を総括して『調査報告第64集』は、「本遺跡の陶磁器類の質・量は他の多摩ニュータウン遺跡群の遺跡に対し優位性を持っており、多量の土器皿の出土も庶民レベルとは違った武家階層の儀礼行為の所産とみることができる。こうしたことから、本遺跡は文献資料が示す定基（宗虎）の屋敷と考えて間違いないものと思われる」と結論しています。同時にまた、「小田原城や八王子城等の後北条関連の本格的な城や先進地域の中世城館と比した場合、質や量において劣ることも見逃せない」として、信濃守の位置が「中世の国人領主《こくじんりょうしゅ》（在地の豪族）のレベルを脱し得なかった」ことの反映であるとも解釈しています。

写真33　大石信濃守屋敷跡墓地

なお、『風土記稿』が境内に大石信濃守宗虎の墓があると記していた越野の普願寺《ふがんじ》は明治初年に廃寺となり、ただ墓地に五輪塔等の墓石が残されていましたが、この地がニュータウン造成工事の対象となったため、昭和五九年（一九八四）に松木台の信濃守屋敷跡に古くからの墓地を所有している吉田隆治《よしだたかじ》氏によって、数基の宝篋印塔《ほうきょういんとう》と五輪塔がその中に移され、信濃守居館の頃から生えていたと推定される、八王子市の文化財天然記念物に指定されている樹齢約四〇〇年のサルスベリの大木のかたわらに、現在も安置されています（口絵30・写真33）。

3、戦国時代の由木氏と観智国師《かんちこくし》

戦国時代の由木氏

渡辺世祐《わたなべよすけ》・八代国治《やしろくにじ》両氏の『武蔵武士』が横山党の由木氏として紹介していたのは、平安時代の後期に源頼義《みなもとのよりよし》が陸奥《むつ》の安倍《あべ》氏を討った前九年《ぜんくねん》の役《えき》（一〇五四―六二）に従軍して軍功をたて、それ以来子孫が武蔵・相模の地に栄えたと伝えられる横山経兼の子である、由木保経《ゆぎやすつね》でした。彼は由木六郎と称して殿ヶ谷戸に住み、その館趾《たちあと》が殿屋敷《とのやしき》といわれているとのことでした。しかし、殿屋敷に居住した横山党由木氏の鎌倉時代以降の後継者についてはほとんど説明されておらず、それは『武蔵武士』が出典とする『続群書類従』の横山党をふくむ「小野氏系図」でも同様です。そして『武蔵武士』はまた、日奉氏《ひまつりし》から出た西党《にしとう》の由木三郎大夫重直《ゆぎさぶろうたいふしげなお》も平安時代末に由木村に居住し、下柚木殿屋敷に居館趾《きょかんあと》があるとしています。

ところで、著者の越野玉泉寺《ぎょくせんじ》での農繁期託児所《のうはんきたくじしょ》以来八〇余年にわたる畏友で、下柚木殿ヶ谷戸出身の日本画家橋本豊治《はしもととよじ》君は、平成一四年（二〇〇二）に『観智国師絵巻《かんちこくしえまき》』を公刊して、由木氏出身の浄土宗の高僧で、江戸時代初期に徳川家康の信頼をえて港区芝《しば》の増上寺《ぞうじょうじ》を中興した、普光観智国師（一五四四―一六二〇）の伝記を紹介しました。観智国師存応《ぞんのう》は由木地域の長い歴史の中でも、おそらくもっとも傑出した有名人といっていいでしょう。存応の父は由木左衛門尉利重といい、先祖は鎌倉時代から源氏に仕え、柚木・大沢・鑓水ほかの由木領二五か村を支配した土着の豪族で、存応は利重の二男として天文《てんぶん》一三年に由木の地で生まれたといわれます。

存応を中興開山とする芝の三縁山《さんえんざん》増上寺の歴史を記す『三縁山志《さんえんざんし》』は、江戸時代末の文政《ぶんせい》二年（一八一九）に成立したものですが、その中には観智国師の系譜として、由木家の系図が載っています。それによれば観智国師の遠い祖先は西党の由木氏で、平安時代に府中の武蔵国府の西に本拠をおいた日奉宗頼《ひまつりむねより》の孫の西宗忠の子に宗綱《むねつな》と重直《しげなお》があり、惣領《そうりょう》（長男）の宗綱の孫に平山武者所季重《ひらやまむしゃどころすえしげ》があって、源頼朝《みなもとのよりとも》に仕えた功によって柚木・長沼・打越・落合等二五か村を賜《たま》わったとあります。一方、宗綱の弟の重直は、「由木三郎大夫・由木川口田口

『三縁山志・観智国師系』による「由木系図」

- 日奉 宗頼 ― 宗親 ― 宗忠（西）
  - 宗綱（住多摩郡）
    - 貞綱
    - 直季（平山）― 季重（平山武者所 賜二十五箇村）― 季氏（仕頼家卿）―（一一代略）― 利春（修理亮 属上杉刑部少輔 永正元（一五〇四）討死）― 利尚（左衛門尉 属北条氏康 住由木村 天文五（一五三六）没）― 良重（天文三（一五三四）没）
      - 利重（由木左衛門尉 属北条氏政 天文一八（一五四九） 有故松田尾張守討之 本領三五〇貫没収）
        - 重良（左兵衛尉）
        - 観智国師
      - 女（氏政妾）
      - 女（山角紀伊守室）
      - 氏成（左京亮賜一字）
      - 重由（兄ト同討死）
  - 重直（由木三郎大夫 由木川口田口等祖）

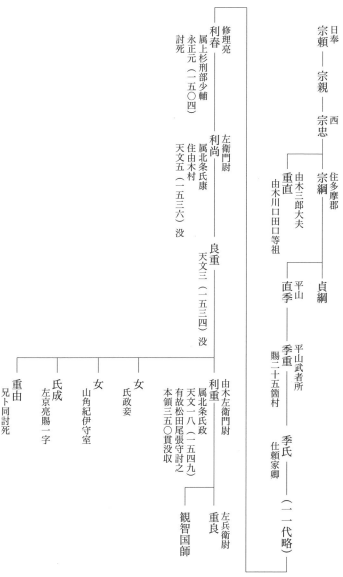

等祖」と記されているにもかかわらず、その子孫についての記述は何もありません。そして、平山季重の子は三人あって兄弟で父の所領を分割して相読し、長男の季氏《すえうじ》が国師の祖先とされていますが、このへんの記述は慎重に判断すべきでしょう。

『三縁山志』の示す観智国師の祖先は西党の平山武者所季重より以降、鎌倉・南北朝・室町時代を通じて武家として立っており、室町時代の一五世紀以降は関東管領《かんとうかんれい》の上杉氏に属して各地の戦に参加したとされています。しかし歴史的事実は、由木領をふくむ横山荘《よこやまのしょう》は鎌倉時代はじめの建暦《けんりゃく》三年（一二一三）の和田合戦《わだかっせん》で横山氏が滅亡した後に長井氏の支配下に移り、戦国時代の永正《えいしょう》元年（一五〇四）に椚田城《くぬぎだじょう》の長井氏が滅亡するまで、由木氏はおそらく横山党の残党あるいは西党の末裔として、長井氏のもとで旧領の実質支配を継続する土豪（土着の豪族）として命脈を保ってきたものと考えられます。観智国師の祖先が横山党か西党かについて判断できる確実な資料はみえませんが、国師の近親の情報が殿ヶ谷戸の永林寺に一部伝えられその地は横山党由木氏の本拠地であったこと、西党の由木氏は後述するようにこれより東方の松木・堀之内・別所等の地区を本拠としていたと考えられることから、やはり観智国師の系譜は横山党の由木氏につながるものと想定されます。

従ってこの「由木系図」の古い時代の部分は信用できませんが、戦国時代に入った一五世紀末以降の部分には他に史料のない個有の情報が含まれていますので、個別の記述の正確さに注意しながら手探りで国師の縁者を見つめていきたいと思います。まず国師の四代前の利春《としはる》は、その前後の当主の官途《かんと》（官職名）がみな左衛門尉《さえもんのじょう》となっているのに対して、一人だけ修理亮《しゅりのすけ》となっていますが、扇谷家《おうぎがやつけ》の上杉朝昌《うえすぎともまさ》（生没年不詳）に属して永正《えいしょう》元年（一五〇四）二月に討死したと書かれています。上杉朝昌は康正《こうしょう》元年（一四五五）正月に古河公方《こがくぼう》足利成氏《あしかがしげうじ》と分倍河原《ぶばいがわら》に戦って敗れた持朝《もちとも》（一四一八―六七）の子で、椚田《くぬぎだ》城主長井広房（二一五頁「長井氏系図」参照）の妻の兄弟にあたります。初期には相模国の厚木・藤沢の要害を守り、また江戸城の防衛にあたって豊島《としま》氏と合戦したといわれます。朝昌の子の朝良《ともよし》は明応《めいおう》三年（一四九四）に叔父定正《さだまさ》の死後に扇谷家の家督を継ぎ、由木利春が討死したという永正元年の九月には、小田原の北条早雲《ほうじょうそううん》・駿河の今川氏親《いまがわうじちか》と結び、かねて対立していた山内上杉顕定《あきさだ》と立河原《たちかわら》で戦って、これを破っています。しかしこの年二月に討死したという利春の状況については、ただ扇谷上杉氏に属したという以上のことはわかりません。

　利春の子の左衛門尉《さえもんのじょう》利尚《としひさ》の代から由木氏は後北条氏の配下に入り、由木村に住んでいたとされています。しかし由木村は本来由木氏の名字の地であったわけですから、利尚の代にはじめて由木に来住したわけではもちろんないはずです。そして利尚は小田原北条氏三代目の氏康《うじやす》（一五一五―七一）に属し、天文《てんぶん》五年（一五三六）に没したとありますが、氏康が父氏綱《うじつな》の跡目を継ぐのは天文一〇年（一五四一）のことで、この記述も疑問です。また彼が没したという天文五年の三年前には、大石道俊《どうしゅん》（定久）が殿ヶ谷戸に御岳神社を勧請し、永麟寺《えいりんじ》も創建されているというわけですから、系図上は平穏な生涯を終えたようにみえる利尚の晩年には、領国の支配権をめぐって大石氏との間に深刻な対立の芽が潜在していたはずです。さらに、観智国師の祖父にあたる良重《よししげ》は父より二年前に早世していますから、国師の父利重《とししげ》の肩には若い時から、大石氏との関係を中心に家長としての重い責任がのしかかっていたであろうと想像されます。

その由木左衛門尉利重について、「由木系図」では小田原北条氏第四代の「氏政《うじまさ》（一五三八—九〇）に属し、天文《てんぶん》一八年（一五四九）三月に故《ゆえ》あって松田尾張守《まつだおわりのかみ》がこれを討《う》ち、本領三五〇貫を没収した」と書き入れられています。氏政は元亀《げんき》二年（一五七一）に父氏康の死によって後北条の家督を継ぐわけですから、この書き入れの前半もおかしく、氏政は氏康の書き誤りとすれば納得できますが、後段はさらに謎につつまれています。橋本豊治君は『観智国師絵巻』の中で「故あって」の部分について、「今川氏に内通したとのあらぬ疑いをかけられ」と記しています。たしかに当時の小田原北条氏と駿河《するが》・三河《みかわ》・遠江《とおとおみ》三国を支配する今川氏、甲斐《かい》の武田氏との関係は複雑で、天文一四年には今川義元《いまがわよしもと》は武田晴信《たけだはるのぶ》（信玄《しんげん》）の援軍をうけて北条氏康と駿河で戦い、天文二二年にも武田晴信は今川義元を援けて駿河で北条氏康と戦い、のちに三氏は和睦《わぼく》しています。由木利重が北条氏から疑われたとすれば、あるいは今川・武田との関係が問題であったのか、または大石氏の例のように所領支配の実権を北条勢に奪われることに対してあからさまに抵抗を示したのか、さらにはまた実際には、新しく地域支配を強めようとした大石氏そのものと抗争したのか、おそらく最後のケースであったのではないかと思われます。

利重を討ったと書かれている松田尾張守は小田原北条氏重臣の盛秀《もりひで》で、大石照基《てるもと》や秀信《ひでのぶ》の父の筑前守康定《ちくぜんのかみやすさだ》の兄にあたり、彼は武蔵関戸《せきど》（多摩市）の代官もつとめていました。小田原家臣団の筆頭で、小田原落城後に北条氏政・氏照とともに豊臣秀吉から切腹を命じられた松田憲秀《のりひで》の父にあたります。後北条氏がその一門と家臣に、軍役《ぐんやく》などの役務を課する基準となる各人の役高《やくだか》（所領高《しょりょうだか》・知行高《ちぎょうだか》とは別）を定めた、永禄《えいろく》二年（一五五九）の『小田原衆《おだわらしゅう》所領役帳《しょりょうやくちょう》』には、その筆頭に松田左馬助《さまのすけ》憲秀の役高が記され、父譲りの武州関戸の五〇貫文《かんもん》をふくめて、あわせて一、七六八貫文の役高と、このほかに天文一八年（一五四九）に新しく知行に加えられた三田谷《みただに》の五〇〇貫文と、松山筋《まつやますじ》の五〇〇貫文があると記されています。三田谷の所領は埼玉県の入間川《いるまがわ》上流地域、松山筋は同じく東松山市の一帯でしょう。そこにはかつて関東管領上杉氏に属した三田・大石・岡部・平山等の諸氏の所領が入り組んでいましたが、天文一八年には後北条氏が旧主を制圧して領有するところとなり、松田氏に知行されたわけです。

大石氏の八王子市域での所領はそのような直接的な接収という形はとられず、養子政策などによって抵抗を避けながら後北条の支配下に組み入れられました。しかし『三縁山志』によるかぎり、由木利重の本領は没収となり、しかも利重と末弟の重由《しげよし》はともに討死した、つまり松田盛秀に攻め殺されたというわけです。そして「由木系図」では利重の妹の一人は「氏政妾《めかけ》」、下の妹は「山角紀伊守室《やまかどきいのかみしつ》」、そしていま一人の弟の氏成《うじなり》は「左京亮《さきょうのすけ》賜一字」と書き入れられています。上の妹はあるいは人質に近い形で、北条方に奉仕させられたのかもしれません。下の妹の夫とされる山角紀伊守は後北条氏の二十将衆の一家の山角刑部左衛門尉《ぎょうぶざえもんのじょう》定勝《さだかつ》で、北条氏政の側近で小田原城の奉行《ぶぎょう》を勤める重臣です。その夫人は徳川家康家臣の朝比奈《あさひな》氏の娘で、後室《こうしつ》(後妻)は朝倉右京亮《あさくらうきょうのすけ》の娘とされており(『後北条氏家臣団人名辞典』)、「由木系図」の記載は疑問です。弟の氏成は左京大夫《さきょうたいふ》とも称した北条氏康の名前から一字を頂いたとされていますが、一介の土豪《どごう》というに近い由木氏の舎弟《しゃてい》が、強大な領国を擁《よう》する大名から偏諱《へんき》を賜《たま》うということは、現実的とは考え難いように思われます。そして利重の子としては左兵衛尉重良《さひょうえのじょうしげよし》と観智国師の二人の名が記されており、これによれば存応は六歳の年に父を亡くしたことになります。

由木氏の本領没収

由木氏の本領といえば、本来は上柚木・下柚木を中心とする由木郷が考えられますが、鎌倉時代以降に長井氏や大石氏がこの地にも支配の手を拡げた結果として、当時の由木氏はこれらに従属する土豪《どごう》の立場にあり、その上にさらに戦国時代末期になって小田原北条氏の支配力が及んできたと考えるべきでしょう。

所領の規模を石高《こくだか》でなく、貨幣価値を表す貫《かん》（銭《ぜに》一、〇〇〇文《もん》）で表示する貫高制《かんだかせい》は、領地の生産額に一定の比率をかけた所領高を貫単位で決める制度で、室町時代から用いられました。小田原北条氏はこれを進めて、そこから銭納《せんのう》で徴収する年貢高《ねんぐだか》と、軍事的負担の量をきめる軍役高《ぐんやくだか》を定めたといわれます。つまり家臣に与える貫高はそのままその領地の百姓が納めるべき年貢高であり、家臣はその貫高に応じて別に定められた規模（武士や騎馬の数など）の軍役の義務を課せられました。北条氏康は天文一九年（一五五〇）にも、関東の諸国に永楽銭《えいらくせん》（当時大量に輸入されていた中国・明の永楽通宝《えいらくつうほう》。その一枚が一文であり、これによる録高を永高《えいだか》ともいいました）の通用を命じています。

後北条氏の貫高制については、『東京都の歴史』（山川出版社・一九九七年）によれば、一反《たん》（一〇アール）あたり田が五〇〇文《もん》、畑が一六五文で計算されたといいます。つまり三五〇貫の領地は田なら七〇町歩、畑ならば二〇〇町歩あまりということになります。なお、年貢高等に用いられる石と貫の関係については、先述のように鎌倉時代はじめの寛喜《かんぎ》二年（一二三〇）に、朝廷が一貫文《こく》＝一石と定めた例があります。時代はすこし下りますが、徳川幕府が江戸時代初期の慶安《けいあん》二・三年（一六四九―五〇）に各村の石高《こくだか》を記録した『武蔵田園簿《むさしでんえんぼ》』によれば、田と畑をあわせた村高《むらだか》は上柚木村が一九二石、下柚木村が一九四石で、あわせて三八六石（田二六四石・畑一二二石）になります。大ざっぱな比較になりますが、貫＝石と考えれば、戦国時代末期の三五〇貫の領地は、江戸時代初期の上・下柚木村の三八六石にほぼ相当すると考えることができるでしょう。

「由木系図」の書き入れからみると、観智国師の父の由木利重から天文一八年（一五四九）に三五〇貫の本領を没収したのは、松田尾張守の主家の北条氏康ということになりそうですが、本領没収が事実であるのなら実際には当時すでに由木地域を勢力下におさめていた大石道俊《どうしゅん》（定久）であったと考えるべきでしょう。道俊はその前年の天文一七年五月八日に、松木村を本拠とする小田野新右衛門尉《おだのしんうえもんじょう》にあてた直書《じきしょ》（判物《はんもつ》）で、「由木の地のうち、別所谷と堀之内分の手作り《てづく》（領主が館《たち》の周辺で直接経営した田地・門田《かどた》）の所は、前々のように支配して差しつかえない」という、本領安堵状《あんどじょう》を与えています。それは旧来の土豪の小田野氏が、大石氏の新しい支配下に服属したことを意味しています。同様の立場にあったはずの由木氏も、結局は大石・後北条氏の支配下に入るわけですが、その過程に大きなトラブルがあったということでしょう。しかし、存応の父や叔父が『三縁山志』に書かれていたようにその際に討たれたわけではないことは、やがて明らかになります。

殿ヶ谷戸に天文二年（一五三三）に御岳神社を創建したのが、伝えられるように実際に大石定久（道俊）であったのであれば、彼はその頃からすでに前代の長井氏が領主として支配した由木地域に実効的な支配力をおよぼしていたはずです。そして由木氏はすでに長井氏の時代から、「真覚寺縁起《しんかくじえんぎ》」にあったように本拠の殿ヶ谷戸を明け渡し、由木郷の実務的な支配を土豪として保ちながら、おそらく西方の上柚木地区に移っていたのではないかと考えられます。鑓水《やりみず》地区に生まれ育った郷土史家の故小泉栄一《こいずみえいいち》氏は、観智国師生家の由木館は上柚木地区にある由木西小学校の旧地のあたりであったという見解を、生前に橋本豊治画伯に語っていたということです。この旧地の東方三〇〇メートルの台地の南端に小さな墓地があり、古い宝篋印塔一基の残欠が残されていますが、これを由木氏の墓とみる人もあります（三七〇～一頁写真41・42）。大石道俊は天文一八年には由木氏からこの地域の領有権を召し上げて、殿ヶ谷戸に永麟寺《えいりんじ》を建てて新しい大石支配の象徴とすると同時に、前年まで小田野氏が支配していた大栗川南面の手作り分以外の松木等の領地を召し上げて、小田野屋敷と目と鼻の近くの松木台に弟の信濃守宗虎《むねとら》に館を置かせたということでしょう。信濃守の所領は松木村等近郷二三か村といわれますが、それは由木氏と小田野氏の旧領地を中心としたものと考えられます。しかし大石道俊はこれ以後も土着の武士をたくみに部下として使い、その主従関係は大石氏の養子となった北条氏康二男の氏照による、この地域の北条氏支配の時代まで引き継がれていきました。

別の由木氏の伝承

観智国師の家系について植田孟縉《うえだもうしん》の『武蔵名勝図会《むさしめいしょうずえ》』は、観智国師の兄重良《しげよし》の子で国師の甥にあたる海誉法印《かいよほういん》が、慶長《けいちょう》年間のはじめ頃（一五九六―）に住職をしていたというあきるの市横沢《よこざわ》の大悲願寺《だいひがんじ》の寺伝や過去帳から、次のようなことを記しています。

まず、さきの「由木系図」では由木左衛門尉利重といい、天文一八年（一五四九）に松田尾張守に討たれたとされている観智国師の父は、過去帳では「俗名由木隼人《はやと》、行年七十三歳、天正六年（一五七八）二月二十五日死す。法号興真信士《こうしんしんじ》。海誉の祖父なり」とあります。また、「由木系図」では左兵衛尉重良《さひょうえのじょうしげよし》と記されている観智国師の兄・海誉の父は、過去帳では、「俗名由木豊前守《ぶぜんのかみ》、天正十八年（一五九〇）六月二十三日、八王子城にて討死、法名道景禅定門《どうけいぜんじょうもん》」とされているといいます。下柚木の永林寺の寺伝にも、「由木豊前守　北条氏家臣、八王子落城の際討死、観智国師の先祖」とありますが、「先祖」は実は「兄弟」であったことになります。そしてこれらの情報をさきの「由木系図」の末尾に加えてみると、中間的に次のような系図ができます。

左衛門尉・隼人
由木利重
天文一八年本領没収
天正六・二・二五没、行年七三
法号興真信士

- 左兵衛尉・豊前守
  重良
  天正一八・六・二三
  於八王子城討死
  法号道景禅定門
- 海誉法印
  慶長初期
  大悲願寺住職
- 源誉存応
  増上寺一二世・観智国師
  元和六・一一・二没、行年七七

観智国師存応の父利重は、存応が母胎にある間に亡くなったという説もありますが、大悲願寺の情報をとり入れたこの図によれば、利重は永正《えいしょう》三年（一五〇六）に生まれて、四四歳の時に本領を没収された後も七三歳までの長寿を保ち、二男の存応は一〇歳で出家しますが、嫡子重良を後北条氏に従属する立場で由木氏の後継者に育て上げていたことが想定されます。利重に関するこれらの二つの伝承のいずれが正しいのかということになりますが、「由木系図」に作為的な部分が多いのに対して、大悲願寺系には天正年間にわたる直系者の新しい情報が含まれていて、信頼性が高いということはいえましょう。

いま一人の由木左衛門尉

さきの「由木系図」(二七三頁)では、観智国師の父の由木利重には左衛門尉《さえもんのじょう》という官途《かんと》(官職名)があったとされていましたが、すこし後の時代の後北条氏関係古文書に出てくる由木氏にいま一人、由木左衛門尉という名の氏照の家臣がいます。利重没後の天正七年(一五七九)六月六日付の、北条氏照が埼玉県入間《いるま》の御用鍛冶《ごようかじ》荒井氏に与えた朱印状では、氏照の命をうけて由木左衛門尉が筆記(奉書《ほうしょ》)したことが記されています。内容はこの時代にふつうに用いられた和風漢文で、荒井氏に年に三〇丁ずつ鑓《やり》の穂先《ほさき》を納めるよう命じていたところ、九年間も納入がないので、未納の二七〇丁のうち半分の一三五丁を一一月一〇日までに納めるように厳命したものです。

その二年前の天正五年一一月七日付の氏照朱印状では、ただ「由木奉之」と姓だけを記した奉書の形となっていますが、内容はあきるの市網代《あじろ》の住民に棟別銭《むねべつせん》(各戸の棟ごとに課した税金)を免除するというもので、おそらく同じ左衛門尉が氏照の命を奉じて書いたものと思われます。このような命令書の代筆をしている由木左衛門尉は氏照の側近の一人で、管理的な用事を委されていた奉行人《ぶぎょうにん》であったと想像されます。

さらに年月不明の氏照の命令書にも、「由木」の名が出てきます。東海道の足柄峠《あしがらとうげ》の守備を補強するために鉄砲を持って加勢するように命じた中に、「二丁由木」「一丁大石四郎右衛門衆」「二丁同（大石）左近衆《さこん》」などと、七組の隊にあわせて一〇丁の鉄砲を持って、油断なく走り廻るようにとあります。宛名は大石四郎右衛門・左近丞《さこんのじょう》となっており、この応援隊の隊長は大石綱周《つなちか》の娘婿として小田原の松田氏から養子となった大石四郎右衛門秀信で、由木氏の個人名は記されていませんが、大石氏の二組を合わせたと同じ二丁の鉄砲持参という軍役を課せられており、由木衆の責任者はやはり左衛門尉であったと考えられます。

由木左衛門尉の名前が出ているいま一つの文書は、『戦国遺文《せんごくいぶん》・後北条氏編六』にのる次の書状です。それは天正六年（一五七八）三月一七日に、由木左衛門尉景盛《かげもり》が両親の菩提供養のために高野山《こうやさん》内の竜光院《りゅうこういん》に奉納状を送ったもので、景盛はみずからを「北条陸奥守平氏《へいし》氏照内」と氏照の家臣であることを明らかにして、「親父興真信士」など両親の成仏のため高野山にその遺牌《いはい》を奉納するとともに、黄金二両と刀一振《ひとふり》を副えています。その日付は、大悲願寺過去帳にある興真信士・故由木利重の命日のあたかも三七日《さんしちにち》（二一日）後です。おそらく景盛はすでに亡くなっていた母親とあわせて、父利重の忌日にその菩提を高野山に祈願したのでしょう。景盛の名は「由木系図」には見えませんが、さきの氏照文書とあわせて考えれば、利重には実はいま一人の子景盛があって、累代の家長が名のる左衛門尉の官途をつけていたからには彼がその嫡子で、北条氏照の領国支配の奉行人として活躍していたことが知られます。

由木景盛について『戦国人名辞典』は、「北条氏滅亡後は結城秀康《ゆうきひでやす》（徳川家康の次男、結城藩主《ゆうきはんしゅ》からのち福井藩主）に仕えて、二千石を給されて福井に住したが、慶長一七年（一六一二）十月二十一日、二代藩主忠直《ただなお》の時にお家《いえ》騒動に関与して切腹。七十歳」と記しています。また『後北条氏家臣団人名辞典』では、大悲願寺の過去帳には景盛の法名は西安信士で、嫡男源左衛門も同時に切腹したとあります。これによって景盛は天文一二年（一五四三）に生まれ、同じく一三年生まれの観智国師より一歳の年長であったことがわかります。

景盛が氏照に重用されたように見えながら、兄弟の豊前守重良と異なって八王子落城後も生き長らえたのは、おそらく主《あるじ》の氏照とともに小田原城に籠城していた結果かと思われます。そして八王子落城に際して討死したとされる豊前守重良の年齢は不詳ですが、その年に四八歳であった嫡男の景盛や四七歳の観智国師よりはすこし年少であったはずで、おそらく利重の末子であったのではないかと思われます。これらの情報をまとめて関係する系図を再度整理すると、次のようになります。

この系図が示していることは、存応も海誉も僧侶ですから当然子供がないわけで、この由木氏の直系の子孫として名の伝えられた者は、結局一人も見られないということでしょう。なお『永林寺誌』は、由木豊前守が八王子城落城の際に討死した後、（遺族は）鈴木氏と改姓して上柚木に住んでいると記しています。

左衛門尉・隼人
由木利重
天文一八年本領没収
天正六・二・二五没、行年七三
法号興真信士

左衛門尉
景盛
慶長一七・一〇・二一切腹
行年七〇
法号西安信士

源左衛門
慶長一七・一〇・二一
切腹

源誉存応
増上寺一二世・観智国師
元和六・一一・二没、行年七七

左兵衛尉・豊前守
重良
天正一八・六・二三
於八王子城討死
法号道景禅定門

海誉法印
慶長初期
大悲願寺住職

観智国師存応

観智国師源誉存応《かんちこくしげんよぞんのう》（一五四四―一六二〇）はこの地域最高の名門由木氏に生まれ育ち、浄土宗信者であった徳川家康の帰依をうけて港区芝の増上寺《ぞうじょうじ》を将軍家菩提寺として中興するなど、江戸時代初期に浄土宗門の興隆に貢献した名僧です（口絵31）。存応は天文《てんぶん》一三年に由木利重の二男として由木郷に生まれ、幼名を松千代と名付けられましたが、一〇歳の時に埼玉県新座《にいざ》郡片山村の時宗法台寺《ほうだいじ》で出家し、慈昌《じしょう》という沙弥《しゃみ》（見習僧）名を与えられます。やがて、名僧のきこえ高かった浄土宗大長寺《だいちょうじ》の存貞《ぞんてい》を鎌倉に訪ね、存応の僧名を与えられて浄土教学の研究を深めます。以後は川越の連馨寺《れんけいじ》、与野《よの》の長伝寺《ちょうでんじ》を経て、天正《てんしょう》一二年（一五八四）に四一歳で増上寺の第一二世住職となりました。

天下統一をめざす豊臣秀吉の関東攻略によって、天正一八年（一五九〇）六月二三日の八王子落城についで、七月はじめには小田原の後北条氏は滅亡し、秀吉から関東を領国として与えられた徳川家康は、翌八月には江戸城に入城します。存応の伝記では、その途中に家康は増上寺に立ち寄って存応に会い、翌日に再訪して増上寺を徳川家の菩提寺としたとされています。法然上人《ほうねんしょうにん》（一一三三―一二一二）が開いた浄土宗は、「南無阿弥陀仏《なむあみだぶつ》」と仏の名号《みょうごう》を称《とな》えれば誰でも阿弥陀仏の極楽浄土《ごくらくじょうど》に往生《おうじょう》できると説いて、平安時代末期以降、ひろく信仰を集めてきました。そして家康出身の三河《みかわ》国の松平家は、代々浄土宗の信徒でした。

仏教の考えでは、人間には生まれつき具《そな》わっている煩悩《ぼんのう》と、人間が生きていく中で引きおこす罪障《ざいしょう》がつきまとって、さとりの安らぎ（涅槃《ねはん》）に到達するのは容易でないとされます。念仏往生の教えは、専心に阿弥陀仏の名号を称える（称名《しょうみょう》）ならば、阿弥陀仏の慈悲によって誰でも容易に往生の安心《あんじん》が与えられるというものですが、その浄土宗の中でも存応の時代には、念仏すれば煩悩も罪障も同時に消滅して往生できると考える滅罪《めつざい》論者と、念仏によって消滅するのは往生の妨げとなる罪障だけで、凡夫《ぼんぷ》は生来の煩悩を残したままでも念仏の功徳《くどく》によって往生できるという不滅《ふめつ》論者との念仏論争がさかんに行われていました。存応は滅罪論の立場で、五〇歳前後の文禄《ぶんろく》年間（一五九二―九五）に反対派と激しく論争を行い、政治手腕も発揮して不滅論者を追放することに成功しています。

慶長《けいちょう》三年（一五九八）以降には、増上寺を大森の貝塚から現在の芝の地に移して、家康の支援をうけて寺内の大造営を進め、慶長一三年（一六〇八）には朝廷から勅願寺《ちょくがんじ》の綸旨《りんじ》（天皇の発願《ほつがん》により建立された寺と認める勅命書）を受けています。存応六五歳のこの年には、江戸城西の丸で「念仏すれば地獄に堕《お》ちる」と主張する日蓮宗との宗論《しゅうろん》を行って勝ち、日蓮宗側の六人の僧は翌年に牛車《ぎっしゃ》で京都中を引き廻されたうえ、三条河原で耳や鼻を切られて追放されたといわれます。翌年の慶長一五年には家康のあっせんによって、後陽成天皇《ごようぜいてんのう》から普光観智国師号を賜り、増上寺も浄土宗総本山の京都智恩院《ちおんいん》と同格とされています。

写真34　観智国師源誉存応親筆の名号

元和《げんな》二年（一六一六）四月には、死没した家康の遺言により増上寺で盛大な葬儀を行って導師をつとめ、四年後の元和六年（一六二〇）に七七歳の生涯を閉じます。最後の病気中には多くの弟子達から見舞が届けられましたが、その中で存応がもっとも喜んだのは酒であったと、玉山成元《たまやませいげん》氏は記しています（『普光観智国師』白帝社・一九七〇）。冬はことに寒い身延《みのぶ》の山中で老後を過ごした鎌倉時代の日蓮《にちれん》（一二二二―八二）もまた、同様に信徒から酒を届けられて心から喜んだ気持ちを、その書簡の中で述べていますが、武士の家に生まれて日蓮宗と対決した存応にも、日蓮と一面で通じる豪気《ごうき》にして朴訥《ぼくとつ》な、仁者《じんしゃ》の風《ふう》があったのだろうと考えられます。由木の里が生んだ、稀有《けう》な名僧であったというべきでしょう。

4、土着の豪族小田野氏

先住の地頭

『新編武蔵風土記稿』には、由木地域の東の部分に属する別所・松木・堀之内・大塚の各村に、戦国時代の支配者大石氏や北条氏照とかかわったいま一つの在地の豪族、小田野《おだの》氏のことがいくつか書かれています。まず別所の蓮生寺《れんしょうじ》薬師堂仁王門の金剛力士像には、江戸時代初期の寛永《かんえい》一三年（一六三六）七月にこれを寄進した小田野源太左衛門周定《おだのげんたざえもんちかさだ》の名が記されていたと伝えています。それは昭和三六年（一九六一）の『南多摩文化財総合調査報告』（東京都教育委員会）に載る写真から判読すると、正しくは「武州多麻《たま》西郡由木之産藤原朝臣《ふじわらあそん》小田源太左衛門尉《じょう》周定敬白」と彫られています。そして『風土記稿』は同年四月に造られた蓮生寺の鐘にも、「武州八王子之城主北条陸奥守氏照公之家臣　小田野源太左衛門尉藤原周定」と刻まれていたといいます。

また、松木村の西部の淺田という所にあったという今は廃寺となっている真言宗教福寺《きょうふくじ》の境内には、八王子城主北条氏照の家臣で元和《げんな》二年（一六一六）七月に亡くなった、小田肥後守定久の五輪の墓塔があると記しています。定久は藤原氏で八王子城落城の後に「流離の後当所に住し」、その子源太左衛門がこの寺を建立したとされています。この源太左衛門は、「後に水戸殿へ仕え、家号の野の字を省き小田と称せしが、近き頃、故ありてその子孫は絶えたり。いま村民太兵衛も源太左衛門が子孫なりと云ふときは、彼が（水戸に）仕えしとき、村へもその子孫をのこせしとみえたり」と書かれています。

さらに、堀之内村の南部の谷戸山にある南八幡宮は、棟札によれば寛永《かんえい》六年（一六二九）に井草五郎左衛門・横倉伊予《いよ》などが願主となって、大檀那《おおだんな》小田源太左衛門が勧請《かんじょう》したものであり、別当寺《べっとうじ》は松木の教福寺《きょうふくじ》であるといいます。加えて、大塚村塩釜谷戸にある清鏡寺《せいきょうじ》の観音堂は、北条氏照が願主となって家人《けにん》の小田野肥後守《ひごのかみ》に命じて、寺伝によれば元亀《げんき》年間（一五七〇—七二）に再興されたものとされています。清鏡寺はもと天台宗の寺院でしたが、八王子落城後の文禄《ぶんろく》元年（一五九二）に永林寺第四世の妙庵長銀《みょうあんちょうぎん》和尚によって曹洞宗とされたそうで、その観音堂には、明治初年に廃寺となった松木の教福寺にあった十一面観音像が、本尊の千手観音とともに祀られています。その十一面観音像は鎌倉時代初期に製作された九〇センチばかりの立像で、『風土記稿』の教福寺の項では、その境内の観音堂の本尊で仏師安阿弥《あんなみ》（快慶）の作と記されており、昭和三六年に東京都の有形文化財に指定されています（写真35）。

『風土記稿』には書かれていませんが、戦国時代に永林寺の末寺として越野村に建てられ、いまは廃寺となった導儀寺《どうぎじ》観音堂本尊の裳掛《もか》けの観音像がいまも越野地区の会館に伝承されていますが、それも天正《てんしょう》九年（一五八一）に小田野肥後守周重《ひごのかみちかしげ》を檀那《だんな》として再興されたものです（口絵23）。そしてこれらの事蹟はいずれも、小田野氏がこの地域を現実に支配した地頭《じとう》的な立場で行われたように思われますが、小田野氏とは何者で、それらの事蹟は大石氏とどのような関係のもとで実現されたものでしょうか。

まず、さきに「戦国時代の由木氏と観智国師」の章で紹介したように、この地に支

写真35　清鏡寺十一面観音像

配を拡げてきた大石道俊《どうしゅん》（定久）は、天文《てんぶん》一七年（一五四八）五月七日に小田野新右衛門尉《しんうえもんじょう》に直書《じきしょ》を出して、「由木のうち、別所谷と堀之内分の手作りの所は、前々のごとく支配してよろしい」と所領を安堵《あんど》していました。「手作り」とは地頭が館の周辺でみずから管理耕作する門田《かどた》で、ふつう門田とそれ以外の領地は一対一〇位の関係とされます。道俊の安堵状は小田野氏に別所・堀之内の門田の領有を保証するという恩《おん》を与えながら、小田野氏のそれ以外の広い領地を召し上げたと同時に、小田野氏には以後、大石氏に奉公《ほうこう》する義務が生じたことになります。

この翌年の天文一八年には観智国師の父である由木利重《とししげ》の本領三五〇貫の土地は、有無《うむ》をいわさずすべて没収された感がありますが、おそらく大石氏は利重に別の領地を保証するなどして由木氏をその支配下に組み入れたのでしょう。小田野氏が安堵された以外の由木東部の領地と由木氏の本領をあわせて、大石道俊はこれを「松木近郷二三か村」といわれる、弟の信濃守宗虎《しなののかみむねとら》の領地としたと考えられます。

小田野氏の旧領は地区の状況からみて、当時はまだ堀之内村の一部であった越野《こしの》地区をふくめた堀之内と松木村、別所村の一帯を中心としたものであったと考えられます。その中から大石氏に召し上げられたのは、すくなくとも下柚木殿ヶ谷戸に近い越野村をふくむ堀之内村の大半と、信濃守屋敷が築かれる松木台の地区をふくむものであったと思われます。『風土記稿』の中で、堀之内村の北八幡神社が堀之内・越野・松木三村の鎮守で大石信濃守宗虎が宮岳《みやだけ》という所に勧請したとあり、その別当寺の普願寺《ふがんじ》は越野村にあって、もと堀之内村寺沢《てらさわ》にあった広泰寺《こうたいじ》を移して宗虎が開基したものとされているのは、そのような小田野氏から大石氏への支配の移行を示していると考えられます。しかしその中でも小田野氏の地侍《じざむらい》としての勢力は、大石氏やこれを配下に組み入れていく小田原北条氏の下に被官《ひかん》（有力者の保護をうける家人《けにん》）として従属することによって、以後も保たれ続けていったのでしょう。

後北条氏に仕えた小田野氏

小田野新右衛門尉が大石道俊から手作り分の所領を安堵《あんど》されてその配下となって一二年後の永禄《えいろく》三年（一五六〇）八月、越後の長尾景虎《ながおかげとら》（のちの上杉謙信《うえすぎけんしん》）は、後北条氏に敗れて彼を頼ってきた山内上杉家《やまのうちうえすぎけ》の最後の関東管領《かんとうかんれい》の上杉憲政《のりまさ》を奉じて、関東に出陣して北条勢を攻撃してきます。景虎は九月に三国峠《みくにとうげ》を越えて上野国《こうずけのくに》（群馬県）に入ると、まず沼田城・厩橋城《まやばしじょう》（前橋市）などの北条方の拠点を制圧し、一一月には埼玉県の河越城《かわごえじょう》・松山城（東松山市）を抑え、北条氏康《うじやす》はこれらを捨てて一二月に高尾山薬師堂に寺領を寄進し、小田原城へ退去します。翌年の永禄四年（一五六一）一月二一日、氏康の子北条氏照《うじてる》の重臣横地監物《よこちけんもつ》が奉書《ほうしょ》（主命を代筆）した次のような朱印状が、小田野源太左衛門尉に出されています。

由木の上下の強人《つわもの》は相談して、上杉勢が攻めてきたら出合って討ちとめなさい。忠節をつくす者には、望みどおりの恩賞《おんしょう》を下されるので、この旨をおのおのに申し聞かせて、稼《かせ》ぎ（活躍し）なさい（『戦国遺文・後北条氏編』六六二）。

源太左衛門尉はこの時の小田野氏の家長で、おそらく一三年前に大石道俊の所領安堵状を与えられた新右衛門尉の長男と考えられます。この戦乱の前後には、岩槻城《いわつきじょう》の太田資正《おおたすけまさ》や勝沼城《かつぬまじょう》（青梅市）の三田綱秀《みたつなひで》など、伝統的な関東管領家の上杉氏と一体となった長尾勢に味方する関東の部将は多く、これと対決する後北条勢としても各地の豪族の支援をどうしても必要としていました。長尾勢の小田原攻撃をうけて北条氏康は箱根権現《はこねごんげん》の別当職に対して、「主な家臣は房総方面に出陣していて手元に軍勢がないため、不甲斐《ふがい》にも籠城《ろうじょう》している」と嘆いています。

この年の二月下旬には長尾景虎は埼玉県の武蔵松山城から小田原城に向けて進撃し、八王子の椚田谷《くぬぎだたに》・小仏谷《こぼとけたに》に自軍の乱暴狼藉《ろうぜき》を禁止させる制札を掲げ、御殿峠のすぐ西の杉山峠を通って相模川沿いに南下します。一方の北条氏照は、三月二日に高尾山薬王院《やくおういん》に椚田の三〇貫文の寺領を寄進して戦勝を祈願し、翌三月三日には上野原城主の加藤虎景《かとうとらかげ》に書状を送り、長尾勢が相模の中央に出て当麻《たいま》（相模原市）に陣取っていることを告げて、武田信玄《たけだしんげん》に早々に相模方面に援軍を出すように依頼しています。当時の氏照はまだ二一、二歳の若さですが、この書状で彼は「大石源三　氏照」と署名しており、彼が「大石」の名で書いた書状の唯一の例とされています。さらに氏照は同じ三日に小田野源太郎に直書《じきしょ》を与えて、鎌倉時代からの相模の名族渋谷氏の名跡《めいせき》を継がせるので、忠勤をはげむように命じています。

この戦に際しての後北条氏の小田野氏への配慮は、異例といってもいいくらいに厚いものだったと感じられます。同じ三月の一二日には当主氏康みずからの感状《かんじょう》（戦功のあった者を賞する文書）が「小田野とのへ」の宛名で出されていますが、そこには次のようなことが記されています。

屋敷へ敵が攻めてきたところ、堅固に防戦して、敵一五人の首を取って、津久井城《つくいじょう》まで届けた由《よし》、忠節は比類がない。この度の戦には、いよいよ粉骨《ふんこつ》に尽くして、働くように。勝利の上は望みに随って、褒美を与えるものである（『同』六八〇）。

この感状を与えられた「小田野との」について、『後北条氏家臣団人名辞典』はさきに氏照から渋谷氏の名跡を与えられた源太郎であるとしています。源太郎はおそらく新右衛門尉の長男であり、家督を継いで源太左衛門尉と名のった人物そのものと考えられます。

次いで三月二〇日に小田野氏へ出された後北条家朱印状は、次のような内容のものです。

この度は敵陣に往復するものを討ちとめ、荷物を際限《さいげん》なく奪いとった由、忠節は比類がない。たびたび活躍していることは、感悦《かんえつ》である。いよいよ勤めてくれれば、どんな事でも望みによって扶助《ふじょ》を加えるものである。
小田野肥後守殿
同　新左衛門殿
同　源太左衛門殿　（『同』六八四）

「扶助を加える」とは、領地や給田《きゅうでん》（年貢などが免除される土地）を与えることを意味しています。さらに加えて、翌月の永禄四年閏《うるう》三月一〇日に氏康が直書《じきしょ》で小田野源太左衛門尉に与えた感状は、次のようなものでした。

この度は身命を軽くして、たびたび戦って忠節をつくされた。よって太刀一腰《ひとこし》を遣わす。今後もいよいよ活躍されれば、望みに随って扶助を加えるものである（『同』六九〇）。

この間の小田野氏の戦いぶりを想像すると、次のようなことがいえるのではないでしょうか。まず大石氏の養子となった北条氏照は前年に本姓に戻って、当時は滝山城主としてこの地方の後北条勢の指揮をしていたでしょう。大石氏はすでに道俊《どうしゅん》の没後ですが、氏照の養父の綱周《つなちか》や養子の定仲《さだなか》が氏照を支え、松木の信濃守屋敷の当主宗虎《むねとら》は滝山城中の松木曲輪《まつぎくるわ》に陣を構えて氏照を支援していたはずです。由木氏の観智国師の父利重《とししげ》は当時すでに五六歳ですが、一九歳の長男景盛《かげもり》とともに氏照の手勢《てぜい》として滝山城周辺につとめていたと考えられます。つまり横地監物《よこちけんもつ》の奉書にあったように、由木の地侍《じざむらい》達はこれらの主要人物が抜けた状況の中で、小田野源太左衛門尉を中心にまとまって長尾景虎勢の侵攻に備えるように命じられていたのです。監物は別に小田野氏に、敵勢の往復を遮《さえぎ》るようにも指示しています。そして三月一二日の氏康の感状は、おそらく地侍達が主《あるじ》の留守中の松木台の信濃守屋敷に立て籠って、攻めてきた敵一五人の首を討ち取ってこれを後北条勢の津久井城山城《しろやまじょう》に届け、小田原城主みずからに感状を書かせる評価を得たということでしょう。

さらに三月二〇日の朱印状からは、小田野氏を中心とする由木の侍達が勝手知った多摩丘陵の山道を走り廻って、来攻した越後勢にゲリラ戦を仕掛け、その糧秣《りょうまつ》や武具の小荷駄《こにだ》を奪って、敵の戦力を殺《そ》いでいた様子が目にうかびます。その首領であった小田野源太左衛門尉は、後には氏照の馬廻衆《うままわりしゅう》（大将の周辺で護衛にあたる騎馬武者）に取り立てられたようで、下総《しもうさ》の国府台《こうのだい》・下野《しもつけ》の小山城《おやまじょう》（祇園城《ぎおんじょう》）・鹿沼城《かぬまじょう》などで侍大将として活躍し、埼玉県春日部市の内牧郷《うちのまきごう》を領地として与えられています。なお、永禄四年三月に小田原城を攻めた長尾景虎は、翌閏《うるう》三月のはじめには包囲を解いて鎌倉に引き上げ、一六日に上杉憲政《のりまさ》から関東管領職をゆずられて上杉氏を継いでいますから、閏三月一〇日の氏康の源太左衛門尉への感状は、危機を脱した後で早々に出されたということでしょう。

小田野氏の系譜を整理した資料はみつかりませんでしたが、これまでに出てきた人物の関係を推定すると次のようになるかと思われます。

①新右衛門尉――②源太左衛門尉
　　　　　　├―③周重（肥後守）――⑤定久（肥後守）――⑥周定（源太左衛門尉）
　　　　　　└―④新左衛門

『後北条氏家臣団人名辞典』など、多くの本は②の実名を周定《ちかさだ》としており、「周」ははじめの主家大石氏の綱周《つなちか》からの偏諱《へんき》であるとされていますが、著者の管見ではそれを実証する古文書は一つも見つかりません。江戸時代はじめの寛永一三年（一六三六）に蓮生寺の鐘に記されたという「北条陸奥守氏照公之家臣、小田野源太左衛門尉藤原周定建立也」の銘文は、子孫の⑥が先祖の旧当主②を供養し、顕彰するためにその名を銘記したということかもしれませんが、先に指摘した仁王像の銘文と同じく、『風土記稿』はここでも「小田」を「小田野」と間違って記録していたのであろうと思われ、『武蔵名勝図会』ではいずれも「小田」と正確に記録されています。つまり、著者が確認できた限りでは小田野周定という人物はいなかったのであって、⑥の小田周定という人物が江戸時代の寛永年間（一六二四―四四）に由

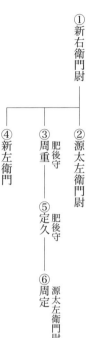

木の地でいくつかの事蹟を残していたのだと考えざるをえません。

右の系図には、当主②の直系の子孫の名前が知られず、その当主名を継ぐ⑥を『風土記稿』が⑤の子息としているという不自然な点があります。『風土記稿』は、⑤の定久の子⑥源太左衛門は教福寺を創建して、「後に水戸殿へ仕え」たと記していました。徳川家康の一男頼房《よりふさ》を祖として慶長《けいちょう》一四年（一六〇九）に創藩された水戸藩には、小田野氏と同じく一時は八王子落城後に松木村に潜んでいたとされる氏照重臣の中山家範《なかやまいえのり》の次男で、水戸藩の家老に重用された中山信吉《のぶよし》がいました。信吉は慶長一八年（一六一三）に氏照旧臣の八王子衆一六人を水戸藩に推挙しますが、水戸城下に移住した八王子衆の筆頭に小田源太左衛門朝家《ともいえ》がいたことが、水戸市彰考館《しょうこうかん》の『水府系纂《すいふけいさん》』に記されているといいます。そして『風土記稿』では、源太左衛門は水戸に移り仕える際に姓を小田と改めたけれども、「近きころ故ありてその子孫は絶えたり」とされていました。

つまり前頁の系図の②の嫡子に、慶長一八年から水戸藩に仕えて改姓した小田源太左衛門朝家があり、その三年後の元和二年（一六一六）に亡くなって教福寺に墓を遺した⑤肥後守定久は、朝家の従兄弟にあたる人物で、さらに二〇年後の寛永一三年（一六三六）に蓮生寺に仁王像と鐘を寄進する⑥の周定は、水戸の源太左衛門朝家とは別に、松木村に残りながら同じく改姓して当主名の源太左衛門尉を名乗っていたということであろうと想定されます。

なお、『風土記稿』の同じ松木村の項には、村内の西に新義真言宗の医性寺《いしょうじ》があって、その墓地には小田原北条氏の家人であったという井草越前守《いぐさえちぜんのかみ》の五輪の墓塔があると記されています。その屋敷跡は井草森《いぐさもり》と呼ばれ、越前守の子息織部《おりべ》の造立した稲荷社があって、棟札には天正五年（一五七七）の年記と願主松木村井草織部の名が記されているといいます。この一族もおそらく、小田野氏とともに北条方に加勢した地侍の一隊として、この時代の多摩の地に東奔西走していたのではないかと思われます。

『風土記稿』や『武蔵名勝図会』にはさらに、松木村の井草屋敷の東にある植松《うえまつ》屋敷跡の旧主太郎兵衛も北条家の臣であろうとし、隣接する大沢村にも、かつて小田原北条氏へ仕えたという田中和泉守《いずみのかみ》一族の墓や佐藤道春《どうしゅん》の塚があるといいます。さらに中山村の百姓喜四郎の先祖石井善右衛門もまた小田原北条氏へ仕えた者で、中山の永昌院《えいしょういん》の開基葛沢豊前守《かつざわぶぜんのかみ》も同様であろうと推定しています。また『永林寺誌』は、かつて大石・北条氏に仕えていた檀信徒として、小田・飯田・勝沢・伊藤・井上・田倉・内田・伊東・大室・小谷田・鈴木・川和・青木・谷合・井草等の各氏の祖先の名を記載しています。

「藤原朝臣《ふじわらあそん》」小田野氏

小田野氏を大石氏の一族としている専門家もいますが、蓮生寺の仁王像銘と鐘銘でも、また『戦国遺文・後北条氏編』の補遺編に載る教福寺仏像銘でも、「藤原朝臣小田源太左衛門尉周定」、「小田源太左衛門尉藤原周定」と、大石氏の源氏ではなくて藤原氏であることが明記されています。大石道俊が天文一七年（一五四八）に、小田野新右衛門尉に別所谷と堀之内の手作りの所領を安堵しているのも、同族に対する処置とは考えられません。想像の範囲に属しますが、小田野氏もおそらく由木氏と同様に、中央から武蔵国府や勅旨牧《ちょくしまき》等の官人として下向した者の末裔で、古くからこの地に土着していた土豪《どごう》と考えられます。その故にこそ大石氏はその本領を限定的に安堵することによって、これを被官《ひかん》（家来）とすることを通してみずからの支配をこの地に確立すると同時に、以後も小田野氏を配下として利用することにしたのでしょう。

さきに「殿ヶ谷戸の昔語り」等で述べたように、平安時代末期から由木の地に定着した武蔵七党の武士には、殿ヶ谷戸に館をおいた横山党《よこやまとう》由木氏とは別に、日野・川口・平山など武蔵国府（府中市）の西方に発展した西党《にしとう》の由木氏がありました。西党由木氏の系図（一七八・二四四頁）の最初と末尾を再録すると、次のようになります。

日野宰相
宗頼 ―（略）― 西 宗貞 ― 重直 ┬ 由木三郎大夫 ○○
　　　　　　　　　　　　　　　├ 川口二郎大夫 景綱
　　　　　　　　　　　　　　　├ 由木四郎大夫
　　　　　　　　　　　　　　　└ 田口太郎

峰岸純夫《みねぎしすみお》氏は西党（日奉氏《ひまつりし》）について、「武蔵に流人《るにん》となった摂関家《せっかんけ》の系譜をひく藤原道頼《ふじわらのみちより》（宗頼《むねより》か）を祖とするが、この道頼と在地豪族（国衙官人《こくがかんじん》）の日奉氏娘との婚姻によって成立した武士団」（『八王子・日野の歴史』）と考えています。つまり西党の由木氏は藤原氏であり、先祖は朝臣《あそん》（三～五位以上）の敬称に相応していたのです。

しかし峰岸氏が、日奉氏は鎌倉幕府の実力者・執権《しっけん》北条氏と密着していたために、幕府と滅亡（元弘三年・一三三三）をともにしたといわれるように、右の図に見られる人物以後の由木氏の動向はまったくわかりません。そして西党由木氏の居館は、堀之内地区の芝原公園から北八幡神社の東方にあったという説もありますが、これを裏付けるような資料や遺跡発掘結果は、目下のところ確認できず、わずかに寺沢地区のNo.436遺跡にその可能性があり得るかと思われる程度です。それにしても「堀の内」とは、堀や土塁をめぐらした中世の武士の屋敷や周辺の直営田をいい、堀之内地区とその周辺のいずれかに西党の由木氏居館があったのではないかという観測は捨て難く、小田野氏こそ西党由木氏の末裔であったのであろうとするのが自然な想定と思われます。

松木氏と小田野氏

『新編武蔵風土記稿』の松木村の項には、村名の由来とされる松木七郎師澄《もろずみ》という武士の屋敷跡が村の東にあたる山よりにあり、師澄が創建したという地蔵堂と、その前に師澄の墓があると記されています。『武蔵名勝図会』ではその墓には銘文があって、「開基《かいき》光久慶恩禅定門《こうきゅうけいおんぜんじょうもん》　永和《えいわ》二丙辰年《ひのえたつどし》（一三七六）六月廿四日　持氏公幕下《もちうじこうばくか》松木七郎藤原師澄」とあると記しています。鎌倉公方足利持氏《かまくらくぼうあしかがもちうじ》（一三九八―一四三九）は後代の人で、この銘文はその三代前の同じ足利基氏《もとうじ》（一三四〇―六七）の誤りでしょう。そして師澄が亡くなった当時の鎌倉公方は基氏の子の足利氏満《うじみつ》（一三五九―九八）で、これを補佐する関東管領《かんとうかんれい》は山内《やまのうち》上杉家初代の上杉憲顕《のりあき》（一三〇六―六八）の子の能憲《よしのり》（一三六八―七八管領職）です。さらに上杉能憲を武蔵守護代として補佐したのが、大石家七代信重《のぶしげ》の義兄にあたる大石能重《よししげ》であったと、『大石氏の研究』（名著出版・一九七五年）の中で栗原仲道《くりはらちゅうどう》氏は指摘しています。大石能重・信重の世代は、第一三代とされる戦国時代末期の道俊《どうしゅん》（定久）より六世代前と

いうことになります。（二五六頁「大石氏略系図」参照）

　現在の松木地区は多摩ニュータウン工事ですっかり形を変えてしまいましたが、そのほぼ中央部に残された浅間神社《せんげんじんじゃ》も松木七郎の創建したもので、この社《やしろ》があるためにこの辺を富士森と呼んだとされています。いまはその北側に師澄の墓塔である立派な宝篋印塔《ほうきょういんとう》（口絵22）が移され、彼が屋敷内に建立したと伝える地蔵堂の面影をしのばせる小さな祠《ほこら》（写真36）がその隣りに建っています。その堂に掛けられていたという鰐口《わにぐち》には、享禄《きょうろく》四年（一五三一）の銘があると『風土記稿』は記していますが、それは北条氏照の祖父氏綱《うじつな》が江戸城や河越城で、扇谷《おうぎがやつ》上杉朝興《ともおき》とたびたび戦って勢力を関東に拡げようとしていた時代でした。その一七年後には大石道俊《どうしゅん》が、この地域の土豪であった小田野新右衛門尉に別所谷と堀之内の手作り分の所領を安堵していますから、この頃にはその一帯は小田野氏の支配下にあったと思われます。なお『風土記稿』に載るこの鰐口の図には、「謹奉掛金鰐

写真36　松木浅間神社北側の地蔵堂

一口　二日町地蔵菩薩殿（謹しんで金鰐《きんがく》一口を掛け奉る、二日町地蔵菩薩殿《ふつかまちじぞうぼさつでん》）」と刻まれ、寄進者名も「九沢紫陽《くざわしよう》」と読めますので、この鰐口が本来、松木氏の地蔵堂のものであったかには疑問が感じられます。

松木氏の屋敷は大栗川最大の支流大田川の南側にあって、南方の別所谷から北にゆるやかに下る松木村峰ヶ谷戸《みねがやと》の丘陵地にあったと考えられます。そこは多摩ニュータウンNo.125遺跡の地にあたり、さきに紹介したように松木七郎の時代をふくむたくさんの遺構・遺物が検出され、中世の豪族の居館跡と認められています。そしてここから大田川の北方一キロの近くにある小田野屋敷跡とされるNo.287遺跡からも、古代・中世の住居跡や濠・庭園などの遺構と多数の遺物が発掘されていました。

小田野屋敷跡で発見された中世の板碑の年号は、応安《おうあん》三年（一三七〇）・応永《おうえい》二一年（一四一四）・寛正《かんしょう》二年（一四六一）と、南北朝時代から室町時代にわたっていますが、その最古の応安三年は松木七郎が亡くなった永和《えいわ》二年より六年前にあたります。つまり、松木氏と小田野氏は同時代に近隣で土豪として並び立っていたわけで、同じ藤原姓の松木氏も小田野氏と同じ西党由木氏の同族であったと考えられます。そして小田野氏もまたその頃には、松木氏と同じく公方《くぼう》や関東管領《かんれい》の下で武蔵武士として奉公していたのではないでしょうか。しかし小田野氏が一六〇年ばかり後の時代、新右衛門尉以降の戦国時代に大石・北条氏に従属して命脈を保とうとしたのに対して、その時代には松本氏はすでに土豪としての地域支配権を失い、戦国の動乱の中にその名を残すことができなかったのであろうと思われます。一方の小田野氏にかかわった大石・北条両支配者の残した古文書は、戦国時代の由木の地侍《じざむらい》の生きざまをあざやかに記録していたのでした。

小田野氏が遺した由木の文化財

『新編武蔵風土記稿』や『武蔵名勝図会』には、戦国時代末期に大石信濃守宗虎《しなののかみむねとら》（定基）が由木の各地に遺した社寺のいくつかが伝えられていました。そこには同様に、小田野氏によって開創された社寺や造立された仏像のいくつかについても記録されており、その中には現存するものもあります。また両書に記録もれの仏像もふくめて、以下にはその二、三について簡単に述べておきたいと思います。

その一、越野のもかけの観音像

越野《こしの》地区のほぼ中心、真言宗玉泉寺《ぎょくせんじ》の東側の日枝神社山麓に越野会館があり、そこはまた一二年に一度の卯歳《うどし》に御開帳《おかいちょう》が行われる武相《ぶそう》（武蔵と相模）四十八観音（宝暦《ほうれき》九・一七五九年はじまり）の、第一三番札所《ふだしょ》となっています。現在の会館は平成になってから改築されて、地主である日枝神社の社務所、札所の御本尊であるもかけの観音をお護りする地区の観音講《かんのんこう》のお堂、自治会の会館の三つを兼ねていますが、もともとは明治一一年（一八七八）に、廃寺となっていた近くの導儀寺《どうぎじ》の観音像を地区の人々がここに観音堂を建てて祀り伝えたのがはじめでした。観音像は膝に裳裾《もすそ》を掛け垂らした坐像で「裳掛《もか》けの観音」と呼ばれ、昭和四五年（一九七〇）に八王子市の有形文化財に指定されています（口絵23）。

導儀寺は天正《てんしょう》二年（一五七四）（『風土記稿』は天文《てんぶん》二年（一五三三）と記していますが、誤記）に、後に永林寺第五世住職となる徹叟伝廊《てっそうでんろう》（一五九二―九五、永林寺在住）を開山として創建された曹洞宗の禅寺でしたが、その境内にあった観音堂はすこし後に建てられたもので、本尊であったもかけの観音（聖観世音菩薩《しょうかんぜおんぼさつ》）像の胎内《たいない》には、天正九年（一五八一）の年記銘があります。そしてこの像の作者は王蓮《おうれん》という仏師で、これを寺に寄進したのは小田野肥後守周重《ちかしげ》であるということも、従来の調査で知られていました。

平成一九年にこの像を再調査した林宏一《はやしこういち》氏の報告によれば、像の膝裏の内刳《うちぐ》り（内側の材木をくり落とした部分）には、「再興旦那《さいこうだんな》　小田野肥後守周重」等の墨書とともに、巧匠《ぎょうしょう》（仏師）名として従来の読みと異なる「玉運法眼《ぎょくうんほうげん》」と書かれていることが確認されています。玉運はこの時代に武相地方で活躍した、実力派の鎌倉仏師であったといいます。そして林氏はこの像自体について、法衣垂下《ほうえすいか》（いわゆる「もかけ」）という南北朝時代にとくに流行した彫刻形式で造られ、ていねいで鋭い彫刻表現がみられることから、この像は南北朝時代の一四世紀後半に造られた作品で、仏師の腕の冴《さ》えがうかがえるものと認めています。そして「天正九年」という年記は従来考えられていた造像銘でなく、実は二〇〇年前の古像をこの年に修復したことを示すもので、小田野氏を「再興旦那」としているのも同じ理由であるとしたうえで、この観音像を、「様式的にも彫刻的にも優れた出来映えをみせる法衣垂下像の典型作として、その文化財的価値は高く評価されよう」と結論しています。

小田野家の当主源太左衛門尉の弟であったと考えられる肥後守周重は、永禄《えいろく》四年(一五六一)の長尾景虎《ながおかげとら》(上杉謙信)の小田原攻めに際して、ゲリラ戦によって戦功をたてて北条家朱印状を与えられた小田野一族のうちの、肥後守その人であったと考えられます。彼がこの観音像の再興檀那となったのは晩年のことと思われますが、一族は大石氏や後北条家の配下にくみ込まれて戦陣に立つ一方、地域支配者として寺社の建立にかかわり、仏像の造立なども支援し、その一部は現在まで守り伝えられていたということでした。

その二、大塚清鏡寺《せいきょうじ》の十一面観音像

大塚地区の塩釜谷戸《しおがまやと》にある曹洞宗清鏡寺はもとは天台宗の寺でしたが、現在は永林寺の末寺で中興の開山は永林寺第四世住職の妙庵長銀《みょうあんちょうぎん》(一五八七—九三、永林寺在住)、文禄《ぶんろく》元年

（一五九二）の再興といわれます。寺の西側に「お手の観音」と呼ばれる武相観音第一〇番札所の観音堂があって、開創は一二世紀の平安時代末という伝承もあるようですが、『風土記稿』によれば八王子城主の北条氏照が願主として、小田野肥後守に命じて五間四面の堂を再興したとあり、『八王子事典』（かたくら書店）はこれを元亀《げんき》年間（一五七〇―七三）のこととしています。本尊の千手観音《せんじゅかんのん》は大仏師運慶《うんけい》（？―一二二三）の作といいますが、秘仏でみることはできないと記されています。

　この観音堂はその後、火災にあって江戸時代に再建されましたが、現在新しい本尊の千手観音像のかたわらに、明治初年に廃寺となった小田野氏建立の松木教福寺《きょうふくじ》の観音堂にあった十一面観音像が移し祀《まつ》られ、東京都の指定文化財とされています（三二八頁、写真35）。この像について『風土記稿』は、「長《たけ》二尺七寸ばかり、安陀弥《あんだみ》（安阿弥《あんなみ》＝快慶《かいけい》）の作なり」と記していますが、『南多摩文化財総合調査報告書』（一九六一年）は、「鎌倉時代も古い時期の作であろう。当地域・当時代の秀逸《しゅういつ》と推挙される」と評価しています。

　教福寺は新義真言宗で高幡村金剛寺《こんごうじ》（高幡不動）の末寺であったといいますが、これを開創したのは、『風土記稿』によれば小田肥後守定久《さだひさ》の子の源太左衛門《げんたざえもん》で、父の定久は元和《げんな》二年（一六一六）に没したといいます。しかし松木地区の小田家に伝わる「由緒縁起書《ゆいしょえんぎしょ》」では、教福寺の創建は天正年間（一五七三―九二）の定久存命中のこととされています。それは元亀二年（一五七一）に亡くなっている大石信濃守宗虎が同じ金剛寺末の普願寺《ふがんじ》を隣村の越野地区に創建したすこし後のことになりますが、小田野肥後守は周重と定久の二代にわたって、由木の地に貴重な中世の文化財を遺したことになります。

その三、失われた仁王像と釈迦三尊像

『風土記稿』は別所村蓮生寺《れんしょうじ》の薬師堂仁王門《におうもん》について、（薬師）「堂の正面にあり、三間《けん》半に二間《けん》、金剛《こんごう》の像長各八尺余、背後肩のあたりに刻して云《いわく》、寛永《かんえい》一三丙子《ひのえね》年（一六三六）七月小田野源太左衛門周定《ちかさだ》」と記しています。この仁王門は現在は焼失しており、昭和三六年（一九六一）に東京都教育委員会が調査した時点で、二体の仁王像もすでに解体されていましたが、先述のようにその報告書の写真によれば後肩の刻銘は、「武州多麻西郡由木之産藤原朝臣小田源太左衛門尉周定敬白」が正確な表記で、報告書の解説も「小田野…」と誤記しています。小田氏はおそらく先祖供養のため、かつての支配地の別所蓮生寺を仁王門によって荘厳《しょうごん》していたのでしょう。

明治初年の廃仏毀釈《はいぶつきしゃく》と寺院の整理統合によって、由木の地でも多くの寺が廃寺となり、さらに多数の仏像が廃棄されたと思われます。それは近世以前のこの地の人々の信仰の形跡を捨て去ることでもありましたが、その中でもかろうじて廃棄をまぬがれた一例が、さきの小

写真37　導儀寺旧本尊釈迦如来像

田野周重再興の「もかけの観音」像のかたわらにありました。越野会館には「もかけの観音」のほかにいま一体、かつて曹洞宗導儀寺《どうぎじ》の本尊として祀られていた釈迦如来坐像《しゃかにょらいざぞう》も保存されています。それは像高四〇センチばかり、台座をふくめて九〇センチほどの木造金彩色《きんさいしき》の小像ですが、この地域の寺の本尊としては標準的な大きさです（写真37）。その台座の裏側には朱墨《しゅぼく》で、次のような文が書かれています（漢文訓み下し）。

古《いにしえ》、この仏は迦葉《かしょう》・阿難《あなん》の三大尊なり。先記《せんき》を考《かんが》うるに、けだし弘治《こうじ》二庚寅歳《かのえとらどし》に彫造《ちょうぞう》せり。年月漸《よう》やく歩み、身体は腐敗するに及べる故、また十方の緇素《しそ》（道俗）の門戸を扣《たた》いて、この時、元禄《げんろく》三庚午歳《かのえうまどし》に、工《たくみ》に命じてもって修補彩色《しゅうほさいしき》せしむ。この恩《おん》において希《ねが》う所は、人天《にんでん》（人間と天人）の福因《ふくいん》（幸せのもと）とならんのみ。

つまり、この釈迦仏像はかつて仏弟子の迦葉・阿難を左右に配した、いわゆる釈迦三尊像《しゃかさんぞんぞう》であり、弘治二年（一五五六・丙辰年《ひのえたつ》）に制作されたものですが、年を経て腐敗におよんだので各地の僧俗に喜捨《きしゃ》を求めて、元禄三年（一六九〇）に仏師に補修・彩色させた。この功徳によって衆生《しゅじょう》に福徳がもたらされることを願うばかりであると記しています。

『風土記稿』には天正二年（一五七四）開創の導儀寺の本尊について、「本尊釈迦、木の坐像長《たけ》一尺」とだけ載っています。右の朱墨銘にあるように、元禄三年にはすでに迦葉・阿難の両挟侍《きょうじ》が失われていたことを、江戸時代末期に書かれた『風土記稿』は正確に伝えていました。一方、同書には、導儀寺開山の徹叟《てっそう》の先輩にあたる永林寺第三世岳応義堅《がくおうぎけん》（一五七四―七八永林寺在住）を開山とする鑓水の曹洞宗永泉寺《えいせんじ》の本尊は、「釈迦、木の坐像にして長一尺、左右に阿難迦葉の木像あり」と記しています。なお永泉寺は明治一八年（一八八五）に全焼したということで、現在は近年に造られてとみられる釈迦三尊像が本尊に祀られていますが、左右の迦葉・阿難像は両手を胸の前で合掌した形の立像です。

釈迦三尊像の左右に配する挟侍《きょうじ》は通常は文殊《もんじゅ》・普賢《ふげん》の二菩薩《ぼさつ》ですが、迦葉・阿難の両弟子をともなう釈迦三尊像は、鎌倉時代以降に護国祈願《ごこくきがん》の仁王般若会《にんのうはんにゃえ》の本尊とされて広まっていました。また禅宗では仏弟子の迦葉《かしょう》を釈迦から仏の正しい法を受け継いだ第一祖として、迦葉はこれを阿難《あなん》に伝え、それより順次、達摩《だるま》から中国・日本へと正しい仏法が伝えられてきたとしています。智恵の菩薩とされる文殊《もんじゅ》も坐禅堂に祀られますが、禅の修行者にとって迦葉・阿難は大先輩とすべき身近かな古仏《こぶつ》です。

『風土記稿』は永林寺の本尊については、「釈迦、長一尺五寸ばかり、左右に文殊菩薩《もんじゅぼさつ》・普賢菩薩《ふげんぼさつ》の二像を安ず」と記しており、永林寺第二世の照室恵鑑《しょうしつえかん》（一五六五―七四在住）が開山である上柚木西光寺《さいこうじ》の本尊も、永林寺と同形式のものでした。そして第三世の鐺水永泉寺・第五世の越野導儀寺の本尊が、迦葉・阿難の新形式の三尊像でした。この中間の第四世中興の大塚清鏡寺《せいきょうじ》の本尊も、もとは釈迦三尊であったといいますが、その形式は不明です。そしてこれらの寺はいずれも大石氏と北条氏照の領域支配のもとに造営、開創されていたわけで、新形式の釈迦三尊像は元亀《げんき》から天正《てんしょう》年間の初期（一五七〇から一五八〇頃）に導入されたように思われます。小田野氏が天正年間に松木に創建した真言宗教福寺の本尊は大日如来でしたが、戦国時代末の大石・北条支配下にあっては、その創建による永林寺を中心とする禅宗ないし釈迦仏の信仰が、由木の里の仏教世界を大きく変えつつあったように感じられます。

討死した小領主の書状

中世の由木の武士達の昔語りの最後に、すこしわき道にそれるかもしれませんが、近隣の日野市の高幡不動像の胎内《たいない》に納められていた、一四世紀南北朝時代の日野に住んだ一武士の陣中の手紙によって、当時の地方武士層の様子をうかがってみたいと思います。高幡不動と通称される高幡山金剛寺《こんごうじ》は、高尾山の薬王院《やくおういん》と並んで多摩地方のもっとも著名な真言宗の寺院ですが、その不動堂には全国的にも稀な平安時代制作の丈六《じょうろく》（四・八メートル）の木造不動尊像が伝えられています。この不動堂は建武《けんむ》二年（一三三五）に大風のため倒壊し、南北朝時代はじめの康永《こうえい》元年（一三四二）に地頭の高麗助綱夫妻を檀那として、金剛寺中興開山の儀海上人《ぎかいしょうにん》によって修復・再建されました。その不動堂と丈六不動三尊像、およびその胎内文書《たいないもんじょ》はいずれも国の重要文化財に指定されていますが、胎内文書はその時の像の修復にさいして不動像の首の部分に納められていたもので、近年に解読されて平成五年に『日野市史史料集　高幡不動胎内文書編』として刊行されています。

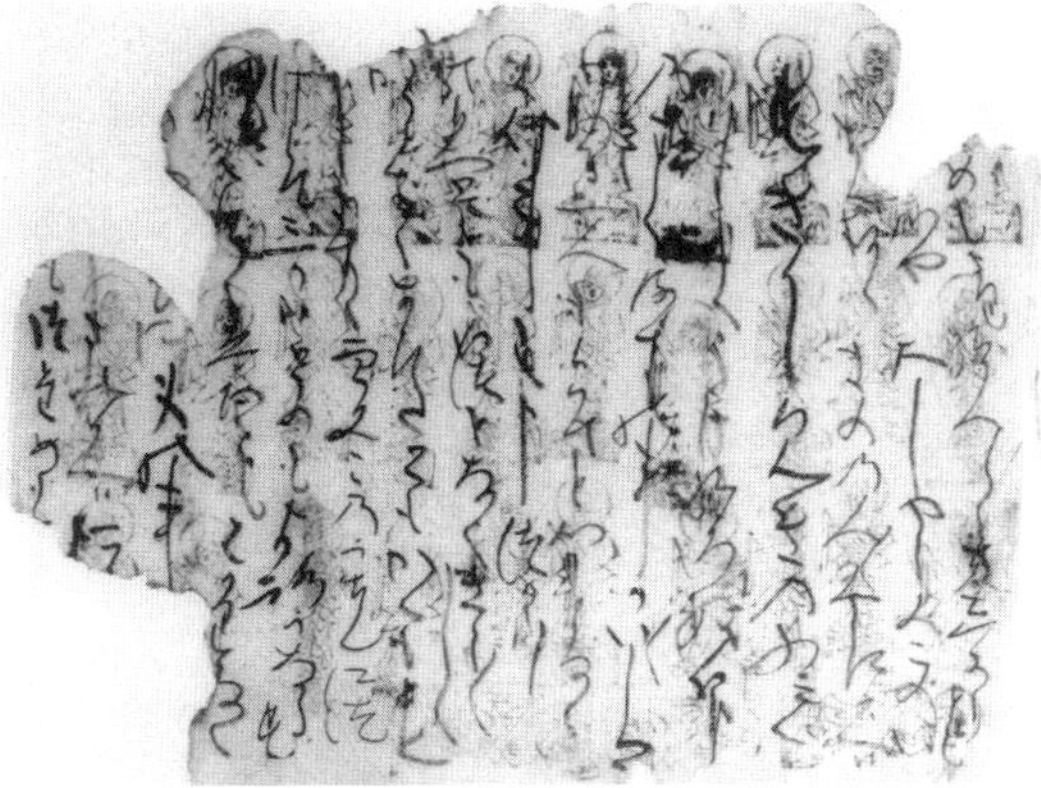

写真38　山内経之書状
（『日野市史史料集　高幡不動胎内文書編』より）

　その胎内文書は当時の人々が書いた手紙を供養のため仏像内に納めたもので六九通あり、その大半の五〇通は南北朝の対立抗争の中で戦場に命を失った、日野市土渕郷《つちぶちごう》（日野市の東北部）の小領主山内経之《やまのうちつねゆき》の書いたものです。経之は暦応《れきおう》二年（一三三九）八月に、常陸国《ひたち》（茨城県）にいた南朝方の北畠親房《きたばたけちかふさ》の軍を攻撃するために出陣した北朝方鎌倉府《かまくらふ》の大将、高師冬《こうのもろふゆ》の軍に召集され、その戦場から家族や高幡の僧などに手紙を送っていましたが、この戦いで戦死した経之の菩提供養のため、家族が書状の裏面に仏像の印版《いんばん》を押して、修理中だった不動明王像の胎内に奉納したものです（写真38）。

山内経之の領地は、多摩地方西部の多西郡《たさいぐん》の中でも武蔵国府が支配していた公領《こうりょう》の一つである土渕郷《つちぶちごう》で、古くは西党の日奉氏《ひまつりし》が支配した地域と考えられています。峰岸純夫《みねぎしすみお》氏は、西党の日奉系諸氏は武蔵国府の在庁官人《ざいちょうかんじん》としてこの地域に勢力を築いてきましたが、元弘《げんこう》三年（一三三三）の新田義貞《にったよしさだ》による関戸合戦《せきどかっせん》を経ての鎌倉幕府の滅亡によって没落し、代わってこの地に新しい地頭《ぢとう》として入った武士が、相模国の鎌倉郡山内郷《やまのうちごう》を本拠とする幕府御家人《ごけにん》、山内首藤氏《やまのうちすどうし》の一族と推定される経之であったとしています。経之は現在の日野本町のあたりに館を構えて、近郷の新井氏から妻を迎えて新領地の経営につとめますが、北朝方足利勢の下に動員されて他国で討死し、山内氏はこの地方に定着することなく没落したといわれます。

経之の当時の合戦にあたっては、まず指揮官が配下の各武士に出陣命令を出し、これに応じる武士はおのおの軍備を整えて決められた場所に参陣するという仕組みでした。自分の甲冑《かっちゅう》（兜《かぶと》と鎧《よろい》）・刀・槍・弓矢・乗馬から従者たちの兵糧米《ひょうろうまい》にいたるまで、すべてその武士の自弁であるうえに、出陣しない者は所領没収など厳しく処罰されますから、出陣は小領主にとっては文字どおり命がけの大変な負担で、それはまさに所領維持のための一所懸命《いっしょけんめい》の宿命でした。経之は常陸への出発の前に、集結地の鎌倉から妻へ宛てて、領内の在家《ざいけ》（所領の農家とその田畠）一軒を売り払って陣中で着用する小袖《こそで》を二、三着つくり、茶色に染めて送ってもらいたいと頼み、また息子にも同様にして銭《ぜに》二貫文ばかりを受け取るように指示し、さらに関戸村の観音堂の住職に対しても兵糧米の一、二駄《だ》の拠出を依頼しています。

さらに転戦する陣中からも息子にあてておお茶や干柿《ほしがき》・かち栗を買い入れて送ってくれるよう依頼し、また激戦の中で従者や馬・馬具が不足してきたので、百姓共に何としても命令して鞍《くら》・具足《ぐそく》を馬にのせ、あるいは馬だけでも徒歩でひきつれて送り届けるよう指示しています。一〇月頃と思われる書状では、従者のうち逃げ帰った者は一人も漏らさず捕りおさえて戦場に戻させるように命じたり、戦死傷者続出の戦場の中で自分も馬や兜《かぶと》を失って人のものを借りて戦っているけれども、いままでは負傷もせずに無事でいると、留守宅の妻に書き送っています。そして戦況が思わしくない中でも、大将の師冬《もろふゆ》が自分の戦いぶりを大いに褒《ほ》めてくれた、自分が討死しても大将や仲間がいるから安心である、とも書いています。

最後となった書状の中では、経之は次のような文を書いています。

こんとのかせんニハ、いき候ハん事もあるへしともおほえす候へハ、かい〱しき物々一人も候□て候□こそ、返々心もとなくおほえ□候へ。

〈今度の合戦では、生き残ることはないであろうと思われるので、〈残された妻子の所領経営を補佐する〉甲斐々々しい家来が一人もいないことが、かえすがえすも心配である〉

おそらく彼の心配はその討死後に現実のものとなって、新参の小領主であった山内経之家は峰岸氏の指摘する通りに没落したのだと思われます。そして、この一四世紀の時代からはるか後の一六世紀の戦国時代末においても、由木の地から各地に転戦を強《し》いられた由木氏・小田野氏などの武士とその一族の苦労は、この山内経之の場合と似たような厳しいものであったのではないでしょうか。由木氏に関してはその内容に疑問を残す史料ですが、増上寺の『三縁山志《さんえんざんし》』が載せる観智国師の系図の中で南北朝時代以降の国師の先祖一一代の当主のうち、過半数の七代の当主はさまざまな戦場で討死をとげたと記されています。

郵便はがき

料金受取人払郵便

八王子局承認

203

差出有効期間
2024年6月30日
まで

1928790

056

〔受取人〕
東京都八王子市
追分町一〇―四―一〇一

揺籃社 行

●お買い求めの動機
1, 広告を見て（新聞・雑誌名　　　　　　　　　　）　2, 書店で見て
3, 書評を見て（新聞・雑誌名　　　　　　　　　　）　4, 人に薦められて
5, 当社チラシを見て　6, 当社ホームページを見て
7, その他（　　　　　　　　　　　　　　　　　　　　　）

●お買い求めの書店名
【　　　　　　　　　　　　　　　　　　　　　　　】

●当社の刊行図書で既読の本がありましたらお教えください。

皆カード

今後の出版企画の参考にいたしたく存じますので、
ご協力お願いします。

書名〔 〕

りがな
名前 年齢（ 歳）
性別（男・女）

住所 〒

TEL （ ）

-mail

職業

書についてのご感想・お気づきの点があればお教えください。

書籍購入申込書

当社刊行図書のご注文があれば、下記の申込書をご利用下さい。郵送でご自宅まで週間前後でお届けいたします。書籍代金のほかに、送料が別途かかりますので予めご了承ください。

書名	定価	部数
	円	部
	円	部
	円	部

集した個人情報は当社からのお知らせ以外の目的で許可なく使用することはいたしません。

六、由木の里のむかし・点描

1、板碑《いたび》と石塔——石が語る由木のむかし

ヨーロッパなどのように住居や集落が石で築かれていた地域では、千年をこえる古代の遺跡がほとんどそのまま現在まで伝えられるのは珍しくありませんが、木の文化を中心とした日本ではそのようなことは期待できません。しかし、石を使ってさまざまな塔をつくり、仏や死者の供養とする文化は、武蔵国でも古くからひろがり、八王子や由木の地域にも数多くの遺産が遺されています。

本来の石塔《せきとう》は卒塔婆《そとば》で、仏の遺骨（舎利《しゃり》）を奉安する仏塔をインドではストゥーパといい、中国にきて卒塔婆の言葉が使われ、略して塔婆《とうば》ともいわれます。お釈迦さま（ゴータマ・ブッダ、紀元前四六三—三八三頃）が入滅された後、火葬された遺骨は八つの部族に分配されて、それを祀る八つの舎利塔《しゃりとう》が建てられたと伝えられています。これがストゥーパで、お釈迦さまそのものとして信仰の対象とされてきました。

板碑

石塔には三重塔や五重塔などの層塔《そうとう》・五輪塔《ごりんとう》・多宝塔《たほうとう》・宝篋印塔《ほうきょういんとう》・板碑《いたび》など、さまざまな

種類がありますが、関東や八王子地方をふくめていちばん多く造られ、由木地域にも多数残されている石塔は板碑です。秩父青石《ちちぶあおいし》と呼ばれる緑泥片岩《りょくでいへんがん》を用いて板状に造られた塔婆で、鎌倉時代には地方豪族や僧侶などによって造立《ぞうりゅう》され、もっとも古いものは埼玉県大里郡で発見された嘉禄《かろく》三年（一二二七）のものといわれますが、次第に中級層の庶民にもひろがって、一四世紀以後の南北朝・室町期には関東地方でおびただしく造られたといいます。

板碑の形は頂上を山形に造り、その下に二段の切り込みと額部《がくぶ》を設け、その下に広くとった身部《しんぶ》には、供養の対象となる本尊を仏像または種子《しゅうじ》（仏・菩薩とその働きを一字で象徴的に表す梵字《ぼんじ》）で表し、その下に造立《ぞうりゅう》の願文《がんもん》・願主名《がんしゅめい》・年紀《ねんき》などを刻んだものが普通です（図7）。造立の目的は死者の菩提《ぼだい》を祈る追善供養《ついぜんくよう》と、願主が生前に自分の死後の法事を営んでおくという逆修供養《げきしゅくよう》が多いのですが、室町時代の小さい板碑に法名と没年を刻んだものは、中級階層庶民の墓塔《ぼとう》と考えられています。

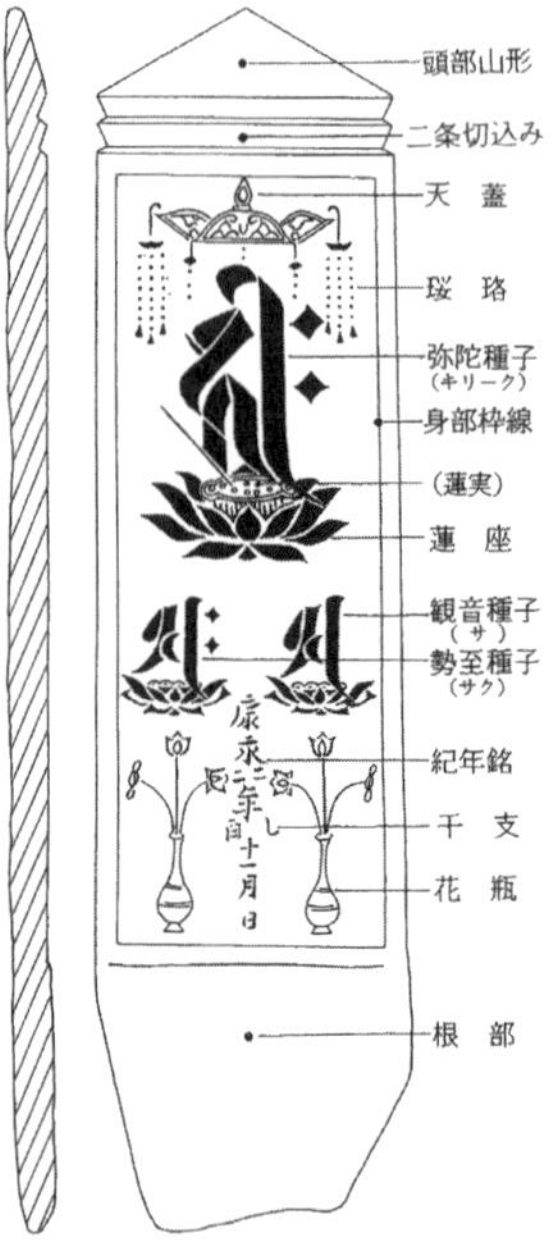

図7　板碑部分名
（縣敏夫『八王子市の板碑』より）

さきに「殿ヶ谷戸の昔語り」で

もふれたように、縣敏夫《あがたとしお》氏は二〇〇五年に『八王子市の板碑』（揺籃社）の労作を刊行して、由木の地域をふくむ八王子市の板碑七一二基を拓本とともに紹介しています。この資料から著者が数え出した由木地域の時代別の板碑の数は表4のとおりで、鎌倉時代一六・南北朝時代二八・室町時代四七に加えて、年代不明のもの三一をあわせると合計は一二二基におよんでいます。その中で地区として特に多いのは南大沢で二五、次いで鑓水一七・中山一六・東中野一五などが目立ちます。表4の中で越野地区だけ〇となっていますが、縣氏のお話では四〇年程前に、越野日枝神社で鎌倉時代延慶《えんきょう》年間（一三〇八―一一）の板碑を見たけれども、その後なくなっているといわれます。

そして由木の板碑の中でもっとも古いのは文永《ぶんえい》九年（一二七二）、元と高麗《こうらい》の大軍がはじめて九州に襲来した文永《ぶんえい》の役《えき》（元寇《げんこう》）の二年前に造られ、中山地区の清水千代松《しみずちよまつ》家に伝来した初期板碑で、阿弥陀三尊《あみださんぞん》の種子《しゅうじ》を蓮華座《れんげざ》の上に頂き、その下に「光明遍照十方世界《こうみょうへんじょうじっぽうせかい》念仏衆生摂取不捨《ねんぶつしゅじょうせっしゅふしゃ》」と、浄土宗開祖の法然《ほうねん》（一一三三―一二一二）が提唱した、浄土経典の『観無量寿経《かんむりょうじゅきょう》』からとられた念仏往生の経文《きょうもん》が刻まれた立派なものです（図7）。経文の意味は、「阿弥陀仏の智恵の光明はあまねく十方の世界を照らし、念仏を唱える衆生は極楽に迎えられて捨てられることはない」という、念仏往生の信仰宣言です。そして東中野の岩下一蔵《いわしたいちぞう》家には、室町時代等の板碑が一一基あると報告されていますが、その中の小形の板

表4．由木の里に残された板碑

時代／地区	年代の明らかなもの				年代不明	計
	鎌倉時代（一一八五―一三三三）	南北朝時代（一三三六―一三九一）	室町時代（一三九二―一五七三）	（小計）		
鑓水	2	8	7	(17)		17
中山	3	2	5	(10)	6	16
南大沢	2	9	13	(24)	1	25
上柚木		1	6	(7)	3	10
下柚木		2	5	(7)	2	9
越野						0
松木	2	1		(3)	7	10
別所	2	2		(4)	5	9
堀之内	4	4	2	(10)		10
東中野	1		7	(8)	7	15
大塚		1		(1)		1
計	16	28	47	(91)	31	122

（縣敏夫『八王子市の板碑』より集計）

碑の年代は明応《めいおう》年間（一四九二―一五〇一）と判読され、これが由木地域のもっとも新しい板碑となります。

下柚木殿ヶ谷戸の薬師堂でも四基の板碑が報告されていますが、その中の高さ九八センチで由木地域最大のものは、応仁《おうにん》の乱《らん》が起こって戦国時代が始まった翌年の応仁二年（一四六八）十月二十三日に造られたもので、毎月の二十三日夜に講衆《こうじゅう》が集まって念仏と飲食を共にし、月を拝んだ月待講《つきまちこう》の供養碑です（図8）。蓮華座上の阿弥陀三尊の種子の下には、講衆（結衆《けつじゅう》）の名と思われる七郎十郎・三郎四郎・□□□□・道珎《どうちん》の四名の名前が右側に、左側には五郎六郎・四郎二郎・ひこ四郎・道法《どうほう》の四名の名前が刻まれています。道珎と道法は講衆の中心となる在俗の出家者でしょう。そして講衆にとって月を拝むということは、念仏する衆生を極楽に迎え入れてくれる阿弥陀仏と観音《かんのん》・勢至《せいし》の二菩薩が、月の光に乗ってこちらへ来迎《らいごう》してくれるようにという祈りをこめたものであったと思われます。三尊

十方世界
文永九年壬申二月□日
□佛衆生
摂取不捨

図8　中山清水千代松家初期板碑（一二七二年）
（縣敏夫『八王子市の板碑』より）

の種子の上部には天蓋《てんがい》が線刻され、中央下部にはお月見に飾る供え物のように、小机の上に香炉《こうろ》・花瓶《けびょう》・燭台《しょくだい》を載せた三具足《みつぐそく》が描かれていて、まことに味わい深い板碑で、由木の里の里宝《りほう》とでも呼びたい文化財と考えられます。

多摩ニュータウン計画に伴う遺跡調査の結果、由木地域の板碑発見数もその後増えているのではないかと考えて東京都埋蔵文化財センターに問い合わせたところ、調査結果をまとめたものはないということでした。これを裏付けるように縣敏夫氏は、「ニュータウン開発は埋蔵文化財に重点がおかれ、その土地の風土に根を張った各村落の文化財調査はないがしろにされてしまい、最後のチャンスであった板碑調査は行われなかった」と指摘し、ニュータウン計画によって由木地域の「旧態はいちじるしく変容し調査のもっとも困難な地区となった」と告白、かっての廃寺跡にあった板碑群は所在不明になってしまったと述べています。そのような時代の流れの中で、縣氏のこの労作はまことにかけがえのない貴重な郷

図9　下柚木薬師堂月待板碑（一四六八年）
（縣敏夫『八王子市の板碑』より）

土史の史料というべきでしょう。

宝篋印塔《ほうきょういんとう》

宝篋印塔も卒塔婆の一形式で、鎌倉時代以降に密教系の塔である供養塔・墓塔として造られ、その後に宗派をこえて普及しました。その名前は、塔の内部に『宝篋印陀羅尼《ほうきょういんだらに》』という経文を収めたことに由来しています。陀羅尼とは仏教で用いられる比較的長い呪文《じゅもん》で、『宝篋印陀羅尼』とは一切仏・如来《にょらい》の全身舎利《しゃり》（遺骨）の功徳《くどく》を集めたという四〇句の呪文です。もし衆生がこの陀羅尼を書写して塔中に置くなら、塔は一切如来の功徳を具《そな》えて、塔とその所在地は一切如来の神力《じんりき》によって護られ、もし一香《こう》一華《げ》をもってこれを礼拝供養する者は、生死《しょうじ》の一切の罪が消えて災難を免れ、仏の家に生まれ、地獄に堕《お》ちる者も仏に救われるといいます。そしてこの塔の形式は、方形《ほうぎょう》（正方形）の基壇《きだん》と基礎の上に方形の塔身を安置し、その四面には東方阿閦仏《あしゅくぶつ》・西方阿弥陀仏《あみだぶつ》・南方宝生仏《ほうしょうぶつ》・北方不空仏《ふくうぶつ》の四方仏《しほうぶつ》の像、または種子《しゅうじ》を刻みます。その上の笠の四隅には隅飾《すみかざり》を立て、屋根も五・六段の段形として、頂上に相輪《そうりん》を置きます（図10）。

石造塔としてもっとも古い宝篋印塔は、鎌倉市のやぐら内にあった宝治《ほうじ》二年（一二四八）のものといわれますが、縣敏夫氏は『八王子の板碑』の中で市内の宝篋印塔についても報告しており、年代のわかるもので一番古いものは由木の松木地区にある、南北朝時代の永和《えいわ》二年（一三七六）銘のものであるとしています。それは浅間《せんげん》神社の北側に建っている松木七郎師澄《もろずみ》の墓塔で、都内でも稀にみる完全な形の宝篋印塔として市の文化財指定をうけています（口絵22）。縣氏はその基礎に刻まれた「壽本慶恩禅定門《じゅほんけいおんぜんじょうもん》」と、その背面の「永和丙辰《ひのえたつ》二年六月念四日　成然禅尼《じょうねんぜんに》」の文字を判読して、永和二年六月二十四日に死去した亡夫「壽本慶恩禅定門」の追善のために、在俗出家した妻の「成然禅尼」が造立した供養塔とみています。なお『風土記稿』は、松木七郎の戒名を「光久慶恩」と記していました。

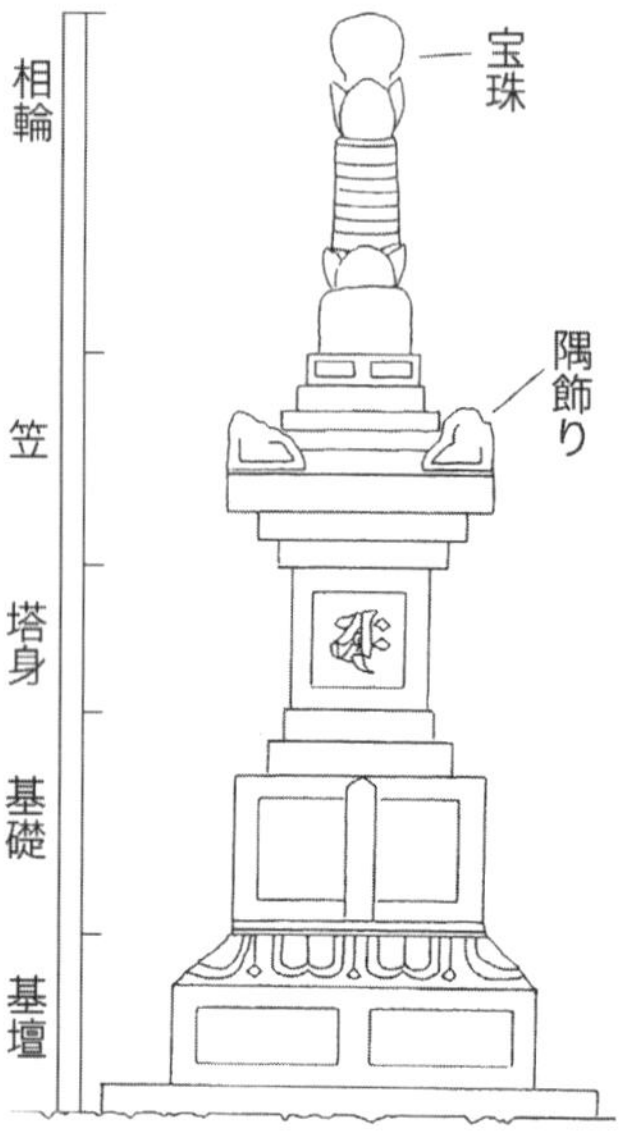

図10　宝篋印塔部分名

縣氏が紹介している八王子市内の南北朝期のいま一つの宝篋印塔は、市のほぼ中心部の元横山町の八幡《はちまん》・八雲《やくも》神社から北二〇〇メートル程にある、新義真言宗妙薬寺《みょうやくじ》境内にあるもので、松木七郎の墓の翌年の永和三年（一三七七）に造立されたものです。この塔はこれまで武蔵武士横山党の供養塔と考えられていて、東京都の史跡にも指定されており、八幡・

八雲神社が横山氏の祖―横山義孝がここに八幡武神を勧請したものという伝説とあわせて、この一帯が横山氏の本拠地であるという説がひろく行われていました。この宝篋印塔の形式は松木七郎塔と同じですが、その大きさは松木七郎塔の高さ一五七センチに幅七一センチに対して、高さ一五六センチに幅五四センチとすこし細目になっており、その基礎の一側面には七行に、「右志者爲／諸聖霊仍／乃至法界／衆生平等／利益也　／永和三年／三月日敬白」と刻まれているといいます。

この漢文で記された願意を和文風にして、「右に志《こころざ》すところは、諸《もろもろ》の聖霊《しょうりょう》からさらに法界《ほっかい》の衆生《しゅじょう》まで、平等に利益《りやく》せん為なり」と読んでみたいと思います。「法界衆生」はいわば「一切衆生」ということですが、「諸聖（精）霊」がどういう人物達の霊魂を指しているのか、供養者が不明のため推定することができません。『風土記稿』にはこの塔を「横山氏石塔」として、昔は境内より三〇メートルほど離れた百姓の屋敷にあったものを、一五〇年前に寺の地に移したもので、第一層（基礎）には四方に文字があるけれども風化して読むことができず、「ただ横山殿の墓とのみつたへて、その名をつたへず」と記されています。

この横山塔が建てられたのは、和田合戦によって横山党が滅亡した建暦《けんりゃく》三年（一二一三）から一六四年後になります。戦後に横山荘《よこやまのしょう》を領有した大江広元《おおえひろもと》とその子長井時広の子孫は、永正《えいしょう》元年（一五〇四）に長井広直《ひろなお》の椚田城《くぬぎだじょう》が山内《やまのうち》上杉顕定《あきさだ》の軍によって攻略されて滅亡するまで、この地方の支配者であり続けました。その中間の延文《えんぶん》年間（一三五六—六一）には、旧散田村の「真覚寺縁起《しんかくじえんぎ》」によれば、片倉城主は長井高乗《こうじょう》で、府中の高安寺城《こうあんじじょう》は長井広資《ひろすけ》、由木の永林寺山には大江健長《としなが》がいたと伝承されており、さらに三〇年ほど後の康応《こうおう》二年（一三九〇）には、長井道広《どうこう》（法号）によって山田村の広園寺《こうおんじ》が峻翁令山《しゅんおうれいざん》を開山として創建され、またこの二人によって応永《おうえい》元年（一三九四）にも上椚田村《かみくぬぎだむら》の高乗寺《こうじょうじ》が開創されています。

そのような勢力地図の中で、この間の永和《えいわ》三年（一三七七）に造立されていた元横山町の宝篋印塔《ほうきょういんとう》ですが、そこで供養されていた「諸聖霊《しょうりょう》」はいったいどのような人達であったのでしょうか。それは推量するほかありませんが、長井氏のもとで在地の経営にあたっていた地頭代《じとうだい》的な一族で、殿ヶ谷戸の周辺に横山党由木氏の末裔が存続していたのと同じく、同じ横山氏の生き残った人々の末裔であったという可能性も考えられるように思われます。なお横山党の本拠が元横山町付近にあったという説に反対する清水睦敬《しみずむつたか》氏は、この宝篋印塔について、「中世以前の横山党とは関連をもたぬ遺跡である」と断定しています（『多摩郷土研究』三五号）。

由木地域で確認された中世の宝篋印塔として、縣氏はほかに別所の蓮生寺・松木の大石氏館跡・中山の白山神社・南大沢の南多摩霊園にある田中孝治家墓地などを挙げています。蓮

写真39　蓮生寺宝篋印塔

生寺の宝篋印塔について縣氏が挙げているのは、薬師堂の前庭に基壇と笠だけが遺された中世の石塔断片ですが、その隣りには近世の江戸時代はじめに造立された大きな宝篋印塔が立っていて（写真39）、これについて『風土記稿』には、「宝篋印塔、薬師堂の後にあり、高さ一丈二尺あまり、台石に寛永《かんえい》十二年（一六三五）と刻せり」と記されています。この塔は八王子市の有形民俗文化財に指定されていて、八王子市教育委員会の説明板では、形式的には関西系の装飾宝篋印塔に属し、高さ約三・七メートル、形のよくととのった市内最大級の塔であって、当初は薬師堂裏の山腹に造立されたけれども、関東大震災（一九二三）の際に倒壊したため、薬師堂前の境内南側に再建されたといいます。

蓮生寺薬師堂にはいまは失われた仁王像があって、その後背に「小田（野）源太左衛門尉周定《ちかさだ》」の銘文があったと記録していた『南多摩文化財総合調査報告』（東京都教育委員会、昭和三六年）は、また「同銘の大宝篋印塔も遺っている」と記しています。さらに一九九三年の『八王子市文化財調査研究報告書』では、この宝篋印塔は小田（野）氏が生前に死後の菩提を祈った逆修供養《げきしゅくよう》のために建立したものと推定されています。なお、近世の大形の宝篋印塔は由木の里にもいくつも遺されていますが、いずれも江戸時代後半の一八世紀から一九世紀はじめにかけてのもので、寛永一二年（一六三五）に建てられた蓮生寺のこの塔は、それらより一五〇年以上もとび抜けて古い時代のものです。

縣氏が報告している松木の大石館跡の宝篋印塔は、現在松木台の八王子市指定天然記念物のさるすべりの古木のある、吉田家の墓地内に安置されています（口絵30）。『風土記稿』では越野村の普願寺の項に、「開基大石信濃守宗虎《むねとら》墓、境内の西の方にあり、五輪の石塔なり」と記していますが、『風土記稿』は松木七郎の墓である宝篋印塔についても「五輪の石塔なり」と書いていますから、同様に元亀二年（一五七一）に亡くなった大石信濃守の墓も実は宝篋印塔であったと解されます。

中山地区の白山神社境内の古い石塔について『風土記稿』は、長さ二尺あまりの五輪塔で、本殿改修時に後背の山から掘り出されたもので、「山王《さんのう》廿一社」の文字だけがほのかに見えると記していました。縣氏の本では、それは参道の石段の中程にあって、宝篋印塔の基壇・基礎・笠の部分と、五輪塔の火輪・空風輪の三輪の存在が報告されています。白山神社の石段は一四区に区分されて計二〇二段ありますが、下から六区分の八三段昇った踊り場の左側に数個の石造物があって、これらの塔の残存部分が置かれています。『風土記稿』が記録した「山王廿一社」の文字は、実は宝篋印塔の基礎の側面に刻まれていたものと考えられますが、現在はまったく文字の痕跡すら認めることができません（写真40）。しかし『風土記稿』の記録によってかろうじて、謎の長隆寺《ちょうりゅうじ》の場所が白山神社の社殿がある堂の山の山頂部であったことが判明したわけで、この宝篋印塔の残欠は重要な価値のある遺物というべきでしょう。石の記録に人々は永続性を期待しますが、それもまた歳月による風化と消滅を避けられず、時の歩みにはまことに厳しいものを覚えます。

写真40　中山白山神社参道の石塔

南大沢の田中家の石塔についても、『風土記稿』に記録が残されていました。大沢村の北に寄った日影という所の山沿いに田中和泉守《いずみのかみ》の墓があって、五輪の石塔が三基並んでおり、その一基が田中和泉守の墓、他の二基は一族の墓であるといいます。こ

写真41　旧一乗院墓地の墓塔

の和泉守はもとは原田氏で、かつて小田原北条氏へ仕えたけれどもこの地に退隠して、子々孫々ここに住んで、一族はいまは一七軒に分かれているといいます。墓の近くには、「嘉元《かげん》元年（一三〇三）九月十七日、了本禅門《りょうほんぜんもん》」と刻まれた青石の板碑があり、これは田中氏と関係のない碑であるけれども、ちなみに記録したとあります。これに対して縣敏夫氏の『八王子の板碑』では、「散逸および未確認の板碑」として南大沢の田中孝治家墓にあった「嘉吉《かきつ》元年（一四四一）九月一九日、了本禅門《りょうほんぜんもん》」という、阿弥陀三尊の種子をもった高さ七〇センチの板碑を挙げています。つまり『稿』の記事にある鎌倉時代の嘉元年間のものではなくて、一五世紀の室町時代のものであったことが明らかにされたわけです。

そして現在は南多摩霊園にある田中家の一族の墓地には、暦応《りゃくおう》二年（一三三九）・貞和《じょうわ》五年（一三四九）・永徳《えいとく》四年（一三八四）・文明一六年（一四八四）銘等の、南北朝から室町時代の板碑が保存されているといいます。『風土記稿』の記事からは田中氏の御先祖は小田原北条家に仕え

写真42　宝篋印塔（左）と五輪塔

て、その滅亡後に南大沢にきて定住したように印象されますが、実際にはすくなくともそれより二〇〇年以上の昔からこの地に居《きょ》を構えていたと考えるべきでしょう。

縣氏の報告には見えませんが、先述（三一七頁）のように観智国師出身の由木氏にゆかりのあると見られる上柚木地区の宝篋印塔の残欠は、江戸時代開創の新義真言宗一乗院跡である上柚木会館の後背の台地にある墓地に残されています（写真41）。そこには一乗院の歴代住職の墓と考えられる七基の卵塔が並び、その背後に基盤と笠だけが原形をしのばせる一基の古い宝篋印塔と、時代は少し下ると思われる五輪塔の残欠がその右側に並んでいます（写真42）。一乗院は後述のように、著者の御先祖の一人で宝暦一二年（一七六二）に亡くなっている権僧都《ごんのそうず》阿闍梨《あじゃり》円盛《えんじょう》が開創した寺と考えられますが、その旧墓地の一画にはるかに古い中世の宝篋印塔が残されているということは、一乗院以前にこの地には横山氏ゆかりの寺があった可能性を思わせます。あるいは故小泉栄一氏が想定した三〇〇メートル西方の旧由木西小学校辺の由木氏館跡から、一

写真43　鑓水永泉寺宝篋印塔

写真44　越野玉泉寺宝篋印塔

乗院開創後にこの場所に移して供養されたということも含めて、観智国師以外は忘れられようとしている横山党由木氏の記憶が、この宝篋印塔には秘められているのではないかと思われます。

江戸時代以降の近世の宝篋印塔については縣氏の本ではとり上げられていませんが、現在、私共が地域のお寺めぐりをするときにまず目にするのが、これらの大きな石塔です。さきに別所蓮生寺《れんしょうじ》の塔だけは紹介しましたが、著者の目についた限りを西部から東部へと簡単にみていきたいと思います。まず鑓水の曹洞宗永泉寺《えいせんじ》境内にあるものは高さ三メートルばかりで、中世の宝篋印塔にくらべると塔身の部分が二段に重ねられた形に組み上がって、最下部の基壇の下にはさらに石塁が築かれています（写真43）。つまり下から石塁・基壇・基礎と方形に積み上げ、上に円形の蓮華座をのせた上に方形の第一の塔身があり、その上にまた蓮華座と第二の塔身をのせ、さらに笠・相輪というように、いわば九重に積み上げた石塔です。そして上段の塔身には四方仏の種子が刻まれ、下段の塔身には三面に『宝篋印経』が漢字で刻まれ、右側の一面には文化六年（一八〇九）六月と年銘が記されています。

越野地区の真言宗玉泉寺《ぎょくせんじ》境内の宝篋印塔も巨大で、高さは四メートル近くあると思われます（写真44）。同様に最下部には石塁が築かれ、基壇の刻字は欠損していますが、左右に寄進者の名前が彫られていたようで、「当村金壱両《きんいちりょう》□□□□」「落合村金壱両□□□□」の文字が読まれ、裏面には「信州高遠石工《しんしゅうたかとおせっく》　團蔵《だんぞう》」とあります。下段の塔身には三面に梵字《ぼんじ》で『宝篋印陀羅尼《だらに》』が刻まれ、裏面には寛政《かんせい》一〇年（一七九八）一一月の造立年月と願主名等が記されており、上段の塔身には四方仏の種子が刻

写真45　堀之内阿弥陀堂の宝篋印塔

まれています。

堀之内寺沢《てらさわ》地区の旧龍生寺《りゅうしょうじ》阿弥陀堂の宝篋印塔については、『風土記稿』にも次のような記載があります。まず阿弥陀堂が建立された年代はわからないけれども、二間四方の西向きの堂で、高さ二尺あまりの阿弥陀仏の坐像が安置されている。七尺四方の鐘楼があって、寛政《かんせい》一二年（一八〇〇）に村民の与五兵衛《よごへえ》が建立した。石地蔵が三〇体あって、阿弥陀堂のまわりに安置されており、さらに高さ一丈五尺（四・五メートル）の宝篋印塔があり、これらも与五兵衛の建てたものである、等。この一帯はかつての龍生寺の境内であったということですが、文政《ぶんせい》五年（一八二二）に完成した『風土記稿』にはこれに関して何の記述もないところから、それ以前に廃寺となっていたと考えられます。

現存する阿弥陀堂前の宝篋印塔（写真45）も八王子市の有形民俗文化財に指定されており、最上部の相輪の上半部は欠損していますが、同様に基壇の下に石塁があり、基壇には次のような文字が刻まれています。

（正面）奉建立宝篋印塔壱基　天下泰平国土《てんかたいへいこくど》
安穏《あんのん》　五穀成就《ごこくじょうじゅ》　萬民豊楽《ばんみんぶらく》

（左面）武州多摩郡由木領堀之内村寺沢
施主鈴木氏與五兵衛《よごへえ》

金百疋志　当村念仏講中
（背面）先祖代々一切性霊《しょうりょう》　有縁無縁皆成仏道《うえんむえんかいじょうぶつどう》
導師越野村　玉泉寺
（右面）信州高遠　石工團蔵
金百疋　当谷新右衛門母《しんえもんはは》

塔の中央部にあたる下段の塔身には三面に梵字《ぼんじ》で『宝篋印陀羅尼』が、右面には寛政八年（一七九六）八月の造立年月が、それぞれ刻まれています。そして、この阿弥陀堂の周辺は由木地域には珍しい近世の石造遺物の宝庫と思われ、二、三特筆したい遺物もありますが、それについてはのちにふれたいと思います。

写真46　大塚最照寺の宝篋印塔

　由木地域の近世の宝篋印塔の最後は、大塚地区の八幡神社北方にある真言宗最照寺《さいしょうじ》の塔です（写真46）。高さは三メートル程と見られますが、下部に石塁はなく、基

写真47　堀之内阿弥陀堂の地蔵群

壇・基礎・蓮華座と連続した上の下段の塔身には、表側に「寛政三年（一七九一）五月、八幡山最勝《（ママ）》寺法流第二世現住　権大僧都法印英厳　武州多摩郡大塚村施主御中」とあり、左側と裏側に『宝篋印陀羅尼』の功徳を説く経文が刻まれ、右側には梵字《ぼんじ》四行の陀羅尼と「金二両柚木領中野村」と記されています。蓮生寺とあわせてこれら五基の由木の近世宝篋印塔は、最古の蓮生寺（一六三五）のあと一五六年の空白をおいて、一八世紀末の寛政《かんせい》期に最照寺（一七九一）・龍生寺阿弥陀堂（一七九六）・玉泉寺（一七九八）と続いて造立され、最後の永泉寺（一八〇九）に至ったことになります。

堀之内・阿弥陀堂周辺の石造物

堀之内寺沢《てらさわ》地区の旧龍生寺《りゅうしょうじ》跡には、まず阿弥陀堂の周辺に『風土記稿』のいう三〇体の石地蔵が並んでおり、通常見かける六地蔵の五倍の群像にまず驚かされます（写真47）。そして堂前の左手の宝篋印塔をはじめとして、施主の鈴木与五兵衛氏や、この地域の人々の仏教信仰の跡を示すさまざまな石造物が遺されています。まずその一は、年代のわかる石造物でもっとも古い天明《てんめい》三年（一七八三）に建てられ、しかも多摩地方では珍しい「永代融通念《えいたいゆうづうねん》仏盟約塔《ぶつめいやくとう》」という石塔です。融通念仏というのは、平安時代の後期に天台宗の良忍《りょうにん》（一〇七三―一一三二）が京都大原の地に来迎院《らいごういん》を開いて、声明《しょうみょう》（仏教の声楽）を用いた念仏をはじめたのがおこりです。その考え方は、「一人一切人《いちにんいっさいにん》、一切人一人《いっさいにんいちにん》。一行一切行《いちぎょういっさいぎょう》、一切行一行《いっさいぎょういちぎょう》」といって、一人の行う念仏は一切の人のために融通し合い、一声《ひとこえ》念仏を称《とな》える行《ぎょう》は一切の念仏行に通じるというもので、往生極楽のための念仏行は一切の人のために行い、一切の人が行う念仏行はすべて自分の功徳《くどく》となって返ってくるというものです。

　融通念仏《ゆうづうねんぶつ》は大勢の人々が協力して念仏の功徳をお互いに融通し合うという特長を持つもので、平安時代末から鎌倉時代に盛んに行われましたが、次第に衰えて、江戸時代に復興されたといわれます。そして多摩地方にこの融通念仏を普及させたのが、府中市の天台宗安養寺《あんようじ》の住職全道《ぜんどう》（？―一七九五）であったとされています。犬飼康祐《いぬかいやすすけ》氏の『多摩の融通念仏塔』（一九九八）によれば、多摩地方に現存する一六基の融通念仏塔はいずれも安養寺から往復一日行程の範囲にあり、それらの造立は全道の生前と死後の短い期間（一七八一―一八〇四）に限られているといわれます。この念仏をする人々はまず仲間を集めて融通念仏講をつくり、各人は朝夕に十遍《じっぺん》以上念仏を称え、集まって行う念仏は毎月一回の例会と、年に三回の別会の、年間一五回と決められています。そして講中《こうじゅう》の人々が末永くこのような集団の念仏を続けることを約束した証《あか》しとして建てられたのが、永代融通念仏盟約塔です。

堀之内阿弥陀堂の盟約塔は高さ七〇センチばかりの石塔ですが、正面に「永代融通念仏盟約塔　爲父母報恩　朝暮十遍以上　例会毎月一集　別会正月廿三日・三月廿三日・十月廿三日」の刻字があり、これが盟約の内容です。右側面には「武州多摩郡柚木堀之内日向《ひなた》　融通念仏講中　天明《てんめい》三癸卯《みずのとう》十一月日」、左側面には安養寺の全道法印の文で、約束どおりいつまでも念仏行にはげむことを朽《く》ちることのない石に刻んで伝えるものであると記銘されています。犬飼氏の資料によれば、別所の蓮生寺にも同様の盟約塔があって、堀之内より一五年後の寛政《かんせい》一〇年（一七九八）一一月に、別所村の青木□右衛門を願主に、村内の女人中と堀之内村の谷合惣右衛門母を施主として建立されています。

堀之内阿弥陀堂周辺の石造物のその二は、幕末の安政《あんせい》五年（一八五八）に建てられた「法華経《ほけきょう》供養塔」です。その正面には「法華経一千部供養塔」とあり、右面には「安政戊午《つちのえうま》年三月　施主鈴木與五兵衛」とあります。『法華経』はみずからを「諸経之王《しょきょうのおう》」といい、これを読誦《どくじゅ》・書写《しょしゃ》・解説《げせつ》・受持《じゅじ》する者は、仏がこれを守護して災悪を防ぎ安穏《あんのん》を与えると説いています。そして天台宗をおこした最澄《さいちょう》（七六七—八二二）はこれを各地にひろめるにあたって、『法華経』各千部を書写して全国に六所の宝塔を建て、これを布教の拠点にしました。江戸時代には民間でも『法華経』一千部を供養することによって多大の利益《りやく》にあずかるという信仰が行われ、『法華経』一部八巻の経典を僧侶に千回転読《てんどく》（経典を展開して読誦に代える）させるなどの形で供養の法会《ほうえ》を行い、塔を建てたものと考えられます。そしてこの供養の施主となった鈴木与五兵衛は、その六二年前にかの宝篋印塔《ほうきょういんとう》を建立した与五兵衛氏のおそらく孫にあたる当主で、祖父の与五兵衛氏はさらに「酒飲み地蔵」と呼ばれるユニークな地蔵像をここに造立していました。

阿弥陀堂周辺の石造物のその三にあたるこの地蔵菩薩像《じぞうぼさつぞう》は、錫杖《しゃくじょう》を右手に、左手は宝珠《ほうしゅ》をのせた掌を前に差し出し、頭上には平たい笠らしきものを頂いた温顔の坐像です（口絵32）。八角形の基礎の側面には「寛政《かんせい》十二（一八〇〇）庚申年《かのえさるどし》二月吉日　奉建立　地蔵像」と銘され、蓮華座の下部の同じく八角形の框座《かまちざ》の側面には獅子《しし》に牡丹《ぼたん》の浮き彫りが施され、全体の高さは二メートルあまりになります。この地蔵さまは「酒飲み地蔵」とも呼ばれて、建立者の与五兵衛氏にまつわる昔話が残されていますが、それについては後程に紹介することにします。

石塔のその四は文政《ぶんせい》一二年（一八二九）八月に建立された念仏塔で、長方形の高さ七〇センチばかりのものです。正面に「南無阿弥陀仏　一遍上人《いっぺんしょうにん》□□□□」とあり、左側面には「寺沢引切　念仏講」と刻まれています。寺沢地区と東南に接する引切《ひっきり》地区の信者が一緒になって念仏講を結び、その教導者は一遍上人（一二三九―八九）を祖とする時宗《じしゅう》の念仏者であったことを示しています。八王子市の時宗の寺としては、一遍の弟子で時宗第二祖の他阿弥陀仏真教《たあみだぶつしんぎょう》（一二三七―一三一九）が開いたという川口町の法蓮寺《ほうれんじ》が知られていますが、宇津木《うつぎ》町の真言宗竜光寺《りゅうこうじ》にも文和《ぶんわ》二年（一三五三）に造立された市内最大の時宗板碑が遺されて、二祖真教と同名の他阿弥陀仏以下多数の結縁者《けちえんじゃ》の交名《きょうみょう》が刻まれています。由木地域では時宗の寺はなく、東中野地区の善徳寺《ぜんとくじ》がかつて一向宗《いっこう》で時宗と近かったのですが、現在は浄土真宗となっています。この念仏塔は江戸末期の一時期に、一遍上人の流れをくむ時宗の念仏が堀之内の地元の人々の念仏講として行われていたという、他にみられない貴重な情報を証言する石塔ということができます。

酒飲み地蔵の昔話

堀之内寺沢地区の旧龍生寺《りゅうしょうじ》と阿弥陀堂、宝篋印塔と地蔵像などの多数の石造文化財は、地元の大地主であった鈴木家の先祖が大檀那《おおだんな》となって、地域の人々と協力して建立《こんりゅう》・造立《ぞうりゅう》したもので、この一帯も鈴木家の私有地と聞きます。そして阿弥陀堂周辺の三〇体の地蔵像はふつうにみられる形の立像ですが、坐像の酒飲み地蔵はまことにユニークな、ふくよかな容貌をしています（写真48）。地蔵菩薩《じぞうぼさつ》とは本来は大地の徳を擬人化したもので、大地のように

写真48　酒飲み地蔵

かぎりない善根《ぜんごん》を生じるという菩薩です。衆生《しゅじょう》の迷いの世界である地獄《じごく》・餓鬼《がき》・畜生《ちくしょう》・修羅《しゅら》・人《にん》・天《てん》の六道《ろくどう》をめぐって、さまざまに姿を変えて衆生を救うといいます。思いのままに宝を生み出す宝珠《ほうじゅ》と、悪を払う錫杖《しゃくじょう》を持つ比丘《びく》僧の姿で像が作られ、福徳延命《ふくとくえんめい》や死後の安楽など現世《げんぜ》と来世《らいせ》に絶大な利益《りやく》をもたらす菩薩として信仰されてきました。

　地蔵菩薩がその姿や功徳を信者の夢の中などに現し示すという霊験《れいげん》の説話は、古くから民間に語られて、平安時代末の一二世紀には『地蔵菩薩霊験記《じぞうぼさつれいげんき》』が作られ、江戸時代までも霊験の事例を加えて刊行されていました。その江戸時代末期に与五兵衛氏に姿を見せたという酒飲み地蔵の昔話について、鈴木家現当主の秀男氏から貴重な一文を頂きましたので、以下に紹介したいと思います。

語り継がれた我が家の話

鈴木秀男《すずきひでお》

今からおよそ二〇〇年前、鈴木与五兵衛という祖先がおりました。私の家では、与五兵衛という名を襲名《しゅうめい》で使っておりましたが、この人は無類《むるい》の酒好きで、朝に晩に酒を飲み、時にはあちこちの宿場《しゅくば》まで足をのばし、家を空けることもしばしばだったようです。親戚の者が意見をしようとお構いなし、受け継いだ田畑《でんばた》も減る一方、あげくの果てに家族にまで手を上げる始末《しまつ》、まわりの者も手のほどこしようがなく、諦《あきら》めきっておりました。

そんなある日、裏の山へ狩りに出た時のことです。半日、山を歩き回り、昼食を食べながらいつものように酒を飲んでいると、朝から歩き回ったせいか、ぐっすり寝込んでしまいました。

肩を揺り起こす者がいるのに気付き、目をあけると枕元にお地蔵様が座っていました。（これは夢の中の話）「与五兵衛、よく聞くのじゃぞ！　お前の日頃の放蕩《ほうとう》ぶりには、皆困り果てている。いい加減《かげん》で心を入れ替えて働かないと、お前は祖先に顔向けができないことになってしまうぞ。わしもお前と同じように酒が好きだ。お前の祖先は鈴木の家を守るように、願《がん》をこめてわしを祀《まつ》ったのだ。今までは何とか立ち直るだろうと思い、黙《だま》って見ていたが、その気配《けはい》がまったく見えない。これではわしもおちおち酒を飲んでいるわけにはいかん。今日はお前に意見をしにやってきたのだ」と言い残して帰って行きました。

はっと我《われ》にかえり、目を覚まして辺りを見回しましたが、お地蔵様の姿は見えません。あわてて引き返し、お地蔵さまにお参りに行くと、いつものようににこやかに微笑《ほほえ》んでいるお姿がありました。与五兵衛ははじめて手を合わせ、お地蔵様に今までの詫《わ》びをいい、これからはまじめに働くことを誓いました。これを機《き》に酒をぷっつり断った与五兵衛は人が変わったように働き、次第にまわりからも信用されるようになり、以前の隆盛を取り戻すことができました。

それからは毎月お地蔵様に酒を供えて、感謝をしたそうです。この話が代々言い伝えられ、新しい酒が手に入った時はお供えをして感謝申しあげ、家内安全のお願いをするのが我が家の慣《なら》わしになっております。このお地蔵様を「酒飲み地蔵」、お地蔵様があらわれた山を「地蔵山」と、我が家では呼んでおります。（終）

鈴木秀男氏の御先祖の与五兵衛のこの話は、江戸時代末期の由木の里に生まれた、ユーモアと人生訓を含んだ一つの地蔵菩薩霊験記といっていいでしょう。

2、発掘された古銭

多摩ニュータウン計画にともなう遺跡調査の過程で、南大沢地区の山中から大量の中世埋納銭《まいのうせん》が発掘されたということは、特筆していい事実でしょう。その場所は東京都立大学の南大沢キャンパスの南東部で、体育館の南側のあたりになります。この一帯は多摩丘陵が鑓水地区の御殿峠《ごてんとうげ》の南から大栗川と大田川にはさまれて東北方へひろがる尾根から南側の斜面にあたっています。そこが昭和五八年（一九八三）に多摩ニュータウンNo.484遺跡として発掘調査された結果、縄文時代の土坑が散在している区域で、大量の古銭をまとめて埋めた三つのピット（穴）が発見されました。発掘を担当した東京都埋蔵文化財センターの竹尾進《たけおすすむ》氏の報告（『多摩　中世の大量出土銭』一九九九年、多摩地域史研究会発表要旨）によれば、古銭は緡《さし》になって穴の中に楕円形にすき間なくかたまっていて、袋のようなものに入れて納められていたと考えられています（写真49）。

緡《さし》（銭緡《ぜにさし》）とは銭《ぜに》の中央の四角い穴に紐《ひも》を通して一〇〇文ずつまとめたもので、一〇緡束《たば》ねて一貫文（一、〇〇〇文）となるものでした。出土した古銭の数は三つのピットをあわせて二七、〇一五枚に達したそうですから、ざっと二七貫文の金額であったと考えられます。

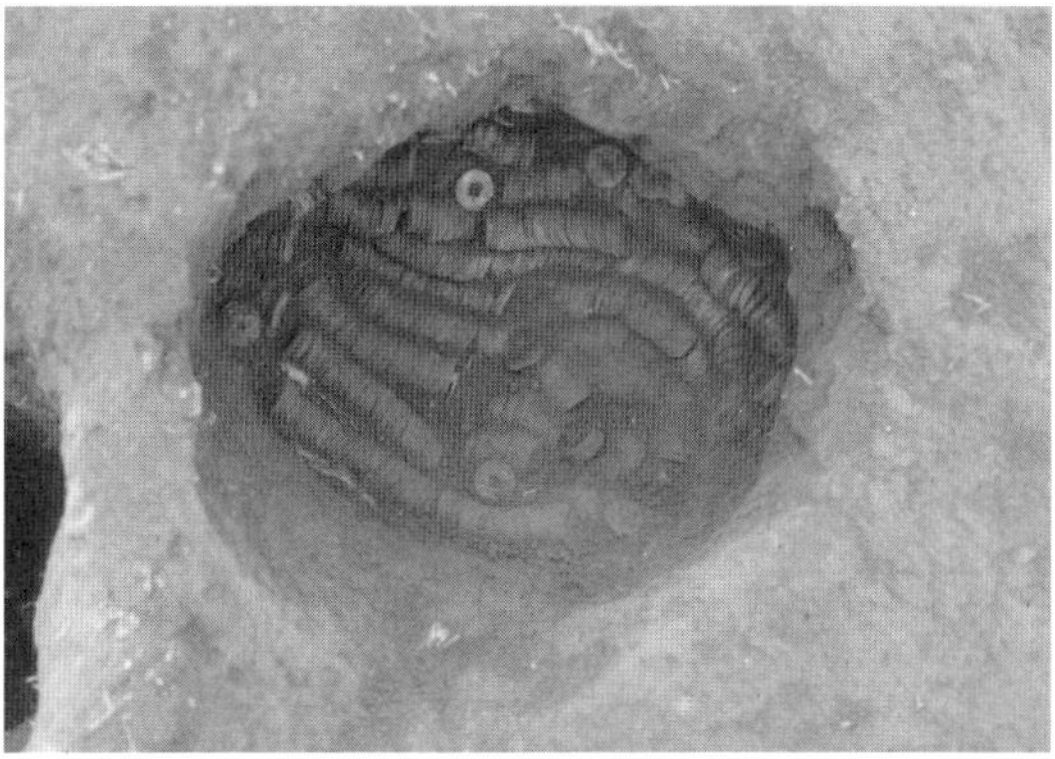

写真49　No.484遺跡の埋納銭

その銭の種類は、七世紀の中国唐《とう》代に造られて、日本の和同開珎《わどうかいちん》（和銅《わどう》元年・七〇八）の模範とされた開元通宝《かいげんつうほう》（六二一年以降）がもっとも古いもので二、〇〇〇枚あまり、いちばん数の多いものは中国北宋《ほくそう》の時代の元豊通宝《げんぽうつうほう》（一〇七八年）で三、〇〇〇枚あまり、そしてもっとも新しいものは中国明《みん》代の永樂通宝《えいらくつうほう》（一四〇八年以降）の八四八枚でした。日本製の銭貨は和同開珎以下のいわゆる皇朝十二銭《こうちょうじゅうにせん》のうち、平安時代前期の富寿神宝《ふじゅしんぽう》（弘仁《こうにん》九年・八一八）の二枚だけで、朝鮮半島の高麗《こうらい》製の四枚のほかはすべて中国銭で、全体で六六種類におよんでいました。

日本で鋳造された貨幣としては、近年奈良県飛鳥池《あすかいけ》遺跡から富本銭《ふほんせん》が発掘されて、皇朝十二銭以前にも造られていたことが明らかになっていますが、それらの通貨としての通用は、十二銭最後の乾元大宝《けんげんたいほう》が造られたのが平安時代中期の天徳《てんとく》二年（九五八）で終わっているように、あまり一般に普及したとは考えられていません。一二世紀の平安時代末に平清盛《たいらのきよもり》が日宋貿易《にっそうぼうえき》をはじめて中国宋《そう》で発行された銭貨を大量に輸入して以来、日本でも貨幣が広く流通するようになったといわれています。たとえば土地売買に用いられた交換手段が、鎌倉時代当初の一一八〇年代に米が八〇％で銭一三％、絹と布が六％であったのに対して、一五〇年ほど後の鎌倉時代末の一三二〇年代には米二〇％に対して銭八〇％、絹・布は〇という調査の数字も報告されています。

しかし江戸時代はじめの寛永《かんえい》一三年（一六三六）に徳川幕府によって寛永通宝《かんえいつうほう》が発行されるまで、日本での中世の流通貨幣はおおよそ中国からの輸入銭と、これを模倣して民間で造られた鐚銭《びたせん》でした。一六世紀の戦国時代末期には、東国で後北条氏などによって中国明《みん》の永樂通宝が重用され、多量に流通したということもありますが、南大沢の出土銭の内容はそのような時代よりかなり古いことを示しています。竹尾氏はその埋納の時代を室町時代の一五世紀第二四半期、つまり一四二六〜五〇年の間頃と想定しています。

問題は、誰が何の目的でこのような大量の銭を土中に埋めておいたのかということですが、これについては何もわかっていません。中世の大量出土銭の例は全国で二〇〇か所ばかり確認され、出土銭の総数は三〇〇万枚以上で、実際の埋蔵量はその数倍といわれています。それらを埋めた人物は当時の社会で長者《ちょうじゃ》とか有徳人《うとくにん》と呼ばれた、富裕な豪族や商人の場合が多いと考えられます。多摩地方でも一九九四年に町田市能ヶ谷《のうがや》で水道管の埋設工事中に、約九万枚の銭緡《ぜにさし》が木桶に入った形で発見されましたが、その埋納者はこの地域を開発した豪族と推定されています。また府中市の大國魂神社参道のけやき並木西側の市街地で、一九九八年にビル建設地で発掘された一五万枚におよぶ古銭は、二つの常滑焼大甕《とこなめやきおおがめ》に蓋を被せた形で発見され、埋納されたのは戦国時代の一五世紀後半から一六世紀はじめ頃ですが、再度取り出して使用する意図のみられない埋納銭であったと考えられています。

この時代に大量の銭貨が土中に埋められた目的としては、蓄えた銭をいったん土の中で貯蔵するという目的の備蓄銭《びちくせん》と、土地の神様に奉げたり、地鎮などの目的で地中に奉納する埋納銭《まいのうせん》の考え方があり、現在でも研究者の間で議論が分かれるといわれます。南大沢No.484遺跡の古銭出土地は、大田川上流の内裏谷戸《だいりやと》と清水入谷戸《しみずりやと》が合わさって川沿いに耕地が形成されていた日向《ひなた》地区に面して、その北側の集落からは離れた丘陵の頂《いただき》のあたりにあります。はっきりした根拠は何もありませんが、やはりこの古銭も呪術的・宗教的な意味合いを持った埋納銭であったのではないでしょうか。

この日向地区の南側はかつての小名《こな》を日影《ひかげ》といい、『新編武蔵風土記稿』はそこに田中和泉守《いずみのかみ》の墓と「了本禅門《りょうほんぜんもん》」と刻まれた板碑があると記し、その板碑の年銘は室町時代の嘉吉《かきつ》元年（一四四一）九月十九日と確認されています。そしてその時代は、竹尾氏の推定する古銭埋納の時代とちょうど一致しています。竹尾氏自身は埋納者については、松木台の大石信濃守屋敷跡や、それに隣接した小田野氏建立の教福寺《きょうふくじ》跡との関連を想定しているようですが、伝えられる人物で時代的・場所的に整合するのは、この「了本禅門」だけのようにみえます。『風土記稿』が大沢村北の山の上の江戸道のほとりにある「道春塚《どうしゅんづか》」を建てたという佐藤道春《さとうどうしゅん》が、もし古銭埋納の時代と重なる人物であれば、あるいはこの道春がもっとも埋納者に近い人物といえるでしょう。

同じ南大沢地区には実はいま一つ、同じ時代の古銭埋納遺跡があったといわれます。それは小名《こな》日影にあったという田中和泉守の墓地より少し東にあたると思われる多摩ニュータウンNo.395遺跡で、昭和五六年の調査で中国唐《とう》時代の開元通宝《かいげんつうほう》から明《みん》代の永樂通宝《えいらくつうほう》まで、二四個の古銭が発掘されたことが報告されています。ところが峰岸純夫《みねぎしすみお》氏等編集の『中世の東京』(新日本出版・一九九六年)によれば、ここでは昭和初期に五〇センチ四方のせまい範囲から重さ一〇貫(三七・五キロ)、およそ一万枚ほどの古銭が固まって出土しましたが、第二次大戦中に供出《きょうしゅつ》されて失われてしまったといいます。そしてここでも室町期と想定される埋納の時代の遺構・遺物は発見されておらず、同書では埋納の目的を、「地主神《じぬしがみ》に銭を捧げることによって、一定の土地の独占的使用を認めてもらう」ことと解されています。

3、鮎の道

かたくら書店から出版された『八王子事典（二〇〇一年改訂版）』には、「あゆの道」という項目で、江戸時代に由木の里を通っていた一つの道が、次のように紹介されています。

風土記稿《ふどきこう》の松木村その他の項に出る道の名。「相州津久井《そうしゅうつくい》より江戸への道」の通称で、道志川《どうしがわ》産のあゆを将軍に献上する運搬路であったという。

神奈川県の津久井地方から江戸城へ納める鮎が運ばれたこの「あゆの道」に、由木の地がどのようにかかわっていたのでしょうか。

『新編武蔵風土記稿《しんぺんむさしふどきこう》』は江戸時代末期の文政《ぶんせい》五年（一八二二）に完成しましたが、その「多摩郡柚木領《たまごおりゆぎりょう》」の巻のうち、まず上柚木村の項に、

江戸日本橋よりの行程十一里ばかりなり…村内に一条の道あり、相州津久井より江戸への往還《おうかん》なり。南の方小山《おやま》村の境《さかい》より大沢村と当村の境へかかり、長さ五町《ちょう》ほど過《すぎ》て下柚木村の境へ達す

とあります。『八王子事典』が指摘しているのはこの「往還」のことかと思われますが、この津久井から江戸にいたる往還は、『風土記稿』の大沢村の項では「北の方なる山の上」を、

松木村の項では「村内」を通り、越野村の項では「松木村より村内にかかること三町ばかりにして、堀ノ内へ達せり」とされています。堀ノ内村の項では「村内を東西へ横ぎること七町ばかりにして、中野村に達す」、中野村の項では「村内をふること八町ばかりにして、大塚村に達す」とあり、下柚木村と大塚村の項にはこの往還の記載はありません。
ただ、『風土記稿』の下柚木村の項には旧蹟として、次のように「鮎継場跡《あゆつぎばあと》」の記録が記されています。

　南にあたれる山の上、諏訪《すわ》の森《もり》の傍《かたわら》なり、昔相州津久井より鮎を献ぜしとき、人夫をつき（継・交替）し所なりという。

「諏訪の森」とは、下柚木村の東南部の小字山下《こあざやました》にあった山上の森で、ここには戦国時代に大石信濃守《おおいししなののかみ》が建立したと伝える諏訪社があるとも記されています。現在の富士見台公園の丘にあたります。この鮎継場が、『風土記稿』の時代にすでに「旧蹟」とされている点には疑問が残りますが、位置としては、南の小山村から上柚木村・大沢村の境にかかり、大沢村の北の山の上を下柚木村を経て松木村に通じる「往還」がやはり、「鮎の道」と通称されていた古道そのものと考えていいのでしょう。
上柚木の郷土史家、故鈴木喜重《すずききじゅう》氏は「鮎街道考《こう》」という研究メモを遺していますが、そこには次のようなことが書かれています。

鑓水の人々は「お鮎街道」という。道志川はその特殊な水質からか、鮎が肥えていて、ハナマガリ鮎として江戸市内では人気があり、将軍家へも献上された。その鮎を運んだ道が「お鮎街道」として、多摩丘陵の尾根に存在していた。

そして鑓水地区の小泉茂《こいずみしげる》氏によれば、「お鮎街道」は町田市小山《おやま》町の三ツ目のあたりから東北方に多摩丘陵に入り、鑓水板木谷戸《いたぎやと》の南端から上柚木・南大沢方面へ尾根伝いに通じていたといわれます。大正一〇年（一九二一）に測図された国土地理院の地図で見ると、それらしき山道が下柚木山下《やました》・松木日向《ひなた》との境をすぎて、松木地区の大竹橋《おおたけばし》のあたりで平地の道路に合流しているのがわかります。

江戸時代にはそのような山道を献上鮎を持ち運ぶ人足が、支障なく走り通せるようにという代官所《だいかんしょ》の命令が、村々の名主《なぬし》達に下《くだ》されていたことがわかりました。著者の住む越野の旧家富沢守司《とみざわもりじ》氏宅に、幕府代官所の下役（手代《てがわり》）から沿道の村々の名主《なぬし》に対して、通路の整備を命じた回覧状《かいらんじょう》を写した古文書《こもんじょ》が伝えられていたのです（写真50）。和風漢文かなまじりのその文書をよみ下すと、次のような内容とわかります。

廻状《かいじょう》　　寸沢嵐《すわらし》村より始め

相州《そうしゅう》津久井《つくい》県道志川《どうしがわ》の上ケ鮎《あげあゆ》（献上鮎）を、近々に江戸表《おもて》へ差出すため、持夫人足《もちぶにんそく》（運搬人）が道筋を昼夜休まずに通行するので、それぞれの村内を通る道筋に、木・

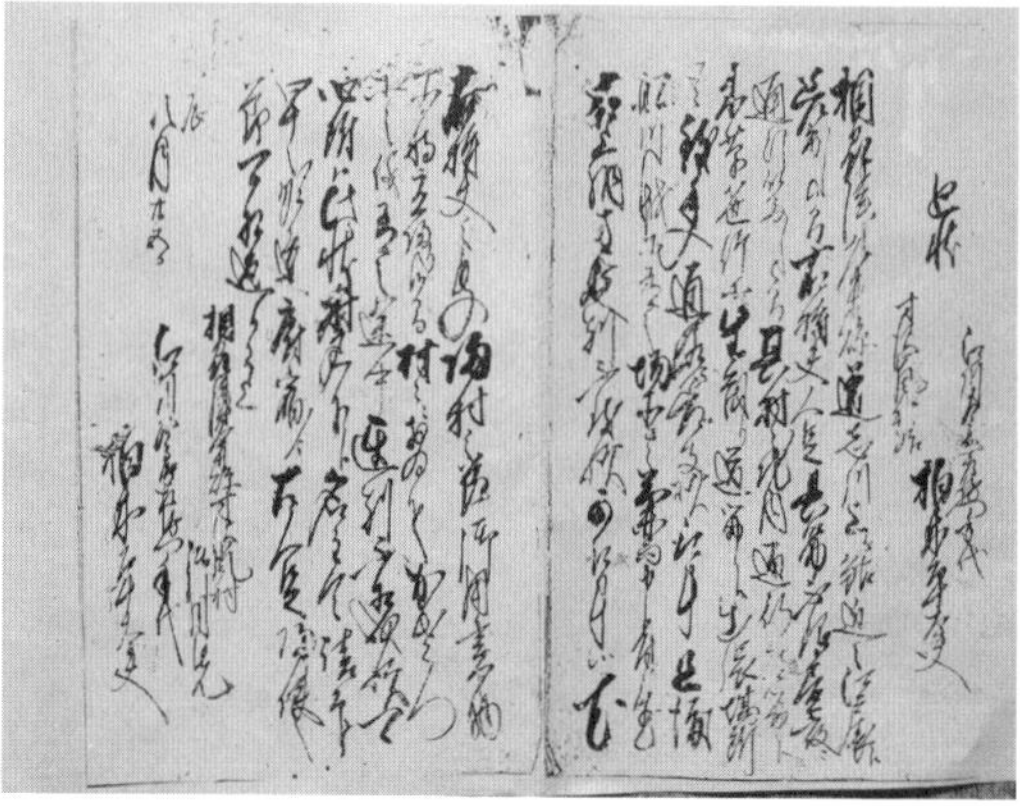

写真50　代官所廻状

草・笹・竹などが生い茂って道筋へ出張《でば》っている場所は手入れして、通路に差支えないようにとりはからいなさい。渡船《とせん》や川越《かわごえ》等のある場所はあらかじめ申しつけておいて、上ヶ鮎の上納が遅れないようにしてもらいたい。さらに持夫の者が村へ戻るときには御用の文書を持って帰るので、村々で粗略《そりゃく》の扱いをせず、遅刻とならないように注意しなさい。この回状の村名の下にそれぞれの名主は印を押して、早々に回覧して、持夫人足が帰るときに返却させせなさい。

以上

相州《そうしゅう》津久井県《つくいけん》寸沢嵐村《すわらしむら》御用先《ごようさき》

江川太郎左衛門《えがわたろうざえもん》手代《てがわり》　柏木平太夫《かしわぎへいだゆう》

辰《たつ》　八月廿五日

この文書が出されたのは、『風土記稿』より二一年後の天保《てんぽう》一五年（一八四四）八月二五日です。大塚地区の八幡神社南の地に鮎継場があったという伝えもありますので、下柚木の諏訪の森から移設されていたのかもしれません。

ところで富沢家古文書の中にはいま一つ、領収書の手控《てびか》えのような文書もありました。

□五拾弐文《ごじゅうにもん》　人足《にんそく》　壱人《いちにん》

右者《は》当村より小野路《おのじ》村まで、御定《おさだめ》の賃銭《ちんせん》を御拂下置《おはらいくだしおか》れ、たしかに請取奉候《うけとりたてまつりそうろう》　以上

巳《み》二月十四日　越野村名主

吉左衛門《きちざえもん》

この文書の日付は、さきの廻状《かいじょう》より六か月後の弘化《こうか》二年（一八四五）二月一四日で、賃銭の額は「銭《ぜに》五十二文」と読むべきでしょう。「人足一人」と書かれているのは、あるいは持夫人足として鮎の運搬を命じられた越野村の百姓一名を指しているのではないかと思われ、その場合は後述のように目的地は関戸《せきど》村でなくてはならず、何とも断言できませんが、一区間当たりの賃銭の額を想定する手掛りにはなるでしょう。少し古い時代の記録には、屋台のそばの値段が一杯一〇文、風呂の湯銭が大人六文子供四文という数字もあります。ちなみに、ここで「名主吉左衛門」と署名されているのは、江戸時代初期の寛文《かんぶん》七年（一六六七）に没している石井七良左衛門《しちろうざえもん》以降確認できる著者の生家の一一代目の当主で、現当主の兄は一五代目にあたります。

神奈川県旧城山町は明治以降津久井郡に属し、それ以前は江戸時代の元禄《げんろく》四年（一六九一）以来津久井県の一部でしたが、そこから出された『城山町史6・通史編　近世』（一九

九七年）の中には、相模の献上鮎についてのくわしい説明があります。それによれば、相模川の上流でとれる「道志川の鼻曲がり鮎」は多摩川の鮎とともに有名で、渓谷の激流にもまれ、岩先に鼻をぶっつけながら大きく育つ道志川の鮎は、身がしまっていて香りもよかったといいます。将軍家に献上する鮎を「御菜鮎《おさいあゆ》」とも「上ヶ鮎《あげあゆ》」ともいい、流域の村々は「上ヶ鮎御用」といって、鮎の献上を命じられました。上納の日は五月一〇日から八月二五日までの間、定められた二四か日です。

「上ヶ鮎」の御用がいつごろから始まったかははっきりしないそうですが、五代将軍綱吉《つなよし》の時代にあたる貞享《じょうきょう》二年（一六八五）以前から行われていたといわれます。さきの古文書が書かれた天保年間（一八三〇―四四）には、毎年一、〇七五匹の、目の下六寸（約一八センチ）の大きさにそろえた鮎が、道志川等から上納されていたと記録されています。

江川太郎左衛門代官の御用役所があった寸沢嵐《すわらし》村は、現在の津久井湖上流にあたる、相模川と道志川の合流点の相模湖町寸沢嵐になります。上ヶ鮎御用の日には、川筋には六か所の「御上ヶ鮎小屋」が設けられ、代官所の下役の川役人の監督のもとで上ヶ鮎が集められました。それは藤の葉を敷きつめた竹籠に入れられ、各村から出した宿継《しゅくつ》ぎ人足《にんそく》がリレー式に、夕方に鮎小屋を出発してその日の内に、江戸城の本丸御台所まで走り届けることが必要でした。

鮎を運ぶ道筋は、津久井県の鮎小屋から橋本村・柚木村・関戸村・府中新宿・高井戸宿・

内藤新宿と定められており、各村は中間の鮎継場に持夫人足を待機させて、上納が遅れないように手配することを命じられています。江戸の神田雉子町《きじちょう》名主であった斉藤月岑《さいとうげっしん》（一八〇四―七八）が祖父から三代にわたって著作し、天保《てんぽう》七年（一八三六）に刊行した『江戸《えど》名所《めいしょ》図会《ずえ》』巻之九には、高井戸宿と内藤新宿の中間の代田橋《だいたばし》を走る上ヶ鮎持人足の姿が描かれていますが、天秤棒《てんびんぼう》の前後に二つの鮎籠を下げて走る姿からは、その仕事がかなりきついものであったことが想像されます。（図11）

図11　代田橋を行く上ヶ鮎持人足
（『江戸名所図絵』巻之九より）

鈴木喜重氏の「鮎街道考」には、「急ぎ将軍家に届けられた鮎籠には蜘蛛《くも》の巣がいっぱい付いていたことがあり、道中で山の中を走るのは柚木分としか考えられないとして、厳しく叱咤《しった》されたと云われている」という記述もあります。そのようなことがないように、道筋の木や竹を手入れするようにという、さきの古文書の代官手代の指示があらかじめ出されていたわけでしょう。

その古文書に「持夫《もちぶ》」と書かれている「上ヶ鮎持人足」は、相州橋本村に残されている村の経費明細帳《めいさいちょう》によれば、毎年三月から九月まで三人用意されており、その費用は周辺の四か村で共同して負担しています。柚木地区の場合もおそらく上柚木・下柚木・大沢・松木・越野・堀ノ内・中野・大塚などの、「お鮎街道」沿いの村々が共同して人足の賃銭を負担していたのだと考えられます。その一方で、上ヶ鮎持人足が支障なく多摩の横山のお鮎街道を走り抜けられるように、代官所から命じられた道普請《みちぶしん》の作業は、村々の名主達の差配《さはい》のもとで、地域の百姓達の無料の勤労奉仕で行われたのであろうと想像されます。

『風土記稿』の編さんにも加わった八王子千人同心組頭《せんにんどうしんくみがしら》・塩野適斎《しおのてきさい》（一七七五―一八四七）の『桑都日記《そうとにっき》』によれば、玉川（多摩川）・秋川・浅川の鮎を官に献貢《けんこう》することは享保《きょうほう》年間（一七一六―三六）に始まり「長さ四寸（一二センチ）以上のもの一千七十五匹」を上納することとされていたといいます。また『日野市史　別巻』によれば、日野地区での多摩川の献上鮎はそれよりも早い貞享《じょうきょう》二年（一六八五）から始まって、毎年八月から一〇月にかけて一、三〇〇匹ほどが上納されたともされています。しかし、献上鮎を運搬する人夫のため山道の木や草を刈り取るようなことを命じられていたのは、もちろん由木や相模の一部地域の住民たちだけだったでしょう。夏の間行われた毎年の「上ヶ鮎」の運上《うんじょう》は、庶民にはお上《かみ》の命令にそむくことを許されなかった一五〇年以上の昔の、江戸時代の由木の地域をまきこんでくりひろげられた、一つの年中行事でした。

七、由木の昔から現代へ

1、「由木」の名について

八世紀の奈良時代にはすでに武蔵国が成り立ち、そこに多麻郡《たまごおり》がおかれ、平安時代のはじめにはその一〇の郷《ごう》のうちに小野郷《おののごう》があって、由木の地はその中に含まれていたわけでした。しかし、「由木」という地名は史料の上になかなか出てきません。これまでは管見のかぎり、もっとも早いものは、『続群書類従』に載っている『小野氏系図』の中で、前《ぜん》九年の役《えき》（一〇五一―六二）で戦功をあげた横山経兼《よこやまつねかね》の男子に、由木六郎という通称がつけられた六男の保経《やすつね》があり、彼が由木の地を所領としてそこに住んだとされている例でした。また日奉《ひまつり》氏の西党の系図にも、高幡・平山等を領した宗貞《むねさだ》の孫に、由木三郎大夫・由木四郎大夫の名が記されています。いずれも平安時代の末期にあたり、中山白山神社の埋経にその地が「船木田御庄内《ふなきだのごしょうない》」と記されていた仁平《にんぺい》四年（一一五四）のすこし前と考えられます。

東福寺領《とうふくじりょう》となった船木田荘の年貢の「勘定状」に「由木郷」の名が出現するのは、南北朝時代の至徳《しとく》二年（一三八五）のことで、その年貢高は四貫五〇〇文に大塚分として三貫二〇〇文も並記されています。そして戦国時代に入って、天文《てんぶん》一七年（一五四八）に大石道俊《おおいしどうしゅん》が小田野新右衛門尉《おだのしんえもんじょう》に与えた文書では、「由木の内、別所谷ならびに堀之内」という所領の文配が認められています。その翌年には観智国師《かんちこくし》の父由木利重《とししげ》が三五〇貫という本領を没収されているわけですが、この頃には「由木（郷）」と呼ばれる地域は、由木氏の本領のほかに、別所・堀之内等が含まれていることが確認され、おそらくさきの大塚郷をふくめて、近代の由木の地域のとらえ方が成り立っていたように思われます。

別所蓮生寺の山号は由木山で、『風土記稿』によればその薬師堂の仁王門には、「由木山」と大書した後醍醐天皇皇子の大塔宮護良親王《おおとうのみやもりよししんのう》（一三〇八―三五）の筆と伝える額がかけてあったといわれます。もしその山号が蓮生寺の開創以来のものであったのであれば、平安時代末の蓮生寺の創建には位置的にみて西党由木氏の関与があったのではなかろうかとも考えられ、その氏名と地名は一体としてその時代には成立していたということになるでしょう。

また明治初年成立の『皇国地誌』は「由木峯」の名をあげて、西は上柚木村から東の松木村まで連なり、高さ一三五メートルの頂上の南は南大沢村、北は下柚木村に属すると記しています。その山は現在の東京都立大学のキャンパスを中心とする丘陵地に相当しますが、下柚木村ではこれを中丸山と呼んでいたようです。

「由木」という地名の由来については、まだ「定説はない」（保坂芳春《ほさかよしやす》『多摩の地名』一九七九）というのがこれまでの状況でした。青梅市西部の多摩川南岸に柚木という地区がありますが、植田孟縉《うえだもうしん》の『武蔵名勝図会』は、「かの地は柚実の名産にて、…産物あるゆえ往古より柚木と記せり」とする一方、「由木村」については実に古い地名で、鎌倉時代よりはるか前からこの地に住んだ人が由木を苗字としたので、この地名が諸国に通じていると述べて、「由木」の名にこだわっています。

『新八王子市史』の刊行を受けた今回の改訂で、その『通史編1』が貞観《じょうかん》一四年（八七二）に書かれた「貞観寺田地目録帳」に載る武蔵国多摩郡弓削荘《ゆげのしょう》の地を、松木地区の多摩ニュータウンNo.107遺跡と想定することができようと示唆していることを受けて、「由木」の地名についてもまったく新しい検討が必要になりました。先述のように「弓削」を好字が選ばれた結果として「由義《ゆぎ》」と表記した例が、称徳天皇の河内《かわち》国の行宮《あんぐう》の名として歴史に残されていました。「由木」という私共の郷里の地名は、貞観寺領であった多摩郡弓削荘の名前から転じたものであったと考えるのが自然といえるでしょう。

その場合に、それではなぜ「由木」という表記が用いられることになったのでしょうか。原音のまま「ゆげ」と読む言葉は湯気・遊戯などがありますが、地名とするに相応しいとは思われません。一方、「ゆぎ」または「ゆき」と読む言葉はいくつかありますが、由木の地名と関係する可能性があるかもしれないと思われるものを次に挙げてみます。

①由木《ゆぎ》（居木《いぎ》）…馬の鞍《くら》の前輪と後輪の間にわたして、座となる木（図11）

②弓木《ゆぎ》…弓を作る木

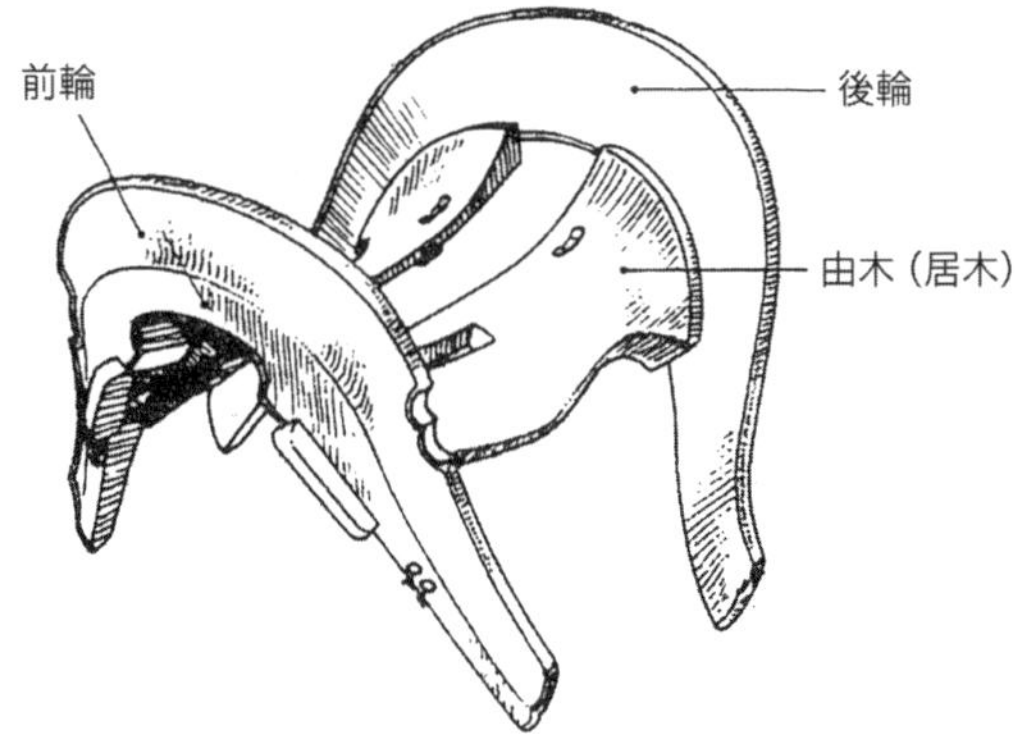

図12　鞍と由木（居木）

③湯木《ゆぎ》…湯をわかすためのたきぎ
④斎木《ゆき》…神事に用いる榊《さかき》などの木
⑤靫《ゆき》（靭《ゆぎ》）…矢を差して背に負う箱形の武具・由伎《ゆき》
⑥悠基《ゆき》（由貴《ゆき》）…神聖な酒・大嘗祭《おおなめさい》に供進する新穀を奉《たてまつ》る国郡

当時の由木地域一帯は森や林におおわれていたでしょうから、②③④も違和感はありませんが、由木の地と特別に結びつく理由はみつかりません。⑤は奈良時代頃までの言葉で、後には箙《えびら》などの呼称がなされますが、『万葉集』巻二十には大伴家持《おおとものやかもち》が、かの「赤駒を」の防人の妻の歌を受けとった天平勝宝《てんぴょうしょうほう》七年（七五五）二月二〇日のすぐ前、二月八日に難波津《なにわず》で詠んだ次のような例もあります。

ますらをの由伎《ゆき》とり負ひて出でてゆけば　別れを惜しみ嘆きけむ妻

家持は『万葉集』の中に多摩郡の防人の歌は採用しなかったのですが、由木の地から靫《ゆき》を背に負って西国出征する防人が出たなどと夢想するのも、一つの歴史のロマンといえるでしょうが、「弓削」を「靫」に転訛させるのは不自然な感じです。

平安時代初期の弓削荘の名前から転訛して「由木」の地名が生まれたとすれば、それは同時代の後半になってこの地を支配した豪族・武士が、自らの名字の地としてこの地名とその表記を特定した結果と考えられます。横山党の由木六郎にしても西党の由木三郎大夫にしても、武蔵の広大な平地からこの山間の地に移って定住し、そこが平山・藍原（相原）、川口など他の支族との中間に位置して、多摩の横山の奥にひらけた盆地状の安住の地と実感された結果、日頃なれ親しんでいる騎馬にかかわる①「由木」の名が、彼等にとっての好字として採られたものであろうと考えられます。

2、由木領と現代への推移

由木領

小田原北条氏が滅びて徳川家康が江戸城に入った天正《てんしょう》一八年（一五九〇）以降、関東地方は徳川氏の支配下に入り、北関東には城持ちの大名が配置されたのに対して、多摩地方をふくむ南関東では、幕府の年貢を直接収納する蔵入地《くらいれち》として、奉行《ぶぎょう》・代官《だいかん》を通しての直轄的な支配が中心となります。八王子城の落城後まもなく総奉行に任じられた武田旧臣の大久保長《おおくぼなが》安《やす》（一五四五―一六一三）は、八王子の小門宿《おかどじゅく》に陣屋《じんや》を構えて、配下のいわゆる関東一八代官を指揮して徳川氏の下での新しい地域支配を進め、その体制は長安の死後も江戸中期の元禄《げんろく》年間（一六八八―一七〇四）まで続きました。

『新編武蔵風土記稿』の下柚木村の項には、「天正一八年御うち入りの後、松下孫十郎《まつしたまごじゅうろう》が御代官所となりて検地《けんち》あり、…文禄《ぶんろく》三年（一五九四）に大久保石見守《いわみのかみ》長安・小宮山八兵衛《こみやまはちべえ》某等、由木領九ヶ村をすべて支配せり」と記されています。「御うち入り」とは徳川家康の江戸入城と関東支配のはじまりを意味し、「検地」とは領主が領内の土地を測量調査して、田畑の面積と等級に応じてその予想生産高である石高《こくだか》を定めることをいいます。石高はふつうは村単位で決められて村高《むらだか》ともいいますが、大名・旗本・御家人《ごけにん》等に領地（知行地《ちぎょうち》）を与える基準となります。なお百姓が納める年貢高は、石高に年貢率（免《めん》）をかけたもので、江戸初期は六公四民《ろっこうしみん》、つまり収穫の六割を年貢に取られるという「免六つ」がふつうで、のちには四公六民の「免四つ」（四つ取り）となったといわれます。

『風土記稿』は、大久保長安等が支配した由木領は全部で九か村と記していますが、おそらく由木村が上・下に分割される前、鑓水村が「一村落をなせしは、正保年中（一六四四―四八）より後のことなるべし」とされた時代の村の数をいっているものと考えられます。そして大久保長安の由木領支配は慶長《けいちょう》六年（一六〇一）で終わり、以後はさまざまな代官が入れ替わりで担当したようで、三代将軍家光《いえみつ》（一六二三―五一在職）の時代の慶安《けいあん》二、三年

（一六四九―五〇）に、幕府が武蔵国内の二二郡の村高と領主・代官名を書き出した『武蔵田園簿《むさしでんえんぼ》』によれば、由木地域はすでに一一か村となっていて、すべて代官の今井八郎左衛門《いまいはちろうざえもん》の支配地となっています。そこでは武蔵国全体の石高は九八万石ですが、多摩郡の三二〇か村については、幕府直轄の天領《てんりょう》が四万八千石、旗本等の私領が二万五千石、あわせて七万三千石のほかに、寺社領《じしゃりょう》が千六百石となっています。そして由木領一一か村の村高の合計は、田八五六石、畑六一四石のあわせて一、四七〇石に寺社領五〇石となります。

　江戸末期の文政五年（一八二二）に完成した『風土記稿』では、多摩郡の各村は府中領（四四か村）・柚木領（二四）・日野領（二〇）・由井領（五七）など、東は世田ヶ谷領から西は奥多摩の三田領まで一〇の「領」の単位でくくられていて、これがひとつの行政単位となっていたようです。そして『風土記稿』の翌年の植田孟縉《うえだもうしん》の『武蔵名勝図会』には、この由木領の由来について、「寛文《かんぶん》年間（一六六一―七三）のはじめに、土屋但馬守《つちやたじまのかみ》の所領として由木領から小野路《おのじ》・大蔵《おおくら》村の近辺までことごとく与えられ、但馬守はこの由木村に陣屋《じんや》を構えて年貢米《ねんぐまい》を収める倉庫があったので、かつての横山庄や小山田《おやまだ》領というべき地もすべて由木領と名づけられた」と説明されています。そこで「由木」を古くからの地名として尊重する孟縉は、これを「柚木」と書くのは寛文の頃からはじまった俗人の誤りであると主張しています。

江戸幕府の若年寄《わかどしより》であった土屋但馬守数直《かずなお》は、寛文四年（一六六四）に多摩郡ほかに領地を与えられて、寛文五年には領内の検地を行うとともに老中《ろうじゅう》に出世し、寛文九年には土浦城主として大名になっています。彼の由木村での陣屋についてはっきりしたことは何もわかりませんが、上柚木村の小名《こな》・蔵郷《くらごう》について『図会』は、「むかしこの地に年貢米などを納め入れた倉庫があったので、そのようにいっているのであろう。近くは土屋侯《こう》の領地であったときの蔵屋敷《くらやしき》の跡なのであろうか」と推測しています。

『風土記稿』にいう柚木領二四か村とは、記載順に別所・松木・大沢・上柚木・下柚木・鑓水・中山・堀之内・越野・中野・大塚の一一か村のほかに、現在は町田市に属する三輪《みわ》・能ケ谷《のうがや》・広袴《ひろばかま》・大蔵《おおくら》・真光寺《しんこうじ》・小野路《おのじ》・野津田《のつだ》・上図師《かみづし》・下《しも》図師・上小山田《かみおやまだ》・下《しも》小山田の一一か村、同じく多摩市に属する乞田《こった》・落合《おちあい》の二か村をあわせたものです。そしてさきの『武蔵田園簿』によれば、この二四か村は慶安年間（一六五〇頃）には真光寺村を除いてすべて幕府代官の今井八郎左衛門の支配下にあって、石高の合計は由木地域一一か村の一、四七〇石をふくめて四、一七五五石となっています。これらの村々はそれから一〇数年後にはさきの土屋但馬守支配の由木領となり、さらに直轄領に戻ったりした後、元禄《げんろく》年間（一六八八—一七〇四）頃から明治維新（一八六八）までの約一八〇年の間、旗本やその他の領主に分割して知行されることになります。

明治初年に新政府は各府県の歴史・地誌の調査・編集事業を行っていますが、そのとき旧村名・旧領主名・明治元年における旧石高《こくだか》をまとめた『旧高旧領取調帳《きゅうだかきゅうりょうとりしらべちょう》』(『日本史料選書』)が残されています。これによれば由木地域一一か村の村高はあわせて三、七九〇石で、約二二〇年前の『武蔵田園簿』の江戸時代初期の二・六倍に増加し、寺社領も五〇石から七二石と五割ほどふえています。そして支配領主である旗本等の数は一一か村で一六名におよび、中山・堀之内・別所・中野の四村に領地を持った勝田綱吉《かったつなよし》の石高があわせて四三〇石になりますが、ほかはおよそ一〇〇石から三〇〇石の石高がほとんどです。

これらの旗本領主たちは、ほどほどの年貢米をこの地域の領地から吸い上げて生活を維持しながら、多くは江戸城を中心に徳川幕府の行政にたずさわるサラリーマン的な存在であったのではないでしょうか。彼等が由木地域に遺した文化的な遺産はほとんど伝えられていませんが、わずかな例として目についた次の三つについてふれておきます。その一は、慶長《けいちょう》六年(一六〇一)に大久保長安にかわって由木領など五三か村を支配したという代官の山崎兵《やまざきへい》左衛門《ざえもん》が、慶長一一年(一六〇六)に東中野の熊野神社の改修に助成合力《ごうりき》したということ(『東京都神社名鑑』一九八六)。その二は、元禄《げんろく》一一年(一六九八)に別所村の領主となった旗本の松平次郎左衛門《まつだいらじろうざえもん》が、宝永《ほうえい》二年(一七〇五)に蓮生寺薬師堂の再建を大旦那として寄進したこと（『風土記稿』）。その三は、元文《げんぶん》三年（一七三八）に中山村の領主であった勝田《かつた》光寛《みつひろ》が、白山神社に神鏡を奉納し、それは神社の御神体とされているということ（『東京都神社名鑑』）です。

一枚の小田家古文書《こもんじょ》

東京都埋蔵文化財センターは一九九三年に、松木地区の故小田久吉《おだひさきち》氏の協力によって調査した小田家文書について報告しています（『調査報告第15集』）。その中の一枚に年月不明ながら、五代将軍徳川綱吉《つなよし》（一六四六―一七〇九）が命じた有名な「生類憐《しょうるいあわれ》みの令《れい》」について書き記した珍しい古文書がありますので、眺めてみたいと思います（写真51）。小田家は天正年間（一五七三―九〇）に松木村に教福寺《きょうふくじ》を建立した小田肥後守、寛永一三年（一六三六）に別所蓮生寺《れんしょうじ》仁王門の仁王像を寄進した小田源太左衛門《おだげんたざえもん》の子孫といわれますが、小田源太左衛門の名で「覚《おぼえ》」と題されたその古文書の本文を読み下すと、次のようなことが書かれています。

覚

鳥獣魚類貝類、惣《そう》じて何によらず殺生仕《せっしょうつかま》つるまじく候《そうろう》。若《も》し拠《よりどころ》なく子細《しさい》（さしつかえ）

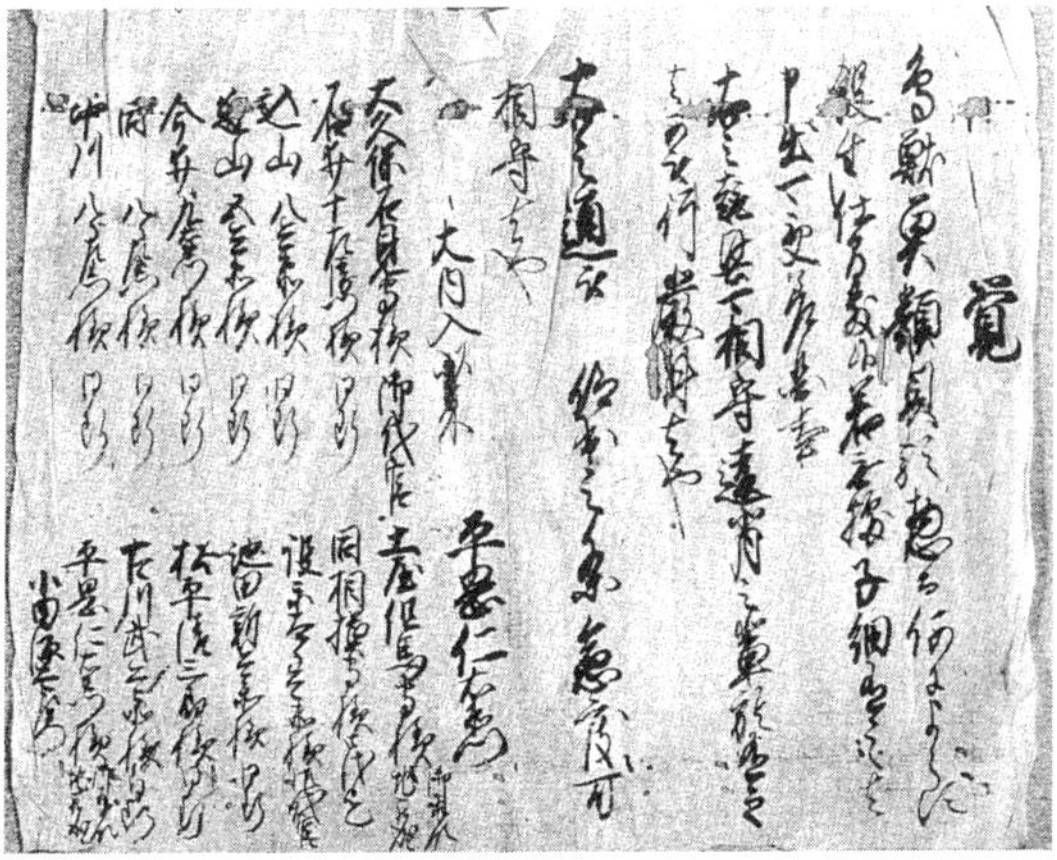

写真51　小田家古文書「覚」

ある者は申し出て、差図《さしず》を受けるべき事。右の趣《おもむき》堅く相《あい》守るべく、違背《いはい》の輩《やから》があるに於いては、厳科《げんか》（きびしい処罰）を行われるもの也《なり》。

右の通り仰《おお》せ出《いだ》されの条、急度《きっと》相《あい》守るべきもの也。

平岡《ひらおか》仁《に》右衛門《えもん》

徳川五代将軍の綱吉《つなよし》は三代家光《いえみつ》の四男で、三五歳の延宝《えんぽう》八年（一六八〇）に兄家綱《いえつな》の後を継いで館林《たてばやし》藩主から将軍となりますが、将軍家台所での魚介類の使用を止めるのをはじめ、貞享《じょうきょう》四年（一六八七）には捨子・捨病人・捨馬牛をきびしく禁止するなど、生類憐《しょうるいあわれ》みの命令を次々に出します。憐みの対象となる生類は愛玩用の魚鳥から人や犬・猫・猿・牛・馬などにおよびましたが、職業としての猟師・漁師の仕事は許されたようです。綱吉自身が戌《いぬ》年生まれであったことから、特に犬の愛護を強制して野犬保護の犬小舎を作らせるなど、人々から犬公方《いぬくぼう》と呼ばれました。綱吉が宝永《ほうえい》六年（一七〇九）に亡くなった後は、行きすぎた命令は相次いで廃止されますので、右の小田家文書が書かれたのはそれ以前のことと考えられます。そして当時の松木村の高札場《こうさつば》（幕府・領主の命令などを墨書した高札を掲示するところ）は小田屋敷のあった小名《こな》浅田にありましたので、小田源太左衛門は時の旗本領主平岡仁右衛門が掲げた高札を写したということでしょう。しかし魚や貝までの殺生を止めさせたこの禁令が領内でどれほど厳格に守られていたかは、何とも知ることはできません。

この古文書には右の本文に続いて、徳川家康が関東に入府して以来の一四名の代官・領主の名前が列記されています。これに『風土記稿』や村上直氏《むらかみただし》の『多摩の代官』（たましん地域文化財団・一九九九）などによって就任時期のわかる分を名前の下に付記してみますと、次のようになります。

大内入以来

大久保石見守様	御代官	文禄三年（一五九四）
石井十左衛門様	同断	
込山（小宮山）八兵衛様	同断	文禄三年（一五九四）
近山五兵衛様	同断	
今井九右衛門様	同断	寛永五年（一六二八）
同　八郎左衛門様	同断	慶安二年（一六四九）以前

中川八郎左衛門様	同断	寛永五年（一六二八）
土屋但馬守様	御拝領地罷成候	寛文四年（一六六四）
同　相模守様	御代迄	
設樂太郎兵衛様	御代官	天和二年（一六八二）
池田新兵衛様	同断	元禄元年（一六八八）
松平清三郎様	同断	元禄五年（一六九二）
古川武兵衛様	同断	元禄九年（一六九六）
平岡仁右衛門様	御拝領地罷成候	元禄一一年（一六九八）

『新編武蔵風土記稿』の下柚木村の項には、「文禄《ぶんろく》三年に大久保石見守長安《いわみのかみながやす》・小宮山八兵衛《こみやまはちべえ》某《なにがし》等、由木領九ヶ村をすべて支配せり、慶長《けいちょう》六年に山崎兵左衛門《やまざきへいざえもん》かはれり」と書かれていました。右の筆頭の大久保石見守（一五四五―一六一三）は甲斐の武田氏の旧臣で、すでにみたように八王子小門宿《おかどじゅく》に陣屋《じんや》を構えて、いわゆる関東十八代官の頭《かしら》として他の代官達を統率していました。二番目の石井十左衛門《いしいじゅうざえもん》については他の資料に名前を発見できませんが、大久保・小宮山両代官の中間に書かれた位置からは、『風土記稿』のいう「等」の中に入っていたのではないかと想像できます。小宮山・近山・今井・中川（いずれも武田旧臣）と設楽《したら》（後北条旧臣）までの各代官が関東十八代官の系譜につながっているのに対して、一人だけ

孤立していますが、この人物についてはすこし後にふれることにします。

四番目の近山五兵衛《ちかやまごへえ》も関東十八代官の一人ですが、由木の支配にかかわった年代は不明で、あるいは慶長六年（一六〇一）に就任して五三か村をあずかったという山崎兵左衛門を補佐して、同時代に由木領で役目をはたしていたのであろうと思われます。山崎代官の後については『風土記稿』にも、「寛永五年の頃中川八郎左衛門《なかがわはちろうざえもん》・今井九右衛門《いまいきゅうえもん》かはりし」とあります。その約二〇年後にあたる『武蔵田園簿』（一六四九―五〇）では、由木一一か村すべてが今井八郎左衛門の支配地となっていましたが、それは今井九右衛門と同姓のため、中川代官と順序が逆転して書かれたものでしょう。

寛文《かんぶん》四年に幕府直轄領から土屋但馬守《つちやたじまのかみ》の領地となった後、一八年後の天和《てんな》二年にはふたたび天領となって、関東十八代官の設楽太郎兵衛《したらたろべえ》の支配地になります。そしてその代官支配は六年で終わり、元禄《げんろく》元年以降には由木領は池田新兵衛《いけだしんべえ》など数名の旗本の知行地となり、松木村については元禄一一年に平岡氏の領地となって幕末まで続くことになります。従ってこの「小田家古文書」が書かれた時期は、元禄一一年（一六九八）以後で将軍綱吉が没した宝永《ほうえい》六年（一七〇九）以前の間ということになります。小田源太左衛門がこの一枚の文書の中に、殺生停止令《せっしょうちょうじれい》に続けて「大内入《（打）》以来」の代官・領主名を列記した理由は不明ですが、あるいはその命令の特異さに刺激されて、支配者の名前を確認しながら「お上《かみ》」の命令の正統性を、みずからに納得させようとしたのかもしれません。

御代官の二人目に挙げられた石井十左衛門について検討することは、私事にもかかわることになりますが、お許し頂きたいと思います。かつて著者の越野の実家の系図について調べたところ、判明した最古の祖先は寛文七年（一六六七）に没した石井七良左衛門《しちろうざえもん》で、自然石の一面を削り磨いて彫られたその墓碑には、「施主《せしゅ》石井十左エ門　敬白《うやまってもうす》」と刻まれていました。その墓碑が昔あった場所は園畑《そのばたけ》と呼ばれていて、墓地の一画の周りは栗林に囲まれ、越野地区の古来の集落の入り口というところでした。そこに残されていた自然石の墓石は三基だけで、当地新参の御先祖方は以来努力して田畑や持山を増やし、集落の一端に入る現在の屋敷に移転して、墓地を玉泉寺に新設したものと考えられます。その屋敷の西側には今も諏訪社が祀られ、裏手にあって後継者が絶えた同族の屋敷の一角には、先年まで御岳金峰蔵王《みたけこんぷざおう》大権現の小社も残されていました。かねてから著者は、祖先を武田または後北条に仕えた武士で、それらの滅亡後に由木の地に帰農したものであろうと感じていましたが、その源流となる世代の情報がどうしてもみつからないことに悩んでいました。小田家古文書の中に「石井十左衛門様」の文字を発見したときは、思わず目を疑ってその図版写真を拡大鏡で確認しましたが、書かれていたことは『調査報告』の翻刻《ほんこく》文と相異ありません。

大久保石見守と並べられた石井十左衛門は文禄から慶長前半の一六世紀末に代官所の仕事

をした人物と考えるべきで、墓碑にあった著者の祖先の石井十左エ門より二世代ほど前代の人ということになります。ところで、実家の江戸時代一四代の先祖の中には吉左衛門《きちざえもん》が四代、吉右衛門《きちえもん》が三代など同名がくり返して用いられています。代々の当主が同じ名前を連続あるいは交互に継続して用いることは、古い時代にはしばしば見られることでした。寛文七年に亡父七良左衛門の供養をした石井十左エ門が、実はその祖父と同じ名前を名のっていたと推測することも、絶対に無理なことともいえないように個人的には思われるのです。

村上直氏《むらかみただし》は八王子市の横川氏所蔵文書の『御代官十八人事蹟』から、八王子に居住した一八人の関東代官の名を挙げています（「関東幕領における八王子代官」『日本歴史』一六八号）が、先述のとおりその中に石井十左衛門の名はありません。代官の食禄《しょくろく》は米一〇〇俵から五〇〇俵という程度ですが、その支配地は二千石から三万石ほどにものぼり、代官所には下役の手代《てがわり》・用人《ようにん》・書役《かきやく》・中間《ちゅうげん》などが常駐していました。手代は代官の下にあって年貢《ねんぐ》徴収《ちょうしゅう》や民政事務にあたり、地域に通じて筆算《ひっさん》に明るい有力農民などが任命されたといわれます。さきに「鮎の道」の項にも江川太郎左衛門《えがわたろうざえもん》代官所手代の柏木平太夫《かしわぎへいだゆう》の名が出ていましたが、代官所の実務の担当責任者であったと思われます。「小田家古文書」の御代官石井十左衛門については、その在任が徳川治世のごく初期であったため、『御代官十八人事蹟』などの記録に漏れた代官であったのか、あるいは由木の里にかかわりの深かった御代官所の手代であったのか、二つの可能性の中で判断すべきと考えられます。

『新編武蔵風土記稿』の柚木領中山村の項には、旧家として百姓喜四郎が挙げられ、「先祖を石井善左衛門とて、小田原北条氏へつかへしものなり」と記されています。中山の白山神社周辺には石井姓の家が多く、一方越野村には明治初年まで著者の実家以外に同姓はありませんでした。著者が作成した実家の系図には七良左衛門から六代目に彦右衛門がおり、宝暦《ほうれき》一二年（一七六二）一一月一五日に亡くなっていますが、その兄弟であろうと考えていた「権僧都《ごんのそうず》阿闍梨《あじゃり》円盛《えんじょう》　一乗院住」という人物の墓碑が、菩提寺の越野玉泉寺の墓地に現存し、その没年は彦右衛門より三か月早い同年八月二五日となっています。なお阿闍梨とは弟子を教えてその模範となるべき師のことで、真言宗では伝法潅頂《でんぽうかんじょう》（所定の修行を経て大日如来の秘法を授かる儀式）を受けた者をいいます。

先年、本書初版の作成に際して中山常宝院の末裔とされる石井兵庫氏に面接して、古事について教示を頂きましたが、その折に拝見した文書に、同氏の父石井兵之助氏が大正一〇年（一九二二）に作成した「石井家祖先累代表」があり、元和二年（一六一六）没の頼長《らいちょう》権僧都をはじめとする御先祖方の中に、「阿闍梨円盛　一乗院一世」とあって、その没年月日の表記は本家の墓碑とまったく同じであったのにびっくりしました。一乗院は現存しませんが、『風土記稿』によれば上柚木村の中程にあった寺院で、新義真言宗の大幡《おおはた》村（西寺方町）

宝生寺《ほうしょうじ》末寺といいます。円盛阿闍梨がどうして中山の石井家と越野の石井家に共通の先祖となるのかは謎ですが、あるいは円盛は幼時に中山石井家から越野石井家に養子に入り、そこで後に彦右衛門が生まれたので出家して坊さんになったということかと考えられます。

中山石井家御先祖の頼長《らいちょう》は八王子城の落城の前に召集されて、北条方の武運長久を祈願させられたわけですが、その時に同じく城中に参じた大幡宝生寺の第十世頼昭《らいしょう》僧正は城内で焼寂（死）したと伝えられています（旧『八王子市史・下巻』）。円盛は生家の縁もあって宝生寺で出家・修行して阿闍梨となった後、上柚木村に末寺の一乗院を開創したものかと思われます。そして円盛の墓碑が今も越野玉泉寺の本家墓地に伝えられているということは、円盛が越野石井家から出世したお坊さんとして、養家で大事にされていた証しと思われます。さらに何の根拠もないわけですが、『風土記稿』が挙げた中山村の石井善左衛門と小田家古文書の石井十左衛門は似たような経歴をたどり、一方は八王子城落城後にそのまま出身地に土着し、他方は大久保長安の手下となって何年間か代官を勤め、結局は越野村に土着したのではないかと想像されます。後者の事例は、名族大石道俊の孫にあたる大石定勝（貞勝・二九三〜四頁）についても見られたことでした。

村上直氏によれば関東十八代官は、延宝《えんぽう》五年（一六七七）から元文《げんぶん》三年（一七三八）までの六一年間に、平岡代官を除いてすべて代官職を失っているといわれます。三人は年貢の滞納と不正行為によって死罪となり、一人は島流し、三人は勤務不良などを理由に絶家《ぜっけ》（家系の断絶）・改易《かいえき》（武士から平民におとされること）に処せられました。ほかの一一人も似たような理由で転職を命じられているといいます。村上氏は関東十八代官の出自は武田旧臣または後北条旧臣を中心として、大久保長安の手代的な性格をもって所属しており、慶長《けいちょう》一八年（一六一三）に長安が没した後に生前の不正を理由に遺子七人が切腹させられ、多くの大名・代官が連坐して失脚する中でもその地位を保っていたけれども、寛永《かんえい》（一六二四—四四）以降に老中—勘定奉行《かんじょうぶぎょう》—代官という幕府の地方支配機構が整備されるのに従って、ほとんど失脚の運命をたどったと総括しています。そのような歴史の荒波の中にあって、かの石井十左衛門氏は著者の主観的な判断としては、由木の里に早々と帰農することによって、一七代におよぶ子孫をいまに残すことになったと信じたいと思います。そしてそれは由木の各地区に居を占めた多くの旧家の場合と同じく、この里の山河と郷民のもつ豊かな包容力に支えられた、天地の恩恵の賜物であったというべきでしょう。

南多摩郡由木村から八王子市へ

明治維新（一八六八）によって二六五年続いた徳川幕府は消滅し、天皇を頂点とする王政復古《おうせいふっこ》と新政府の発足によって、旧幕府領は新政府の直轄となります。由木領の一一か村も旗本知行地等から解放されて、明治四年（一八七一）の廃藩置県《はいはんちけん》の前年までにすべて神奈川県の多摩郡に編入されます。翌五年には旧時代の庄屋《しょうや》・名主《なぬし》・年寄《としより》の村方《むらかた》三役が廃されて戸長《こちょう》の制が始まり、下柚木村永林寺内に鑓水村を除く一〇か村の戸長役場《こちょうやくば》が設けられました。そして明治一一年（一八七八）には郡区町村編制法が施行されて、神奈川県多摩郡は東・西・南・北の四多摩郡に分割され、由木地域は南多摩郡に入り、東多摩郡は東京府に移管されます。

明治二二年（一八八九）は大日本帝国憲法や衆議院議員選挙法などが公布された近代日本の記念すべき年ですが、この年の九月には前年に公布された市制・町村制の施行をうけて、旧由木領一一か村は神奈川県南多摩郡由木村として新しく一村に統合されて、旧村々はその大字《おおあざ》に位置づけられ、同時に戸長は廃されて由木村長が誕生、東中野の大沢信重《おおさわのぶしげ》氏が初代村長に選任されます。なお後に合併することになる八王子市も、この時に甲州街道沿いの八王子一五宿を中心とする一九の町を統合した八王子町として誕生しています。そして明治二六年（一八九三）には三多摩郡は東京府に編入され、第二次大戦中の昭和一八年（一九四三）に東京府・市は統合されて東京都となり、その下での由木村は二一年後の昭和三九年（一九六四）に八王子市に合併するまで、東京都南多摩郡由木村として存立していました。従って統一された地方自治体としての由木村は、江戸時代の柚木領の伝統をなんらかの形で受け継いだものと思われますが、明治二二年から大正時代を通して、さらに昭和三九年までの七五年間の存在であったということになります。

表5には、江戸時代初期の『武蔵田園簿《むさしでんえんぼ》』から明治初年の『旧高旧領取調帳《きゅうだかきゅうりょうとりしらべちょう》』『皇国地誌《こうこくちし》』までの二三〇年間における、由木地域一一か村の石高《こくだか》や戸数などの代表的な資料の数字をあげてみました。石高については、初期の『田園簿』から中期の『元禄郷帳《げんろくごうちょう》』までの約五〇年間に、集計上の問題もあるかもしれませんが、二・三倍に急増しており、『元禄』から一六六年後の幕末の『取調帳』までには一二%しか増えていないという結果になっています。また戸数については、江戸後期の『風土記稿』から五六年後の明治初年の『皇国地誌』と比較してみますと、『地誌』が堀之内村の項を欠いていますので、これを他村と同率で増えて八九戸であると仮定すれば、この間に一一か村で一一%増えて六五八軒から七三三戸となります。さらに人口についても同様の問題がありますが、『地誌』に数字のある一〇か村の一戸あたりの家族数の平均は五人となりますので、堀之内村も同様と仮定して四四五人の数字を作ってみれば、明治一二年における由木地域の一一か村の人口は三、六六六人ということになります。

旧由木村の最後となる八王子合併直前の昭和三九年（一九六四）一月の住民登録数と比べてみますと、江戸末期の『風土記稿』の時代から一四二年間で世帯数は一・七倍の一、一二九

表５．由木11か村の石高・戸数・人口の推移

（村高の斗以下は切捨て・計は合わない）

年代＼地区	鑓水	中山	上柚木	下柚木	南大沢	越野	別所	松木	堀之内	東中野	大塚	計
武蔵田園簿 慶安２・３年 (1649～50)	119石	170	192	194	194	142	40	151	202	106	155	1,470石 寺社領 50石
元禄郷帳 元禄15年 (1702)	421石	203	412	409	382	193	152	277	144	382	411	3,390石
旧高旧領取調帳 慶応４年 (1868)	306石	196	412	398	383	178	148	277	604	384	399	3,789石 寺社領 72石
新編武蔵風土記稿 文政５年 (1822)	92軒	34	85	78	56	40	27	40	80	56	70	658軒
皇国地誌 明治12年 (1879)	110戸 517人 (男 266 女 251)	39 200 (99 101)	87 410 (216 194)	81 365 (192 173)	60 290 (147 143)	44 201 (114 87)	30 142 (66 76)	50 288 (153 135)	(89) (445) 註	67 382 (194 188)	76 426 (224 202)	733戸 3,666人
住民登録 昭和39年１月 (1964)	133世帯 774人 (男 379 女 395)	48 289 (151 138)	142 830 (432 398)	149 805 (393 412)	91 541 (293 248)	56 321 (153 168)	44 254 (134 120)	82 443 (224 219)	130 704 (357 347)	134 691 (340 351)	120 615 (319 296)	1,129世帯 6,267人 (男 3,175 女 3.092)

註：文政６年から他村と同率（11.4%）で増えたと仮定

世帯に増え、明治初年の『皇国地誌』からの八五年間では世帯数で五割増し、人口では七割増しの六、二六七人となっています。またこの間に、一世帯の人数は五人から五・五人に、男女別の割合は男五一・九％に女四八・一％から、同じく五〇・七％に四九・三％とわずかに変化しています。

最後に、最近の令和二年（二〇二〇）三月末現在の世帯数と人口を古来の地区別に集計した表6を作ってみました。一九六四年に旧由木村が八王子市に合併してからの五六年間に、世帯数は四四倍の約五万に、人口は一八倍の約一一万三千人という、近くでは多摩市の一四万人余・稲城市の九万人余とくらべても、独立した一つの市にじゅうぶん相当する驚くべき増加ぶりで、中でも別所・南大沢・大塚地区が突出しています。そして一世帯あたりの人数はこの間に五・五人から二・三人と、半分以下の少世帯化が進んでいます。

このような急激な変化はもちろん、多摩ニュータウン計画の実施によって従来にないまったく新しい住宅市街が出現したことによるわけですが、旧中山地区に位置する北野台二・三丁目と旧下柚木地区の南陽台一・二丁目をふくめて、この間に計画的に開発された地区（丁目のつく地区と鹿島・松ヶ谷）を抜き出して集計してみますと、全体のうち世帯数で七〇％、人口で七二％の住民がそれらの地区に住んでいるという結果になり、古来の集落の地域に加えて、かつての農地や丘陵の山林が住宅地に変わっていることを示しているといえましょう。なお由木地域の人口は現在の八王子市全体の人口約五六万二千人のうちの二〇％をこえており、市民のうち五人に一人は由木の里の住民ということになっています。由木地域の存在が八王子全市の中でも重要なものとなっていることが、再認識されるべきでしょう。

表６．由木地域の最近の世帯数と人口

区分＼地区（町丁）	鑓水 同２丁目	中山 北野台 ２・３丁目	上柚木 同2・3丁目	下柚木 同2・3丁目 南陽台 1・2・3丁目	南大沢 1～5丁目	越野	別所 1・２丁目	松木	堀之内 同2・3丁目	東中野	大塚 鹿島 松が谷	計
世帯数	3, 815	1, 574	4, 566	5, 329	7, 751	1, 770	8, 438	3, 314	3, 899	2, 269	7, 267	49, 992
人口 総数	10, 043	3, 578	11, 056	11, 965	16, 779	3, 987	20, 758	7, 302	8, 166	4, 578	15, 127	113, 339
（男	(4, 985	(1, 734	(5, 332	(5, 974	(8, 137	(2, 112	(9, 982	(3, 732	(4, 303	(2, 421	(7, 585	(56, 297
（女	5, 058	1, 844	5, 724	5, 991	8, 642	1, 875	10, 776	3, 570	3, 863	2, 157	7, 542	57, 042
昭和39年と比較した倍数 世帯数	29	33	32	36	85	32	192	40	30	17	61	44
人口総数	13	12	13	15	31	12	82	16	16	7	25	18

令和２年（2020）３月末現在

3、由木の寺社の消長

お堂と鎮守さま

中世の村落（ムラ）のふつうの姿は、後ろに山林があって前方には水田が開けている山裾に、ほぼ五、六軒の家が点在するというように想定されています（『中世社会の成り立ち』木村茂光・吉川弘文館・二〇〇九）。その中心には住民の精神的な拠《よ》り所としての草葺《くさぶ》きのお堂があり、そのような小集落が数個集まった所に鎮守神《ちんじゅがみ》が祀《まつ》られたと考えられ、鎮守の社《やしろ》の成立は大和《やまと》地方での平安中期の一一世紀初頭が早い例で、平安末期の一二世紀後半になると増加するといわれます。中山白山神社《はくさんじんじゃ》の埋経《まいきょう》はまさしくこの時代にあたっていますが、以後の古代・中世を通じても、由木地域の寺院・神社に関する明確な情報は、別所蓮生寺《れんしょうじ》など、極めてわずかしかありません。

戦国時代末期から江戸時代の初期以降には、この地域でも急速に寺社の数が増え、江戸時代の末期近くに書かれた『新編武蔵風土記稿』（一八二二頃成立）は当時の村々の神社と寺院についてくわしく記録しています。しかしそこでも「勧請《かんじょう》の年代をしらず」「開山開基をしらず」などと、その由来がすでに明らかにできないことをしばしば告白しています。そして村内の稲荷《いなり》の祠《ほこら》などの小社については「村民の持《もち》」と記して、鎮守社などの「村持《むらもち》」と区別しています。「村民の持」とは、村民の屋敷内の祠や、その所有する田畑や山林に建てられた個人的・氏族的な寺社を指しているのでしょう。

私事になりますが、越野の農家であった著者の実家の屋敷内にも、建坪一坪程の「お諏訪《すわ》さま」と呼んだ祠がありました。その屋根裏には五枚の棟札《むなふだ》が残されていて、一番古いものは老朽して文字が判読できませんが、二番目の元禄《げんろく》一三年（一七〇〇）からほぼ四〇年おきに建て替えられたようで、最新のものは文化六年（一八〇九）で、いずれも菩提寺の玉泉寺《ぎょくせんじ》住職の「遷宮導師《せんぐうどうし》」によって供養されています。毎年の年末にはしめ飾りを新しくして正月には鏡餅を供え、五月二七日の「お諏訪さまのお祭り」には、母がまんじゅうを作って家族や近所の人に食べさせていました。祠の後ろには大人でもかかえきれないほどの栗の大木があって、秋には大粒の実をどっさりと落としてくれたものです。

また集落の後背の山頂の尾根道沿いに、大久保と呼んでいたわが家の山があって、そこに南面して「稲荷さま」の小さな祠《ほこら》があり、毎年初午《はつうま》の日には「奉納大久保稲荷大明神《ほうのうおおくぼいなりだいみょうじん》」と墨書した青《あお》（緑）・黄《き》・赤《あか》・白《しろ》・黒《くろ》（紫）の五色の旗を篠《しの》の枝につるして左右に立て、赤飯に油揚げ・目刺しとお神酒《みき》を供えていました。礼拝の後は枯木を焚いて目刺しを焼き、松風の音を聞きながらお神酒を頂くという、野趣ゆたかな小宴となるわけですが、それは御先祖さまと共通の世界にいるのだという実感をともなう、心暖まるひとときでした。この祠の右手前には大人二人でもかかえきれないほどの太さの椎の古木があって、その樹齢は四〇〇年をこえているなどと考えていたものです。由木の里に住みついて長年を生きてきた家々では、わが家のような民俗信仰の形はおそらく普通のことであったと思われます。

消えた寺社と守られた寺社

以下には由木の里の昔語りのしめくくりとして、地域内の旧一一地区を西部から順次に追いながら、『風土記稿』に記された江戸時代末期の主要な神社・寺院名とその説明を要約して列挙し、現存するものには傍線を引いたうえで、現在までに見られるその消長のさまについて、簡単に紹介することにしたいと思います。この間には明治維新と神仏分離令《しんぶつぶんりれい》（明治元年に新政府が出した神社と寺院を分離させる法令）や、その後の神社合祀《ごうし》（弱小の神社を合わせて祀り、一町村一神社とする）などによって、寺社の合併や廃止が激しく進んだ状況が一目に知られることと思われます。

鑓　水

弁天社　我眼寺谷《ががんじ》にあり、村の鎮守なり、石の小社の廻りに池をうがち、前に鳥居をたつ

八幡社　同辺なり、社地二千五百坪、小山村《おやま》本山修験本覚院《ほんざんしゅげんほんがくいん》のもちなり

諏訪社　子ノ神谷《ねのかみ》にあり、社地九百坪、村の鎮守にて同じ持《もち》なり

子神社《ねのかみ》　同地にあり、社地四十五坪、社前に石階あり、まず六十余級、それより三十級、また二十余級、社地の高きことしるべし、永泉寺《えいせんじ》持

永泉寺　曹洞宗、開基学峯文侯《がくほうぶんこう》、永禄《えいろく》二年（一五五九）寂《じゃく》す、開山永林寺三世義堅《ぎけん》、天正《てんしょう》十五年（一五八七）没という

医王寺《いおうじ》　境内五千坪余、永林寺末、村の中程にあり、開山開基詳《つまびらか》ならず、本堂の東に薬師堂あり、薬師は木の立像長《たけ》二尺、十二神の小像あり

現在の諏訪神社は明治九年（一八七六）に子神社の地に八幡社と合わせた三社を合祀して村の鎮守とされたものですが、その拝殿の中に並んだ三社の立派な本殿は江戸時代から明治時代に造られたもので、八王子市の有形文化財に指定されています。また永泉寺は甲斐武田氏家臣の永野和泉《ながのいずみ》（戒名は学峯文侯）が、戦国時代の弘治《こうじ》元年（一五五五）に当地に移住して庵《いおり》を建てたのにはじまり、天正元年（一五七三）に、翌年永林寺三世となる義堅が曹洞宗寺院として開山したと伝えます。本尊の釈迦三尊像のほかに聖観音《しょうかんのん》像が祀られ、武相観音《ぶそうかんのん》（宝暦《ほうれき》九・一七五九年から始まった武蔵・相模四十八観音を卯歳《うどし》に開帳・巡拝する札所《ふだしょ》）の第一四番にあたっています。さらに地区の西端の御殿峠近くには日蓮宗大法寺があって、一九六七年に八王子市内の上野町から移ってきたものです。

中山

白山社　字《あざ》宮ノ前にあり、村の鎮守なり、勧請《かんじょう》の年代をしらず、棟札《むなふだ》に寛永《かんえい》十六年（一六三九）本願主円覚院《えんがくいん》、大旦那伊藤九郎左衛門等、造立《ぞうりゅう》の由《よし》をしるす

秋葉社《あきばしゃ》　打越村境の秋葉森の山上にあり、後背に古碑あり、永正《えいしょう》七年（一五一〇）等の数字を彫る

常宝院《じょうほういん》　白山社別当、社より一町余東の方、木曽村覚円坊《かくえんぼう》支配の修験《しゅげん》なり、先祖頼長権僧都《らいちょうごんのそうず》、元和《げんな》二年（一六一六）没

永昌院《えいしょういん》　曹洞宗、開山永林寺三世義堅《ぎけん》、本堂の西に観音堂あり、十一面観音坐像、長一尺

白山神社については「船木田荘《ふなきだのしょう》」とあわせて先に紹介しましたが、明治初年の神仏分離令によって常宝院（もと円覚院）から離れた後、同一一年（一八七八）に秋葉社・金刀比羅《ことひら》社・天満《てんまん》社を境内社として移したといわれます（口絵18）。永昌院の創建は天正一〇年（一五八二）で、開基は北条氏照の家臣葛沢豊前守《かつざわぶぜんのかみ》といわれます。境内の観音堂は室町時代の文安《ぶんあん》四年（一四四七）に僧稟庵《りんあん》によって開創され、十一面観音像を祀っていた中山観音堂を、江戸時代はじめの慶安《けいあん》四年（一六五一）に移したもので、武相四十八観音の第四〇番札所となっています。

上柚木

愛宕社《あたごしゃ》　村の東南の愛宕山上にあり、松杉の古木覆屋《おおいや》の上に茂る、村の持

天王社《てんのうしゃ》　村の西字《あざ》横道にあり、村の持

神明社《しんめいしゃ》　村の中程字《あざ》中割目にあり、棟札に元文《げんぶん》五年（一七四〇）とあり

山王社《さんのうしゃ》　西光寺門外にあり、応永《おうえい》二九年（一四二二）、細田河内守忠次《ほそだかわちのかみただつぐ》が軍守護のため建立、愛染稲荷《あいぜんいなり》を合祀す

一乗院《いちじょういん》　村の中程にあり、新義真言宗大幡《おおはた》村宝生寺末《ほうしょうじまつ》、本尊不動木の坐像、長八寸余

昌福寺《しょうふくじ》　菅沢《すがざわ》にあり、曹洞宗永林寺末、本尊大日《だいにち》長一尺六寸余

西光寺《さいこうじ》　宮郷《みやごう》にあり、山王社の別当、曹洞宗、開山永林寺二世恵鑑《えかん》、開基滝山城主大石某の家老細田河内守《ほそだかわちのかみ》、天正一七年（一五八九）没

観音堂　村の南字《あざ》並木原の下、準提観音像《じゅんていかんのん》は石の坐像にて長二尺余、村の持

地蔵堂　小名長窪《こなながくぼ》にあり、地蔵は木の立像なり、長一尺七寸ほど、村の持

愛宕神社は上柚木地区の鎮守社ですが、多摩ニュータウン計画によって昭和六一年に上柚木公園西北の平地に移り、境内社に八雲《やくも》神社があります。神明神社は天照大神《あまてらすおおみかみ》を祭神《さいじん》として上郷《かみごう》地区の集落後背の山中にあり、古来の氏神《うじがみ》の雰囲気を残しています。その創建は『風土記稿』の記録した棟札の元文五年より、はるかに古いのではないかと思われます。西光寺は

天正一二年（一五八四）の創建といいますが、境内に山王社があって愛染稲荷を合祀し、それは室町時代の応永二九年（一四二二）の建立といわれます。観音堂はもとの石造準提観音像が火損のため、明治初年に木像を造って神明地区に移り、武相観音の第三五番札所として地区で守られています。なお、廃寺とされた一乗院の跡は現在の上柚木会館の地にあたり、そこに残されている享和《きょうわ》二年（一八〇二）銘の石の手洗盤によって、本尊にちなむ明王山《みょうおうざん》の山号であったことがわかります。

下柚木

御岳社　小名殿ヶ谷戸の山上にあり、上下柚木村の鎮守なり、光明院《こうみょういん》の持、天文《てんぶん》二年（一五三三）大石遠江守《とおとうみのかみ》滝山城の鎮守の一をここに祀り、建立と伝う

住吉社　小名宮郷《みやごう》にあり、勧請の年代を伝えず、社地二千五百坪ばかり

諏訪社　山下《やました》の山上の森の内なり、大石信濃守《しなののかみ》建立という、宝性寺《ほうしょうじ》の持なり

神明社　同所にてすこし北にあり、村の持なり、末社に稲荷社、本社の前にあり

光明院　宮郷《みやごう》にあり、天台宗高月村円通寺《えんつうじ》末、本尊勢至《せいし》（菩薩）を安ず、長《たけ》二尺五寸

宝性寺《ほうしょうじ》　山下にあり、曹洞宗永林寺末、本尊観音長一尺余

観音寺　南谷戸にあり、曹洞宗永林寺末、本尊正観音《しょうかんのん》長一尺ばかり

薬師堂　殿ヶ谷戸にあり、薬師は長一尺余、脇に十二神の像あり、永林寺の持

永林寺　境内三万三千百六十五坪、殿ヶ谷戸の東の山沿いにあり、曹洞宗久米村永源寺《えいげんじ》末、
　開山僧長純《ちょうじゅん》は大石氏、滝山城主定久（開基）の叔父

御岳神社は現在は下柚木の鎮守で、境内社に住吉・天王・金刀比羅《ことひら》・日枝の四社があり、住吉社は大正一二年（一九二三）に宮郷から移されています。殿ヶ谷戸の薬師堂の創建年代と開基は不明ですが、古代・中世にわたるこの地の支配者の変遷にかかわる謎が秘められているように思われます。永林寺については、その初期を中心に、歴代の住職が開創・中興した寺が由木地域だけでも一三か寺あり、そのうち六か寺が現存しているという状況です。近年に境内の三重塔に聖観音《しょう》像等が祀られ、武相観音の第四一番札所とされています（口絵27）。

南大沢

八幡社　宮ノ前にあり、村の鎮守なり、本地《ほんじ》（本来の姿）は弥陀《みだ》の立像長三尺余、垂迹《すいじゃく》（仮
　に現した姿）は若宮八幡なるよし

天神社・山王社　清水入《しみずり》の奥の山上にあり

東光寺《とうこうじ》　字《あざ》堂の下にあり、曹洞宗、開山永林寺七世堅鷟《けんざく》、本尊弥陀《みだ》長五寸ばかり

八幡神社について『風土記稿』は、天正七年（一五七九）の棟札に大僧都賢恵《だいそうずけんね》とあって、本地仏である三尺余の阿弥陀仏像の左右に天照大神《あまてらすおおみかみ》・諏訪明神《すわみょうじん》・牛頭天王《ごずてんのう》の小社を安置すると記しています。典型的な神仏習合《しんぶつしゅうごう》（神道と仏教の一体的信仰）の姿ですが、現在は応神天皇《おうじんてんのう》

を祭神としています。南大沢地区には現在は寺院がありませんが、旧祭神の阿弥陀仏像の行方が気になるところです。また清水入谷戸の山王社は現在の南大沢二丁目にある日枝神社で、祭神は大山咋命《おおやまくいのみこと》、境内社に浅間《せんげん》神社がありますが、地区のうちの田中姓の家々だけが祀るといわれます（『新八王子市史民俗調査報告書第二集』二〇一三）。

越　野

天王社　字《あざ》打越にあり、棟札に享保《きょうほう》十年（一七二五）とあり、普願寺《ふがんじ》の持

山王社　字吹上《ふきあげ》にあり、社地は山上にて麓に鳥居をたつ、村の鎮守

玉泉寺《ぎょくせんじ》　山王社別当、社より北の方なり、新義真言宗《しんぎしんごんしゅう》宇津木《うつぎ》村竜光寺《りゅうこうじ》末、開山法印賢海《ほういんけんかい》永徳《えいとく》三年（一三八三）寂

普願寺《ふがんじ》　字下根《しもね》にあり堀ノ内八幡の別当寺、新義真言宗高幡村金剛寺《こんごうじ》末、開山永真《えいしん》法印元和《げんな》四年（一六一八）寂、開基は大石信濃守、元亀《げんき》二年（一五七一）没、境内に墓あり

導儀寺《どうぎじ》　字西畑にあり、曹洞宗、開山永林寺五世伝廊《でんろう》本尊釈迦、木の坐像長一尺、境内の西に観音堂あり、正《しょう》観音坐像長一尺五寸、もかけの観音と呼ぶ

山王社は現在の日枝神社で、棟札によれば天正一八年（一五九〇）の創建とされ、祭神は国常立尊《くにとこたちのみこと》、境内社に秋葉《あきば》・八坂《やさか》・宇賀《うが》・白山《はくさん》・山霊《さんれい》の五社があります。別当寺の玉泉寺《ぎょくせんじ》開山が南北朝時代の人物であったことから、またその立地がたいへん勝れた場所にあることから

も、神社本来の創建ははるかに古く、秋葉（火防神）・白山（歯痛・安産・子供の守護）・山霊（山の神、春には下って田の神）社などの現在の境内社のいずれかが最初であったと思われます。また境内社の八坂神（防疫神）については、明治初年に廃寺となった普願寺配下の旧天王社の本殿が、その後に日枝神社に移された際に合祀されたもので、宇賀神《うがじん》（福徳神）もおそらく同時に請来《しょうらい》されたものと考えられます。

山上の日枝神社より北方にあったと『稿』が記していた旧別当寺の玉泉寺は、現在は社より南西の麓の地に移っています。創建は南北朝時代の永徳《えいとく》三年（一三八二）以前のことですが、戦国時代の弘治《こうじ》二年（一五五六）と江戸時代初期の元禄《げんろく》八年（一六九五）に中興・再興されたといい、先年の本堂改築時には延享《えんきょう》三年（一七四六）の墨書のある古材が見つかっていますので、『稿』の時代にもすでに現在地にあったはずと考えられます。また旧普願寺境内の大石信濃守の墓は、多摩ニュータウン計画に伴って松木地区の信濃守屋敷跡の吉田家墓地に移され、旧導儀寺観音堂のもかけの観音像（口絵23）は、近年に一四世紀南北朝時代制作の典型的な法衣下垂像《ほうえかすいぞう》（いわゆる裳掛《もか》け）と確認されましたが、八王子市の有形文化財に指定されており、日枝神社社務所と自治会会館を兼ねる越野観音堂に祀り伝えられて、武相観音の第一三番札所となっています。

別所

山王社　蓮生寺《れんしょうじ》の持なり、村内の鎮守とす、前に石階あり、高さ二十五間余

薬師堂　村の西北の山の中腹にあり、薬師の木像、古《いにしえ》より住僧といえども拝することを得ず、厨子《ずし》の大きさ三尺四方、高さ六尺余あれば木像もよほど大なるものとおもわる、左右に十二神将の木像あり、長《たけ》各四尺五寸余

蓮生寺　薬師堂別当、由木山と号す、昔は天台宗なりしが、永林寺二世恵鑑《えかん》が曹洞宗の寺として中興、本尊毘盧沙那仏《びるしゃな》（ママ）木の坐像、長四尺五寸

山王社は現在の日枝神社で、もと蓮生寺薬師堂後背の山上にあって、蓮生寺開山の天台僧円浄房《えんじょうぼう》が平安時代末の寿永《じゅえい》年間（一一八二―八四）ごろに、比叡山延暦寺《ひえいざんえんりゃくじ》鎮守神の日吉大社《ひえたいしゃ》（山王権現《さんのうごんげん》）を勧請《かんじょう》して祀ったものと考えられます。その祭神は大己貴神《おおなもちのかみ》と大山咋神《おおやまくいのかみ》ですが、多摩ニュータウン開発に伴って昭和五〇年（一九七五）に、別所二丁目の別所公園に隣接する平地に移っており、『東京都神社名鑑』（東京都神社庁・一九八六）ではその祭神を国常立尊《くにとこたちのみこと》としています。天台宗蓮生寺の中絶の間に、その鎮守神についても変動があったように思われます。

なお、『皇国地誌《こうこくちし》』は明治初年の日枝神社について、「北方の山上にあり、面積三百三十八坪、社地中に椎の老樹一株あり囲《まわり》およそ一丈《じょう》（三メートル）」と記録しています。現在は蓮

生寺の後背地一円は蓮生寺公園となっていますが、その薬師堂の背後にあたる高台の山中にはもと日枝神社の社地らしき平坦地があり、その中央北側の崖の縁に大きな椎の古木があります。篠竹《しのたけ》のやぶの中に見捨てられたこの椎の古木が、何百年ものあいだ日枝神社や蓮生寺を信仰した村人を見守ってくれていたことを、地区の人達は忘れないで欲しいと思われます。蓮生寺（口絵20）については別項で述べましたが、平安時代末期に制作された本尊の盧舎那仏像《るしゃなぶつ》（口絵21）は東京都の文化財に指定され、寛永一二年（一六三五）造立《ぞうりゅう》の境内の宝篋印塔《ほうきょういんとう》（三三一頁、写真38）は八王子市内最大かつ代表的な石造遺物と認められ、市の有形民俗文化財に指定されています。

松　木

浅間《せんげん》社　南の山上にあり、この社あるをもってこの辺を富士森と字《あざな》す、松木七郎が造立する所なり、松杉の老樹しげりて古色《こしょく》に見ゆ、教福寺《きょうふくじ》持

稲荷社　字《あざ》浅田にあり、昔当所に住せし小田野源太左衛門《おだのげんたざえもん》が祭るという

稲荷社　字井草森にあり、井草織部《いぐさおりべ》という人の屋敷跡にて、棟札に天正五年（一五七七）二月吉日松木村井草織部とあり

教福寺《きょうふくじ》　字浅田にあり、新義真言宗高幡村金剛寺末、小田野源太左衛門が起立せしなるべし、境内に小田肥後守定久《ひごのかみさだひさ》墓あり、元和《げんな》二年（一六一六）没、境内に観音堂あり

医性寺《いしょうじ》　村の西の堺にあり、新義真言宗宇津木《うつぎ》村竜光寺《りゅうこうじ》末、境内に薬師堂、永禄《えいろく》三年（一五六〇）の鰐口《わにぐち》を掛く、井草越前守《えちぜんのかみ》墓あり、織部が父にて小田原北条氏の家臣なり

地蔵堂　村の東の山寄り、松木七郎の屋敷跡の内にあり、地蔵像長《たけ》一尺三寸・十王像を安ず、松木七郎師澄《もろずみ》墓、堂の南にあり

松木七郎がいまから約六五〇年前に富士山本宮《ほんぐう》を勧請して創建した浅間神社も、多摩ニュータウン計画によって切り崩された富士森の残骸の上に辛うじて残され、峯ヶ谷戸《みねがやと》地区を中心とする家々によって守られています。その北斜面には地蔵堂（三〇五頁、写真35）もあり、その左手には八王子市の指定文化財で市内最古の宝篋印塔《ほうきょういんとう》である松木七郎の立派な墓塔（口絵22）が、同じく地区の人々によって護持されています。なお『皇国地誌《こうこくちし》』は明治初年の松木村の神社として、八坂《やさか》・浅間《せんげん》・秋葉《あきば》の三神を祀る三神社を挙げています。

堀之内

八幡社　寺沢の南の山の尾さきにあり、俗に北八幡と号す、当所および越野・松木三村の鎮守なり、大石信濃守宗虎《しなのかみむねとら》が勧請せし所なり。別当普願寺《ふがんじ》は昔は広泰寺《こうたいじ》と号して寺沢の上にありしという

八幡宮　谷戸山《やとやま》にあり、俗に南八幡という、寛永《かんえい》六年（一六二九）井草五郎左衛門・横倉伊予など本願主として、大檀那小田源太左衛門が勧請、松木村教福寺《きょうふくじ》のもちなり

善照寺《ぜんしょうじ》　字小池にあり、浄土真宗東本願寺末なり、開山開基は詳《つまびらか》ならず

保井寺《ほうせいじ》　小名寺沢にあり、曹洞宗、開山永林寺四世長銀《ちょうぎん》、開基井上某、本尊虚空蔵《こくぞう》（菩薩）

阿弥陀堂　寺沢にあり、弥陀《みだ》は長二尺余の坐像なり、鐘楼寛政《かんせい》十二年（一八〇〇）村民與五兵衛《よごへえ》建立せり、石地蔵三十躯《く》・神明社・宝篋塔《ほうきょうとう》、同人の建立する所なり

『風土記稿』によれば、北八幡社の別当寺で越野にあった普願寺は、さらに昔は広泰寺と号して寺沢の地にあり、北八幡社は大石信濃守の創建時には村内の宮岳の地にあったものを、後に寺沢の南に移したといいます。越野が堀之内から分村する以前の話で、広泰寺の創建者・年代は何も伝えられていませんが、おそらく広泰寺には西党由木氏または小田野氏がかかわっていたのであろうと考えられます。その後身の普願寺（真言宗）の創建は、大石信濃守宗虎《むねとら》が没した元亀《げんき》二年（一五七一）以前ということになり、同人による北八幡社の創建は天文《てんぶん》年中（一五三二―五五）とされています。宗虎の兄の大石道俊《どうしゅん》が小田野新右衛門尉《じょう》に対して堀之内・別所谷の手作り分の所領を安堵《あんど》した、つまりそれ以外の領地を没収したのは、この間の天文十七年（一五四八）ですから、北八幡社および普願寺の創建はそれ以後のことでしょう。そしてこれらの寺社の位置は、下柚木の永林寺や、後の天正二年（一五七四）に越野に創建される導儀寺《どうぎじ》（曹洞宗）の場合と同じく、松木台の大石信濃守屋敷とは狼煙《のろし》などで直ちに命令や合図を送り合える近隣の関係にあります。『稿』はまた徳川時代に

入った慶長元年（一五九六）の北八幡社御朱印状に、「多摩郡堀之内村、八幡宮領、同郡腰之村内、九石三斗」とあることを記録しています。信濃守屋敷の北側を流れる大栗川に接して、屋敷の腰部のようにひろがる越野地区を大石氏は堀之内村から切り離して、越野村を分離させていたのでしょう。『稿』が伝えるこれらの寺社の移動は、この地での小田野氏から大石氏への支配移行の過程を示していたと考えられます。

　堀之内の旧村内にいま一つの南八幡宮が江戸初期に創建されたのも、北八幡が堀之内・越野・松木三村の鎮守とされていた点から不自然に思われます。地域の経済力の向上も一因かもしれませんが、戦国時代に大石・後北条の下に抑えられた小田（野）氏等の在地豪族の、主体性回復の動機もあったのではないかと思われます。現状としては、北八幡社の氏子は堀之内の寺沢と松木の台《だい》の吉田・佐藤姓の人々、南八幡宮は堀之内の日影・番場《ばんば》と、松木の台の吉田・佐藤姓以外、および峯ヶ谷戸・川端・上《かみ》の人々が氏子になっており、松木の小田家の子孫はいまも南八幡宮の本殿の鍵を管理する「鍵守《かぎも》り」であるといわれます（『新八王子市民俗調査報告書　第二集』八王子市・二〇一三）。また『風土記稿』には載っていませんが、堀之内引切《ひっきり》の北方五〇〇メートルの山中に愛宕《あたご》神社があって、慶長《けいちょう》元年（一五九六）の創建と伝えられますが、引切および堀之内三丁目の一部の人々が氏子といわれます。

　善照寺は鎌倉時代後期の正安《しょうあん》年中（一二九九―一三〇二）の創建で、もとは天台宗であったと伝えられますが、江戸初期の寛永《かんえい》一二年（一六三五）に浄土真宗に帰したということです。創建の時代は和田合戦後に横山荘が大江・長井氏に与えられて九〇年ほど後のことになりますが、その開基がどういう人物であったのかは、当時のこの地域の支配者を知るうえで重要な手がかりになるはずです。多数の古代住居跡や中世建物跡が確認されている多摩ニュータウン№426遺跡は、善照寺のすぐ北側の大栗川南岸にあたりますが、そこに住んだ人々と鎌倉時代の善照寺の創建とは、密接に結びついたものと考えられます。

堀之内芝原の北にある保井寺は、もと虚空蔵菩薩《こくぞうぼさつ》を祀る堂でしたが、天正年間（一五七三―九二）の末期に開基井上頼秀《いのうえよりひで》が永林寺四世の長銀を招いて曹洞宗保井寺としたといわれます。明治時代に町田市の無住の寺から如意輪観音像《にょいりんかんのん》を請来《しょうらい》して観音堂に祀り、武相観音の第一二番札所とされています。

東中野

熊野社　字天野《あざあまの》にあり、村の鎮守なり、紀州熊野本宮《くまのほんぐう》を勧請せり、本地は《ほんじ》弥陀《みだ》、木の立像にて長《たけ》八寸ばかり

那智《なち》社　同所の東にあり、小社なり、棟札に寛永一八年（一六四一）とあり、本地は観音なり、百姓平左衛門《へいざえもん》の持

新宮《しんぐう》社　同辺にあり、本地は薬師なり、小社にて棟札に万治《まんじ》三年（一六六〇）とあり、百

姓七郎右衛門《しちろうえもん》持

金住院《こんじゅういん》　熊野社別当、社の傍《かたわら》にあり、新義真言宗高幡村金剛寺末、本尊弥陀立像、長《たけ》二尺余

善徳寺《ぜんとくじ》　井戸ノ上にあり、一向宗《いっこうしゅう》伊勢国専修寺《せんじゅじ》末、本尊弥陀立像、長二尺余

　和歌山県熊野《くまの》の本宮《ほんぐう》・新宮《しんぐう》・那智《なち》三山の熊野信仰は、本地垂迹《ほんじすいじゃく》（仏がかりに神に姿を変えて現れる＝権現《ごんげん》）の思想によって、本宮は阿弥陀如来《あみだにょらい》・新宮は薬師如来《やくしにょらい》・那智は観音菩薩《かんのんぼさつ》を本地仏《ほんじぶつ》とする熊野権現の信仰が形作られる一一世紀の平安時代中期から盛んになり、中世以降には熊野山伏《くまのやまぶし》・熊野比丘尼《びくに》・念仏聖《ねんぶつひじり》などによって、熊野神が各地方に勧請されて広まったといわれます。東中野の鎮守神としての熊野神社の創建は一三世紀の鎌倉時代末とする伝えもあるようですが、棟札から確認できるのは慶長《けいちょう》一一年（一六〇六）の江戸時代はじめです。境内社には秋葉・第六天・住吉・稲荷・山の神の各社がありますが、山の神社はニュータウン開発に伴って、南部の井戸ノ上地区の山上から移されたものといわれます。また那智社は熊野神社東方の天野地区に住む岩下家の持《もち》として、現在はその屋敷内に祀り伝えられています。

　薬師如来を本地仏《ほんじぶつ》とする新宮社はそのすこし東方の井上家の持で、天野薬師と呼ばれて地区の人々に信仰され、近在の田口寿夫《たぐちとしお》氏の翻刻《ほんこく》した薬師堂の棟札によれば、寛文《かんぶん》七年（一六六七）に創建されたものと考えられます。なおこの棟札で興味深いのは、施主の井上七郎《いのうえしちろう》

右衛門《えもん》をはじめとする多数の結縁合力者《けちえんごうりき》の名前が記されていることです。当時は支配者の武士と違って、被支配者の百姓は名字《みょうじ》（苗字）を名のることが許されなかったといわれますが、ここには田口久左衛門《たぐちきゅうざえもん》・金子左京之助《かねこさきょうのすけ》など、武士と変わらない堂々とした姓名が、高橋・大沢・岩下・小林・細谷・峯岸・加藤・小谷田・斉藤・堀口・古屋・小柳・富沢など一六氏にわたって記されています。さらに念仏人として、指導者の沙弥《しゃみ》と思われる妙慈《みょうじ》・如久《にょきゅう》の両名に続いて、おちょう・おまつ・おみい・おいち・おきい・おたんなど一三名の女性の名が書かれているのも珍しいと思われます。頭につけられた「お」は主婦（女衆《おんなし》）に対する敬愛の称で、「たん」という名の著者の母も「おたんちゃん」と呼ばれていたことを思い出します。

さらに『風土記稿』には書かれていない神社として、東中野谷津入《やついり》地区の南端に御岳神社があり、その氏子は熊野神社の氏子を兼ねているといいます。また天野地区の東部の山裾には、初代信重《のぶしげ》氏とその子で第一九代の昌寿《まさとし》氏と、二人の由木村長を出している大沢家の持の天野三社があって、もとは別々に祀られていた熊野《くまの》・御岳《みたけ》・榛名《はるな》の三つの小社が、戦後に合祀されたものといいます。

現在は浄土真宗高田派の善徳寺は、大栗川南岸の井戸ノ上地区にあって慶長《けいちょう》初年（一五九六—九九）に建立され、はじめ成就坊《じょうじゅぼう》と称したけれども、寛文《かんぶん》・元禄《げんろく》の頃（一六六五—八九）に善徳寺の名称となったと伝えています。

大　塚

神明社　小名《こな》日影にあり、神明森と号す、松杉の古木一叢《ひとむら》しげりたる所なり、寛文三年（一六六三）再興の棟札、願主は井上佐兵衛《いのうえさへえ》と記せり、最照寺《さいしょうじ》持

八幡社　大塚の上にあり、勧請の年代をしらず、前に石階六十級ばかりあり、天正二年（一五七四）までは本山修験正浄院《しょうじょういん》とて別当寺ありしが、後いまの最照寺にかはれり

最照寺《さいしょうじ》　寛永七年（一六三〇）井上主馬《しゅめ》領主として正浄院跡に当寺を起こし、真言宗高幡金剛寺の末に属せり、本尊不動の坐像長一尺二寸

観音堂　塩釜谷戸にあり、建立の年代をしらず、八王子城主北条氏照願主として、家人《けにん》小田肥後守へ命じ、堂を再興せしという、本尊千手観音、長一尺五寸ばかり

清鏡寺《せいきょうじ》　観音堂別当、社地につづきてあり、曹洞宗、永林寺四世照鑑長銀禅師《しょうかんちょうぎんぜんじ》の起立《きりゅう》なり

八幡社・山王社　小名日向《ひなた》にあり、村民の持

　大塚の上にある八幡神社は六五段の石段を登った頂《いただき》に鎮坐していますが、慶長一二年（一六〇七）に領主の浜田郷右衛門《はまだごうえもん》が創建したと伝えています。しかし『風土記稿』も「勧請の年代をしらず」としながら、天正二年（一五七四）以前に修験道の別当寺があったと記していますので、神社の実際の創建はさらに古いと考えられます。境内社に神明神社と秋葉神社

があり、日影地区（現在は鹿島《かしま》）にあった神明社が多摩ニュータウン計画に伴ってここに移されています。神明社の旧地には八王子市の天然記念物に指定されている大イチョウがあり、周囲七メートル・高さ三〇メートル・樹齢五〇〇年といわれます。

塩釜谷戸の清鏡寺はもと天台宗であったといいますが、大栗川の一・五キロ下流の日野市百草《もぐさ》にあった真慈悲寺《しんじひじ》との関係を考えるべきでしょう。真慈悲寺の周辺には中山の旧長隆寺《ちょうりゅうじ》と同時代の埋経塚があり、近くの百草観音堂には平安時代の仏像も残されています。清鏡寺境内の観音堂本尊の千手《せんじゅ》観音像（お手の観音）もまた、平安時代末期の長寛《ちょうかん》二年（一一六四）に住職の夢に現れた観音の求めに応じて造られたといいますが、清鏡寺の開創も同時代と考えられます。しかし別所蓮生寺と同じくその後に廃退して、永林寺四世住職によって文禄《ぶんろく》元年（一五九二）に中興され、曹洞寺院となって現在に至っています。清鏡寺の観音堂は武相観音の第一〇番札所となっていますが、ここには本尊の千手観音のほかに、明治初年に廃寺となった松木地区の教福寺《きょうふくじ》観音堂本尊であった十一面観音像が祀られていて、東京都の有形文化財に指定されています（二九二頁、写真34）。松木地区の小田家に伝わる享保《きょうほう》九年（一七二四）の「教福寺由緒縁起書《ゆいしょえんぎしょ》」には、この十一面観音像を安阿弥《あんなみ》（鎌倉時代前期に活躍した快慶《かいけい》）の作としながら、その胎内に納められた経巻末には「明徳《めいとく》二年（一三九一）六月」と、南北朝時代末の年記があるとしています。

以上のほかに、大塚地区南西部の大塚公園と大栗川の中間の所に臨済宗芳心院《ほうしんいん》があって、江戸前期の天和《てんな》二年（一六八二）に都内で開創されたものですが、東京都の区画整理事業のため昭和四一年（一九六六）に新宿区から移転してきたものといわれます。また『風土記稿』には載ってない鹿島神社が鹿島地区の東端の多摩市との境界近くにあって、ニュータウン計画によって南方の山中から移されたものですが、古くは小字《こあざ》梶川《かじかわ》の鎮守社であったといいます。多摩ニュータウン計画によって昭和五〇年（一九七五）に新設された鹿島地区の名称は、この小さい神社の名に由来しているのでしょう。それは由木地域、つまり八王子市域のいちばん東の地に鎮座する神社ということになります。八王子市内には川口の楢原《ならばら》町にも鹿島社があって、寛永二一年（一六四四）に常陸《ひたち》一の宮の鹿島神宮を勧請して武運長久《ぶうんちょうきゅう》の祈願所とされたといいますが、この鹿島神社にもそれに類する歴史が秘められているのではないかと思われます。

以上の各地区の状況を全体としてみると、由木の里に寺社が創建され始めたのは一二世紀半ばの平安時代末期であったのですが、それらは以後の時代にほぼ衰退・廃絶して、多くの寺社がこの地域に創建・中興されたのは、一六世紀の戦国時代末期から安土《あづち》・桃山《ももやま》時代にかけてと、一七世紀の江戸時代初期が二つのピークの時期であったように思われます。そしてそれらのうちのおもな寺社のほぼ半数が明治維新後の社会変動と神仏分離・神社合祀の中で姿を消し、後の半数が現在まで地域に守られて生き残り、この里の人々の信仰を支えているという推移であったと考えられます。今後については、このような地域の歴史と文化の遺産が、発展し変貌する新しい地域社会の中で、どのように融和して支持を拡げていくことができるかということが、新旧住民共通の課題であろうと思われます。

略年表

和暦	西暦	事項
〔旧石器時代〕		（約三・八―一・二万年前）
約三万年前		松木地区No.402―B遺跡からナイフ型石器等出土
約一・八万年前		武蔵野台地・多摩丘陵に遺跡が増加
〔縄文時代〕		（約一・二万年前―二・五千年前）
草創期　一・二万年前―		日野市七ツ塚に住居跡、堀之内No.796遺跡に石器・土器片
早期　八・五千年前―		丘陵上におとし穴・炉穴が多くつくられ、村落も出現
前期　六・五千年前―		縄文文化確立期、各地に村がつくられる
中期　五千年前―		堀之内No.72遺跡に住居二七五軒等、大規模村落の出現
後期　四千年前―		寒冷化と生活域の縮小、敷石住居の出現
晩期　三千年前―		低地への進出と交易の拡大
〔弥生時代〕		（約二・五―一・七五千年前）
前期　二・五千年前―		北九州地方に稲作農耕文化が成立・関東は縄文晩期文化
中期　二・三千年前―		青梅市馬場遺跡に甕棺墓・方形周溝墓
後期　二千年前―		町田市境川上流域に大規模集落出現、鑓水No.846遺跡に住居三軒

		八王子市船田・宇津木向原・中郷遺跡で青銅器出土
〔古墳時代〕		（西暦二五〇―六五〇年）
前期	二五〇―	畿内に前方後円墳・大田区宝莱山古墳・宇津木向原遺跡方形周溝墓
中期	四〇〇―	大阪府大山古墳・埼玉県稲荷山古墳・狛江市亀塚古墳（帆立貝型）
後期	五〇〇―	多摩川中・上流域に古墳が造られる
安閑元	五三四	武蔵国造の争いと北武蔵豪族の勝利・多氷屯倉の設定
	六〇〇―	八王子市北大谷古墳（円墳）・多摩市稲荷塚古墳（八角墳）・堀之内No.446遺跡（横穴墳）
〔飛鳥・白鳳時代〕		（六世紀中葉―七世紀）
大化元	六四五	大化の改新、東国八道の国司に戸口調査・校田を命じる
持統四	六九〇	浄御原令により人事発令、諸国国司等の任命と戸籍作成の命令
大宝二	七〇二	大宝律令施行
大宝三	七〇三	引田朝臣祖父を武蔵守に任命
〔奈良時代〕		（西暦七一〇―九四年）
養老七	七二三	田地開墾のため三世一身法を施行
天平一三	七四一	諸国の国分僧寺・尼寺の建立の詔がでる

天平一五	七四三	墾田永年私財法施行 この頃から松本No.107遺跡地に掘立柱建物群
天平勝宝七	七五五	『万葉集』の防人の歌が詠進される
天平宝字元	七五七	この頃に武蔵国分寺が完成
宝亀二	七七一	武蔵国が東山道から東海道へ転属 鑓水No.846遺跡から八世紀の布目瓦・瓦塔の破片が出土
〔平安時代〕		(西暦七九四—一一八五)
弘仁一三	八二二	この頃『日本霊異記』成立
承和二	八三五	武蔵国分寺の七重塔・落雷のため炎上
承和一二	八四五	武蔵国男衾郡前大領壬生吉志福生が国分寺塔の再建を許される
貞観九	八六七	平安京の紫宸殿で武蔵国の貢馬の駒牽が行われる 右大臣藤原良相、武蔵国多摩郡弓削荘を貞観寺に寄進
元慶七	八八三	右馬少允小野清如、宮中で馬を飼い追放される
延喜一七	九一七	陽成院、武蔵小野牧の駒三〇匹を醍醐天皇に進上
承平元	九三一	武蔵国小野牧が勅旨牧となり、別当に小野諸興が任命される
承平五	九三五	平将門、常陸大掾平国香を殺し将門の乱始まる（—九四〇）
永承六	一〇五一	前九年の役始まり（—一〇六二）、横山経兼戦功をあげる

永保三	一〇八三	後三年の役始まり（―一〇八七）、武蔵武士も参戦する
仁平四	一一五四	勧進僧弁智等、船木田荘内長隆寺西谷で法華経書写・埋経
保元元	一一五六	保元の乱に平清盛・源義朝勝利、武蔵武士も参戦
平治元	一一五九	平治の乱に源義朝敗れる、武蔵武士も参戦
治承四	一一八〇	源頼朝伊豆に挙兵。船木田荘皇嘉門院から九条良通へ譲られる
寿永元	一一八二	別所蓮生寺の円浄房に源頼朝田畑十町歩を寄進
寿永三	一一八四	平山武者所季重、平家追討の一の谷合戦で活躍
〔鎌倉時代〕		（西暦一一八五―一三三三年）
文治五	一一八九	横山時広・時兼親子、源頼朝に従って奥州合戦に参加
建暦三	一二一三	和田合戦で横山氏も滅亡、横山荘は大江広元に与えられる
建長二	一二五〇	九条道家、船木田本荘を九条忠家に、新荘を一条実経に譲る
文永七	一二七〇	中山地区清水家の初期板碑造立される
元弘三	一三三三	新田義貞、上野国から挙兵して鎌倉幕府を倒す
建武元	一三三四	船木田新荘、一条経通から寄進されて東福寺領となる
〔南北朝時代〕		（西暦一三三六―九二年）
暦応二	一三三九	土渕郷の山内経之、武蔵守護高師冬に従って常陸合戦に参加
観応二	一三五一	別所蓮生寺で天台談義行われる

文和三	一三五四	東福寺領船木田新荘年貢代付物送文が作られる
貞治二	一三六三	東福寺領船木田荘の年貢算用状が作成される
貞治六	一三六七	船木田本荘、九条経教から東福寺へ寄進される
応安五	一三七二	長井道広、片倉城の鎮護に住吉神社創建
永和二	一三七六	松木七郎師澄没、松木浅間神社北に八王子市内最古の宝篋印塔あり
至徳二	一三八五	東福寺領船木田本・新荘年貢勘定状作成される
〔**室町時代**〕		（西暦一三九二―一五七三、うち一四六七年以降は戦国時代とも）
応永三四	一四二七	船木田荘の年貢を武州南一揆の平山・梶原等横領
長禄二	一四五八	大石顕重、高月城に入るという（大石系譜）
応仁元	一四六七	応仁の乱起こる
応仁二	一四六八	下柚木薬師堂の月待板碑造立される
永正元	一五〇四	椚田城、上杉房能に攻められて落城、長井広直ら滅亡
永正一八	一五二一	大石定重、滝山城に入るという（大石系譜）
大永五	一五二五	大石道俊と子息憲重、下恩方浄福寺を中興する
天文二	一五三三	大石道俊、下柚木御岳神社を創建という
天文一三	一五四四	由木松千代（観智国師存応）生まれる
天文一五	一五四六	河越の夜戦で北条氏康、足利・上杉軍を破る

天文一七	一五四八	大石道俊、小田野新右衛門尉に別所谷等の所領安堵
天文一八	一五四九	由木利重の本領三五〇貫没収されるという
天文二二	一五五三	大石綱周、長房町白山神社を再建する
弘治元	一五五五	北条氏照、大石綱周の養子となる
永禄四	一五六一	上杉謙信、北方から杉山峠を経て相模に入り、小田原城を攻撃、小田野源太左衛門尉ら、後北条方として戦功をたてる
永禄一二	一五六九	武田信玄、滝山城を攻める。北条氏照、信玄を追って三増峠で合戦
元亀二	一五七一	大石信濃守定基（宗虎）没
天正元	一五七三	織田信長、室町幕府を倒す
〔安土・桃山時代〕		（西暦一五七三―一六〇三年）
天正九	一五八一	小田野肥後守周重、越野村導儀寺観音像再興
天正一〇	一五八二	甲斐武田氏、織田・徳川軍により滅亡。北条氏照、八王子城築城へ
天正一八	一五九〇	六月二三日に八王子城落城、七月に小田原城開城、八月に徳川家康が江戸城に入る。甲州小人頭・同心ら二五〇人八王子城下に移住する
文禄元	一五九二	随翁舜悦、元八王子宗閑寺建立
文禄三	一五九四	大久保長安・小宮山八兵衛ら、由木領九か村を支配 北条氏照の妻阿豊没（四八）

慶長五	一六〇〇	関ヶ原の戦に徳川家康の東軍が勝利する
〔**江戸時代**〕		（西暦一六〇三―一八六八年）
慶長八	一六〇三	徳川家康、征夷大将軍となり江戸幕府を開く
慶長一八	一六一三	関東十八代官、八王子に集住。大久保長安没し、一族誅される 小田源太左衛門朝家ら一六人、水戸藩八王子衆として移住
元和六	一六二〇	芝・増上寺中興の観智国師存応没（七七）
寛永三	一六二六	宗関寺開山随翁舜悦没（一二〇）
寛永一三	一六三六	小田源太左衛門尉周定、別所蓮生寺に仁王像寄進
慶安三	一六五〇	この頃『武蔵田園簿』成立
寛文四	一六六四	土屋但馬守、由木領二四か村等を拝領、翌年検地を行う
貞享二	一六八五	生類憐みの令が出される（―一七〇九）
天明三	一七八三	堀之内旧龍生寺の地に融通念仏盟約塔建つ
寛政一二	一八〇〇	堀之内旧龍生寺の地に酒飲み地蔵造立される
文政五	一八二二	『新編武蔵風土記稿』多摩郡の部完成
文政六	一八二三	植田孟縉著『武蔵名勝図会』完成
安政元	一八五四	東京湾台場築造のため鑓水村の松五千本の伐り出し始まる

〔明治以降〕		（西暦一八六八年—　）
明治元	一八六八	王政復古と明治新政府発足、江戸を東京と改称 神仏分離令出され、廃仏毀釈運動起こる
明治四	一八七一	廃藩置県の詔書出され、全国を三府七二県とし、多摩郡は神奈川県に
明治一一	一八七八	郡区町村編制法施行され、多摩郡は南・北・西の三多摩に分割される
明治一二	一八七九	神奈川県による『皇国地誌』「南多摩郡」の編集はじまる
明治二二	一八八九	市制・町村制施行され、旧一一か村を統合して由木村発足。八王子市域には一町九か村が誕生する
明治二六	一八九三	三多摩九一か町村が神奈川県から東京府に移管される
大正六	一九一七	八王子町が八王子市となる
昭和一六	一九四一	一二月八日、太平洋戦争はじまる
昭和一八	一九四三	七月一日、東京府・市をあわせて東京都となる
昭和二〇	一九四五	八月一・二日、八王子空襲により死者四五〇人を出す 八月一五日、太平洋戦争終戦
昭和二二	一九四七	五月三日、日本国憲法・地方自治法施行
昭和三九	一九六四	八月一日、南多摩郡由木村、八王子市と合併
昭和四一	一九六六	多摩ニュータウン建設工事はじまる
平成一七	二〇〇五	多摩ニュータウン建設基盤工事終了

あとがき

史料のとぼしい本書のテーマについて、できるかぎりの真実をさぐり出して、できるだけやさしく書こうと努めましたが、どれほど実現できたかについては、お読み下さる読者のご判断をまつほかありません。ともかくも、お目通し頂きたいものと念願しています。

古きをたずね新しきを知る（温故知新《おんこちしん》）ことが大事だと説いている孔子《こうし》の『論語《ろんご》』の中に、「里《さと》は仁《じん》なるを美《よし》となす（里仁爲美《りじんいび》）」という言葉があります。里《さと》とは田と社《やしろ》のあるという人家の集まっている所で、同じく郷《さと》は、人が向いあって音や煙の通いあう村々といいます。仁《じん》とはしたしむ・いつくしむ・おもいやるという意味から、孔子はこれを人として最高の徳《とく》（価値ある品性）としています。『論語』のこの言葉の読みは一二世紀中国の大学者朱子《しゅし》の注に従ったものですが、私どもの郷里としての由木の里から、さらに八王子と多摩、東京から武蔵と、人の住む地域としてそのありようを考えるとき、この言葉はまことに意味深いものと感じられます。

これらの里々は、長い長い年月の中で人々の生きる場となり、いま、さらにその姿を変えながら人々を未来へと導こうとしています。これらの里々が仁の徳をそなえた美しい里仁《りじん》・仁ある里として、末長く発展することを祈りたいと思います。

末尾ながら、貴重な資料の提供を頂いた東京都埋蔵文化財センターの松崎元樹《まつざきもとき》・八王子市郷土資料館の美甘由紀子《みかもゆきこ》・日野市教育委員会の清野利明《きよのとしあき》・府中市郷土の森博物館の深澤靖《ふかざわやす》幸《ゆき》・多摩市教育委員会・高幡不動尊金剛寺・板碑研究者の縣敏夫《あがたとしお》・上柚木の故鈴木喜重《すずききじゅう》・越野の富沢守司《とみざわもりじ》・堀之内の鈴木秀男《すずきひでお》・故横倉為夫《よこくらためお》・同窓生の故伊藤巳代治《いとうみよじ》および橋本豊治《はしもととよじ》・横《よこ》倉佑政《くらすけまさ》の各氏、またご協力、ご教示を賜わった中山の石井兵庫《いしいひょうご》・石井右京《いしいうきょう》・東中野の田口寿《たぐちとし》夫《お》各氏をはじめとする多くの方々、さらに編集に鋭意ご尽力頂いた揺籃社の山﨑領太郎《やまざきりょうたろう》氏に、あわせてあつく感謝申し上げます。

二〇一三年八月二五日

改訂版あとがき

歴史は己《おのれ》を知る鏡であり、その世界は汲《く》めども尽《つ》きぬ深みを秘めています。傘寿にして初稿を公《おおやけ》にし、米寿におよんだ今、さまざまな知見を加えて、この改訂版をとりまとめることができました。改めて読み直した先人の多くの文献をはじめ、『新八王子市史・通史編1』の多摩郡弓削荘に関する深澤靖幸《ふかざわやすゆき》氏の御提言から、貴重な学恩を受けたことに感謝いたします。

かって初版本について、郷土史の分野でも業績の高い東京都立大学名誉教授のM先生から、「見事にまとめられた必読書」との御評価を頂いて面映ゆい思いでしたが、もしこの改訂版について同じ御評価を頂けるなら、著者としては不行儀ながら、郷土の真実の歴史のためにも「おっしゃるとおり」と納得できる気持があります。私共のかけがえのない郷土の歴史像が、これからも若い人たちの地道な努力によってさらに深く発掘・研究され、成熟していくように念願しております。

また揺籃社の山崎領太郎《やまざきりょうたろう》氏には、重ねての御尽力に心より御礼申し上げます。

二〇二一年一月

由木の里　越野の寓居にて　石井　義長

索　引

【ア行】

【カ行】

【サ行】

【タ行】

【ナ行】

【ハ行】

【マ行】

【ヤ行】

【ラ行】

【ワ行】

石井　義長（いしい　よしなが）**略歴**

1932年　東京都南多摩郡由木村越野に生まれる
1945年　由木国民学校卒業・都立第二中学校入学
1951年　都立立川高校卒業・東京大学教養学部入学
1956年　東京大学法学部卒業・NHK 入局（教養部 PD・放送総局計画担当部長・経営企画室主管・ニューメディア推進本部事務局長等）
1989年　NHK 定年退職後、東方学院・駒沢短期大学に学ぶ
2000年　東洋大学大学院修了・「空也上人の研究」により博士（文学）学位取得、以後、東洋大学非常勤講師・東方学院講師

著　書　『空也上人の研究』法蔵館、2002年
　　　　『阿弥陀聖空也』講談社、2003年
　　　　『日本評伝選　空也』ミネルヴァ書房、2009年
論　文　「空也と一遍」『印度学仏教学研究』50-1、2001年
　　　　「『正法眼蔵』「現成公案」考」『駒沢大学禅研究所年報』23、2011年
　　　　他多数

現住所　〒192-0361 東京都八王子市越野3-3

武蔵国多摩郡《むさしのくにたまごおり》と由木《ゆぎ》の里《さと》の昔語《むかしがた》り　改訂版《かいていばん》

2013年９月30日　初版
2013年11月１日　２刷
2021年２月20日　改訂版

著　者　石　井　義　長

発行所　揺　　籃　　社
〒192-0056　東京都八王子市追分町10-4-101
㈱清水工房内　TEL 042-620-2615
http://www.simizukobo.com/
印刷・製本／㈱清水工房
組版・装幀／大城　涼子

ISBN978-4-89708-445-9　C0021　乱丁本はお取り替えします。